Thomas Fischer

SEX AND CRIME

Über Intimität, Moral und Strafe

Besuchen Sie uns im Internet:
www.droemer.de

Aus Verantwortung für die Umwelt hat sich die Verlagsgruppe Droemer Knaur zu einer nachhaltigen Buchproduktion verpflichtet. Der bewusste Umgang mit unseren Ressourcen, der Schutz unseres Klimas und der Natur gehören zu unseren obersten Unternehmenszielen. Gemeinsam mit unseren Partnern und Lieferanten setzen wir uns für eine klimaneutrale Buchproduktion ein, die den Erwerb von Klimazertifikaten zur Kompensation des CO_2-Ausstoßes einschließt.
Weitere Informationen finden Sie unter: www.klimaneutralerverlag.de

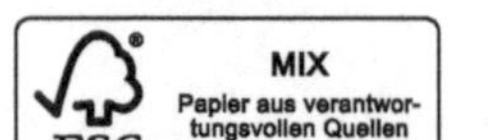

Originalausgabe April 2021

Ein Imprint der Verlagsgruppe Droemer Knaur GmbH & Co. KG, München

Covergestaltung: hißmann, heilmann, hamburg
Satz: Adobe InDesign im Verlag
Druck und Bindung: GGP Media GmbH, Pößneck
ISBN 978-3-426-27843-7

5 4 3 2 1

Für Yasmine

Inhalt

Vorwort

Populäre Darstellungen einzelner Rechtsgebiete, anschauliche Schilderungen von Rechtsfällen, insbesondere von Kriminalfällen, sowie Ratgeber jeder Art für die Orientierung im Dschungel des Rechts gibt es viele. Warum also ein Buch über »Sex and Crime«? Der Titel ironisiert ein wenig jene dokumentarische und fiktionale Literatur, in der diese beiden Ingredienzien als Spannungsgaranten schlechthin gelten. Der Untertitel »Über Intimität, Moral und Strafe« lässt aus dem Luftballon von »Sex and Crime« aber die Luft ein wenig heraus. So geht es in diesem Buch gerade nicht um das Spektakuläre der Form, der Abseitigkeit oder des Grusels, auch nicht um die Reize der Erotik und der Geschlechtlichkeit als solche. Andererseits muss eine populäre Darstellung über den Zusammenhang von sexuellem Verhalten und Verbrechen natürlich da ansetzen, wo die Leser sind, und dieser Ort sind nicht wissenschaftliche Abstraktionen der juristischen Dogmatik oder feinste Abgrenzungen in höchstrichterlichen Entscheidungen, sondern die Fälle des Alltags, die eigenen Ängste, Beurteilungen und Fragen.

Eine Fülle von Themen aus dem Bereich von Sexualität und Strafrecht steht fast ständig im Fokus der öffentlichen Aufmerksamkeit. Nicht erst die MeToo-Debatte seit 2017 hat die Frage aufgeworfen, ob die Zahl der Angriffe auf die sexuelle Selbstbestimmung in Deutschland tatsächlich höher oder ob vielleicht nur die Aufmerksamkeit für sie größer geworden ist. Stimmt es, dass die statistischen Zahlen der Sexualdelikte zurückgehen, oder treffen die Meldungen zu, dass in manchen Kriminalitätsbereichen die Dunkelziffern besonders hoch sind oder gar steigen? Trifft der Eindruck zu, dass die Verbreitung kinderpornografischer Inhalte, insbesondere im Internet, immer mehr zunimmt? Gibt es mehr, kriminellere oder skrupellosere Banden von Tätern sexuellen Kindesmissbrauchs, wie es die Aufdeckung spektakulärer Fälle der letzten Jahre nahelegen könnte? Steigt die Zahl der sexuell motivierten Übergriffe im öffentlichen Raum? Sind Vorkommnisse wie die Kölner Silvesternacht 2015 an der Tagesordnung, haben sie zugenommen, oder sind sie eher ein mediales als ein tatsächliches Phänomen? Und anders, sind die Alarmmeldungen und Befürchtungen, die uns fast täglich erreichen, übertrieben und am Ende gar Ausdruck einer fast hysterischen Stimmungsmache, sind sie das Produkt einer überdrehten Sensationsmedienbranche? Ist das Leben wirklich so gefährlich geworden, wie in zahllosen Alarmberichten und Schockgeschichten behauptet wird?

Den Fragen nach den Straftaten schließen sich die Fragen nach der Strafverfolgung an. Stimmt es, dass Polizei und Justiz einer Flut von immer schwereren Sexualdelikten nicht Herr werden? Sind die Tatbestände des Strafgesetzes zu eng, die Strafen zu milde, die Richter zu unverständig, die Präventionsmaßnahmen zu unentschlossen? Hat die Gesellschaft wirklich kein Mitleid mit Opfern und stellt einseitig die Interessen von Tätern oder Beschuldigten in den Vordergrund? Oder ist das Sexualstrafrecht mit seiner hohen emotionalen Signalwirkung und seinem starken Einfluss auf die emotionale Verfassung der Bevölkerung nur ein trojanisches Pferd, mit dem ein polizeistaatliches Überwachungssystem sich – sei es planvoll oder auch nur aus unreflektierter, nicht genügend hinterfragter Sachlogik – in die letzten freien Räume der Privatheit und Intimität einschleicht?

Diese und viele andere Fragen werden gestellt. Man kann dazu intuitive, spontane Meinungen und Ansichten haben, die zu Hunderttausenden in Internetforen und Chaträumen geäußert werden, oft in der Form bloßer Gegenüberstellungen von begründungslosen Überzeugungen und Abwertungen der jeweiligen angeblichen Gegenseite. Wer mehr wissen und substanziell mitreden will, muss sich ein wenig anstrengen. Er oder sie muss zunächst verstehen, dass das Sexualstrafrecht und die Sicherheit der geschützten Rechtsgüter nicht Gegenstände oder Phänomene sind, die jeden Tag sozusagen neu erfunden werden und von spontanen Überzeugungen oder Intuitionen leben. Auch bloße Empörungen, Mitleid mit Opfern oder Versuche, die Täter in ihren Motivationen und ihrer Gefährlichkeit zu verstehen, reichen nicht aus, um den Überblick zu behalten. Sexualstrafrecht ist ein Teil des großen, ständig in Bewegung befindlichen sozialen Systems der Verhaltenskontrolle. Es hat tiefe Wurzeln in der Moral und der Ethik, und es verändert sich ständig, so wie sich auch die Struktur der Gesellschaft, in welcher es gilt, ständig wandelt. Rechtsgüter, die vor hundert oder vor fünfzig Jahren überragend wichtig schienen, zum Beispiel die »Sittlichkeit«, haben ihre Bedeutung verloren. Andere, etwa das Recht auf Selbstbestimmung, haben an Bedeutung und Präsenz im allgemeinen Bewusstsein außerordentlich zugenommen. Solche Bewegungen und Veränderungen sind kein Zufall, sondern haben Ursachen und Muster, deren Verständnis erlaubt, etwas differenzierter und ruhiger auf die Dinge zu schauen, als es möglich ist, wenn man nur von einem tagesaktuellen Verbrechen zum nächsten klickt, zappt oder blättert.

Am Grunde jeder rationalen Beurteilung muss ein Verständnis der tatsächlichen und normativen Bedingungen liegen. Wer das Strafgesetz nicht kennt oder kennen will, kann nicht sinnvoll darüber sprechen, ob es richtig, ausreichend und nützlich ist. Deshalb ist es das Ziel dieses Buchs vor allem auch, den Lesern einen ersten systematischen Einblick in die Zielsetzungen, die Systematik und die Inhalte des heute geltenden Sexualstrafrechts zu vermitteln. Dabei kann ein Blick auf die Entwicklung und auf frühere gesetzliche Regelungen derselben Fragen und Sachverhalte nützlich sein.

Das Verständnis und die Beurteilung des Strafrechts setzen voraus, dass man sich auch mit Einzelheiten näher befasst. Das ist für Nichtjuristen nicht immer einfach, weil die gesetzlichen Regelungen außerordentlich kompliziert und unübersichtlich sind und zudem ständig verändert werden. Außerdem sind stets zahlreiche allgemeine Regeln und Grundsätze zu beachten, die in den einzelnen Vorschriften nicht mehr gesondert aufgeführt sind, weil sie als bekannt vorausgesetzt werden oder im Allgemeinen Teil des Strafgesetzbuchs sozusagen vor die Klammer gezogen sind. Sie spielen auch in der journalistischen Darstellung meist keine Rolle, nicht selten deshalb, weil die damit befassten Journalisten sie nicht kennen oder die Systematik nicht verstanden haben, die dem Strafgesetz zugrunde liegt.

Strafrecht ist also nicht ganz leicht und auf den ersten Blick überschaubar. Es ist aber auch keine Geheimwissenschaft und darf nicht nur Fachleuten verständlich sein. Es muss zumindest im Grundsatz für die Bürgerinnen und Bürger transparent bleiben, die von ihm betroffen sind. Das gilt für die Regelungen der einzelnen Tatbestände, aber auch für die allgemeinen Grundsätze etwa über die Täterschaft, den Versuch, die Schuld oder die Strafzumessung. All das findet nicht willkürlich oder je nach Stimmung der Gerichte Anwendung, sondern aufgrund und nach Maßgabe von Rechtsregeln, die man verstehen kann und verstanden haben sollte, bevor man darüber urteilt, ob man sie richtig oder falsch, gut oder schlecht findet. Wenn aber das Sexualstrafrecht nur anhand weniger, öffentlich skandalisierter Fälle und Entscheidungen rezipiert wird, die dann eine Welle intuitiver Zustimmungen oder Ablehnungen mit dem Hinweis, der jeweilige Autor finde das Urteil entweder zu milde oder zu hart oder genau richtig, nach sich ziehen, dann bleibt der Erkenntnisgewinn auf Dauer gering. Auch die Forderung nach weniger Sexualstraftaten und einem besseren Schutz der Menschen vor ihnen ist sekundär für ein Verständnis des Strafrechts. Schließlich gibt es niemanden, der diese Ansicht nicht teilt, und es ist einfallslos, wenn sich unterschiedliche rechtspolitische Positionen gegenseitig vorwerfen, dieses Ziel nicht oder nicht genügend anzustreben. Die gesellschaftliche Kontrolle und Sanktionierung von abweichendem, rechtsgutsverletzendem und strafbarem Verhalten ist keine Frage des Glaubens und der Hoffnung, sondern eine komplizierte, aber verstehbare und rational steuerbare Aufgabe. Wie beinahe überall hilft auch hier Sachkenntnis.

Es soll den Lesern daher eine kleine Reise in die Systematik und Dogmatik des Strafgesetzbuchs (StGB) zugemutet werden, in der Hoffnung, manchen von ihnen ein paar neue und interessante Gegenden zeigen zu können. Damit die Darstellung nicht allzu lehrbuchmäßig und abstrakt bleibt, sind im zweiten Teil eine Reihe von fiktiven Beispielsfällen dargestellt und im Einzelnen besprochen, in denen die Tatbestände des Sexualstrafrechts, die praktischen und rechtlichen Probleme ihrer Anwendung gezeigt werden. Natürlich können nur einige Grundkonstellationen und häufige Fragen behandelt werden. Das wirkliche Leben ist außerordentlich vielgestaltig, und kein Fall ist genau wie andere. Dass es auf Einzelheiten, Differenzierungen und Grenzbereiche ankommt, ist eine der Botschaften, welche das Buch gern vermitteln würde.

Weder der allgemeine Anfangsteil noch die Darstellungen der geltenden Rechtslage und die Fallbesprechungen sind auf eine möglichst schnelle, praktisch-effektive Lösung von Fallfragen ausgerichtet. Sie schweifen ab, wo es sich nach Ansicht des Verfassers lohnen könnte, einen Seitenblick auf Grundlagen, Voraussetzungen, verwandte Probleme oder Weiterungen zu werfen. Damit soll auch gezeigt werden, dass Sexualität und der strafrechtliche Umgang mit ihr ein Feld sind, das an Weite und Vernetztheit in der Persönlichkeit, der Gesellschaft und der Lebenswelt kaum zu überbieten ist. Dieses Buch soll einen kleinen Einblick in den aktuellen Stand dieses Feldes geben, aber auch die Einsicht vermitteln, dass und wie sich die Dinge in einem stetigen Fluss befinden. Das Recht, gerade auch das Strafrecht, wirkt auf die Gesellschaft ein und beeinflusst das Verhalten. Aber das Recht bringt Gesellschaft nicht hervor. Es ist umgekehrt: Das soziale Leben bringt das Recht hervor, und beides ändert sich miteinander.

Die wichtigsten im Text genannten gesetzlichen Regelungen sind im Anhang abgedruckt. Die schlechte Verständlichkeit, ja der abschreckende, unübersichtliche Charakter vieler Gesetzestexte für Nichtjuristen ist ein Ärgernis. Wer aber rechtliche Regelungen und ihre Anwendung kritisieren will, muss ein gewisses Maß an eigener Bemühung und Einarbeitung in eine zunächst fremd erscheinende Materie aufwenden. Das genaue Lesen von gesetzlichen Texten ist Voraussetzung dafür, ihren Inhalt sowie die Fragen zu verstehen, die sich in der praktischen Anwendung stellen und von der Rechtsprechung und der Strafrechtswissenschaft erörtert und beantwortet werden. Im Buchtext wird daher, wenn gesetzliche Bestimmungen erklärt oder besprochen werden, auf den Anhang verwiesen. Über das Sachverzeichnis kann man sich einen ersten Zugriff auf spezielle Begriffe und Themen erschließen.

Einleitung
Über einige Regeln der Rechtssprache

Über Sexualität ist unendlich viel geschrieben worden, und dasselbe gilt für Verbrechen. Die Genre-Bezeichnung scheint mit dem Titel »Sex and Crime« inhaltlich einigermaßen klar. Tatsächlich sind aber weder »die Sexualität« noch »das Verbrechen« ohne Weiteres verständliche Begriffe, und ihre scheinbar intuitive Evidenz täuscht. Das bemerkt man, sobald man sich einem der Begriffe mit der schlichten Frage annähert, was er eigentlich inhaltlich bedeute. Denn Sexualität kann etwa sowohl eine menschliche Eigenschaft, Fähigkeit und seelisch-körperliche Struktur bezeichnen als auch deren lebenspraktische Verwirklichung. Sie kann explizit und plakativ, aber auch verborgen und sozusagen sublimiert erscheinen. Und Verbrechen ist nicht allein ein rechtstechnischer Begriff für bestimmte Arten von gesetzlich mit Strafe bedrohten Handlungen, sondern auch eine im Alltagsumfeld angesiedelte, auf moralische und ethische Annahmen gestützte inhaltliche Qualifizierung.

Die große Faszination, die beide Lebensbereiche und vor allem auch ihre Kombination bestimmt, rührt zum einen aus ihrer Außeralltäglichkeit, zum anderen aus der untrennbaren Verbindung mit der individuellen und kollektiven Moral und daher mit den bewussten unbewussten Grundlagen jeder menschlichen Gesellschaft. Jedenfalls für die Sexualität kommt hinzu, dass sie in einem im Prinzip offenkundigen, aber vielfach vermittelten, unklaren und sich wandelnden Verhältnis zur Natur des Menschen als Säugetier, also namentlich zur arterhaltenden Fortpflanzung steht, von der sie zugleich auf vielfältige Weise entkoppelt ist. Die Verbindung von Natur, Gesellschaft, Moral, Konformität und Sanktionierung von Abweichungen macht daher die besondere Bedeutung und den besonderen thematischen Reiz von »Sex and Crime« aus.

Es gibt zahllose Fachpublikationen über Sexualität, Sexualverhalten, sexuelle Störungen, ihre Ursachen und Therapie. Und es gibt viele Fachpublikationen über das geltende Sexualstrafrecht, namentlich seine materiellrechtliche Dogmatik sowie die Besonderheiten, die für das Strafverfahren gelten. Zwischen dieser fachspezifischen Literatur und der gleichermaßen auf Sensationalität ausgerichteten belletristischen und Sachliteratur aus der Lebenswelt sexuell motivierter und sexualisierter Straftaten besteht eine Lücke. Sie mag dazu beitragen, dass trotz einer teilweise geradezu obsessiv anmutenden medialen Aufmerksamkeit für Themen sexuell auffälligen, abweichenden oder als strafwürdig angesehenen Verhaltens in weiten Teilen der Bevölkerung ein erstaunlich geringes Kenntnisniveau besteht. Hierauf beruht die Idee, eine nicht für Fachleute bestimmte Darstellung des in Deutschland aktuell geltenden Sexualstrafrechts, seiner Grundlagen, Geschichte, Entwicklungen und Probleme zu schreiben.

Gesprochen wird ständig über Sexualität – über ihre Bedeutung für das soziale Leben, die moralischen, informellen und formellen Grenzen ihrer Betätigung und über Notwendigkeit und Voraussetzungen, Ziele und Folgen ihrer Regulierung durch Strafe. Dies geschieht in vielerlei Formen auf allen Ebenen der Gesellschaft und häufig mit hoher emotionaler Beteiligung. In den letzten Jahrzehnten konnte man den Eindruck gewinnen, dass die Bedeutung des Sexualstrafrechts, also einer formellen Verfolgung von abweichendem, verbotenem sexuell motivierten Verhalten, in der Gesellschaft deutlich zugenommen hat, während umgekehrt die Kommunikation über Sexualität und Sexualverhalten eher an öffentlicher Bedeutung verloren und sich auf eher allgemeine Themen des Verhältnisses von »Geschlecht« und »Gender« verschoben hat. Beides mag miteinander zusammenhängen.

Über strafrechtliche Regelungen kann man nur vernünftig sprechen, wenn man ihren Inhalt kennt und versteht. Was für Juristen selbstverständlich erscheint, stellt sich für viele Menschen, die weder Strafrecht gelernt haben noch einen juristischen Beruf ausüben, als erhebliche Hürde dar. Das hat mehrere Gründe, die zum Teil naheliegen und der Natur der Sache, also dem Recht an sich, geschuldet sind, zum Teil Kritik herausfordern. Der offensichtlichste Grund sind die Ungewohntheit, Sperrigkeit und geringe Alltäglichkeit der juristischen Fachsprache, insbesondere auch der Gesetzessprache. Wer probeweise einmal einen Blick in den Text des § 177 StGB wirft (s. Anhang), kann spontan verzweifeln. Die verschachtelten, in Absätze, Sätze, Ziffern und Varianten differenzierten Handlungsbeschreibungen, die Konstruktionen mit »und« und »oder«, die Verweisungen und Strafrahmen sind beim bloßen Durchlesen schon von erfahrenen Juristen kaum entwirrbar und für Laien vollkommen unverständlich. Sie sind zwar in deutscher Sprache verfasst, ihr Sinn erschließt sich aber auch dem Gutwilligen und Sprachkundigen nur mühsam.

Die Probe aufs Exempel kann man machen, indem man Juristen mit jahrelanger Leseroutine bittet, den Gesetzestext zu lesen und sodann anzugeben, wie viele unterschiedliche Tatvarianten schwerer Straftaten die Vorschrift eigentlich enthält. Die Antworten, die man hierauf erhält, variieren erfahrungsgemäß zwischen 10 und 50 und sind mit einer sehr hohen Wahrscheinlichkeit durchweg falsch. Die Erwartung, die potenziell von den Strafdrohungen Betroffenen, also alle strafmündigen Bürger, könnten die ins Extrem gesteigerte Ansammlung von Schachtelsätzen verstehen, für sich übersetzen und auf dieser Grundlage sämtliche Regeln befolgen, erscheint annähernd absurd. Gleichwohl haben Beschuldigte, die sich auf einen sogenannten Verbotsirrtum (§ 17 StGB) berufen, also behaupten, sie hätten bei der Tatbegehung die Strafbarkeit ihres Handelns nicht gekannt, kaum eine Chance. Die Schuld ist beim Verbotsirrtum nämlich nur ausgeschlossen, wenn dieser »nicht vermeidbar« ist. Und die Rechtsprechung der Strafgerichte ist sich durchweg einig, dass praktisch jeder Irrtum vermeidbar wäre, wenn der Täter sich bei einer rechtsgelehrten Person erkundigt hätte.

Hier treffen sich also zwei ungünstige Bedingungen, einerseits eine Verselbstständigung professioneller Sprachformen, andererseits eine verbreitete Scheu und Abwehr weiter Teile der Bevölkerung gegen »Juristensprache«. Das Letztere liegt nur teilweise an der Sprache selbst. So sind andere Fachterminologien viel schwieriger, werden aber nicht abgelehnt, man denke etwa an die Sprache der Medizin und der Ingenieurwissenschaften, der Kunst oder Psychologie. Deren Benutzung gilt vielfach sogar als Demonstration einer sozial gehobenen Stellung und als erstrebenswerter Nachweis von Allgemeinbildung.

Die verbreitete Abneigung gegen die Juristensprache stammt aus der Sache selbst, um die es geht. Verbindliche, letztlich mit staatlicher Macht und Gewalt durchsetzbare Regeln müssen, um Anforderungen der Verfassung, aber auch der Lebenswirklichkeit zu genügen, meist sehr abstrakt gefasst sein. Die Denkstruktur, die ihnen zugrunde liegt, ist überwiegend deduktiv, das heißt, sie führt vom Allgemeinen ins Spezielle. Es gibt also eine möglichst klare Hierarchie von Ober- und Unterbegriffen und eine möglichst zwingende Systematik der Regelungsebenen. Ein Beispiel: In der Strafvorschrift gegen Diebstahl (§ 242 StGB) heißt es nicht: »Wer einem anderen einen Geldschein wegnimmt«, sondern: »Wer eine fremde bewegliche Sache wegnimmt«. In dieser kurzen Formulierung finden sich gleich vier Begriffe (nämlich

»fremd«, »beweglich«, »Sache« und »wegnehmen«), über deren Bedeutung man nachdenken und lange diskutieren kann.

Die Lebenswirklichkeit ist unendlich vielgestaltig und kann sprachlich nicht einfach abgebildet, sondern muss in begrifflichen Abstraktionen beschrieben werden. Die Menschen, die in konkreten Situationen leben und betroffen sind, wollen aber keine Abstraktionen, sondern jeweils hochspezifische konkrete Auskünfte oder Anweisungen. Sie möchten nicht darüber nachdenken, ob ihr Dackel eine Sache ist oder ob »Wegnehmen« auch gegeben ist, wenn heimlich ein 20-Euro-Schein gegen zwei Zehner ausgetauscht wird. Wenn auf solche Fragen dann Juristen antworten, es »komme darauf an«, fühlen sich die meisten Laien in der Annahme bestätigt, dass man mit Menschen, die Jura studiert haben, nicht vernünftig reden kann. Sie vermuten oft, dass Juristen auch in ihrem privaten Lebensbereich ständig so sprechen und denken. Das stimmt ebenso wenig wie die Annahme, Zahnärzte würden beim Abendessen stets über das Kariesrisiko referieren, genauso wenig therapieren Psychologen zum Glück nicht rund um die Uhr ihre soziale Umgebung.

Leser, die strafrechtliche Fälle vor allem aus fiktiven oder medialen Darstellungen kennen, sich aber mit rechtlichen, speziell strafrechtlichen Fragen noch nicht näher befasst haben, müssen daher eine gewisse Schwelle überwinden, um dieses Buch mit Gewinn zu lesen. So gilt es, sowohl die *Intuition*, also die spontane, gefühlsgestützte Beurteilung, als auch die *Sensation,* also das emotionale Erlebnis spektakulärer, bedrückender, jedenfalls ganz konkreter Geschehnisse, beiseitezulassen, um zu einer distanzierteren und analytischen Betrachtung der Fälle zu kommen. Zugleich versuche ich, mich so »unjuristisch« und lebensnah auszudrücken, wie es geht, ohne dabei die notwendige begriffliche Schärfe zu vernachlässigen, die die Sache und mein Anliegen erfordern. Es kann also weder auf Fachbegriffe noch auf die Erläuterung systematischer Zusammenhänge verzichtet werden, auf denen die Gesetze und ihre Anwendung beruhen. Wenn man den Unterschied zwischen einem Motor und einem Getriebe, einer Kurbelwelle und einer Starrachse weder kennt noch kennenlernen möchte, könnte man auch ein Buch über die Geschichte der Automobiltechnik nicht sinnvoll lesen. Das Gleiche gilt für das Strafrecht: Wer ihre lebenspraktischen Folgen verstehen und kritisieren will, muss die dahinter liegende juristische Mechanik kennen.

Kapitel 1
Was ist Sexualität?

Moralische Affen oder triebgesteuerte Maschinen: die Trennung von Natur und Kultur

Dass der Mensch eine Sexualität hat, scheint selbstverständlich, jedenfalls zählt diese Feststellung zu den allgemein akzeptierten Grundlagen der Verständigung. Allerdings ist es so einfach nicht. Denn wenn man den Satz formulieren sollte: »Der Schimpanse hat eine Sexualität«, oder gar: »Der Hund hat eine Sexualität«, käme man wohl ins Grübeln darüber, was und wie die Sexualität von Tieren eigentlich beschaffen ist und was sie von der des Menschen unterscheidet. Gemeinhin sprechen wir, wenn es um tierisches Verhalten geht, nicht von Sexualität, sondern über Fortpflanzung. Denn mit dem Begriff Sexualität bezeichnen wir nicht die biologische Fortpflanzung einer Art durch Neukombination von Erbinformationen, sondern in der Regel ein Verhalten zwischen Geschlechtspartnern oder zumindest von Individuen in Bezug hierauf.

Dieses Buch handelt von menschlicher Sexualität, geschlechtlichem Empfinden, Verlangen und Verhalten von Menschen. Es ist nicht auf Fortpflanzung beschränkt und weit überwiegend auch nicht darauf bezogen. Daher ist auch nicht erforderlich, dass sexuelles Verhalten sich zwischen verschiedenen Personen ereignet. Auch Empfinden und Verhalten einzelner Menschen ist sexuell, wenn und soweit es sich auf geschlechtliche Betätigung und Befriedigung geschlechtlicher Bedürfnisse bezieht.

Für dieses Verhalten ist die Fortpflanzungsfähigkeit und -form nur eine allgemeine Grundlage, hat aber keine unmittelbare, zwangsläufige Verbindung zum sexuellen Verhalten, das vielmehr sozialen Zwecken dient. Zugleich setzt sexuelles Verhalten aber keine spezifisch sozialen Emotionen voraus. Der Begriff kann vielmehr unabhängig von einem Bezug auf soziale Bindungen, emotionale Nähe oder Partnerschaft verwendet werden für *jede Art von Verhalten, das auf eine an die biologischen Voraussetzungen der Fortpflanzungsfähigkeit (nur) anknüpfende Erlangung von (»sexueller«) Lust gerichtet ist.* Sogar das ist aber nicht zwingend erforderlich. Sexualitätsbezogen wird auch ein Verhalten genannt, das einen Lustgewinn nur formal vorspiegelt oder nur mittelbar, gegebenenfalls auch unbewusst anstrebt, oder das sich als sexuell geltender Formen bedient, um andere Motive zu verfolgen. Der erstmals 1820 von dem schlesischen Botaniker August Wilhelm Henschel geprägte Begriff der Sexualität hat sich damit von seiner ursprünglich rein biologischen Bedeutung weit getrennt und führt heute ein überaus vielgestaltiges, schwer eingrenzbares Eigenleben.

Durch diese Trennung wird Sexualität über die Körperfunktion hinaus zu einem Mittel der Selbstreflexion und Individualisierung und damit Teil einer spezifisch menschlichen sozialen Struktur. Dabei stehen Instinkt (»Trieb«), Fortpflanzung, Partnerwahl, Emotionalität und soziale Ordnung nicht unverbunden funktional nebeneinander, sondern untereinander in engster, vielfach auch unreflektierter und unbewusster Weise in Zusammenhang. Beeindruckende Beispiele finden sich an vielen Stellen, etwa bei empirischen Untersuchungen des Partnerwahlverhaltens, bei dem scheinbar hochindividuelle, kulturell stark formbare und wandelbare Merkmale der körperlichen Attraktivität, des Alters sowie des sozialen Rangs eine konstant signifikante und mit hoher Sicherheit vorhersehbare Rolle spielen. Abweichungen ergeben sich insoweit vor allem auf der Ebene der Erwünschtheit, auch von sogenannten Traumvorstellungen angeblich angestrebter Partner. In projektiven Tests und in der statistischen Breite setzen sich zuverlässig Standardvorstellungen durch.

Die Entkopplung von Fortpflanzung und sexuellem Verhalten im Sinne einer sozialen Funktion ist nicht Menschen vorbehalten. Das bekannteste nichtmenschliche Beispiel ist die Menschenaffenart Bonobo. Hier spielt geschlechtliche Zuwendung eine wichtige Rolle als Mittel sozialer Konfliktvermeidung und -regulierung und hat sich insoweit von den daneben existierenden Abläufen und Regelungen der Reproduktion getrennt. Bonobo-Gruppen sind matriarchal strukturiert, die Weibchen wechseln vor der Geschlechtsreife die Gruppe, während die Männchen lebenslang in der Geburtsgruppe bleiben und starke Bindungen an die dominante Mutter haben. Aber auch bei anderen Tierarten lässt sich eine von bloßer Fortpflanzung getrennte, auf Bindung und Sozialverhalten orientierte Funktion geschlechtlichen Verhaltens in vielerlei Entwicklungs- und Übergangsstufen beobachten. Die Vorstellung, es gebe eine strikte, kategorische Trennung zwischen menschlichem und nichtmenschlichem Geschlechtsleben und Sexualverhalten, ist daher unzutreffend. Das entspricht den Erkenntnissen zur evolutionären Entwicklung von Empathie, sozialer Bindung und allgemein zum instinktunabhängigen Verhalten und ist als solches nicht verwunderlich. Schließlich sind Menschen als spezielle Säugetiere entstanden, nicht als qualitativ-kategorialer Gegenentwurf zur Natur. Um ein Bild des Primatenforschers Frans de Waal zu zitieren: Der Mensch teilt die Welt ein in Pflanzen, Tiere und Menschen. Ein Schimpanse würde zwischen Pflanzen, Tieren und Schimpansen unterscheiden.

Daher wirken in allen menschlichen Gesellschaften die Anknüpfungen an die Fortpflanzung und damit evolutionäre Funktionen der Arterhaltung und die in langen Zeiträumen entwickelten und ausdifferenzierten Verbindungen zwischen biologisch-evolutionären Notwendigkeiten, allgemeinen intellektuellen Voraussetzungen und sozialen Bezügen in vielfältiger Weise fort und bestimmen das gesellschaftliche und individuelle Leben in hohem Maß.

Damit sind nicht spezifische Formen der Organisation von Geschlechtlichkeit gemeint, denn diese sind von vielerlei Umständen abhängig, wandelbar und aufgrund der Entstehung freier Entscheidungsabhängigkeit stark differenziert. Diese Differenzierung entwickelt sich nicht naturwüchsig und ist keine bloße Funktion sexueller Natur. Erst recht nicht ist sie entkoppelt von den wirtschaftlichen und politischen Bedingungen der gesellschaftlichen Produktion und Reproduktion. Die sexuelle Differenzierung ist aber auch nicht frei im Sinn einer vollständig bewussten, reflektierten Emanzipation intellektuell, emotional und moralisch gesteuerter Entscheidungsprozesse von der triebhaft-tierischen Natur. Die Vorstellung, das menschliche Empfinden und Verhalten stelle sich wie eine Art Schichtentorte dar, in der sich analog zur naturgeschichtlichen Entwicklung des zentralen Nervensystems über den »wilden«, vor- und unbewussten Schichten des Triebs die reflektierten Schichten moralischer Verfeinerung und kultureller Sublimierung türmen, wird der Komplexität der Verhältnisse nicht gerecht. Dennoch findet es sich bis heute so oder ähnlich in allerlei Persönlichkeitsvorstellungen wieder, die zumeist auf Sigmund Freuds Entdeckungen über das Unbewusste zurückgehen und an das ursprünglich von ihm vertretene Schichtenmodell anknüpfen. Die analytische Psychologie befasst sich bis heute, in mal mehr, mal weniger plausiblen Theorien und Analogien, mit der Aufdeckung, Reflexion und Rekonstruktion sexualitätsbezogener Verbindungen von Natur und Sozialverhalten.

Die hier zugrunde liegende Vorstellung, der Mensch trage in sich eine natürliche Palette von sogenannten Trieben, die sozusagen die animalische Grundlage der zivilisatorischen Kultur in Form von Moral, Ethik und Normen sowie deren Sanktionierung bilden, ist eine schematisierende Verzerrung. Seine Wurzeln hat dieses Denken in anthropologischen Vorstellungen des 19. Jahrhunderts, die den Menschen als eine Maschine konzipierten, in der soziale und individuelle Erscheinungen als strikt voneinander getrennte Funktionalitäten zusammenwirken. Nicht von ungefähr finden sich in der soziologischen und psychologischen Literatur bis nach dem Ersten Weltkrieg zahllose Metaphern von Motoren, Dampfkesseln oder Transmissionsriemen und von diesen in determinierte Bewegungen versetzten funktionalen Werkzeugen. Tatsächlich gibt es, wie wir heute wissen, keine natürlichen, nicht sozial geprägten und durch Erinnerung, Normativität, Empathie und Ich-Empfinden geformten Triebe. Dass der individuelle Mensch zum Überleben Wasser trinken oder schlafen muss, folgt nicht denselben Regeln wie das Bedürfnis nach Lust, Zärtlichkeit oder emotionaler Verbundenheit, noch weniger gilt dies für die sozialen Strukturierungen der Fortpflanzung. Auch Scham geht der Sozialität nicht voran, sondern ist ihr unterworfen. Das gilt auch dann, wenn die Robinson Crusoes der Weltliteratur allenthalben sich verhüllen, sei es aus Scham vor sich selbst oder vor fiktiven Zuschauern, die sie selbst in der menschenleeren Weite noch spüren. Denn sie sind ja, wie es Defoe beispielhaft zeigt, gerade nicht »zurückgekehrt in die Natur«.

Man kann also davon ausgehen, dass es neben oder im körperlichen Menschen samt seiner komplexen Funktionszusammenhänge nicht noch ein körperloses Etwas namens Seele gibt, das den Menschen anders als allen anderen Lebewesen eigen ist und ihr Wesen bestimmt. Bewusstsein und Reflexionsfähigkeit sind nicht Eigenschaften, die einem Naturwesen Mensch von außen hinzugefügt wurden und dadurch seinen Austritt aus der als Paradies gedachten Natur bewirkten. Sie sind vielmehr selbst Entwicklungsformen von Natur.

Sexualität und Sexualitätsempfinden ist somit stets auch Natur. Sie sind aber zugleich stets und von Anfang an auch spezifisch menschlich, das heißt sozial funktional, mit Zwecken und Gefühlen verbunden, reflektiert und normativiert. Eine freie Sexualität im Sinne einer im Wortsinn natürlichen, moralfreien, vorbewussten Spontanverbindung von Alltagsleben, sozialer Reproduktion, Sicherheit und Struktur und sexuellem Verhalten gibt es nicht und gab es nie – gewiss nicht in den im 17. bis 19. Jahrhundert als sogenannte Naturvölker romantisierten außereuropäischen Gesellschaften. Denn spätestens sobald in einer sozialen Gemeinschaft die Zuordnung von Kindern entweder über ihre Mütter (matrilinear) oder über ihre Väter (patrilinear) stattfindet und wichtig wird – beispielsweise für die Trennung von Familienclans zur Umsetzung exogamer Heiratsregeln und Installierung eines Inzest-Tabus –, muss der Sexualverkehr normativiert und Regeln unterworfen werden. Diese finden ihre Grundlagen zwangsläufig in zumeist religiös verstetigten Moralvorstellungen, ohne dass dem irgendeine überzeitlich-qualitative Bedeutung zukommt.

Es geht also nicht um richtige oder gute Moral, sondern um ihr Vorhandensein an sich. Die angeblich natürlichen und freien Gesellschaften, auf die die europäischen kolonialen Eroberer der vergangenen Jahrhunderte seit dem 15. Jahrhundert von Amerika bis Polynesien stießen, waren *nicht natürlicher, sondern anders.* Überdies aber waren die Kolonisierten in der Regel machtlos, sodass sie ihre Normen gegen die fremden Eindringlinge auf Dauer nicht aufrechterhalten und durchsetzen konnten.

Für die Zwecke dieses Buchs folgt aus dem Dargelegten die genauso fundamentale wie oft übersehene Feststellung, dass man die Sozialgeschichte und speziell die Geschichte der Normativierung von Fortpflanzung und Sexualität, das heißt die Frage nach dem historischen Grenzverlauf zwischen erwünschtem, erlaubtem, verachtetem und verbotenem sexuellen Verhalten, nicht nach Maßgabe von Moral darstellen oder bewerten kann. Vielmehr ist die jeweilige Moral ihrerseits wichtiger Gegenstand der Differenzierung und des Verständnisses.

Vereinfacht gesagt, es ist für eine im weitesten Sinne sozialhistorische Betrachtung des Sexualstrafrechts ohne Erkenntniswert, bäuerliche Familienstrukturen oder adelige Heiratsregeln vergangener Jahrhunderte nach dem Gesichtspunkt zu untersuchen und zu beurteilen, ob sie heute moralisch richtig und funktional erscheinen.

Sexualität als gesellschaftliche Form

Sexualität ist in Inhalt und Form individuell strukturiert und zugleich in hohem Maß sozial geprägt. Analog zu den Kategorien Natur und Kultur stehen auch diese Eigenschaften nicht einfach nebeneinander. Die Bedeutungen sind aufeinander bezogen und bedingt, sie befinden sich in einem Wechselverhältnis gegenseitiger Abhängigkeit und Beeinflussung. In zusammenfassender Form, wie sie für die Zwecke des Buchs hoffentlich ausreichend ist, sind im Folgenden insbesondere der kommunikative und der ordnungspolitische Aspekt dieses Verhältnisses zu nennen.

Über Intimität sprechen: Sexualität und Kommunikation

Menschliche Sexualität ist Gegenstand reflektierter Erwägungen und bewusster Entscheidungen. Sexuelles Verhalten ist nicht Reflex oder Exekution von Trieben. Das ist unabhängig davon, ob dem Trieb-Begriff überhaupt ein sinnvolles Konzept zugrunde liegt, nimmt er doch psychische Gegebenheiten vor allem als Eigenschaften und Wirkungskräfte einzelner Menschen wahr und vernachlässigt die Dimension der Kommunikation als Existenzbedingung menschlichen Lebens. Der Mensch war zu keiner Zeit ein Einzelwesen, wie es die sogenannten Vertragstheorien der Aufklärung konstruierten, sondern hat von Anfang an immer nur als gesellschaftliches Wesen gelebt. Das Alleinsein als existenzielle Erfahrung ist Funktion und Form eines Ich-Bewusstseins, das sich nur als Spiegelung von Empathie und Du-Bewusstsein entwickeln kann. Das bedeutet, die seit jeher als Fremdheit erlebte, Angst erzeugende Individualisierung ist eine direkte Folge sozial gesteuerter Evolution, und umgekehrt ist die soziale Kommunikation über die Integration von Interessen und Bedürfnissen eine unvermeidliche Folge der Individualisierung des Bewusstseins.

Tatsächlich gibt es keine von der Sozialität abzugrenzende psychische Eigenschaften des Menschen, wenn man von einigen biologisch-evolutionären Grundvoraussetzungen absieht. Die stammesgeschichtliche Entwicklung der Sprache als einer Verbindung von Zeichen mit Bedeutung ist offenkundig eine auf die soziale Natur des menschlichen Lebens ausgerichtete evolutionäre Errungenschaft, die von einer überragenden Bedeutung für die Integration psychischer Gegebenheiten ist und diese umgekehrt formt. Die Möglichkeit, Fortpflanzung zum Gegenstand bewusster Reflexion, Absprache und symbolischer Regelung zu machen, wird ergänzt durch die Abgrenzung zwischen dem Verhalten, das sich auf den biologischen Vorgang der Fortpflanzung bezieht, und dem sexuellen, das heißt auf soziale Aspekte geschlechtlichen Verhaltens bezogenen Handeln.

Diese Form der Kommunikation äußert sich zum Beispiel darin, dass sexuelles Begehren und emotionale Anziehung in symbolisierter Form dargestellt, in Begriffen abstrahiert und zu Gegenständen wie Kriterien sozialer Integration gemacht werden können. Gesichtspunkte und Emotionen wie Liebe werden in einem idealen Gesamtkonzept zusammengefasst sowie stark und dauerhaft an soziale Verhältnisse und deren symbolische Formen angepasst. Das hat vielerlei Vorzüge, weil es die Gemeinschaften dauerhaft stabilisiert und durch Regeln der Moral und der Ethik ordnet und symbolisch strukturiert. Eine solche Beschränkung der Sichtweise muss sich andererseits beim Verständnis sexuellen Verhaltens verzerrend auswirken, weil die symbolischen Formen häufig nicht nur die materiellen Grundlagen überlagern, sondern auch die Reflexion ersetzen – genau das ist ihre ordnungspolitische Funktion: Wer überzeugt davon ist, dass eine bestimmte Form der Partnerwahl moralisch »gut« und gottgewollt ist, muss nicht lange über Ursprung und Funktion dieser Regel sowie über mögliche Alternativen nachdenken.

Das fällt uns in der Regel vor allem dann auf, wenn wir auf Fremdes, vorgeblich Zurückgebliebenes, Überholtes, Überwundenes blicken. Die Faszination, mit welcher seit der europäischen Expansion die sogenannte zivilisierte Welt auf die sogenannten Naturvölker, die »Wilden« und angeblich Ursprünglichen blickt, ist ein Beispiel hierfür, das bildungsbürgerliche Interesse an Ethnologie und die bis heute andauernde Faszination, die etwa Dokumentationen über Partnerwahl, Initiations- oder Hochzeitsriten bei den »Naturvölkern in den letzten Urwäldern« der Welt bei zahllosen Menschen in den Metropolen auslösen, ein anderes. Erstaunlicherweise sind viele Menschen geneigt, in der Fremdartigkeit einer solchen quasi konservierten Vergangenheit eine Form reinerer Natur zu sehen und eine Erinnerung an vorhistorische Zustände unwillkürlichen Sexualverhaltens wahrzunehmen. Dabei wird wie erwähnt oft übersehen, dass die Regeln und Verhaltenskodizes, welche die eigene Zeit, Gesellschaft oder soziale Schicht prägen, ihrerseits weder voraussetzungslos noch durchweg rational oder stets funktional sind.

In vielerlei Hinsicht geraten die langlebigen, tief mit Moralvorstellungen und Persönlichkeitsbildern verwobenen Sitten und Gebräuche, Einstellungen und Verhaltensweisen im Zusammenhang mit sexuellem Verhalten in konflikthaften Widerspruch zu rascher wechselnden Strukturen des Soziallebens, etwa sozialer und räumlicher Mobilität. Ein Beispiel hierfür sind etwa die dramatischen Veränderungen, die sich durch die außerordentlich rasche Industrialisierung Chinas in den letzten Jahrzehnten und die Zusammenballung vieler Millionen von ehemals auf dem Land lebenden jungen Menschen als Arbeiter in den Fabriken der Megacitys ergeben haben. Dadurch ist eine bei der ehemals bäuerlich geprägten Landbevölkerung noch in Traditionen und Moralvorstellungen stark verankerte Kultur des vorehelichen Lebens in den Familien, der Partnerwahl und Verheiratung binnen weniger Jahrzehnte komplett zerschlagen und verändert worden. Das chinesische *Hukou*-Verwaltungssystem registrierter Wohnsitze führt dazu, dass derzeit fast 300 Millionen sogenannte Wanderarbeiter außerhalb ihrer Heimatregionen arbeiten und dort oft langfristig ohne Partner auf engstem Raum in Wohnheimen leben. Eine spontane Partnerwahl sowie ein selbstbestimmtes Sexualleben sind ihnen nur sehr eingeschränkt möglich. Hinzu kommt hier eine für westeuropäische Verhältnisse schwer nachvollziehbare staatlich-öffentliche Kontrolle und Organisation des individuellen Verhaltens bis weit in den Privatbereich hinein, einschließlich rigide vertretener Regeln zur Familienplanung. Eine Heirat gilt als sozial üblich und wünschenswert, sie wird von 90 Prozent der Bevölkerung vor dem 30. Lebensjahr angestrebt. Andererseits ist der allgemeine Umgang mit sexuellem Verhalten relativ liberal, da religiöse Traditionen wenig Gewicht haben. Im Jahr 1992 wurde geschätzt, dass noch etwa 4,3 Prozent der Ehen in ländlichen Regionen Chinas von den Eltern arrangiert wurden*; inzwischen dürfte sich die Zahl weiter reduziert haben.

Vergleichbare soziale Umbrüche mit weitreichenden Auswirkungen auf Sexualverhalten und Partnerwahl hat es in Mitteleuropa seit Beginn der Industrialisierung Mitte des 19. Jahrhunderts gegeben. Auch sie war geprägt von einem Wegzug großer Teile der armen ländlichen Bevölkerung in die Städte, die die Entstehung einer städtischen proletarischen Lebenskultur sowie einer mittellosen »Reservearmee« verelendeter subproletarischer Schichten zur Folge hatten. Damit zerbrachen relativ schnell auch die traditionellen Vorstellungen und informellen Regeln geschlechtlichen Verhaltens, denn die herkömmlichen Familienstrukturen verloren unter den Bedingungen der Fabrikarbeit von Frauen und Kindern einen erheblichen Teil ihrer wirtschaftlich und moralisch sichernden Funktion.

Die wirtschaftlichen und sozialen Veränderungen der »digitalen Revolution« und der sogenannten Globalisierung haben ebenso weitreichende Folgen, die schon jetzt sichtbar sind. Sie zeigen sich namentlich auch in der Individualisierung der Biografien und Lebenskonzepte und einer Orientierung auf personale Authentizität der sogenannten sexuellen Identität. Wir kommen darauf im abschließenden fünften Kapitel zurück.

* Liu Dalin, »Die heutige Situation der Sexualforschung in China«, in: Gindorf/Haeberle (Hrsg.), *Sexualwissenschaft und Sexualpolitik. Spannungsverhältnisse in Europa, Amerika und Asien*, Berlin / New York 1992, S. 395–396.

Kontrolle und Sanktion: die Ordnung und Unordnung von Sexualität

Wenn man im Jahr 1900 in einem Bauerndorf irgendwo in Deutschland lebte, war man Teil einer Kultur mit – für heutige Verhältnisse – außerordentlich engen und festgefügten Regeln für jede Art sexualbezogenen Verhaltens. Das begann damit, dass es entscheidend darauf ankam, welcher gesellschaftlichen Schicht oder Klasse man angehörte: den Land besitzenden Bauern, diese wiederum unterschieden in höhergestellte Gutsbesitzer und Kleinbauern am Existenzminimum, der Klasse der land- und besitzlosen Knechte und Mägde und der Wanderarbeiter oder der schmalen Schicht der Obrigkeit, also dem Verwaltungs- und Polizeiapparat, der Kirche und der sozialen Berufe, etwa Ärzte oder Lehrer. Sexualität war nicht nur in der öffentlichen und privaten Kommunikation ein Tabu, sondern auch in ihren Formalisierungen und Symbolen strikt und mit äußerster Rigidität geregelt. Das bedeutete vor allem, dass sexuelles Verhalten außerhalb der Ehe streng verboten und gesellschaftlich geächtet war, soweit es nicht in verschwiegenen Handlungen privilegierter Kreise bestand, also etwa Bordellbesuchen wohlhabender Männer in der Stadt.

Die Ehe- und Sexualverfassung war strikt auf die ökonomischen Bedürfnisse der bäuerlichen Gesellschaft ausgerichtet. So wurden Heiraten weithin arrangiert und fanden ihre Bedeutung eher zwischen Familien als zwischen individuellen Menschen, denn es ging um Weitergabe von Höfen, Landbesitz und Erbschaften. Eine romantische Liebe war bestenfalls erwünscht, galt aber keineswegs als Voraussetzung erfolgreicher Ehen. Namentlich den Frauen widerfuhr sie nicht durch selbstbestimmte Partnerwahl, sondern durch glücklichen Zufall. Kennenlernen und Auswahl von Partnern waren streng reglementiert und fanden unter den Augen und unter Kontrolle der Öffentlichkeit statt.

Potenzielle Partner waren nur in sehr begrenzter Anzahl überhaupt vorhanden und die Möglichkeiten eines tatsächlichen Kennenlernens extrem eingeschränkt, meist beschränkten sie sich auf distanziert-ritualisierte Gelegenheiten anlässlich dörflicher Feiertage. Verboten und geächtet war jede voreheliche Sexualität, namentlich von Mädchen und Frauen, mit Kriminalstrafe bedroht war der Ehebruch. Eine Scheidung war vonseiten der Frauen praktisch unmöglich, und verwitwete Frauen mussten lange, sozial streng überwachte Wartezeiten einhalten, bevor sie neue Partner wählen konnten. Ob sie diese fanden, hing weitgehend davon ab, ob sie Land besaßen oder als Bäuerin und damit als Arbeitskraft von einem Witwer gefreit wurden.

Die bäuerlichen Familien waren strikt patriarchalisch strukturiert. Selbstbestimmte Entscheidungen über Sexualität und Fortpflanzung waren Frauen fast unmöglich, während das männliche Verhalten in hohem Maß außengeleitet war durch religiöse, soziale und moralische Regeln und Überwachung. Eine Sexualerziehung oder -aufklärung fand nicht statt, und so waren auch Verhütung und Familienplanung tabuisiert. Das galt erst recht für Abtreibungen. Uneheliche Mutterschaft führte fast zwingend zur sozialen Ausgrenzung, die gegebenenfalls auf die ganze Familie der betroffenen Frau ausgedehnt war. Ledige Mütter, die »in Schande« lebten, hatten daher vielfach nur die Wahl zwischen einem Leben am sozialen Rand der Dorfgemeinschaft oder einem Wegziehen in die großen Städte, wo unter Umständen eine Existenz als Hausmädchen oder Fabrikarbeiterin möglich war; ansonsten blieb vielfach nur Prostitution.

Angehörige der landlosen Schichten hatten kaum Möglichkeiten des sozialen Aufstiegs innerhalb der bäuerlichen Gemeinschaften. Mägde wurden von männlichen Familienangehörigen vielfach auch zu sexuellen Verhältnissen gebracht oder gezwungen. Ein Aufstieg zur Bäuerin durch Heirat aber war eine seltene Ausnahme, der auch langfristig der Ruch der Illegitimität anhaftete und daher auch für den Bauern ein hohes soziales Risiko darstellte. Uneheliche Kinder entsprangen oft stabilen Konkubinaten und wurden sozial diskriminiert. Knechte und Mägde blieben oft lebenslang partnerlos.

Die äußerste Enge dieser Verhältnisse, die in diesen Hinweisen nur angedeutet sind, ist den Menschen des 21. Jahrhunderts noch aus Romanen und sogenannten Heimatfilmen bekannt, wobei hier die Zahl der romantisierenden Verzerrungen weit überwiegt.

Das Beispiel bäuerlich-dörflicher Kultur am Anfang des 20. Jahrhunderts ist deshalb gewählt, weil es noch vergleichsweise nahe an der Aktualität liegt und Elemente enthält, die bis heute in veränderter und verkitschter Form fortwirken. Das hat auch zur Folge, dass die kulturelle Distanz noch deutlich als Ausdruck individuellen Lebens wahrgenommen wird, wohl kaum jemand möchte heute unter den geschilderten Verhältnissen leben. Diese werden vielmehr als bedrückend, eng und überlebt angesehen und abgelehnt. Erstaunlich erscheint es daher, dass dies bei noch weiter zurückliegenden oder noch fremderen Verhältnissen oft nicht mehr der Fall ist und diese vielmehr geradezu als natürlich oder naturnah angesehen und damit als Ausdruck erstrebenswerter Ursprünglichkeit betrachtet werden. Dem liegt zumeist schlichte Unkenntnis zugrunde, denn in der Regel ist davon auszugehen, dass gerade in sogenannten primitiven Gesellschaften das Maß unmittelbarer sozialer Kontrolle besonders hoch und die Räume individueller Entscheidungen über Partnerwahl und sexuelles Verhalten außerordentlich eng waren oder sind.

Selbstverständlich gibt es insoweit Ausnahmen, die in der bürgerlichen Gesellschaft der Neuzeit als paradiesisch konstruiert wurden, ein Beispiel etwa ist Polynesien. Aber auch im angeblichen Naturparadies zeigt sich die enge Bindung der Sexualverfassung an die wirtschaftlichen und politischen Grundstrukturen der Gesellschaft, auch dort ist sexuelles Verhalten reguliert, auch dort sind Partnerwahl und Ehe, Fortpflanzung und Familienplanung sowie sexuelle Freiräume hochgradig reglementiert, ritualisiert und symbolisch materialisiert. Trotzdem wird diese Wirklichkeit als eine individualisierte und bewusst gestaltete wahrgenommen, weil sie scheinbar an der jeweiligen Persönlichkeit, individuellen Moral und unmittelbaren Beziehungserfahrung orientiert ist. Somit wird sie zum projizierten Ausweg aus der eigenen konflikthaften Erfahrung im Austausch mit einer öffentlichen, allgemeinen Anforderungsstruktur.

Die europäische Sexualkultur ist entscheidend durch den Einfluss der christlichen Religion geprägt worden. Die Entwicklungen der bürgerlich-kapitalistischen, auf formale Gleichheit ausgerichteten Konkurrenzgesellschaft hat ihre Fortentwicklung in den letzten 250 Jahren bestimmt und überkommene Strukturen in steter Beschleunigung entwertet, aufgelöst, verändert und durch neue Formen und Ideen ersetzt. Dieser Prozess wird in den Jahrzehnten ab etwa 1960 als besonders schnell, teilweise chaotisch empfunden und hat zu neuen Fragestellungen und Problemen geführt, die durch Ungleichzeitigkeiten bestimmt sind. Hierauf kommen wir in den folgenden Kapiteln noch zurück.

Sexualität als gesellschaftliche Wirklichkeit

Werte im Wandel: Familien und Sexualmoral

Sexualmoral ist Familienmoral, auch wenn es konkret gar nicht um Familie im heute geläufigen Sinn geht. Denn weil (und solange) Fortpflanzung sich in zweigeschlechtlicher Form vollzieht, bezieht sich auch die geschlechtliche Betätigung auf die Möglichkeit der Fortpflanzung und die hierdurch begründeten zahlreichen Erfordernisse des Soziallebens. Das gilt in abstrahiert-negativer Bedeutung auch für gleichgeschlechtliche Sexualität, obgleich hier zumindest vorläufig eine Fortpflanzungsfunktion entfällt. Bezeichnend ist aber insoweit, dass sowohl normativ, namentlich im Adoptions-, Familien- und Erbrecht, als auch medizinisch-naturwissenschaftlich, und zwar in Bezug auf die Klonierung, jeweils ein enger Bezug zur sozialen Form der Familie hergestellt wird.

Ob es auf einer frühen Stufe menschlicher Sozialentwicklung Gemeinschaften gab, in denen die Zuordnung der Kinder vollkommen gleichgültig war, weil einerseits polygame Sexualbeziehungen vorherrschten und andererseits die Vaterschaft unsicher war, sei dahingestellt. Näher liegt es für matrilinear organisierte Gemeinschaften, in denen die Kinder aller Frauen sozusagen gemeinsame Kinder aller Männer sein können.

Eifersucht ist in diesem Zusammenhang kein Phänomen, das mit bestimmten Sozialstrukturen in die Welt gekommen ist. Als Vermischung von Machtanspruch über Sexualpartner und Konkurrenten einerseits mit emotionaler Furcht und Traurigkeit andererseits ist sie wohl ubiquitär und muss in allen menschlichen Gemeinschaften bewältigt, das heißt individuell und sozial verarbeitet und kompensiert werden. Das ist schon deshalb wichtig, weil sie ein außerordentlich machtvoller Impuls für Konflikt und

Gewalt ist, der zu lang anhaltenden, für die Gemeinschaft zerstörerischen Fehden führen kann.

Spätestens wenn Ressourcen des Lebens, insbesondere Boden und Vorräte, zum Eigentum Einzelner werden, der erste Bauer also, bildlich gesprochen, den Zaun um sein Stück Land zieht und sagt: »Was hier wächst, ist meins!«, dann kommt auch die Frage des Erbrechts ins Spiel. Von da an geht es bei Sexualität immer auch um Anteile an der Welt, an Ressourcen, Chancen und Macht. Hieran hat sich bis heute nichts Grundlegendes geändert. Abstammungs- und Verwandtschaftsbeziehungen müssen geklärt sein, Nachfolge- und Erbenstellungen wollen bestimmt sowie Nähebeziehungen definiert werden. Weil Familien als mehr oder minder große Abstammungsgemeinschaften auch wirtschaftliche Einheiten sind oder sein sollen, können sexuelle Beziehungen innerhalb der Familien und von Mitgliedern der Familien nach außen in der Regel nicht ohne Bedeutung sein. Die durch sexuelle Beziehungen berührten vielfältigen emotionalen, wirtschaftlichen und rechtlichen Fragen führen überdies dazu, dass sexuelles Verhalten nicht ohne Rücksicht auf die Familie möglich ist und nur in engen Grenzen toleriert wird.

Das betrifft zum einen die Partnerwahl mit Bezug auf die Familie, zum anderen sexuelle Kontakte und sexuelles Verhalten außerhalb oder am Rand dieser Gemeinschaft. Es ist offenkundig, dass etwa außereheliche Sexualkontakte regelmäßig ein hohes Risiko für den Bestand langfristiger familiärer Partnerschaften darstellen. Sie werden daher meist verheimlicht und sind auch in der allgemeinen gesellschaftlichen Kommunikation mit verschiedenen Tabus verbunden. Die Ausprägung dieser Tabus ist in hohem Maß abhängig von zeitlichen Umständen, verstanden als das herrschende soziale Klima, sowie von wirtschaftlichen, geschlechtsspezifischen und allgemein politischen Umständen. Fremdgehen, also außerpartnerschaftliche sexuelle Kontakte, gilt weithin als sozial abweichend, wird negativ bewertet und führt überwiegend zur sozialen Abwertung. Das gilt fast übereinstimmend in allen modernen Gesellschaften.

Ausnahmen sind vertraut im Zusammenhang mit der privilegierten Stellung von wirtschaftlich und politisch mächtigen Personen. In vorbürgerlichen Zeiten war eine Mätressen- und Liebhaberwirtschaft vor dem Hintergrund der standes- und klassenspezifischen Heiratsregeln und Familienstrukturen eher geläufig, da es hier nicht selten an jeglicher emotionaler Nähe innerhalb der formalen Familie fehlte und weder die Ehepartner zueinander noch die Abkömmlinge zu ihren Eltern nahe persönliche Beziehungen pflegten. Soweit in der bürgerlichen Welt der Individualität Beziehungsstrukturen ähnlicher Art gelebt und toleriert werden, beschränkt sich dies auf Minderheiten, die entweder durch exponierte wirtschaftliche oder exzentrische soziale Rollen gekennzeichnet sind. Sogenannte offene sexuelle Beziehungen, also etwa langfristige Partnerschaften mit der Freiheit zu äußeren sexuellen Kontakten, werden gelegentlich propagiert, sind aber weit entfernt davon, in der Mehrheitsgesellschaft toleriert und praktiziert zu werden. Allenfalls lässt sich in manchen Bereichen der Gesellschaft eine gewisse Toleranz gegenüber sogenannten Seitensprüngen feststellen, die als moralisch vertretbare Zugeständnisse an Bedürfnisse der Freiheit und der angeblichen sexuellen Natur angesehen werden. Dies gilt insbesondere für Männer, aber zumindest in Deutschland führen Seitensprünge anders als bis noch zum Zweiten Weltkrieg auch bei Frauen mittlerweile nicht mehr fast zwingend zur Auflösung der Ehe und zur sozialen Ächtung.

Die Sexualverfassung innerhalb von Familien wird auch durch öffentliche Regeln und durch Recht geformt und durchgesetzt, wichtig sind hier – neben dem Strafrecht – insbesondere das Familien-, Heirats-, Kindschafts- und Erbrecht. Die wichtigste praktische Quelle der Verhaltenssteuerung im Alltag ist jedoch die Moral. Sie formuliert normative Verhaltensregeln auf individueller Ebene und erscheint dem Einzelnen daher lebensweltlich weniger als eine von außen kommende Vorschrift als ein inneres Gebot, eine Frage von gut und schlecht. Moral wird überwiegend informell durchgesetzt und steuert individuelles Verhalten hocheffektiv. Sie überdauert positiv-formelle Regelungen unter Umständen langfristig, sodass sich etwa politisch verordnete rechtliche Modernisierungen gegen traditionell geprägte, ethnisch differenzierte Verhaltensnormen der Sexual- und Familienverfassung nicht dauerhaft durchsetzen lassen.

Ein gutes Beispiel für die Bedeutung moralischer Normen ist die Einführung der Antibabypille in den 1960er-Jahren. Die Verfügbarkeit eines wirksamen medikamentösen Kontrazeptivums mit den damit verbundenen erheblichen Ausweitungen der Freiheitssphäre von Frauen aufgrund des drastisch verringerten Risikos unerwünschter Schwangerschaften und der Möglichkeit funktionierender Planung von Fortpflanzung und Sexualverhalten führte einerseits zu rechtlichen Fragen und Problemen. Viel wichtiger war aber andererseits jene moralisch-normative, die ganze Gesellschaft erfassende Diskussion, die sich fast ohne Rücksicht auf formelle Regeln vollzog. Diese Diskussion führte unter anderem dazu, dass die christlichen Kirchen, und hier insbesondere die katholische, aufgrund ihres starren Festhaltens an überkommenen, zunehmend als dysfunktional und willkürlich angesehenen Regeln in großem Umfang Einfluss auf das reale Verhalten ihrer Mitglieder und schließlich der Gesellschaft im Ganzen verlor.

Es wurde damals unter Jugendlichen und Erwachsenen mit großem Engagement diskutiert, ob »die Pille« zu nehmen moralisch legitim und sozialpolitisch vertretbar sei. Die Mehrzahl der jungen Menschen bejahte diese Frage, große Teile der Gesellschaft aber lehnten ihre Anwendung ab. Diese Position wurde unabhängig von religiösen Überzeugungen mit Argumenten der Sexualmoral, der »sexuellen Gesundheit«, der sozialen Bedeutung der Familie und der angeblich natürlich determinierten Verteilung von Macht und Ohnmacht in Form tradierter sozialer Rollenbilder begründet. Man muss sich bei der rückschauenden Betrachtung klarmachen, dass dies zu einer Zeit geschah, als zum Beispiel auch die Frage, ob Frauen auf der Straße rauchen dürften, eine als für die soziale Reputation bedeutende angesehen wurde und in der bürgerlichen Mittelschicht eine Berufstätigkeit von verheirateten Frauen als moralisch zweifelhaft galt. Parallel entspannten sich in ihrer Leidenschaftlichkeit heute kaum noch vorstellbare Diskussionen über die Fragen, ob das Tragen von Miniröcken ein Beweis für sexuell-moralische Verkommenheit sei, ob das Austauschen von Küssen in der Öffentlichkeit gestattet oder polizeilich verfolgt werden solle und ob der sogenannte Sex vor der Ehe toleriert werden könne.

Das Aufbrechen solcher Diskussionen ist nicht, wie von konservativen Kreisen zumeist reflexhaft unterstellt, Ursache, sondern Auswirkung und Zeichen bereits bestehender tiefgreifender gesellschaftlicher Reibungen und Konflikte. Die Moral der Sexualverfassung und der Familienverfassung folgt nicht allgemeinen theoretischen Modellen oder zeitlosen Einsichten, sondern kann regelmäßig als mehr oder minder funktional angepasste Form der individuellen Innenleitung an die Erfordernisse der äußeren, insbesondere wirtschaftlichen Struktur verstanden werden. Mit anderen Worten, eine sich nach dem Zweiten Weltkrieg globalisierende Welt der Individualisierung von Leistung und Konsum, eine von der Ökonomisierung des Sozialen geprägte Welt war und ist auf Dauer nicht mehr mit einer Sexualverfassung vereinbar, die auf der modernisierungsfeindlichen Ideologie einer familiären Gemeinschaft mit einer unselbstständigen Position der Frauen gründete. Vergleichbar ist dieser sexualmoralische Wertewandel, der einerseits von den Trägern der neuen Moral induziert wird, andererseits aber ganz neue Anforderungen an sie heranträgt, mit dem Übergang von der agrarischen zur industriellen Gesellschaft: Arbeiter, die keine individuelle, unersetzbare Leistung mehr erbringen, sondern nur gleichartige Arbeitskraft in automatisierte Prozesse einbringen, können nicht mehr in den einstigen Abhängigkeitsverhältnissen der bäuerlichen Wirtschafts- und Lebensgemeinschaften samt ihrer Großfamilien gehalten werden. Sie individualisieren sich als Personen und werden zugleich Teile einer neuen sozialen Klasse von Menschen in gleicher Lage – und damit mit einer eigenen, neuen Moral, einer neuen Rollenverteilung in den Familien und grundlegend veränderten Aufgabenzuweisungen.

Neben der Funktion und Bewertung monogamer Sexualbeziehungen ist innerhalb der Familienstrukturen die Frage des Inzests von zentraler Bedeutung. Diese ist in hohem Maß moralisch-normativ aufgeladen. Das verwundert insofern etwas, als von kulturübergreifendem Inzestverbot kaum die Rede sein kann. Die Regeln, nach denen sich bestimmt, was überhaupt als Inzest – früher als »Blutschande« bezeichnet – angesehen wird, sind sehr unterschiedlich. In Deutschland ist strafrechtlich nur der vaginale Geschlechtsverkehr unter in gerader Linie Verwandten verboten (§ 173 StGB), wobei Personen unter 18 Jahren straffrei bleiben. In anderen Rechtsordnungen bestehen teilweise deutlich weitergehende, teilweise engere Verbote. So sind etwa in Korea, auf den Philippinen und osteuropäischen Ländern Heiraten zwischen Cousins und Cousinen verboten. In islamischen Ländern, etwa in Nordafrika, gelten sie teilweise noch als erstrebenswert und sind jedenfalls erlaubt. Der Inzest unter Erwachsenen ist etwa in Frankreich und Schweden, Russland und Indien nicht verboten, in Schweden ist grundsätzlich auch die inzestuöse Ehe erlaubt. In den Ländern Afrikas, Mittel- und Südamerikas bestehen meist gar keine Vorschriften.

Der Ursprung des Inzestverbots ist streitig. Zutreffend dürfte jedenfalls die Beschreibung des Ethnologen Claude Lévi-Strauss sein, wonach das Inzestverbot an der Schnittstelle zwischen Natur und Kultur verortet sei.* Es spricht vieles dafür, dass jedenfalls eine Quelle des Verbots das Bemühen ist, das Risiko von Schädigungen des Nachwuchses zu mindern, also die sogenannte eugenische Begründung. Allerdings nimmt das Verbot vielfach symbolische Natur an, ohne dass eine konkrete Gefahr dieser Art vorausgesetzt ist. Eine über die Gefahr von Erbschäden hinausgehende Gefährdung von Rechtsgütern, die teilweise behauptet wird, ist hingegen schwer erkennbar. Das wird schon dadurch deutlich, dass sich das strafrechtliche Verbot in Deutschland auf den vaginalen Geschlechtsverkehr beschränkt, während alle anderen Formen sexueller Beziehungen unter Verwandten nicht verboten sind, wenn man vom besonderen Strafrechtsschutz für Kinder absieht.

Was unter dem Stichwort der Familie beschrieben worden ist, gilt auch für Formen der Großfamilie oder des Clans, die in manchen Kulturen, auch unter Einwanderern nach Deutschland, noch erhebliche Bedeutung für die informelle und auch formelle Regelung und Vermeidung von Konflikten haben. Clans geraten hierdurch in eine Konkurrenzsituation zu staatlichen Instanzen und werden von der Mehrheitsgesellschaft als Bedrohung wahrgenommen.

* Claude Lévi-Strauss, *Die elementaren Strukturen der Verwandtschaft*, Frankfurt 1981 (1948), S. 653 f.

In traditionell strukturierten, meist patriarchalisch geführten Großfamilien vermischen sich dabei wirtschaftliche, personale und soziale Faktoren der Integration. Sie zeichnen sich oft durch rigide Sexualverfassungen aus, etwa indem die Partnerwahl namentlich von Mädchen und Frauen kontrolliert und fremdbestimmt geleitet wird. Sexuelle Kontakte werden streng überwacht und bei Frauen vor der Hochzeit nach Möglichkeit ganz unterbunden. Nicht selten spielen hier traditionell geprägte Vorstellungen von einer sogenannten Familienehre mit hinein. Sie ist die moralische Grundlage harter Beschränkungen der sexuellen Selbstbestimmung und legitimiert eine streng sanktionierte Pflichtenstellung der Familienmitglieder gegenüber einer kollektiven, auf den Funktionszusammenhang der gesamten Familie bezogenen Ehre unter der Drohung erheblicher Nachteile bis hin zur Gewaltanwendung und wirtschaftlichen Vernichtung.

Es liegt auf der Hand, dass eine solche an Kollektivwerten und staatsfernen Pflichtenstrukturen ausgerichtete Sexualverfassung in erheblichen Konflikt mit den rechtlichen und informellen Steuerungsmechanismen westlicher individualisierter Gesellschaften kommen muss.

Elite, Macht, Moral: Was Sexualität mit sozialen Klassen zu tun hat

Wie gezeigt wurde, ist sexuelles Verhalten Natur und Kultur zugleich. Es ist auf Fortpflanzung bezogen, davon aber nicht abhängig. Fortpflanzung wiederum ist eine biologische Notwendigkeit der Art, für die evolutionär vorgesorgt ist. Menschen sind zu keiner Zeit als Einzelwesen aufgetreten, die sich nur gelegentlich zum Zweck der Fortpflanzung mit anderen Individuen treffen, sondern stets in Gruppen und Gemeinschaften unterschiedlicher Größe und verschiedener Organisationsgrade. Es hat unterschiedlichste Formen der Vergemeinschaftungen gegeben: größere Gruppen mit matrilinearer Struktur, in denen Frauen mit mehreren Männern sexuelle Beziehungen hatten; patriarchale Gemeinschaften mit männlichen Abstammungslinien, in denen Frauen den führenden Männern zugeordnet waren; kleine Familiengemeinschaften mit nur einzelnen erwachsenen Männern; schließlich große Gruppen mit differenzierter Sozialstruktur. All diese Gruppen und Familien standen zudem meist im Austausch mit externen, anderen Gruppen, aus denen junge Frauen und junge Männer zuwanderten beziehungsweise zu denen sie abwanderten.

Eine nach Klassen oder Schichten differenzierte Sexualverfassung wiederum setzt die Existenz sozialer Gliederung voraus. Das betrifft zunächst die Entstehung von Eliten. Historisch beginnt die Elitenformation mit dem Entstehen einer herausgehobenen Schicht von Priestern und Kriegern, die im Sinne von Max Webers Herrschaftsmodell »charismatische« Führer sind, denen also aufgrund einer besonderen Begabung, Gnade oder sonstiger außeralltäglicher Eigenschaften Macht zufällt.* Auch die Zuordnung von Sexualpartnern und Durchsetzung eigener Fortpflanzungsinteressen sind an diese Machtposition gebunden. Da aber jede charismatische Herrschaft zur Verstetigung tendiert, bringt diese in der Regel traditionale oder rational-bürokratische Herrschaftsformen hervor. Die Entstehung des europäischen Adels, also einer Schicht von Privilegierten, die ihrerseits versuchen, ihre Privilegien an ihre Abkömmlinge weiterzugeben, ist im Zusammenhang traditionaler Herrschaftslegitimation zu verstehen. Sie fand eine bedeutende Stütze in den verschiedenen Figuren eines verstetigten Gnadentums, das die eigene Herrschaft und die mit ihr einhergehenden Privilegien

* Siehe dazu allgemein Max Weber, *Wirtschaft und Gesellschaft*, Tübingen 1972 (1922), Kap. III, §§ 10, 11.

von einer göttlichen oder schicksalhaften Macht ableitete und als natürliche Einrichtungen darstellte.

Ein weiterer bedeutender Schritt zur klassenspezifischen Sexualmoral ist die Entstehung einer Schicht von Land besitzenden Bauern. Denn Landeigentum führt alsbald zur Frage der Teilhabe, der Vererbung, der Abstammung, vor allem aber zur Bildung einer mehrheitlichen Schicht von Nicht-Eigentümern, also von landlosen Knechten, Dienern, Abhängigen und Sklaven. Damit regeln sich auch die sexuellen Beziehungen neu und werden an der Grenze zwischen den gesellschaftlichen Schichten wichtig für die Chancen auf Teilhabe und Aufstieg.

Umgekehrt gilt dies auch für das Risiko des Abstiegs in der sozialen Hierarchie. Um die Stabilität einer Gesellschaft zu sichern, müssen mehr oder weniger komplizierte Regelungen sicherstellen, dass Machtpositionen nicht durch bloße Fortpflanzung in der Generationenfolge zerfallen. Hierauf beruhen noch heute in verschiedenen Formen geläufige Regelungen über das Erstgeborenenrecht, über die Stellung von Nachgeborenen, Witwen und Großeltern. Ein weiteres Beispiel sind die oben beschriebenen Heiratsregeln in bäuerlichen Gesellschaften, die diese Gesellschaftsformation auch in Deutschland bis ins 20. Jahrhundert hinein stabilisierten.

Aber auch in städtischen Gesellschaften war die soziale Funktion von Sexualität entsprechend reglementiert. Dies galt schon für die in Zünften und Gilden organisierten Handwerkerschichten der frühen Neuzeit, später auch für die von Kaufleuten, Handwerkern und Staatsbediensteten dominierten Stadtgesellschaften. Hervorzuheben ist dabei die gesellschaftliche Differenzierung in »Herrschaften« und »Bedienstete«. Diese Grenze war auf sozial anerkannte Weise, das heißt mittels Heirat, kaum zu überwinden. Außereheliche Beziehungen zwischen Herren und oft aus Bauernfamilien stammenden Dienstmädchen waren zwar häufig, aber tabuisiert und endeten im Fall der Schwangerschaft, wobei die Erbrechte nichtehelicher Kinder möglichst ausgeschlossen wurden.

So entwickelten sich über die Zeit in allen Gesellschaften jeweils spezifische Moral-, Heirats- und Sexualitätskulturen, die auch in der bürgerlichen Gesellschaft fortwirkten und hier angepasst und modifiziert wurden. Unabhängig von der Vielfalt der Formen und den einzelnen Veränderungen kann man sagen, dass durchweg die *ökonomischen Positionen und Interessen von größter Bedeutung für die jeweiligen Moralvorstellungen waren.* Denn je mehr Reichtums-, Rechts- und Machtpositionen zur Disposition standen, desto wichtiger war eine moralische Absicherung eines Sexualverhaltens, die diese Strukturen nicht infrage stellte. Die sprichwörtlich standesgemäße Ehe ist unmittelbarster Ausdruck dieser Überlegung und wurde in vielfältiger Weise mit teilweise überaus rigiden Moralgeboten und sozialen Sanktionierungen abgesichert. Die Betonung der Ökonomie für die Moral ergibt sich dabei aus der besonderen Herausforderung, der sich das Bürgertum gegenübersah, da es weder auf charismatische noch auf traditionale Legitimationsressourcen zugreifen konnte, sondern seine Macht rational begründen musste. Während also der Adel aufgrund der Vorstellung einer als natur- oder gottgegebenen Nobilität zwar von Verarmung, nicht aber von Ehrverlust bedroht war und daher deutlich liberalere und verfeinerte Sitten pflegen konnte als bürgerliche Kreise, waren die Ehrpositionen der Letzteren unmittelbar an die ökonomische Position gebunden und als solche in der Marktgesellschaft stetig von Abstieg bedroht. Hieraus erklärt sich, dass die Moralvorstellungen und Toleranzspielräume in der bürgerlichen Gesellschaft der Neuzeit umso enger und rigider wurden, je näher die Gefahr des sozialen Abstiegs lag. Der europäische Kleinbürger des 18. und

19. Jahrhunderts schließlich erstarrte in zwanghaft rigider Sexualmoral bis hin zu den seelischen Störungen und Leiden, welche schließlich die Konjunktur der Psychologie und der Psychotherapien hervorbrachten.

Zusammenfassend können wir für die Zeitspanne der vergangenen vier Jahrhunderte in Europa drei Kulturen der Sexualmoral und des sexuellen Verhaltens unterscheiden. Die erste ist eine hochgradig verfeinerte, auf angeblich natürliche Privilegien gestützte *adelige* Moral des hedonistisch-gewaltsamen Zugriffs in Kombination mit einer emotional weitgehend abgetrennten Heirats- und Fortpflanzungspolitik.

Zweitens ist die *bürgerliche*, in sich hochgradig differenzierte Moralkultur der ökonomisch definierten Familienstruktur zu nennen, aus der sich die Vorstellungen einer möglichst engen Verbindung von Sexualverhalten, Fortpflanzung, Ökonomie und emotionaler Bindung entwickelt hat: Dies ist die bürgerliche Familie, deren vielfach ideologisiertes Bild heute fast weltweit die Oberfläche der Sexualkultur bildet.

Die dritte ist eine erst mit der Industrialisierung sich bildende Kultur *proletarischer* Moral, die von Rücksichten auf Eigentums- und Erbregeln weitgehend frei, stattdessen in eine neue Art von ökonomisch-moralischem Zwang eingebunden ist. Es handelt sich um Erwerbsgemeinschaften von Armen, in denen Männer, Frauen und möglichst viele Kinder für die Existenzsicherung zuständig sind. In diesen Schichten von Industrie- und freien Landarbeitern entwickelten sich stark abweichende Formen der Sexualmoral und intimen Strukturen. Die potenziell größere Offenheit stützte sich auf das Fehlen von vorgeblich naturgegebener Abhängigkeit, aber auch auf die sich aufdrängende Gleichheit der Belastungen von Frauen und Männern, aus der sich zwangsläufig die Forderung nach Gleichheit der Berechtigungen ergibt. Daraus ergab sich eine Emanzipation nicht etwa der Kultur von der Biologie, wie noch immer gern behauptet wird, sondern der Biologie von der Ökonomie.

Hieraus ergibt sich selbstverständlich nicht quasi automatisch eine freiere, gar bessere Sexualmoral. Wenn die geschlechtlichen Beziehungen ihren Zusammenhang mit ökonomischen Interessen und der Notwendigkeit des Fortpflanzens um des schlichten Überlebens willen verlieren, entstehen Chancen. Ob diese sich allerdings verwirklichen, hängt von einer Vielzahl anderer Umstände ab. Die Heroisierung einer angeblich befreiten, sogenannten proletarischen Moral in den kommunistischen Bewegungen der ersten Hälfte des 20. Jahrhunderts und die deprimierende Wirklichkeit des real existierenden Sozialismus an dessen Ende zeigen, dass von einer Notwendigkeit der Entwicklung kultureller Standards keineswegs gesprochen werden kann. Trotzdem bleibt festzuhalten, dass etwa in der DDR mit der von Staats wegen betriebenen Auflösung der zwangsläufigen Verbindung von individueller Existenzsicherung und familiärer Geschlechtsgemeinschaft ganz erhebliche Veränderungen auch im Bereich der Sexualmoral eingetreten sind. Die geschah schon allein deshalb, weil Ehescheidungen und Trennungen von Partnerschaften nicht durch krass unterschiedliche Chancen der weiblichen und männlichen Partner erschwert wurden und in der Regel keine unmittelbar nachteiligen Auswirkungen auf den sozialen und ökonomischen Stand und das informelle Ansehen hatten.

In den frühen Schriften von linksradikalen Sozialrevolutionären und Kommunisten zur Familien- und Sexualpolitik stößt man allenthalten auf enthusiastisch optimistische Prognosen einer Gesellschaft von inhaltlich Gleichen, in der die Mühe und die Freuden der Fortpflanzung und der Kindererziehung von den Umständen der Sexualität und der Liebe getrennt sind und die sich darauf besinnen kann, freie Assoziationen von Menschen allein aus emotionaler Bindung zu tolerieren und zu fördern. Man muss diesen teilweise romantisierenden Vorstellungen hier nicht im Einzelnen folgen, doch sie sind zu erwähnen, weil die Bedingungen und Entwicklungen der Sexual- und Familienmoral auch während der vergangenen zweihundert Jahre keineswegs so monolithisch und naturwüchsig-dauerhaft gewesen sind, wie es bisweilen erscheinen könnte.

Diese hat sich von Europa jedenfalls auch auf große Teile Ostasiens ausgedehnt. Auch die neuen Mittelschichten etwa in China, Südkorea und Japan folgen kulturellen Vorbildern, die in geradezu anachronistischer Weise den Eindruck erwecken können, aus der Mitte des europäischen 20. Jahrhunderts zu stammen. Vieles davon dürfte bloße Oberfläche sein. Dahinter stehen aber ersichtlich dieselben ökonomischen Bewegungen und Notwendigkeiten, welche diese Kultur einst in Europa und Nordamerika hervorgebracht haben. Wer Eigentum, Reichtum und Macht zu verlieren hat, weil er oder seine Vorfahren sich in eine differenzierte Leistungselite emporgearbeitet haben, achtet darauf, dass diese Positionen nicht durch eigenes oder das Sexualverhalten der Kinder gefährdet und verspielt werden. Das bedeutet, dass Heiraten nur im ebenbürtigen Stand stattfinden; dass sexuelle und familiäre Beziehungen für den sozialen Aufstieg zu nutzen sind, gerade durch Verbindungen attraktiver junger Frauen mit reichen älteren Männern; dass offene Promiskuität jenseits ritualisierter Formen des Vergnügens verpönt ist; dass Fortpflanzung und Sexualität strikt getrennt werden; dass aktiv Familienplanung betrieben wird mit dem Ziel weniger Kinder und durch die allgemeine Zugänglichkeit und soziale Akzeptanz von Verhütungsmitteln und Abtreibungen; dass die Beziehung zu den wenigen Kindern extrem hohe Bedeutung bekommt, die bis hin zur Fetischisierung und Sexualisierung von Kindlichkeit einerseits, etwa in Japan, und einer starken Ausrichtung der Erziehung auf soziales Konkurrenzverhalten andererseits reicht. All dies findet sich auch in Europa und Amerika – fällt uns dort aber aufgrund der vertrauteren Formen der Alltagskultur nicht so ins Auge.

Schichten- oder klassenspezifisches Sexualverhalten kann man, um den Fokus an dieser Stelle noch einmal zu weiten, sehr allgemein so beschreiben: Mit der technischen, ökonomischen und sozialen Entwicklung bilden sich in den zunächst kleinen, dann immer größeren menschlichen Gesellschaften Gruppen von Individuen heraus, die bestimmt sind durch ihre gemeinsame Stellung, ihren Zugang zu Ressourcen und Macht und die Fähigkeit zur Ausübung von koordinierter Gewalt. Unabhängig von subjektiven Vorlieben und Entscheidungen weisen sie daher ähnliche Interessenlagen und Lebensbedingungen auf. Aufs Ganze gesehen ergeben sich daraus wiederum parallele Einstellungen, Anschauungen und Verkehrsformen, kurzum ein gemeinsamer Habitus und eine gemeinsame Mentalität. Damit ist nicht Gleichförmigkeit gemeint, obgleich auch sie historisch vorkommt. Das Gegenbeispiel etwa zur ungewöhnlich uniformen Schicht der Staatsbeamten des 18. Jahrhunderts in Europa sind die Schichten der intellektuell ungebundenen freien Künstler oder der wohlhabenden, hedonistisch ausgerichteten akademisch gebildeten Spezialisten der Jetztzeit. Hier ist das schichtspezifisch Gemeinsame gerade eine erst aus der Distanz ins Auge springende Gleichförmigkeit einer ideologisch überhöhten Individualität, die sich in Lebensstilen des Alltagskonsums ausdrückt.

Partnerwahl, Heirat und Fortpflanzung verlaufen in den verschiedenen Gesellschaftsschichten sehr unterschiedlich. Sie schwanken zwischen traditionalistischen Modellen bäuerlicher Ökonomie, luxuriös-libidinöser Verfeinerung unter Vernachlässigung verbindlicher Moralen und einer Vielfalt mehr oder weniger rigider Verbindung von ökonomischer Absicherung und sozialem Aufstieg sowie ideologisch aufgeladener Sexualmoral und Konkurrenz. Demgegenüber stehen gesellschaftliche Schichten, in denen dieses Modell nachgeahmt wird, ohne dass damit eine realistische Chance eröffnet ist, auch dessen Vorteile zu genießen. Die Imitation bürgerlicher Kultur, das heißt eines aufstiegs- und konkurrenzorientierten Konsums und sozusagen gehobener Sexualmoral, führt bei Menschen, die praktisch ausschließlich in den Billigmärkten der Gesellschaft zu Hause sind, deren Lebenswelt also geprägt ist von Discountware, tendenziell prekären Wohnverhältnissen, fehlendem Zugang zur Hochkultur sowie standardisierten Freizeitaktivitäten, eben nicht zu den versprochenen und erträumten Aufstiegschancen.

Hinzu kommt inzwischen auch in den sehr reichen Ländern des Westens eine Schicht von früher als subproletarisch bezeichneten, sozial ausgegrenzten oder deklassierten Personen mit vielfach geringer Bildung und/oder manifesten Problemen aufgrund familiärer Migrationsgeschichten und kultureller Heimatlosigkeit. Hier finden sich alternative, regressive, aber auch aggressiv-innovative Kulturen sexualisierter Alltagsbeziehungen unter Vermischung mit Gewaltroutinen. Ein Beispiel ist die Kultur des sogenannten Hip-Hops.

Das alles klingt abstrakt und distanziert, hat aber große Auswirkungen im Alltag und daher auch auf die Wirklichkeit des Sexualstrafrechts. Es ist nämlich eine unzutreffende Behauptung, dass es eine quasi allgemeine, von allen Schichten der Bevölkerung gleichermaßen verbindlich erlebte Moral sexuell motivierten Verhaltens gäbe. Diese Behauptung ist ebenso unplausibel, wie es die Annahme wäre, für alle Menschen unabhängig von ihrer sozialen Stellung stellten sich die Fragen der Kunst, der Mode, der Finanzwirtschaft oder der Politik in inhaltlich genau derselben Weise und seien allenfalls auf unterschiedlicher intellektueller Höhe angesiedelt.

Das Narrativ einer schichtenübergreifend qualitativ gleichen Moral zählt zum Kernbestand dessen, was gelegentlich als Leitkultur bezeichnet und von Mitgliedern einer relativ kleinen Schicht bürgerlicher Gruppenmoral definiert wird. Zu ihr gehören die Autoren und Redakteure der öffentlichen Medien, insbesondere der öffentlich-rechtlichen Sender sowie der größeren Zeitungsverlage. Auch ein großer Teil der in der Strafjustiz tätigen Richter, Staatsanwälte und Strafverteidiger kann zu dieser Gruppe gezählt werden, die soziologisch dem »gehobenen Mittelstand« entspricht und aus dem sich seit jeher fast der gesamte richterliche Nachwuchs rekrutiert.

Tatsächlich trifft die Erzählung einer allgemeingültigen Moral aber nicht zu, obwohl sie in Deutschland über lange Zeit vermutlich noch näher lag als in anderen Staaten. Man denke etwa an England oder Frankreich, in denen das Ideal einer mittelständisch-bürgerlichen durchschnittlichen Leitkultur viel weniger gilt und die Differenzierungen verschieden mächtiger Gruppen- und Schichtenkulturen wesentlich deutlicher sind als hierzulande.

Auf der anderen Seite stehen Länder Nordeuropas wie Schweden und Norwegen, aber auch asiatische Staaten, in denen eine jedenfalls nach außen und innen stark auf soziale Gleichheit abzielende Kultur favorisiert wird. Besonderheiten wiederum gelten für Länder mit hohen Anteilen ethnisch diskriminierter Menschen, in denen, wie etwa in den USA, eine rassistische Kultur ethnisch Privilegierter selbst die sonst üblichen ökonomisch definierten Grenzen überspringt. Selbst Mitglieder ökonomisch und bildungsmäßig chancenloser Schichten empfinden sich dort oft als Vertreter einer bevorzugten Alltagskultur, weil sie weiß sind.

Die rasche Ablösung einer auf Angleichung und Gemeinschaftlichkeit orientierten Kultur durch eine auf soziale Differenzierung, ja auf soziale Spaltung gerichteten macht sich mit Verzögerungen auch im Lebensgefühl bemerkbar, sie transformiert Alltagskulturen und damit auch den Umgang mit und das Verständnis von Partnerwahl, Sexualität und Bindungsintimität. Bedeutende Faktoren sind hier die Ausbildung klar getrennter, schwer vereinbarer Lebens- und Chancenbereiche zwischen gesellschaftlichen Eliten und dauerhaft in prekären Lagen lebenden breiten Bevölkerungsschichten seit Beginn des 21. Jahrhunderts.

Im Ergebnis bedeutet dies, dass gerade auch in Bezug auf inhaltliche und praktisch relevante Bedeutungen von Sinnstrukturen des individuellen Lebens große Unterschiede bestehen. Begriffe wie Liebe, Treue, Erotik, Eifersucht, Konkurrenz, Intimität und Partnerschaft weisen in der Lebenswirklichkeit eine erhebliche Breite von möglichen Konkretisierungen auf, die bei ihrer Beurteilung zu beachten sind. Diese Bandbreite der Bedeutungen wird leicht übersehen, wenn die Ereignisse und Konstellationen stets nur aus der Perspektive einer vorgeblich herrschenden Schicht relativ wohlhabender und gebildeter Bürger mit hohem Bedürfnis nach Individualität und zugleich nach Sicherheit und Kontinuität betrachtet werden. Konkreter: Die häufig irrational wirkenden, stark stimmungsgesteuerten und ungeplanten Entscheidungen und Verhaltensweisen von jungen Erwachsenen aus ungebildeten armen Bevölkerungsschichten muten aus dem Blickwinkel durchschnittlicher Strafrichter mittleren oder höheren Alters in vielen Fällen unverständlich, kaum nachvollziehbar und verantwortungslos an. Schilderungen von Planungsabläufen und Bemühungen zur Umsetzung erscheinen oft unglaubhaft und unseriös. Dies hat erheblichen Einfluss auf die Führung und das Ergebnis von Verfahren, sei es in der Zuschreibung von Verantwortung für Täter- oder Opferverhalten, sei es in der Beurteilung der Glaubhaftigkeit und Plausibilität von Einlassungen und Aussagen. Es ist kaum möglich, solche Fehlerquellen der Erkenntnis durch bloßes Gutmeinen ganz auszuschalten. Es ist aber möglich und geboten, sie zu bedenken und bei der Beurteilung kritisch im Auge zu behalten.

Bislang nur am Rande angesprochen ist, dass vergleichbare Bewegungen auch in jenen Kulturen ablaufen, deren Familienstrukturen und Sexualmoral von den westlich-europäischen Gesellschaften abweichen, namentlich in der muslimisch geprägten Welt, in China, Indien und vielen Ländern Afrikas. Die Entwicklungen in diesen Kulturen können im Rahmen dieses Buchs nicht näher betrachtet werden; gemeinsam ist ihnen, dass die Globalisierung unter dem beherrschenden Einfluss des kapitalistischen Marktes überall auf der Welt eine Hinwendung zu individualistischen Partnerschaftsformen und auf persönliche Freiheit abzielende Sexualmoral begünstigt. Das führt etwa zur Delegitimierung von Polygamie, Frühverheiratung und arrangierten Ehen, zur Erweiterung der Möglichkeiten von Frauen zur Scheidung sowie zum starken Bedeutungsverlust von Großfamilien- und Clanstrukturen zugunsten individueller sozialer Mobilität, individueller Partnerwahl und Familienplanung.

Der lange Schatten der Romantik: Liebe und andere Kräfte

Was Liebe ist, weiß jeder Mensch, sagen viele. Dagegen spricht, jedenfalls auf den ersten Blick, die Anzahl der Romane, Filme, Gedichte und Lieder, in denen ein mehr oder minder liebender Mensch einem anderen erklärt, dieser wisse, verstehe oder achte nicht, was *wahre* Liebe sei. Jedenfalls im sozialen Nahraum scheinen also erhebliche Differenzen über den Inhalt des Begriffs und über die Voraussetzungen zu bestehen, unter denen seine Anforderungen hinreichend erfüllt werden. Wenn man das noch um die Erkenntnis ergänzt, dass die an Ausfallstraßen aufgestellten Vollzugskäfige von Prostituierten als »Liebeslauben« und stinkende Laufhäuser als »Palais d'amour« zu firmieren pflegen, muss man entweder depressiv werden oder einräumen, dass es mit der Universalität des Phänomens der Liebe ersichtlich nicht so weit her ist wie erhofft.

In diesem Buch geht es nicht um die Liebe als solche, auch nicht um eine umfassende Vergewisserung ihrer emotionalen, sozialen und »natürlichen« Anteile an der Integration menschlicher Persönlichkeit. Wir beschränken uns zunächst auf die Erkenntnis, dass es allgemeine emotionale Begriffe von Liebe gibt, die für oder zwischen Menschen empfunden werden kann. Weiterhin gibt es speziellere, auf geschlechtliche Partnerschaft bezogene Begriffe, die ihrerseits wieder eine Vielzahl von Bedeutungen, Variationen und Formen aufweisen.

Dabei kann man davon ausgehen, dass sowohl das theoretische Extrem einer vollständig entemotionalisierten Reduzierung auf die »sexuelle Funktion« als auch das Extrem einer vollständig »sublimierten« Vergeistigung von Erotik in der Lebenswirklichkeit ausscheiden. Weder kann sich der Mensch willentlich zum Instinktwesen machen, noch kann er sich als Geisteswesen vom Körper befreien. Beides kommt als Fantasie, Fanatismus oder Fetischisierung vor, hat aber insoweit eher pathologische als reale Grundlagen. Es mag Einzelnen gelingen, in mönchischer Klausur und spiritueller Versenkung zeitweise dem Ideal einer Liebesvorstellung nahe zu kommen, die sich quasi in eine meditative Leere hinein verströmt. Die Geschichte des Mönchtums ist aber, wie wir wissen, eine Geschichte der verlorenen Kämpfe des Fleisches gegen die abstrakten Moralen kontemplativer Reinheit. Eine im Zusammenhang dieses Buchs wichtige Erscheinung ist der Umstand, dass nach plausiblen Annahmen der Anteil von Männern, die homosexuell sind oder die eine sexuelle Präferenz zu vorpubertären oder pubertierenden Minderjährigen haben, unter katholischen Priestern deutlich höher ist als im Bevölkerungsdurchschnitt. Wenn das zutrifft, kann es auch daran liegen, dass junge Männer, die im Hinblick auf ihre sexuelle Identität in innere Konflikte geraten und unaufgelöste Schuld-Bedrückungen empfinden, durch Eintritt in ein rigides zölibatäres Lebenssystem versuchen, solche Wünsche zurückzudrängen und in eine ideale Wirklichkeit geistlicher Versenkung und sozialer Zuwendung zu transformieren. Wir wissen, dass dies häufig nur unter großen psychischen Leiden oder gar nicht gelingt. Die zahlreichen sogenannten Missbrauchsskandale gerade auch in Strukturen der katholischen Kirche sind nur die strafrechtlich sichtbar gewordene Spitze dieses emotionalen Eisbergs. Selbstverständlich ist dies kein Spezifikum des Katholizismus, dieser ist aber ein ebenso anschauliches wie inzwischen allgemein bekanntes Beispiel.

Wir sprechen also von einer »geschlechtlichen« Liebe, die selbstverständlich weder so heißen noch eine natürlich, normativ oder emotional vorgegebene Bedeutung und Form aufweisen muss. Sie ist, da der Mensch in seiner Geschichte stets ein Teil der Natur, ein geschlechtliches Wesen mit entsprechender Reproduktion war, regelmäßig eine Mischung von Biologie und Bedeutung, Emotionalität und Fortpflanzung, Identitätsfindung und sozialer Orientierung. Dabei nehmen diese Bereiche in unterschiedlichen Zeiten, Kulturen, Umständen und Voraussetzungen ganz verschiedene Formen an. Erst in neuester Zeit, angestoßen durch technische und wirtschaftliche Veränderungen, auf die wir noch zu sprechen kommen, geraten Konzepte eines geschlechtsunabhängigen Begriffs von Sexualität und Liebe aus dem Bereich der Science-Fiction in denjenigen sozialer Utopien. Vorgeführt werden hier Projekte geschlechtsloser Körperlichkeit und Dekonstruktion von sexuell produktiver Identität. Das ist, wenn überhaupt, Avantgarde aus Randbezirken.

Was wir heute romantische Liebe nennen, ist natürlich nicht so neu, wie gelegentlich behauptet wird. Wie es einen etwas überdrehten Proletkult der sexuellen Befreiung gibt, existiert auch ein verengter Begriff aristokratischer Gestaltung sexuellen Verhaltens. Bei beidem geht es um die Verbindung von Fortpflanzung, wirtschaftlichem Interesse, emotionaler Beziehung und Individualität. Selbstverständlich gab es das Gefühl »romantischer« Sehnsucht als Mischung von Begehren und emotionaler Verbundenheit nicht erst, seit im 18. Jahrhundert in Europa die Produktion von schmachtender Literatur explodierte. Die sogenannten Liebschaften hatten nur zuvor einen ganz anderen Stellenwert, da sie in Gesellschaften stattfanden, in denen starre normative Grenzen als Teil der Natur galten. Es kam also nicht darauf an, was reiche Römer für schöne Sklavinnen empfanden oder adlige Damen für zarte Tanzlehrer. Auch die erotischen Begegnungen zwischen Rittern und Wäscherinnen, Herren und Dienern, Bauern und Mägden enthielten von vornherein nicht die Möglichkeit eines Kontakts zwischen Gleichwertigen.

Was sich mit der Entstehung der bürgerlichen Gesellschaft und der Durchsetzung eines kapitalistisch organisierten Wirtschaftssystems gravierend änderte, waren die moralische Bedeutung, die ethischen Anforderungen und die emotional-normativen Zuschreibungen an das Wesen der Liebe. Der Aufstieg des freien Individuums, der selbstbestimmten und selbstbewussten, einzigartigen Person zur Gestalterin der Welt hatte insoweit zunächst die Folge, dass sich die Wertigkeit und damit die Beziehung der Individuen zueinander änderten. Wenn Bedeutung nicht mehr sozial abgesichert ist, da nunmehr jeder seines Glückes Schmied ist, ändert das den Blick auf sich selbst und auf andere grundlegend. Entscheidend ist demnach nicht mehr die als naturgegeben erlebte Zugehörigkeit zu Kollektiven, sondern die Einzigartigkeit der individuellen Fähigkeiten, Eigenschaften und Potenziale. Die im letzten Drittel des 18. Jahrhunderts einsetzende Verklärung der »wahren« Liebe als Kennzeichen eines gelungenen Lebenskonzepts sowie der oder des »einzigen« Geliebten als einer vom Schicksal bestimmten Lebensperson war die Kehrseite eines massiven Verlusts überindividueller, gruppenbezogener Orientierungssicherheit. Die Notwendigkeit, sich selbst als allein verantwortliche Person auf den Märkten der Welt zu behaupten, mitsamt der daraus folgenden Überforderung. Insoweit ist die vielfach heute noch als Klischee dienende romantische Liebe des Liberalismus und des Biedermeier eine durchaus ambivalente Konsequenz grundlegender sozialer Umwälzungen.

Für unseren Zusammenhang ergibt sich daraus, dass eine Trennung zwischen Fortpflanzung und Sexualität, Liebe und Begehren in der bürgerlichen Gesellschaft ihre Legitimation verliert, da der Wert der Personen sich im Grundsatz nach ihrer Individualität bestimmt. Damit wurden auch Heiraten zwischen reichen Sprösslingen und bettelarmen, aber schönen, begehrenswerten und moralisch guten Personen aus »ordentlichem« Haus vielfach romantisch idealisiert und propagiert. Dass sie auch tatsächlich möglich waren, wurde von einer schwer angreifbaren Moral der Einzigartigkeit getragen, der gegenüber die Interessen von reichen Familien an einer geschäftlich vorteilhaften Heiratspolitik als moralisch minderwertig, jedenfalls als kaltherzig galten. Das Märchen vom Aschenputtel ist kein aristokratischer, sondern ein zutiefst bürgerlicher Traum, der weder mit der Minne des Hochmittelalters noch mit dem Markt zu tun hat, auf welchem sich heute junge arme Frauen und reiche alte Männer treffen. Gleichwohl lebt bekanntlich eine hochdifferenzierte Industrie aus Medien, Mode und Werbung bis heute mit und von jenen Bildern einer substanziellen Verbindung zwischen emotionaler Liebe, sexuellem Begehren und sozialem Aufstieg.

Selbstverständlich vollziehen sich die geschilderten Übergänge meist sehr langsam und werden im Laufe einer individuellen Biografie meist allenfalls als langsame Modernisierung wahrgenommen. Rasche Änderungen erscheinen demgegenüber als Schock, erschüttern sie doch grundlegende Strukturen der Moralkommunikation und führen zu tiefer Verunsicherung. Die oben erwähnte Einführung der Pille ist ein Beispiel für eine solche konflikthafte Neuordnung der moralischen Ordnung.

In der Breite aber gibt es tendenziell sehr wenige abrupte und bruchartige Übergänge, wenn man von Extrempositionen absieht, seien es der Fanatismus einiger Sekten, die Verantwortungsferne der Hippiebewegung oder gescheiterte Umwälzungen auf der Grundlage obrigkeitlich angeordneter Lebensformen wie die chinesische Kulturrevolution. Romantische Liebe trat nicht plötzlich und vollständig bestimmend ins Zentrum der sozialen Orientierung. Das Gefühl der Nähe, Vertrautheit, Anziehung und Verschmelzung ist nicht erst mit der bürgerlichen Gesellschaft in die Welt gekommen. Ebenso wenig sind mit der Romantisierung Gesichtspunkte wirtschaftlicher Natur, die klassen- und schichtenspezifische Partnerwahl oder gar die soziale Trennung von Sex und Liebe unter dem Eindruck eines idealisierten Liebeskonzeptes verschwunden. Alle Gesichtspunkte, Motive und Abhängigkeiten reiben sich oft schmerzhaft, verändern einander und bleiben in langen Zeiträumen parallel bestehen.

Sexualität und Liebe sind voneinander getrennt, nicht selten schmerzlich abgespalten. Ihre Einheit und Verschmelzung wird erträumt, idealisiert, endlos besungen, beschrieben und fantasiert. Das Gelingen dieser Verbindung gilt uns als Inbegriff von Glück, das Misslingen vielfach als Versäumnis, Krankheit und Störung. Das berührt selbstverständlich tiefe, der Reflexion oft unzugängliche Bereiche der Persönlichkeit. Seit Jahrtausenden wird die Einheit von Liebe und Sexualität als Sehnsucht umkreist und bewegt sich dabei im Umfeld von emotionaler Reife, Autonomie und Regression. Es kommt allerdings auch hier nicht darauf an, normative Standards zu formulieren, denn im Grunde ist es gleichgültig, was in einer Gesellschaft unter den jeweils herrschenden Bedingungen als normal oder wünschenswert angesehen wird.

Für unseren Zusammenhang ist es vielmehr wichtig, Abweichungen und Störungen der Norm als Konflikte zu erkennen, die ein Leiden an sich selbst, ein Leiden an anderen oder beides zur Folge haben können. Nicht jeder, der eine schwere Persönlichkeitsstörung aufweist, die eine Integration von Begehren und Liebe erschwert, leidet darunter. So leidet unter einem Narzissten vorwiegend nicht er selbst, sondern seine Umwelt, und ein empathiegestörter, dissozialer Mensch mit eingeschränkter Intelligenz weiß oft gar nicht, was er sich unter Leiden jenseits eines gebrochenen Nasenbeins vorstellen soll.

Auch wenn im Popsong die Liebe nie vergeht und menschliche Sehnsüchte in Small Talk und Kunst wie Naturkräfte gehandelt werden, weiß oder ahnt doch beinahe jeder, dass es so einfach nicht ist. Jenseits einiger allgemeiner konstanter Gegebenheiten wie Fortpflanzungsbedürfnis, sexueller Attraktion und Eifersucht befinden sich die Dinge allzeit im Fluss. Es wäre mehr als seltsam, wenn die menschliche Natur einen fertigen Plan vollendeter oder auch nur vollendet entfalteter Liebe als Integration von Sex und Vertrauen, von Identität und Autonomie, von Zärtlichkeit und Überwältigung bereithielte und nur durch die jeweiligen Umstände an seiner optimalen Umsetzung gehindert wäre. Das ist tatsächlich nicht so. Die Liebe zwischen Steinzeitjägern, Sklaven, Kriegern, Bauern, Hungernden und Herrschaften ist jeweils die, welche sie zu dem macht, was sie sind. Mehr lässt sich darüber kaum sagen, als dass die Menschen einander in der Sexualität nicht näher oder ferner sein können als in ihrer gesellschaftlichen Existenz im Ganzen. Denn die Bilder, Geheimnisse und Erinnerungen des Denkens kommen nicht aus Prinzipien, sondern aus der sozialen Wirklichkeit.

Das schöne Ich: Körpermoden

Für die Kunst als autonom formale Abstraktion der Wirklichkeit haben Sexualität und Liebe stets eine herausragende Rolle gespielt. Die ältesten aufgefundenen Frauenidole sind 27 000 Jahre alt und verbinden vermutlich idealisiertes Begehren mit religiös-magischen Elementen. Dabei kreist die künstlerische Bearbeitung jeweils in ihrer Zeit stets um einen Begriff, also um eine symbolische Erfassung dessen, was tatsächlich und normativ gemeint ist. Man kann zum Beispiel Minnedichtung als Ausdruck einer hysterischen Dekompensation betrachten, aber auch als hochformalisierte Filigranabstraktion an der Schwelle zur personalen Individualisierung und Würde. Interessant wird es, wenn man solche Formen etwa mit der Schönheit im alten Ägypten oder Griechenland vergleicht, deren Abstraktionen von Würde kein Persönlichkeitsanteil innewohnt.

Aber auch im Alltag finden wir eine im Einzelnen hochkomplexe und interessante Übersetzung dieser symbolischen Erfassung des normativ Gemeinten, und zwar in der Formung, Darstellung und Wahrnehmung menschlicher Körper. Jeder kennt nicht nur banale Weisheiten wie die, dass »die Geschmäcker verschieden« seien, sondern weiß auch, dass ganze Epochen, Länder, Regionen, Ethnien und Gesellschaften stark voneinander verschiedene Vorstellungen davon pflegen, was als schön, begehrenswert, sexuell attraktiv gilt – oder umgekehrt als hässlich, verachtenswert oder abstoßend. Diese Vorstellungen sind einerseits sehr stark mit sozialen Hierarchien und den daran geknüpften Vor- und Nachteilen verbunden. Dass sexuell weniger attraktive und vielversprechende, aber reiche und mächtige alte Männer oft als sexuell besonders attraktiv geltende junge Frauen gewinnen, ist über viele Zeiten ein Klischee, das offenkundig stimmt, jedoch eine ambivalente soziale Bewertung erfährt. Mit der Kombination zweier privilegierten Lagen, nämlich Jugend und sexuelle Attraktivität sowie Reife und Macht, werden Neid kompensierend abwertende Zuschreibungen verbunden. Die Verbindung gilt als von Dummheit, Gier, Potenzverlust oder Berechnung geprägt, was wiederum als moralisches Versagen dargestellt werden kann.

Moden erfassen und prägen nicht allein die Präsentation der Körper, sondern auch diese selbst. Ob Männer als attraktiv gelten, wenn sie muskulös oder groß sind, kräftig oder mager, breitschultrig oder feingliedrig, dick oder behaart, wechselt über die Epochen und in den sozialen Schichten stark. Noch ausgeprägter sind solche Körpermoden und normativ strengen Wahrnehmungen bei Frauen. Dabei kann hier dahinstehen, ob und wie weit und unter welchen Bedingungen die Geschlechtsunterschiede insoweit soziale Rollen und Machtverhältnisse einerseits und Natur andererseits widerspiegeln – das ist bekanntlich sehr umstritten.

Eine Besonderheit auch im zeitgeschichtlich größeren Zusammenhang ist die außerordentlich rasche Veränderung der sexualitätsbezogenen Körperwahrnehmung und -darstellung während der letzten Jahrzehnte. Das betraf zunächst vor allem die westlichen Industrieländer, hat sich aber gleichermaßen und teilweise noch dominanter auf Länder Asiens, Russland, Mittel- und Lateinamerika sowie afrikanische Schwellenländer ausgedehnt. Kennzeichen dieser Körpergestaltung ist eine weitgehend globalisierte Gleichheit der Ideale, die wiederum als unmittelbare und mittelbare Verarbeitungen der modernen Vorstellung individueller personaler Existenz erscheinen. Dabei bewegt sich das Ideal größtmöglicher Individualisierung in einem engen

Rahmen sozial wünschenswerter Variation. Als Beispiele dieses Individualisierungsbedürfnisses können Phänomene wie das Tätowieren, das Piercing oder die starke Ausweitung des Marktes für sogenannte Schönheitschirurgie genannt werden. Sie produzieren dabei auch einen Bereich sozial verachteter Übertreibung und Skurrilität, etwa durch Ganzkörpertätowierungen oder die Gestaltung grotesk überdimensionierter Brüste, Lippen oder Gesäße als Ausdruck einer Tendenz zur entpersönlichten Fetischisierung. Hierbei verwandeln sich die gerade erst der Sachwelt entkommenen Körper quasi in Sachen zurück, um Lust aus extremer Distanz zu generieren – eine sozial- und individualpsychologisch bemerkenswerte Transformation.

Anders als der gewöhnliche Entrüstungskonsens es meint, kommt es hierauf allerdings nicht an, denn die Extreme veranschaulichen nur die Breite des Hauptstroms. Dieser befasst sich nur zu einem geringeren inhaltlichen Teil mit expliziter Sexualität, auch wo er die Sexualisierung des Alltags in Konsum, Kleidung, Bewegung oder Sozialkontakten betreibt. Das Hauptaugenmerk liegt dabei wie stets auf der Vergewisserung der eigenen sozialen Position sowie der Identifikation der Sicherheits- und Gefahrenbereiche für den Raum der Persönlichkeit. Dieser Raum hat sich in den vergangenen sechzig Jahren stark verändert. Er ist von einem gruppenbezogenen Raum mit externalisierten Grenzen zu einem individualisierten Raum mit internalisierten Grenzen geworden. Seine Verhaltensnormen, Bewertungen, Begrenzungen und Verantwortlichkeiten findet der modernisierte, mobilisierte und flexibilisierte Mensch immer weniger im Außen, denn dieses zerfällt und entsteht schneller neu, als dass er sein Leben daran orientieren könnte. An die Stelle von oft bedrückenden Außenleitungen in einst festen Strukturen von Familien, Berufsgruppen, Kirchen, dörflichen und kleinstädtischen Gemeinschaften, sozialen Schichten und Ständen, Vereinen, Arbeitsgemeinschaften und Berufsgruppen, Ausbildungsstellen,

Schulen sind Projekte, Möglichkeiten und Flexibilitäten getreten. Die Orientierung ist damit zur Verantwortung und Aufgabe der Innenleitung geworden. Es ist kein Wunder, sondern schlichte Notwendigkeit, dass unter diesen Umständen das Ich – oder was man sich darunter vorzustellen in der Lage ist – zum alles überstrahlenden Fixpunkt der Welt wird. Da es alles Gute in sich enthält, muss man ihm »guttun«, und wer für schlechterdings alles die Verantwortung trägt, sieht die Aufgabe der übrigen Wesen vor allem darin, diesem seinen Körper, dieser Seele und diesem Ich eine schöne Zeit zu bereiten. Anders gesagt, das soziale, emotionale und erotische Leben könnte sehr schön sein, wenn die anderen Menschen nicht wären.

Eine individuelle Entwicklung? Sexualität im Lebensverlauf

Was gesellschaftlich stimmt, gilt auch dem Blickwinkel des individuellen Erlebens und Verhaltens der Menschen: Es gibt nicht *die* Sexualität, es handelt sich also nicht um einen Gefühls- und Handlungskomplex, der quasi aus einem qualitativen Guss ist und im Laufe des Lebens nur quantitativ zu- oder abnimmt. Das ist eine banale Erkenntnis, die eigentlich jeder aus seinem eigenen Leben kennt oder kennen müsste. Umso erstaunlicher und teils schockierender ist es, dass zahlreiche Menschen eine Vorstellung von Sexualität haben, die eher dem Verständnis einer Maschine ähnelt als dem Einfühlen in Entwicklungen von Persönlichkeiten. Im Einzelnen kann auf Strukturen und Hintergründe solcher Fehlvorstellungen hier nicht eingegangen werden. Im Zusammenhang mit der Sanktionierung abweichenden Verhaltens sind jedoch insbesondere zwei Beispiele oder Bereiche anzusprechen. Zum einen das Verständnis kindlicher Sexualität, zum anderen das Konzept einer maskulin-genitalen Sexualität. Beides ist für das Bestrafen von sexuell motiviertem Fehlverhalten von großer praktischer Bedeutung.

Dass Kinder »eine Sexualität haben«, ist eine Erkenntnis, die sich spätestens mit den Anschauungen der Psychoanalyse verbreitet hat. Das gilt trotz der zahlreichen Verzerrungen, Einschränkungen und Legenden, die diese Erkenntnis bis heute begleiten. Deren Ursprung ist nicht vor allem intellektueller Natur, also kein bloß quantitatives Defizit an Forschung. Vielmehr dürften die Probleme des Verstehens vielfach auch gerade auf den Missverständnissen beruhen, welche den Umgang mit der eigenen Sexualität für viele Menschen schwierig und problembehaftet machen. Denn die meisten Menschen haben entgegen ihrem nach außen und innen vermittelten Selbstbild keineswegs einen umfassenden, differenzierten und zur Distanz fähigen gedanklichen und gefühlsmäßigen Zugriff auf ihre Sexualität. Sie können also deren Wirkungsbedingungen, Folgen und Bedeutungen nicht ohne Weiteres reflektieren oder gar schildern. Sexualität als Gesamtheit von Gefühlen, Wünschen, Träumen, Ängsten und Begehren bleibt, anders als äußeres sexuelles Verhalten, in den meisten Fällen in einem Bereich der Unzugänglichkeit und des Tabus.

Das ist zum Teil ein bewusster Schutzbereich, der einen zentralen Teil der Persönlichkeit vor Verletzungen, Offenbarungen und Missbräuchen bewahrt. Es ist aber zugleich eine innere Abschirmung gegen andere Teile der Persönlichkeit, also gegen Moral, Erinnerung, Fantasie und das Bedürfnis nach oder die Angst vor Grenzüberschreitung. Für die Konstitution und Integration einer selbstbewussten Persönlichkeit ist die Verbindung von Körper, Physiologie, Ich-Bewusstsein und Emotion in einem eigenen Konzept von Sexualität nach heutigem Kenntnis- und Meinungsstand äußerst wichtig, ja grundlegend. Umso schwerer wirken sich Störungen, Verletzungen oder Fehlentwicklungen aus, deren Ursachen und Spuren sich meist in den Tiefen des Gefühls verlieren und nur in verzerrter Form an die Oberfläche der Reflexion und des Handelns gelangen.

Es geht hier nicht um eine Pathologisierung auf der Grundlage allgemeiner, gar wertender Vorstellungen von normal und unnormal, gesund oder gestört. Es soll nur darauf hingewiesen werden, dass ein Verständnis fremden Sexualverhaltens schwer möglich ist ohne die Bereitschaft und Fähigkeit, sich der eigenen Sexualität zuzuwenden. Diese Bereitschaft ist im als sexuelle Revolution bezeichneten kulturellen Erneuerungsprozess geradezu explodiert. Was sich ab den 1960er-Jahren in Westeuropa als revolutionär und aus konservativer Sicht schockierend, zerstörerisch und chaotisch im Verhalten darstellte, hatte im Wesentlichen eine nicht rückgängig zu machende Öffnung der reflektierten Emotionalität zur Grundlage. Sie bewirkte nicht allein eine erhebliche Veränderung des individuellen Verhaltens und der allgemeinen Sexualmoral, sondern auch die Entstehung neuer Bilder von Persönlichkeit, Gleichwertigkeit, Individualität, ja sie führte zur Integration von Lust und Pflicht, Selbstbewusstsein und Sozialbezogenheit.

Für gewöhnlich würden nur wenige erwachsene Menschen öffentlich, im Kollegenkreis oder beim nachbarlichen Grillabend erzählen, wie sie masturbieren und welche Fantasien sie dabei haben. Das würde von den Gesprächspartnern als ungewöhnliches, unpassendes, grenzüberschreitendes und aufdringliches Verhalten angesehen. Es daher zu unterlassen, beruht aber nicht allein auf Furcht vor Ablehnung, sondern entspricht auch dem emotionalen Bedürfnis nach dem Bewahren eines geschützten inneren Raums. Dieses Bedürfnis ist so groß, dass es sich auch gegen die Person selbst behauptet. So weiß man meist nicht mehr genau, wie es sich »am Anfang« anfühlte, welche Gefühle und Bedürfnisse, Vorstellungen, Wünsche oder Ängste sich im Übergangsbereich von Körperlichkeit und Selbstbewusstsein, Zärtlichkeit und Lust auf welche Weise entwickelten. Schon lange vor der Lebensphase der Pubertät werden solche unmittelbar drängenden Erfahrungen eingebettet in sozial und individuell strukturierende Modelle und Bilder, die in der Pubertät um Kompetenzen und Strategien angereichert werden und reifen. Das gilt auch unter dem Vorbehalt einer seit einigen Jahrzehnten stärkeren Kultur der Individualisierung und Befreiung insbesondere weiblicher Sexualität, die allen medialen Verzerrungen und Schematisierungen zum Trotz einen offeneren Zugang zu erlauben scheint. Ob und wie weit das trägt, ist derzeit noch schwer zu sagen. Denn popkulturell inszenierte Produkte sind das eine, die Realität individueller Selbstvergewisserung das andere.

Gemeinhin operieren wir mit der Vorstellung einer Sexualität, die sich von einem unreifen zu einem reifen Zustand entwickle, äquivalent also zum Konzept einer Entwicklung der gesamten Persönlichkeit im Lebenslängsschnitt. Eine gewisse Gefahr kann darin liegen, diese Entwicklung als Reifung im Sinne einer quantitativen Steigerung zu verstehen. Das mag für eine allgemeine Theorie der menschlichen Persönlichkeit eine sinnvolle Metapher sein, gerade im therapeutischen Kontext. So kann es wichtig sein, vom Status einer reifen, also ihrer selbst umfassend bewussten, reflexionsfähigen und im Austausch mit anderen stehenden Persönlichkeit auszugehen, um mit Leiden verbundene Störungen ebendieser Struktur zu behandeln. Man muss dabei aber bedenken, dass es sich um eine nicht allein empirische Annahme handelt, sondern auch um eine auf intuitive, thesengeleitete Beobachtung und normative Erwartung gestützte bildhafte Beschreibung. Ob reife Sexualität, egal ob hetero- oder homosexuell orientiert, auf genitale Betätigung und Befriedigung gerichtet ist und hinreichend differenziert zwischen Innen und Außen, zwischen dem Wunsch nach Abwehr, Verschmelzung und Überwältigung, lässt sich nicht allgemein beantworten. Als normative Anforderung oder Voraussetzung von Gesundheit und sozialer Integration taugt diese Annahme daher nur bedingt.

Gleichwohl ist es sinnvoll und erforderlich, daher auch nicht durch bloßen Willensakt überflüssig zu machen oder vermeidbar, in einer bestehenden Gesellschaft das jeweils normativ Erwünschte, Tolerierte und Verbotene zu beschreiben und die Grenzen sozialadäquaten Verhaltens festzulegen. Das umfasst auch eine Abgrenzung zwischen einerseits »normalem« Verhalten, also einem, das auf normalpsychologische Motive gegründet und auf eine hieraus entspringende Rationalität zurückzuführen ist, und andererseits einem Verhalten, das sich diesen Kriterien entzieht. Über lange Zeiträume ändert sich in der sozialen Verständigung fast alles, hieraus kann aber nicht abgeleitet werden, dass alles gleich funktional, gleichwertig oder indifferent ist. So kann etwa aus dem Umstand, dass in vergangener Zeit vielfach pädophil orientierte Sexualität gesellschaftlich anerkannt und im allgemeinen Bewusstsein präsent war, natürlich nicht geschlossen werden, man könne über die soziale Toleranz gegenüber pädophilem Verhalten heute nichts Gültiges sagen.

Eine andere Frage ist, ob Orientierungs- und Erscheinungsformen sexuellen Erlebens und Verhaltens einem Bereich des Normalen (mit der Abgrenzung zwischen erlaubt und verboten) oder einem Bereich des Pathologischen (mit der Abgrenzung zwischen gesund und krank) zugewiesen werden.

Gender oder Geschlecht? Die Frage nach sexueller Identität

In der sexualwissenschaftlichen Literatur ist heute gelegentlich von »Sexualitäten« die Rede. Die Verwendung des Plurals ist ein Hinweis auf die Differenziertheit individuellen Erlebens, aber auch auf die Behauptung, eine binäre Unterteilung in zwei Geschlechter sei falsch oder unzureichend, denn diese werde einer grundsätzlich freien Natur des Menschen nicht gerecht. Vielmehr gebe es zahlreiche Zwischen- und Übergangsstufen, zudem Möglichkeiten eines Wechsels des Geschlechts. Teilweise wird sogar behauptet, Geschlecht als biologische Zuordnung sei ein insgesamt der menschlichen Natur nicht adäquates Konzept, da Geschlechter vor allem sozial definiert seien, es sei daher sinnvoll, eher vom zugeschriebenen Gender als von genetischen Gegebenheiten zu sprechen.

Dieses Thema kann, von Besonderheiten im Bereich des Strafrechts abgesehen, hier nicht behandelt werden. Die genannten Postulate erscheinen insoweit zweifelhaft, als sich eine doch recht auffällige Korrelation zwischen allgemeinen psychopathologischen Tendenzen, vielleicht auch Moden, und einer auf geschlechtliche Identität bezogenen Problematisierung der Persönlichkeitsstrukturen und Identitäten feststellen lässt. So war etwa bis vor 15 Jahren die große Mehrzahl derjenigen Jugendlichen und Heranwachsenden, die den Wunsch nach einer Geschlechtsumwandlung äußerten und unter einer als falsch wahrgenommenen sexuellen Identität litten, männlich. Heute hat sich das umgedreht, sodass etwa 80 Prozent der Patienten weiblich sind. Solche Entwicklungen sind weder Zufall noch bloße Erfindungen einer an Absonderlichkeiten interessierten Berichterstattung. Sie können auch nicht in oberflächlicher Plausibilität passenden sozialpolitischen Ursachen oder Tendenzen zugeschrieben werden. Es handelt sich um herausgehobene Zeichen einer tiefgreifenden Problematik.

Die möglichst vollständige Umwandlung des Körpers zur Erreichung einer anderen geschlechtlichen Identität ist ein Extrembeispiel, das vielen eher fremd oder gar abstoßend erscheint. Man muss aber bedenken, dass die Ausweitung und Veränderung dieses Bereichs in engem Zusammenhang steht mit einer Vielzahl anderer, allgemein weithin akzeptierter Erscheinungen. Als weithin harmlos und sozial erwünscht werden dabei etwa Formen exzessiven Sports angesehen, die keine gesundheitliche Funktion haben, sondern im Wesentlichen der Formung und sogenannten Optimierung des Körpers dienen. Besonders auffällig sind insoweit Beschäftigungen, in denen sich dieser Aspekt ganz verselbstständigt und fetischisiert hat, sodass auf den Umweg über im engeren Sinn sportliche Betätigung ganz verzichtet wird. So wird der Körper des Bodybuilders unmittelbar und segmentiert mittels maschineller Einwirkungen in eine Form gebracht, in welcher zweckleere muskuläre Funktionen gesteigert und demonstriert werden. Der vorgebliche, sozial anerkannte Sinn wird dabei abgetrennt und auf suggestiv-begriffliche Weise umgekehrt. Als Sportart erscheint das *Haben* eines auf ästhetische Ideale hin geformten Körpers. Wettbewerbe und Meisterschaften finden statt, indem die Konkurrenten einander und dem Publikum ihre Körper vorzeigen.

Hiervon im Ergebnis nicht weit entfernt, wenngleich psychologisch anders verortet, sind die inzwischen weitverbreiteten und sozial zwischen Belohnung und Verachtung schwankenden Methoden körperformender Selbstgestaltung mittels Ernährungsprogrammen, zumeist Hungerkuren mit fließenden Übergängen zu Essstörungen, und chirurgischer Eingriffe. Auch hier kommt es letztlich weniger auf die zahlreichen spektakulären Fälle an, in denen etwa Frauen der sogenannten Barbie- und Bimbo-Szene groteske Umformungen ihrer Körper vornehmen lassen. Diese vollziehen sich durch die Entfernung von Rippen, eine Aufpolsterung des Gesäßes mit körpereigenem Fett oder durch extreme Brustvergrößerung. Symptomatisch ist die gleichzeitige chirurgische Gestaltung maskenhaft starrer Kindergesichter mit aufgeblähten, die Vulva simulierenden Lippen.

Abgesehen von einer darauf ausgerichteten Industrie sogenannter Glamour- und Pornografiedarstellung sind diese Körperbilder auch in das Alltagsgefühl und die Vorstellungswelten der modernen Gesellschaften weit eingedrungen. Abbilder, Ansätze, Andeutungen und Teilverwirklichungen finden sich weithin verbreitet bis in Kreise gebildeter Mädchen und Frauen. Eine vorgebliche Ironisierung als »Trash-Kult« steht dem nicht entgegen. Ebenso wenig kontrastiert diese Rezeption und Reproduktion bestimmter Körperbilder mit einer demonstrativen öffentlichen Abwertung von angeblich *zu extrem* gestalteten Personen, deren offensiv fetischisierte Sexualisierung selbst kleinster Alltagsbezüge der gemäßigten Mehrheitsgesellschaft dann wiederum als vulgär gilt.

Zugleich wandern diese Bilder maschinell-technischer Körpergestaltung und Sexualisierung als popkulturelle Botschaften der Selbstverwirklichung, also einer vorgeblich widersetzlichen freien Definition des Ich, in die Alltagswelt ein. Hieran haben vor allem die Systeme der sogenannten Unterhaltungsindustrie herausragenden Anteil. Beispielhaft kann auf Popikonen hingewiesen werden, die ihre geformten Körper als Sinnbild einer omnipotenten und gleichermaßen bespielbaren Identität inszenieren und zugleich deren Vermarktbarkeit herausstellen, die zu augenscheinlich unermesslichem Reichtum führt.

Inhaltlich nicht entfernte Entwicklungen kann man in Bereichen der Psychopathologie und ihrer gesellschaftlichen Wahrnehmung finden. Hier erscheinen sie freilich weit weniger attraktiv und erstrebenswert, sondern erfahren eine eher mitleidig und süßlich anmutende Stilisierung als Opfer bei gleichzeitiger

Ausgrenzung. Während von »Hysterie« in der professionellen Psychotherapie heute praktisch nicht mehr die Rede ist, sondern der Begriff sich zu einem abwertenden Alltagsbegriff für unangemessen aufgeregt empfundenes Verhalten entwickelt hat, sollen nun nach einer längeren Phase der »histrionischen« und »instabilen« Persönlichkeitsstörungen bis zu zehn Prozent der Bevölkerung der Diagnose »Borderline-Störung« zugeordnet werden können. Dies ist zum einen auf einen gewissen Modeeffekt zurückzuführen, der durch Fortbildungen und Diagnosemanuale verstärkt werden dürfte. Dahinter aber verbergen sich komplizierte Verständnismodelle für sozial entstehende Schwierigkeiten bei der Bildung stabiler Persönlichkeiten. Diese können von Individuen insofern nicht hinreichend reflektiert werden, als sie außerstande sind, Sexualität und Partnerschaft in ein Lebenskonzept zu integrieren, unter welchem weder sie selbst noch andere leiden.

Das ist für unser Thema von erheblicher Bedeutung, weil die Menschen, deren Verhalten, Motive und Reaktionen das Recht regelt und beurteilt, keine neutralen, gleichförmig selbstbestimmten Wesen sind. Die Vorstellung, der rechtsunterworfene Bürger sei im Grundsatz frei in Wollen, Fühlen und Entscheidung, ist vielmehr ihrerseits ein normatives Postulat: Er *soll* es sein, weil alles andere einen normativen Rückfall in jene vormodernen, vorbürgerlichen Zeiten bedeuten würde, in denen die Natur den Menschen normierte – und damit die dieser Natur angemessene Form sexuellen Verhaltens und moralischen Beurteilens von biologisch und sozial vorgegebenen, überindividuellen und im Grundsatz unveränderlichen Kategorien abhing.

Hier liegt ein zentrales Problemfeld moderner bürgerlicher Identität. Es wurde ursprünglich meist im Zusammenhang mit ökonomischen Fragen erörtert und liegt dort auf der Hand. So ist die normative Freiheit und Gleichheit im Recht die Voraussetzung individueller Selbstverwirklichung. Aufgrund faktischer

Gegebenheiten und Geltung spezieller Konkurrenz- und Verteilungsregeln führt dies aber offenkundig nicht dazu, dass ein solcher Zustand von Gleichheit tatsächlich eintritt. Im Gegenteil verstärkt sich faktische Ungleichheit zunehmend und in ursprünglich nicht für möglich gehaltenen Dimensionen – so besitzen die 62 reichsten Personen der Welt eine ebenso große Vermögensmasse wie die ärmere Hälfte der Weltbevölkerung zusammen. Zugleich läuft formal-normativ angeblich ein genau entgegengesetztes Programm ab, es liegt also keinerlei Störung des Rechtssystems der Gleichheit vor.

Nicht anders, im Einzelnen wesentlich komplexer, ist es mit den Persönlichkeitsstrukturen der Individuen. Dass alle Menschen vom Staat gleich behandelt werden sollen (Art. 3 Abs. 1 GG) bedeutet ja nicht, dass sie gleich sind. Das gilt noch nicht einmal für die in Art. 3 GG genannten Kriterien unzulässiger Differenzierung. Wenn Personen nicht aufgrund ihres Geschlechts, ihrer ethnischen Zugehörigkeit oder ihres Glaubens diskriminiert werden dürfen, werden dadurch ja nicht Geschlecht, Herkunft und Glaube angeglichen, sondern diese als Kriterien für die staatliche Differenzierung zwischen Personen für unzulässig erklärt.

Wenn also Art. 2 Abs. 1 GG sagt, der Mensch sei »frei in der Entfaltung seiner Persönlichkeit«, ist das keine Beschreibung eines konkret-objektiven Zustands, der für alle Menschen gleich ist, sondern ein Postulat, das einen bestimmten Begriff von Freiheit schon voraussetzt. Die tatsächlichen Bedingungen und Strukturen von Freiheit und freier Entscheidung sind, wie jeder aus eigener Anschauung weiß, hoch kompliziert und lassen sich weder schematisch für alle Personen noch für alle Entscheidungen und Umstände gleichsetzen.

Wir berühren hier das Feld des sogenannten *Eigentlichen*, also des Hintergrunds und der Bedingungen von Entscheidungen. Im Bereich sexuellen Verhaltens spielt es vielfach eine erhebliche

Rolle, und das wirkt sich zwangsläufig auch auf die Feststellung und Behandlung abweichenden Verhaltens aus. Wir kommen darauf zurück, wenn es um die Genauigkeit des Willens bei Zustimmung und Ablehnung geht und um das Maß von Genauigkeit, das sich mithilfe des Strafrechts erreichen lässt.

Kapitel 2
Norm und Abweichung

Sein braucht Sollen: die Notwendigkeit von Normen

Normativität ist notwendiger Teil menschlicher Gesellschaft. Ich definiere sie hier, anknüpfend an soziologische Erklärungsmodelle, als jene *wechselbezügliche Mischung von Sein und Sollen, Erkennen und Fordern, die als spezifisch menschlich angesehen wird.* Bei höher entwickelten Tieren ist die kognitive Merkfähigkeit teilweise extrem ausgeprägt. Der Mensch stellt gewiss nicht die Krönung der evolutionären Entwicklung dar, was spezialisierte kognitive Fähigkeiten betrifft. Unzweifelhaft einzigartig ist aber das Maß seiner Fähigkeit, aus empirischen Erfahrungen normative Erwartungen zu entwickeln.

Es gibt das in Ansätzen auch bei anderen Säugetieren, insbesondere bei manchen Menschenaffen ist das eindrucksvoll zu beobachten. Schimpansen, Bonobos und Gorillas haben nicht nur ein erstaunliches Maß an kognitiver Empathie entwickelt, also an Fähigkeit, sich in Blickwinkel, Gefühle und Motive anderer Individuen einzufühlen. Sie zeigen auch erste Ansätze zu einer auf Verantwortlichkeit abzielenden Gruppenmoral. Das Fortpflanzungs- und im weiteren Sinn Sexualverhalten spielt dabei eine große Rolle und bestimmt weit über eine bloß natürliche, instinktgesteuert evolutionäre Funktion hinaus auch die soziale Struktur und die Kooperation der Individuen in einer Population.

Empathie ist ein erster Schritt zur Normativität. Entscheidend ist eine auf ihr basierende intellektuelle Trennung zwischen dem eigenen Ich und einem als Du erlebten Gegenüber, in dem eigenständige, quasi spiegelbildliche Gefühle, Motive, Ziele und Absichten erkannt und dem sie auch als eigene zugeschrieben werden. In einem lang dauernden evolutionären Prozess wandelt sich kognitives in normatives Erwarten. Bestimmte Verhaltensweisen anderer Individuen werden also nicht mehr allein als mehr oder minder wahrscheinlich angesehen, sondern als geschuldet, das heißt als Pflicht. Wer vielfach erfahren hat, dass eine Begegnung mit einer anderen Person friedlich und gewaltlos verlief, wird, wenn dies ohne erkennbaren Grund anders ist, nicht nur überrascht sein, sondern empört. Beim ersten, zweiten und dritten Mal, wenn wir einen Fremden treffen, nehmen wir überrascht, vielleicht erfreut, vielleicht beunruhigt, vielleicht neutral zur Kenntnis, dass er uns freundlich grüßt. Spätestens bei der vierten Begegnung aber halten wir das nicht mehr für wahrscheinlich, sondern für erwartbar. Wenn die Person uns dann nicht grüßt, machen wir uns Gedanken darüber, warum sie sich so verhält. Wenn wir selbst grüßen und nicht zurückgegrüßt werden, halten wir das für unhöflich, feindselig, sozial unpassend. Aus der bloß kognitiven Erwartung, dass etwas geschehen werde, ist also eine normative Erwartung geworden, dass etwas zu geschehen habe. Diesen Erwartungen entsprechen umgekehrt Erwartungs-Erwartungen. Wir nehmen an, dass andere an uns dieselben empirischen und normativen Erwartungen richten wie wir an sie. Im fortgesetzten Wechselspiel dieser Erwartungen und des Abgleichs von Verhalten, Erwartungsbefriedigung und Enttäuschung entsteht Moral, die zwischen den Individuen kommuniziert und auf verschiedene Weise durchgesetzt werden kann.

Allgemein wird auch Friedlichkeit normativ erwartet, und wer dagegen verstößt, hat Verantwortung für sein Fehlverhalten im Sinn einer Abweichung vom Gesollten zu tragen – hieraus ergeben sich die Grundlagen von Schuld.

Normativität, Regeln des Sollens, entsteht also in menschlichen Gesellschaften zwangsläufig und ist gerade ihr Kennzeichen. Das passiert nicht zufällig, sondern ist notwendig und unlösbar mit dem Sein, das heißt der empirischen Wirklichkeit verbunden. Normative Regeln entstehen aus ihr und wirken zugleich auf sie zurück, indem sie Anschauungen, Erwartungen und das Verhalten steuern. In jeder Gesellschaft geht es um das Normale, das Übliche und Durchschnittliche, und zwar nicht nur als eine statistische Größe, sondern als Richtschnur, an der ihre Mitglieder gemessen werden. Dabei existieren Gesellschaften, jedenfalls seit langer Zeit, regelmäßig nicht als egalitäre Gemeinschaften. Sie verteilen Macht und Reichtum, Zugang zu Fortpflanzungschancen, Nahrungs- und sonstigen Ressourcen und die notwendigen Arbeiten sehr unterschiedlich. Normen bestimmen maßgeblich die Akzeptanz dieser Verteilung und die Legitimität der Machtstruktur, welche sie vornimmt. Sehr allgemein formuliert bilden sie also die Grundlagen dessen, was sozial als erwünscht und was als abweichend definiert wird.

Konformität und Abweichung: Devianz

Devianz heißt Abweichung, deviantes Verhalten ist abweichendes Verhalten. Der negative, vorwurfsvolle Unterton, der dem Begriff im Allgemeinen anhaftet, deutet darauf hin, dass es sich meist nicht um die neutrale Beschreibung einer Tatsache handelt, sondern dass Wertungen im Spiel sind. Abweichung ist das Gegenteil von Gleichheit. Wo Gleichförmigkeit als positiver Sachverhalt gilt, ist Abweichung ein zu sanktionierender Fehler, während das Bemühen um Angleichung belohnt wird. Das beschreibt zunächst nur einen unvermeidlichen sozialen Vorgang, denn Interessen sind verschieden und müssen ausgeglichen werden oder sich durchsetzen. Empathie erzeugt Moral, Moral erzeugt Normen. Von der Norm abweichendes Verhalten ist nicht nur im Einzelfall schädlich, sondern auch gefährlich aufs Ganze gesehen, weil es die Norm bricht und daher ihre Geltung infrage stellt. Deshalb wirkt Sanktionierung – positive wie negative, informelle wie formelle – darauf hin, die Norm zu bestätigen.

Abweichung als begriffliches Problem

Im Bereich der Sexualität geht es stärker als in anderen Lebensbereichen nicht allein um Abweichungen in den zahllosen jeweils isolierten Einzelfällen, aus denen man einen statistischen Durchschnitt bilden und diesen als normative Anforderung definieren könnte. Es geht, wie beispielsweise im Bereich der Gewalt, auch um allgemeine Konzepte, um ein So-Sein und die Legitimität von Strukturen, Wünschen sowie Verhaltensmustern. Wir gehen davon aus, dass Sexualität nicht ein irgendwie vorhandenes, der Persönlichkeit zusätzlich hinzugefügtes Bedürfnis ist, das je nach Zweckmäßigkeit frei geregelt und begrenzt werden kann. Vielmehr ist es mit der Existenz der Persönlichkeit selbst verbunden und unterscheidet sich damit kategorial von etwa der Wahl des notwendigen Essens und der notwendigen Kleidung. Ob das überzeitlich gilt, kann allerdings bezweifelt werden, namentlich vor dem Hintergrund, dass in anderen historischen Zusammenhängen Fragen des sexuellen Verhaltens und Erlebens nicht so im Zentrum der Aufmerksamkeit standen, wie dies heute der Fall ist. Je größer die Bedeutung allerdings, die dem individuellen Empfinden und Erleben zugeschrieben wird, desto wichtiger und zentraler werden die Lebensbereiche, in denen solche Gesichtspunkte bestimmend sind. Der Gedanke, das Wesen des Ich werde vor allem von Gefühlen bestimmt, ist menschheits- und ideengeschichtlich noch nicht sehr alt. Wie begründet dieser Gedanke ist, mag auch dahinstehen, entscheidend ist hier allein, dass wir es so erleben.

Der Begriff Devianz ist allerdings umstritten. Er ist eine der Alternativen zum Begriff der »Perversion« oder der »Perversität«, der aus der Medizin stammt, aber seit Beginn des 20. Jahrhunderts* vorwiegend im Kontext sexueller Präferenzen benutzt wird. Gebräuchlich sind auch »Paraphilie« und »sexuelle Präferenzstörung«. Alle Begriffe haben bestimmte inhaltliche Konzepte zur Grundlage, denen hier nicht nachzugehen ist. Abweichungen und sexuelles Verhalten überhaupt, so wird oft behauptet, seien in der modernen bürgerlichen Gesellschaft tabuisiert und verdrängt. Der französische Philosoph Michel Foucault sieht es ganz anders**: Es seien erst und gerade in den Formen der Kanalisierung und Unterdrückung Sexualität und sexuelles Verhalten zu einem Thema öffentlicher Kommunikation geworden. Die Perversionen sind danach eine Konstruktion der modernen Gesellschaft.

Spezifisch modern ist jedenfalls das Verständnis von sexueller Devianz als Krankheit der Seele. Zugleich bezeichnet der Begriff die Überschreitung einer normativen Grenze, er bestimmt das, was nicht normal, üblich und toleriert ist. Insoweit verbinden sich im Begriff der Devianz Vorstellungen vom moralisch Richtigen, gesellschaftlich Nützlichen und medizinisch Unbedenklichen. Dieser Logik folgend, waren und sind in vielen Gesellschaften Verhaltensweisen, die im Grundsatz nicht zur Fortpflanzung geeignet sind, als abweichend und unmoralisch, »widernatürlich« und böse verfolgt worden. Dazu gehören etwa Homosexualität, Anal- und Oralverkehr, sexuelle Handlungen mit Tieren oder Gegenständen sowie Masturbation.

Während diese Kategorien aus der öffentlichen Diskussion in

* Sigmund Freud, *Drei Abhandlungen zur Sexualtheorie*, Leipzig [u. a] 1905.

** Michel Foucault, *Der Wille zum Wissen* (Sexualität und Wahrheit, Bd. 1), Berlin 1987.

Deutschland weitgehend verschwunden sind, zeigt sich hier ein gänzlich anderes Phänomen, und zwar die Diffusion einer aus verschiedensten Zeiten und Sparten der Psychologie stammenden Terminologie in die Alltagssprache, mit der potenzielle Abweichung von der Norm erfasst und erklärt werden soll. Das hat zur Folge, dass das eigene und fremde Sexualleben mit professionell erscheinenden, aus der Psychopathologie stammenden Begriffen und Figuren wie »Verdrängung«, »Komplex« und »Störung« eingeordnet und interpretiert wird. Dass die Verwendung dieser Begriffe selten korrekt und im Sinne des Forschungsstands erfolgt, führt notwendigerweise zu unglücklichen Kategorisierungen, zu Abwertungen oder gar Denunziationen. Insoweit stellt sich diese Form der scheinbaren Verwissenschaftlichung der Gebrauchssprache als eine gelegentlich rührende, manchmal aber auch nervenzehrende Einwanderung von Fachbegriffen allenfalls erahnter Bedeutung in die geläufigen Muster der Alltagstheorien dar. Das zu verdammen oder hochmütig zu verachten, ist für die Fachleute naheliegend, aber praktisch sinnlos. Man muss damit umgehen. Der allgemeine Drang zu Individualisierung, Innerlichkeit, personaler Identität und Authentizität ist derart groß, dass er fast alle Lebensbereiche erfasst und weit in den privaten und intimen Bereich hineinwirkt. Er bedient sich dabei aller Wissenschaften, Erkenntnisse und Begrifflichkeiten, die eine solche Bewegung zum »inneren Selbst« nahelegen oder zu unterstützen scheinen. Umgekehrt speisen sich Theorien, Schulen und Fragestellungen der Psychologie vielfach auch aus diesem Bedürfnis. Hieraus entsteht insgesamt leicht ein Vorstellungsbild, nach welchem sexuelles Verhalten und Erleben insgesamt nur noch auf dem Weg über die Erforschung des innersten Kerns der Persönlichkeit und ihrer Entstehungsbedingungen verständlich sei. Eine der Folgen ist beispielsweise die verbreitete Neigung, auf das Problem von Sexualstraftaten alsbald mit Fragen und Forderungen nach *Therapien* zu antworten, als sei es ausgemacht, dass sexuell abweichendes oder strafbares Verhalten ein im weiteren Sinn krankhaftes, behandlungsbedürftiges und entweder heilbares oder unheilbares Phänomen der individuellen Psyche sei. Selbst wenn das stimmte, wäre es erstaunlich und jedenfalls erklärungsbedürftig, dass entsprechende Theorien nicht in demselben Maß auf Straftaten wie zum Beispiel Diebstahl, Betrug, Raub oder unerlaubte Abfallentsorgung angewendet werden.

Am Grunde dessen liegt jedenfalls die Annahme, dass die Gesamtheit der Persönlichkeit sich zu erheblichen Teilen als ein Prozess der Reifung geschlechtlicher Wünsche und ihrer Integration in ein als gesund angesehenes Konzept des Ich verstehen und darstellen lässt. Diese seit Sigmund Freuds Entdeckung von sogenannten Trieben herrschende Grundannahme hat die Human- und Sozialwissenschaften des 20. Jahrhunderts weithin geprägt. Ob sie der Erkenntnis letzter Schluss ist, muss offenbleiben. Die Richtigkeit oder Falsifikation von Theorien zeigt sich in der Praxis ihrer Anwendung. Eine Theorie, die eine Falsifikation entweder schon in sich ausschließt oder in eine Bestätigung ihrer selbst umdeutet, sich also per definitionem gegen Kritik immunisiert, gerät leicht zur Glaubensfrage und muss daher mit Vorsicht betrachtet werden.

Regelverstoß oder Krankheit? Devianz aus strafrechtlicher Perspektive

Das Strafrecht und die Orientierung auf zwischenmenschliche und soziale Konflikte begrenzen unsere Darstellung. Es geht nicht darum, Diagnosen zu stellen oder Heilungen zu erörtern, sondern wir wollen wissen, inwieweit sexuelle Devianzen für solche Konflikte von Bedeutung sind. Dabei reicht die bloße Konflikthaftigkeit von Interessen nicht aus. Dass die eine Person eine sexuelle Handlung will und die andere nicht, ist kein Zeichen von Devianz und muss nicht pathologisiert, also in einen unpassenden Bedeutungszusammenhang ausgelagert werden. Sondern es geht im Grundsatz um einen ganz normalen Interessenkonflikt, der so oder so gelöst – oder eben nicht gelöst werden kann. Wenn die Lösung in einer Handlung besteht, die den Tatbestand eines Strafgesetzes verwirklicht, also zum Beispiel einer sexuellen Nötigung, *kann* die Ursache die sexuelle Devianz eines der Beteiligten sein. Das ist empirisch selten, und es besteht daher kein Anlass, schon aus der bloßen Strafbarkeit eines Verhaltens zu schließen, es liege beim Handelnden eine vielleicht krankhafte sexuelle Devianz vor, die es aufzuspüren gelte. Man kann auch nicht annehmen, jede rechtsgutsverletzende Handlung, die auf sexuellen Motivationen beruht, habe ihren Ursprung in einem pathologischen Zustand des Täters, der also einer heilenden Therapie zuzuführen sei. Sexuelle Nötigung ist als solche genauso wenig krank wie jedes andere abweichende Verhalten, das in Rechte Dritter eingreift.

Man muss also zunächst die tatsächlichen Handlungen, Geschehnisse und Voraussetzungen feststellen und dann unterscheiden zwischen einerseits einer möglichen medizinisch-psychologischen Diagnose einer Störung oder Krankheit, die eine Rolle für die Handlung gespielt haben könnte, und andererseits den rechtlichen Bewertungen, das heißt insbesondere der strafrechtlichen Relevanz der Handlung. Für den klinischen Begriff der Störung kommt es darauf an, ob eine Person ein Verhalten oder eine Verhaltensneigung zeigt, unter der sie selbst oder andere Personen leiden. Das hat mit Moral und Ethik zunächst nichts zu tun. Gemessen an einer normativen Vorstellung der reifen, gesunden Persönlichkeit, sind alle Neigungen, die davon abweichen und das Erreichen der Reife verhindern oder stark erschweren, Störungen, Devianzen (veraltet: Perversitäten). Meist werden sie in Verbindung gebracht mit sexuellen Präferenzen, die sich vom Bezug zu anderen Personen trennen. Die Folge dieser Dissoziation ist ein als mangelhaft wahrgenommenes Selbstbild, das sich umformt in eine zwanghafte und unbewusste Fixierung auf die gleichermaßen erlebte Sexualorientierung. Hervorzuheben sind hier nicht bestimmte Formen und Präferenzen, sondern deren Gemeinsamkeiten. Dazu zählen das Fehlen oder der Verlust einer persönlichen Beziehungsebene; die Einengung auf ichbezogene Wahrnehmungen; Ritualisierungen und Suchtverhalten in Bezug auf Bedürfnisse; Fetischisierungen; der Verlust der Integration von Aggressions- und Regressionsimpulsen; eine fixierte Verlagerung von Angst in Feindseligkeit; schließlich Beziehungslosigkeit, Anonymität und Wahllosigkeit.

Die Feststellung von Abweichung in unserem Zusammenhang ist qualitativ bedingt durch jene Norm, anhand derer Devianz überhaupt bemerkt werden kann. Problematisch ist die Frage nach dem quantitativen Maßstab. Grundsätzlich müsste eine Abweichung von einem empirischen Durchschnitt sozialer Eigenschaften oder Verhaltensweisen mathematisch-statistisch erfassbar sein, sie wäre das Ergebnis der Differenz zwischen einem errechneten Mittelwert und einem gemessenen Individualwert. Dies ist aber weder möglich noch sinnvoll. Denn der Durchschnitt sexueller Motive, Träume, Vorstellungen und Wünsche ist schlichtweg keine empirisch messbare, sondern eine sozial wirksame Größe. Selbst wenn man also – wie auch immer – ermitteln könnte, wie oft Masturbationsfantasien mit dem Ausüben oder Erleiden von Gewalt oder Zwang verbunden sind und wie sich dies auf verschiedene Altersstufen, Geschlechter, Bildungsstufen oder Berufsgruppen verteilt – es hätte keinerlei Aussagewert.

Das ist nicht so selbstverständlich, wie es spontan scheint. Wir sind in den eher liberal orientierten Industrieländern heute gewohnt, in Kategorien von »Alles geht« oder »Hauptsache, zufrieden« zu denken oder diese Einstellungen jedenfalls als fortschrittlich anzusehen. Die Zeitbedingtheit und Entwicklungsfähigkeit dieser Position wird dabei oft übersehen. Es wird etwa heute weitgehend als selbstverständlich angesehen, dass Homosexualität keine vorwerfbare Abweichung sei, sondern nur eine statistische Minderheitsposition ohne normative Minderwertigkeit. Die Norm ist hier aufgegeben worden – strafrechtlich allerdings erst im Jahr 1994 mit Abschaffung des § 175 a. F. StGB. Entsprechendes gilt für viele Präferenzen, Verhaltensweisen und Handlungen, die lange Zeit als Zeichen von Krankheit oder moralischer Minderwertigkeit angesehen und strafrechtlich verfolgt wurden.

Die Rolle, welche das Strafrecht in diesem Zusammenhang spielt, ist mehrdimensional. Das Strafrecht ist, wie das geschriebene Recht im Allgemeinen, stets die quasi letzte Stufe formeller Abstraktion auf der Grundlage von Moral und Ethik. Zugleich ist es aber eine Wirklichkeit, die empirisch und normativ wirkt und die soziale Verständigung bestimmt. Strafrecht reflektiert Wertewandel, kann ihn aber auch in Grenzen steuern. Diese letztere Möglichkeit wird heute gerade deshalb überschätzt, weil die Geschwindigkeit informeller Veränderungen in den vergangenen Jahrzehnten so stark zugenommen hat. Viel stärker als früher sehen wir uns daher heute rechtspolitischen Forderungen ausgesetzt, mittels strafrechtlicher Regelungen »Zeichen zu setzen«, Veränderungen aktiv voranzutreiben und gestaltend auf gesellschaftliche Prozesse einzuwirken. Das Sexualstrafrecht ist hierfür ein besonders gutes Beispiel. Hier wurden in den letzten Jahren verschiedentlich Regelungen mit der ausdrücklichen Begründung in das Gesetz aufgenommen, sie seien unabhängig von ihrer praktischen Bedeutung wichtig, um der Bevölkerung etwas »klarzumachen«, symbolisch zu wirken oder gesellschaftlich veränderte Bedeutungen zu kommunizieren. Ob das Strafrecht als Regelungssystem und vor allem auch in seiner praktischen Verwirklichung solchen Anliegen Rechnung tragen kann oder vielleicht sogar in seiner stabilisierenden Funktion beschädigt wird, ist jedoch zweifelhaft und umstritten.

Heute hat man sich in Westeuropa und zahlreichen anderen Staaten im Grundsatz darauf geeinigt, als *deviant nur solche sexuellen Präferenzen anzusehen, unter deren Ausprägungen und Folgen die Betroffenen selbst oder andere Personen leiden.* Das hat Folgen dafür, was überhaupt als relevanter Leidensanlass angesehen wird und wie die Verantwortung für die Enttäuschung von Erwartungen verteilt wird – vom Schulterzucken bis zur langjährigen Freiheitsstrafe und sozialen Ächtung.

Das klingt recht theoretisch, ist aber im Alltagsleben präsent. Als Beispiel mag die sogenannte MeToo-Debatte angesehen werden. Beschwerden über sexuell motiviert übergriffiges Verhalten stießen hier teilweise auf Unverständnis und wurden vielfach mit dem Hinweis beantwortet, die Diskussion verwechsele normales Verhalten mit Übergriffigkeit. Bald dürfe man ja gar nichts mehr, so teils die Meinung, und es müsse doch noch gestattet bleiben, »ein Kompliment zu machen«. Das ist eine klassische Situation der Dissonanz auf kognitiver und normativer Ebene. Beide Positionen können richtig sein, es geht hier allerdings nicht um eine Entscheidung für die eine oder andere, sondern um die Erkenntnis ihrer Ursachen und die Regulation des aus der Dissonanz entstandenen Konflikts.

Wenn eine Person plötzlich mitteilen würde, sie betrachte das hierzulande bis zur Corona-Pandemie übliche Handgeben als sexuelle Übergriffigkeit, oder wenn distanzlose Erkundigungen unter Arbeitskollegen nach privaten Angelegenheiten als sexuelles Bedrängen verstanden würden, wäre es schwer, wenn auch auf Dauer nicht unmöglich, dies als Norm durchzusetzen. Ebenso gälte dies umgekehrt für die Ansicht, intensives Umarmen oder Küsse auf den Mund seien Voraussetzung von gutem Betriebsklima und kollegialer Freundlichkeit und müssten allgemein akzeptiert werden.

Hier wird also auf einer grundsätzlichen Ebene darüber gestritten, was überhaupt als sexuell und was als neutral zu gelten hat. Diese Festlegungen folgen weder einer konsequenten Logik, noch sind sie historisch stabil, sie sind vielmehr Gegenstand kontinuierlicher gesellschaftlicher Aushandlungsprozesse und damit den normativen Erwartungen an das Sprechen über Sexualität unterworfen. Offenkundig ist das zum Beispiel im Bereich der Bekleidungsnormen. Zwischen der Vollverschleierung und weitgehender Nacktheit lässt sich hier alles Denkbare als Normalität finden, wobei Missverständnisse dieser Bedeutungen zahlreich und oft folgenschwer sind: Freizügige Bekleidung von Frauen bei Reisen in muslimisch geprägte Länder wird dort oft als sexuell demonstrativ und provokativ empfunden und führt zu Abwertung und Übergriffen. Die Einhaltung strenger Verhüllungsvorschriften wie des Ganzkörperschleiers durch muslimische Frauen in westlichen Ländern führt gleichfalls zu Verachtung und Ablehnung, da dem individuellen Verhalten der Betroffenen Bedeutungen von Aggression gegen Modernität und sexuelle Selbstbestimmung sowie von körperfeindlichem Moralismus zugeschrieben werden.

Die Identität der Mehrheit: Ungleichzeitigkeiten in der Bewertung von Norm und Abweichung

Es spielt darüber hinaus eine große Rolle, in welcher sozialen Gruppe oder Subkultur diese Fragen gestellt und beurteilt werden. Zwischen den Verhaltensnormen einer sich global fühlenden Künstler-Boheme oder der sich androgyn darstellenden Lebenswelt der Haute Couture einerseits und denen eines ländlich geprägten Kleinbürgertums andererseits scheinen buchstäblich Welten zu liegen, auch wenn infolge der Dominanz einer an Durchschnitten orientierten Informationskultur das jeweils andere zumindest theoretisch zugänglich ist.

Man darf aber auch hier die Bilder nicht ohne Weiteres mit der Wirklichkeit verwechseln. Der Umstand, dass der Zeitgeist von Medien geprägt ist, die eine scheinbar unendliche Vielfalt von angeblich gleichwertigen Varianten und Möglichkeiten des sexualitätsbezogenen Verhaltens und Empfindens behaupten, führt nicht zu einer quasi automatischen Angleichung von kulturellen Standards. Beispielhaft zeigte sich diese Differenz in der Wahrnehmung und Erwartung von Normen in Deutschland nach 1989. Ostdeutsche Bürger hatten oftmals jahrzehntelang West-Fernsehen gesehen, waren hierdurch aber dennoch nicht wirklich vorbereitet auf die reale Kultur der Fetischisierung und Sexualisierung der Warenwelt. Ebenso führte die medial vermittelte Kenntnis der verbreiteten ostdeutschen FKK-Vorliebe bei den ab 1990 ins Anschlussgebiet reisenden Westdeutschen nicht zu Gefühlen sexueller oder sozialer Befreiung durch nacktes Herumlaufen in der Natur. Wechselseitig wurde die jeweils andere Kultur des Umgangs mit Sexualität und Körperlichkeit als rückwärtsgewandt und spießig wahrgenommen. Wie ein Verhalten, das auch sexuell konnotiert ist oder sein könnte, jeweils wahrgenommen, empfunden, verstanden und bewertet wird, ergibt sich nicht aus reflektierter Befassung mit isolierten Verhaltensteilen. Es ist in hohem Maß eingebettet in die jeweiligen lebensweltlichen informellen Bewertungsstrukturen insgesamt sowie in biografische Erfahrungen. Daher wäre es etwa nicht sehr Erfolg versprechend, von deutschen Auswanderern in Zentralafrika, Ostasien oder Südamerika zu erwarten, dass sie innerhalb weniger Jahre die Intimitäts- und Sexualitätskulturen ihrer neuen Heimat übernehmen. Im Gegenteil werden von Immigranten oft die heimatlichen Regeln und Moralen, aber auch Heiratssitten und Familienstrukturen über mehrere Generationen besonders rigide beibehalten, selbst wenn dies zu Nachteilen der Akzeptanz und Integration führt.

Was in einer Gesellschaft als *leitende*, dominante, vorwiegend präsente soziale Kultur angesehen wird, ergibt sich wie oben bereits angeschnitten nicht aus der sogenannten Natur irgendeiner Anschauung oder aus einer quasi naturwüchsigen Überlegenheit bestimmter Denk- und Kommunikationsweisen. Das alte Juristen-Bonmot »Die herrschende Meinung ist die Meinung der Herrschenden« drückt holzschnittartig aus, dass Meinungen und Verständnisse sich aufgrund sozialer Dominanz ihrer Träger durchsetzen. Bei der Bewertung von sexualbezogenem Verhalten, Kommunizieren und Empfinden gilt es daher zu betrachten, welche soziale Gruppe sich hierzu äußert und die Standards zu bestimmen versucht, was als »rückständig« oder »fortschrittlich«, was als »modern« oder »altmodisch« anzusehen ist. Denn nur so lässt sich erkennen, dass Ungleichzeitigkeiten in dieser Bewertung weitverbreitet sind, auch wenn der öffentliche Diskurs etwas anderes suggeriert. Denn aus dem Blickwinkel von dominierenden Subkulturen werden andere Positionen entweder selten wahrgenommen oder als Ausdruck mangelnder intellektueller oder moralischer Anstrengung abgewertet.

Man kann solche Abläufe recht gut dort erkennen, wo im weitesten Sinne sexuelle Kultur vor allem unter dem Gesichtspunkt von Identität betrachtet wird. So gelingt es bislang aus sexualitätsbezogenen Gründen diskriminierten Gruppen von Minderheiten, etwa Homosexuellen, Transsexuellen und Diversen, Positionen defensiver Abwehr kommunikativ in Positionen aggressiver, aktiver Bewegung zu verändern. Die Standorte von Fortschritt und Rückschritt, Reaktion und Moderne werden dabei neu und mit dem Anspruch auf Dominanz definiert. In der

Lebenswirklichkeit einer sich nur sehr langsam bewegenden wirtschaftlichen und sozialen Gesamtkultur gelingt eine solche aktive Veränderung dabei vorwiegend solchen Personen, die dies als Frage eigener Identität betrachten, also existenziell betroffen sind. Voraussetzung dafür ist allerdings, dass sie in der sozialen Hierarchie Positionen besetzen, die eine solche Neudefinition mit Aussicht auf Erfolg ermöglichen. Kaum jemand interessiert sich dafür, ob sozial und kommunikativ randständige Gruppen spezielle Formen des Zusammenlebens, der sexuellen Identität oder bestimmte Grundsätze ihrer Sexualmoral als wünschenswert, natürlich oder üblich ansehen. Finden solche Bewegungen allerdings in Bereichen statt, in denen die Protagonisten über politische, ökonomische oder kulturelle Macht verfügen – man denke an das akademische, das studentische oder das Milieu der Kultur- und Medienschaffenden –, sind die Aussichten auf Erfolg gut.

Eine Übernahme avantgardistischer Positionen in die Breite erfolgt hingegen nur äußerst langsam und ungleichzeitig. Sie vollzieht sich zunächst auf der Ebene einer Diskussion um Toleranz gegenüber der Betätigung von Freiheit. Es gibt heute in Deutschland wohl sehr wenige Medienredaktionen, die dezidiert ablehnende, moralisch abwertende Meinungen etwa zur Homosexualität oder zu Gender-Fragen veröffentlichen würden, weil sie schnell als altmodisch und reaktionär gelten würden. Und wenn sie es tun, dann fegen die heute üblichen Stürme der Empörung über sie hinweg. Positionen einer als traditionell empfundenen Sexualmoral und Familienstruktur öffentlich zu vertreten, gilt weithin als veraltet und den Aufgaben der Moderne und Anforderungen der Zukunft nicht adäquat. Dies wird von der herrschenden Meinung des Mediensektors getragen und vorangetrieben.

Tatsächlich befinden sich aber zugleich große Teile der Gesellschaft keineswegs auf diesem Diskussionsniveau und streben dies auch subjektiv nicht an. Das gilt erstens für einen Anteil von Immigranten und deren Nachfolgegenerationen, zweitens für erhebliche Teile eines desintegrierten Arbeitermilieus und Kleinbürgertums sowie drittens für sozial deklassierte Schichten an oder jenseits der Grenze zur prekären Existenz als Mindestlohn- und Sozialtransferbezieher, die oft keine realistische Chance haben, in absehbarer Zeit wieder in die Mehrheitsgesellschaft integriert zu werden. Diese Gruppen sind dabei nicht statisch zu verstehen, sondern als dynamisch. Sie eint, dass sich hier verbreitet Moralvorstellungen und Lebensentwürfe finden, die mit einer hedonistisch-akademischen Metropolenkultur nicht vereinbar und daher sozial marginalisiert sind. Als Beispiel mag etwa eine stark von türkischen Immigranten geprägte Kultur jener großstädtischen Viertel gelten, die auch von Angehörigen der intellektuellen Szene als Wohnorte bevorzugt werden. Eine als rückständig, frauen- und homosexuellenfeindlich, patriarchalisch und autoritär wahrgenommene Kultur wird dort von der sich als Avantgarde oder Elite gerierenden Bevölkerungsgruppe in der Regel nicht etwa bekämpft, sondern als multikultureller Hintergrund und Folie eigener Lebensgestaltung betrachtet. Dies gelingt nur, weil die jeweilige Bevölkerungsmehrheit weder über die kommunikative noch ökonomische oder gar politische Macht verfügt, um ihre Moral durchzusetzen, sondern im Gegenteil meist bemüht ist, sich unauffällig zu verhalten. Wo dies hingegen nicht geschieht, wo also vor allem junge Menschen aus dem migrantischen Milieu aggressiv und dominant auftreten, um etwa ihre Vorstellungen von Geschlechterrollen und Sexualverhalten darzustellen, führt das zu massiven Konflikten. Teil und auch Kennzeichen dieses Konfliktes der Ungleichzeitigkeit ist es, dass er von allen Seiten mit hochgradig moralisch bewerteten Argumenten geführt wird. Wir kommen im abschließenden fünften Kapitel darauf noch einmal zurück.

Gefundene und gemachte Regeln: die Geschichtlichkeit des Sexualstrafrechts

Es ist weiter oben schon mehrfach angesprochen worden, dass das geltende Recht, namentlich auch das Strafrecht, nicht aus sich selbst heraus oder aus dem Wirken von Prinzipien entsteht. Es entspricht auch nicht den jeweils neuen Erkenntnissen von Menschen, die aus unbekannten Gründen immerfort klüger, rechtskundiger und moderner werden. Im Gegenteil, *das Recht entwickelt sich mit einer Gesellschaft und wird von ihr hervorgebracht.* Das ist, was die Rechtswissenschaft »positives Recht« nennt, also gemachtes, von Menschen mit Gründen und nach Regeln geschaffenes Recht.

Darüber hinaus gilt ein aus der Systemtheorie stammender Grundsatz: Recht kann nur aus Recht entstehen. Was dies bedeutet, wird deutlicher, wenn man diese von anderen Auffassungen abgrenzt. Traditional strukturierte Gesellschaften betrachten als Recht und als richtig, also als legitim, nicht das, was neu und gemacht ist, sondern das, was besonders alt ist und schon immer da war, was aus vorzeitlich heiligen Quellen entsprungen ist: das gute alte Recht. Es wird nicht gemacht, sondern gefunden. In der Justizsprache leben solche Vorstellungen bis heute weiter in Begriffen wie »Erkenntnis« als Synonym für eine gerichtliche Entscheidung.

Während diese Unterscheidung zwischen modernem und traditionalem Rechtsverständnis abstrakt selbstverständlich erscheint, ist sie auf der Ebene konkreter Regeln nicht selten schwieriger zu überschauen. Die Mehrheit der Menschen, die in einem bestimmten Staat zu einer bestimmten Zeit leben, denkt nicht ständig über die vielfältigen Veränderungen nach, die das Recht im Allgemeinen und seine Auslegung und Anwendung durchmachen. Die Sprache des Rechts und die Begriffe der Gesetze entwickeln ein Eigenleben und erscheinen den Menschen nicht als die Produkte ihrer eigenen Geistestätigkeit und Planung, die sie sind, sondern umgekehrt als deren Quellen und Grenzen. Das ist, was ein rechtskundiger Philosoph aus Trier im 19. Jahrhundert »Fetischisierung« nannte. Er meinte damit nichts Sexuelles, sondern den Umstand, dass die Hervorbringungen menschlicher Kreativität ihren Schöpfern als fremd gegenübertreten. Wir sprechen hier nicht über philosophische Rätsel, sondern über das Machen von Gesetzen zur Durchsetzung von Interessen, die nicht überzeitlich und allgemein sind, sondern sich unter der Hand des Alltags fortlaufend verändern, und mit ihnen die Worte, mit denen sie beschrieben, geäußert und verhandelt werden.

Es lohnt sich daher fast immer, bei der Beschäftigung mit einem Gebiet des Rechts einen Blick zurück auf Entwicklung und frühere Auffassungen zu werfen. Oft kann man schon daraus viele Anregungen zum Verständnis des geltenden Rechts gewinnen. Gerade anhand der Rechtsregeln zu Fortpflanzung, Familie und Sexualität wird überaus deutlich, dass man auch in diesem scheinbar höchstpersönlichen Bereich des Lebens keineswegs von einer dauerhaften Konstanz und unveränderlichen Grundsätzen sprechen kann. Im Anhang sind Auszüge aus zwei bedeutenden und zu ihrer Zeit äußerst einflussreichen Gesetzeswerken der deutschen Geschichte abgedruckt. Dies ist zum einen die Peinliche Halsgerichtsordnung Kaiser Karls V. von 1532 und zum anderen das Preußische Allgemeine Landrecht von 1794. Eine Lektüre dieser Rechtsquellen gewährt Einblicke in teilweise erstaunliche Einzelheiten und Bedeutungen früherer Zeit. Darüber hinaus machen diese Texte deutlich, wie sich der Blick auf das Rechtsgebiet insgesamt und das Verständnis seiner Aufgaben geändert hat. Allgemein ist es *eine Bewegung von außen nach innen, von einer harten Sanktionierung von Angriffen auf Gemeinschaften zu einem Schutz hochgradig individualisiert gedach-*

ter Rechtsgüter, von einem Ungehorsams-Strafrecht zu einem Gefühls-Strafrecht.

Was sich im Vergleich zeitlich weit auseinanderliegender Regelungen auffällig zeigt, gilt auch heute noch in den feineren Veränderungen. Nur ein kleines Beispiel: Bis 1997 wurde nach § 177 Abs. 1 mit Freiheitsstrafe zwischen 2 und 15 Jahren bestraft, wer eine Frau mit Gewalt zum außerehelichen Geschlechtsverkehr nötigte; dies war gesetzlich als »Vergewaltigung« definiert. Nach § 178 Abs. 1 wurde mit Freiheitsstrafe von 1 bis zu 10 Jahren bestraft, wer eine andere Person mit genau derselben Gewalt zum außerehelichen Analverkehr nötigte. Dies galt nicht als Vergewaltigung, sondern als »Sexuelle Nötigung« und wurde geringer bestraft. Das war unstreitig eine Ungleichbehandlung, die darauf beruhte, dass in dieser Gesetzesfassung noch die alte Einordnung von Sexualdelikten als »Delikte gegen die Sittlichkeit« steckte.

Die Regelung ist zu Recht als gleichheitswidrig skandalisiert worden, weil sie verheiratete Frauen gegenüber unverheirateten dadurch diskriminierte, dass die Nötigung zu Geschlechts- oder Analverkehr in der Ehe nur als einfache Nötigung (§ 240 StGB) strafbar war. Es wurde aber mit fast keinem Wort erwähnt, dass auch alle männlichen Opfer der genannten Taten gegenüber verheirateten Frauen diskriminiert wurden, denn Taten gegen sie konnten (mangels »Beischlaf«) nie »Vergewaltigungen« sein und wurden daher milder bestraft. Es mag eine Marginalie der rechtspolitischen Diskussion sein, dass diese zweite Diskriminierung im Reformprozess praktisch nie angesprochen wurde, sondern die Kritik sich polemisch selektiv gegen eine angebliche »Straflosigkeit der Vergewaltigung in der Ehe« richtete. Die alte Regelung wurde fast ausschließlich als unangemessene Privilegierung von Männern gegen (Ehe)Frauen verstanden, obgleich sie ja in Wahrheit eher eine Schlechterstellung von homosexuellen Männern sowie von verheirateten gegenüber nicht verheirateten

Frauen war. Es zeigt, wie Bedeutungen und Interessen feinsinnig in die Formulierungen und Begründungen hineinwirken.

Die alten Regelungen (s. Anhang) zeigen, wie stark das Sexualstrafrecht in Wahrheit als Sitten- und Familienstrafrecht verstanden wurde. Im Zentrum der gesetzlichen Aufmerksamkeit standen nicht Rechtsgüter des Individuums, sondern das Funktionieren der gesellschaftlichen Ordnungssysteme wie Ehe, der Familie, Fortpflanzung und Erbschaft. Die Regelungen gewähren daher einen hochinteressanten Blick in die Denk- und Lebenswelten vergangener Zeiten, und nicht anders wird es einst im Rückblick auf unsere Rechtssysteme sein. Deshalb wäre es unklug, einen Vergleich zwischen altmodisch und modern anzustellen. Vielmehr geht es um die Frage, was unter Modernität in diesem Zusammenhang überhaupt verstanden wird und woher die weitverbreitete Überzeugung kommt, genau dieser Inhalt des Strafrechts sei zeitgemäß, überlegen und richtig.

»Die Gesellschaft hat die Verbrecher, die sie verdient«, schrieb vor 150 Jahren der französische Kriminologe Alexandre Lacassagne. Der für die heutige Kriminologie leicht verständliche Satz galt Ende des 19. Jahrhunderts als provokative Relativierung einer vorgeblich natürlichen Differenzierung zwischen Gut und Böse. Von altgedienten Strafrechtsprofessoren wurde er noch vor wenigen Jahrzehnten als Beispiel für die angeblichen Irrlehren der Soziologie zitiert. Man kann ihm ohne Zweifel einen zweiten Satz anschließen: Die Gesellschaft hat auch die *Verbrechen,* die sie verdient.

Göttliche Normen: Sexualverfassung und Religion

Bisher noch nicht im Einzelnen angesprochen ist der Einfluss der Religion auf das geschlechtliche Verhalten und Empfinden. Dieser Einfluss kann kaum überschätzt werden, man könnte fast formulieren, dass die jeweilige Sexualverfassung einen Teil des zentralen Kerns jeder Religion ausmacht.

Dabei wird hier die Religion nicht unter theologischem Blickwinkel betrachtet, sondern unter soziologischem. Es geht also nicht um richtige Religionen oder Glaubensinhalte und auch nicht um Dogmatik, sondern um die Funktion der Religionen bei der sozialen Bestimmung von Grenzen des erlaubten und nicht erlaubten sexualbezogenen Verhaltens. Mit Max Weber gesprochen: »Wir haben es hier überhaupt nicht mit dem ›Wesen‹ der Religion, sondern mit den Bedingungen und Wirkungen einer bestimmten Art von Gemeinschaftshandeln zu tun.«*

Es gibt heute in den meisten Ländern Europas, in denen der Einfluss der Religionen auf die allgemeine Moral, auf soziale Verhaltensnormen und auf politisch-rechtliche Strukturen stark zurückgegangen ist, eine auch unter Gläubigen fast einhellige Meinung, wonach die christlichen Religionen über lange Zeiträume eine eher negative Rolle gespielt haben. Dies wird damit begründet, dass die Religion sexuelle Betätigung auf bestimmte, insbesondere familienbezogene, restriktive und freiheitsfeindliche Aspekte reduziert und Normen gesetzt habe, zugleich die Aspekte der Selbstbestimmung, Freiheit und Körperbezogenheit des individuellen und sozialen Handelns bekämpft und schließlich Tabus von Schuld, Sünde, Verfehlung und Unheil mit dem Kern von Glaubensinhalten verknüpft habe. Ungeachtet aller

* Max Weber, *Wirtschaft und Gesellschaft*, Tübingen 1980 (1922), S. 245.

Werturteile auf der einen und Säkularisierungstendenzen der letzten Jahrzehnte auf der anderen Seite, muss namentlich die jüdisch-christliche religiöse Tradition historisch als zentral für die Kontrolle und Regulation von Sexualität und Fortpflanzung gelten. Dies kann hier nicht weiter ausgeführt werden, weil es den Rahmen dieses Buchs sprengen und zu nicht nützlichen Vereinfachungen und Pauschalisierungen führen würde.

Welches Maß an auch aktuellem gesellschaftspolitischem Konfliktstoff die Verbindung von Sexualverfassung und religiösen Glaubensvorstellungen hat, zeigt sich etwa daran, dass ein nicht unerheblicher Teil der öffentlichen Diskussion über Migration und Integration, kulturelle Vielfalt und ethnologische Identitätsvorstellungen in den westlichen Ländern einerseits, den muslimisch geprägten Ländern andererseits sich auf Konflikte moralischer und sozialer Normen des Sexualverhaltens bezieht. Insbesondere werden geschlechtliche Rollenbilder und die hieraus abgeleiteten familiären Strukturen kontrovers diskutiert. In Deutschland etwa gilt es weithin als ausgemacht, dass die muslimisch geprägte Sexualmoral einschließlich der sozialen Verhaltenserwartungen rückständig, emanzipationsfeindlich und diskriminierend gegenüber Frauen und Mädchen sei, abgesehen von einer überdies verbreitet feindseligen Tabuisierung von Homosexualität. Umgekehrt erscheinen aus dem Blickwinkel aktueller muslimischer Auffassungen die westliche Sexualmoral und die soziale Praxis von Partnerwahl, sexueller Freizügigkeit, Familienplanung und kommunikativer Präsenz sexueller Themen im öffentlichen Raum vielfach als sündig, verdorben oder verderbend, moralisch verwerflich und schädlich.

Es kommt hier nicht darauf an, ob eine dieser Positionen richtig ist und eine andere falsch. Hinzuweisen ist nur darauf, dass die Entwicklung religiöser Vorstellungen und Glaubenssysteme jeder Art und jedes Inhalts schon immer Fragen des geschlechtlichen Verhaltens als zentral wichtige Inhalte und Schwerpunkt normativer Glaubensinhalte angesehen haben. Soziologisch ist dies damit erklärbar, dass eine soziale Notwendigkeit religiös-moralischer Normsysteme sich gerade aus den Konfliktpotenzialen des Fortpflanzungsverhaltens und der Familienstrukturen im weiteren Sinn ergibt. Wenn man mit Aussicht auf dauerhaften Erfolg die Fragen regeln will, wie sexuelle Kontakte, Eifersucht, Dominanz, Partnerwahl, Gruppen- und Familienstruktur funktionieren sollen, gibt es keine aussichtsreichere Methode, als diese Strukturen als Teil einer transzendenten Vorbestimmung anzusehen und sie einer von Priestern vermittelten, angeblich göttlichen Aufsicht zu unterstellen. Entsprechend ist eine Bestrafung für Unmoral durch den Eingriff übermächtiger Kräfte, sei es durch diesseitiges Unglück oder Krankheit, sei es durch jenseitig zu erwartende Strafen und Bußen, wesentlicher Teil aller religiösen Normsysteme.

Die Vermittlung und gesellschaftliche Implementierung erfolgen dabei nicht auf einem direkten Weg. Das Bedürfnis nach Religion ergibt sich aus dem Erlebnis des Unglücks und seiner Unberechenbarkeit, verbunden mit dem für Menschen spezifischen Kausalitätszwang. Wir können aufgrund unserer Gehirnstruktur und der damit zusammenhängenden Differenzierung zwischen Ich und Du, innen und außen sowie Gedanke und Wirklichkeit nicht mit der Vorstellung leben, dass etwas *keine Ursache* habe. Damit ist nicht gemeint, dass die von uns gefundenen Ursachen zutreffend oder dass auch nur die Methode der Suche danach tragfähig sei. Es bedeutet nur, dass für alle Erscheinungen und Wahrnehmungen stets eine Ursache gesucht und behauptet wird. Dies gilt ausnahmslos auch für Gefühle, Fantasien, Träume und Wünsche. Wenn eine Ursache nicht bekannt ist, folgt daraus für Menschen nicht, dass es sie nicht gibt, sondern dass wir sie entweder noch nicht erkannt haben oder gar nicht erkennen können – weil sie in einer Sphäre göttlichen Ratschlusses, im Bereich des jenseitigen Geheimnisses und endgültiger, im Leben nicht erreichbarer Wahrheit liegt. Das ist der Kern jeder Religion, von der magischen Deutung der äußeren Natur bis zur ausdifferenziertesten theologischen Abstraktion.

Die Götter, welche den Menschen angeblich gebieten, wie viele Frauen oder Männer sie haben, wen sie heiraten, an welchen Tagen sie Geschlechtsverkehr haben und wie sie diesen vollziehen dürfen, sind also in Wahrheit die Notwendigkeiten des sozialen Lebens.* Deshalb gebieten Bauerngötter andere Familienstrukturen als Nomadengötter, und Sklavenhalter haben andere Vorstellungen vom göttlichen Gebot der sexuellen Selbstbestimmung als Unternehmerinnen. Über Abtreibung denken die Götter im Pharaonenreich oder bei den Inkas anders als in den vermeintlich wissenschaftlich psychologisierten Wohlfühlreligionen der westlichen Gegenwart.

Mit diesen allgemeinen Anmerkungen zum Einfluss der Religion auf die Sexualverfassung kann es für unsere Zwecke sein Bewenden haben. Insbesondere erscheint es nicht als nützlich, hier Einzelheiten religiös begründeter Sexualnormen zu diskutieren. Damit ist impliziert, dass die jedenfalls in Deutschland verbreitete Abwertung religiös motivierter Sexualmoralen nur eine Oberfläche berührt, wenn auch mit guten Gründen. Es gibt jeweils religionsspezifische Ausprägungen, Tendenzen und Strukturen der Sexualmoral, wobei die christliche Variante gewiss nicht sonderlich stark an der persönlichen Freiheit orientiert ist. Schließlich gründet sie sich schon in ihrem Ursprung auf ein Prinzip der Individualisierung von Schuld und macht die stete Wiederholung eines Kreislaufs von Schuld (»Erbsünde«!) und Erlösung (durch körperliche Verschmelzung mit Gott) zur

* Ausführlich und erhellend dazu Carel von Schaik/Kai Michel, *Das Tagebuch der Menschheit. Was die Bibel über unsere Evolution verrät*, Reinbek 2017.

Bedingung ihres Freiheitsversprechens. Auch etwa der politische Islam und Hinduismus tragen Züge, die unter menschenrechtlichem Blickwinkel nicht einfach indifferent hingenommen werden können, wenn ihm Millionen von menschlichen Schicksalen zum Opfer fallen. Andererseits sind hier spezifische historische, politische und soziale Umstände zu berücksichtigen, etwa der Rückstand an ökonomischem Gewicht und Bildung, in welchen der islamische Kulturraum seit der europäischen Renaissance geraten ist.

Die Verbindung von Sexualität und Religion ist weder Zufall noch vermeidbar noch an sich als bedenklich anzusehen. Eine entsprechende Pauschalkritik hebt zu sehr auf aktuelle, populäre Vorstellungen und Erfahrungen von Rigidität, Rückständigkeit und freiheitsfeindlicher Verbindung zwischen religiöser Bürokratie in Form von Kirche und weltlich-staatlicher Herrschaft ab. Der Glaube an überweltliche Prinzipien oder Kräfte, von denen solche Normen geschaffen und offenbart wurden, ist im Grundsatz offen für alle normativen Konzepte und Strukturen, welche die soziale Wirklichkeit jeweils hervorbringt.

Kapitel 3
Zwang, Missbrauch, Täuschung

Nachdem die für unsere Darstellung zentralen begrifflichen, soziologischen und rechtshistorischen Problemfelder von Sexualität beschrieben sind und die Bedeutung des Spannungsverhältnisses von Norm und Abweichung dargestellt wurde, geht es im Folgenden um spezifisch strafrechtliche Fragestellungen. In diesem Zusammenhang zentral für alles Weitere ist die in den Tatbeständen des 13. Abschnitts des StGB an zahlreichen Stellen, teils ausdrücklich, teils sinngemäß vorgenommene Differenzierung zwischen »Nötigung« und »Missbrauch«. Die Kenntnis dieser Unterscheidung ist unabdingbar für ein tieferes Verständnis der konkreten Tatbestände des geltenden Rechts und der im zweiten Teil des Buches behandelten Fälle.

Statt gefühlter Strafbarkeit: das Bestimmtheitsgebot

Nötigung und Missbrauch beschreiben jeweils die Tathandlung, also jene Tatbestandsmerkmale, die erfüllt sein müssen, damit die Rechtsfolgeseite der Norm, also die Strafe, zur Anwendung kommen kann. Das ist eine Folge des verfassungsrechtlich abgesicherten Bestimmtheitsgebots: »Eine Tat kann nur bestraft werden, wenn die Strafbarkeit gesetzlich bestimmt war, bevor die Tat begangen wurde«, lautet Art. 103 Abs. 2 GG. Gleichlautend ist § 1 StGB. Diese Regelung enthält nicht nur das Rückwirkungsverbot, wonach verboten ist, ein Verhalten erst nachträglich unter Strafe zu stellen. Auch enthalten ist hier das Gesetzlichkeitsgebot, also das Gebot, die Voraussetzungen von Strafen ausdrücklich in einem Gesetz zu regeln und nicht allein auf Gewohnheitsrecht oder richterliche Rechtsfortbildung zu stützen. Die letztgenannten Rechtsquellen sind durch die Verfassung zwar nicht prinzipiell ausgeschlossen. Vor allem die Rechtsfortbildung ist eine wichtige Aufgabe der obersten Gerichtshöfe und eine Voraussetzung dafür, dass Rechtstexte und Gesetzesbegriffe nicht in musealer Historisierung erstarren. Ihre Grenze stellt aber der Wortlaut des Gesetzes dar.

Bekanntes Beispiel ist die Einführung von § 242c StGB, die »Entziehung elektrischer Energie« im Jahr 1900. Die damals aufgrund des technischen Fortschritts praktisch wichtig gewordene Frage war, ob man das unbefugte »Abzapfen« von elektrischem Strom als »Diebstahl« gemäß § 242 StGB bestrafen könne. Diese Vorschrift setzt voraus, dass »eine bewegliche Sache weggenommen« wird. Nach allgemeiner Ansicht ist aber elektrische Energie, selbst wenn sie aus einem Strom von Materieteilchen besteht, keine »Sache«, denn es werden nicht sozusagen Elektronen weggenommen. Daher konnte man den Stromdiebstahl mit § 242 StGB nicht erfassen und schuf in § 248c eine Sondervorschrift.

Ähnlich ist es mit Fällen der sogenannten Gebrauchsentwendung. Das im Diebstahls-Tatbestand vorausgesetzte »Wegnehmen« setzt nach allgemeiner Ansicht voraus, dass die bewegliche Sache dem Inhaber des Gewahrsams dauerhaft entzogen wird oder zumindest werden soll. Der Gewahrsam ist hierbei als die faktische Herrschaftsgewalt über die Sache definiert, die wiederum nicht zwangsläufig dem zivilrechtlichen Eigentum entspricht. Ein nur vorübergehendes Wegnehmen in der Absicht, die Sache wieder zurückzugeben, reicht nicht aus. Diese Rechtslage beflügelt einfallsreiche Menschen, anderen Menschen Sachen zu entwenden, um sie eine Zeit lang zu gebrauchen und dann, tatsächlich oder nach ihrer Behauptung, zurückzugeben.

In den meisten Fällen ist das nicht nach § 242 StGB strafbar. Generationen von Jurastudenten haben den kleinen Übungsfall bearbeitet, dass ein fleißiger Student aus der Bibliothek ein wichtiges Lehrbuch entwendet, um es zu Hause zu studieren und dann heimlich zurückzubringen. Ist das Diebstahl oder Unterschlagung oder keines von beidem? Auch hier gilt wieder: Es kommt darauf an. Je nach der »Theorie«, die man zum Begriff der Zueignung vertritt, und je nach den konkreten Umständen der Gebrauchsentwendung kann man zur Strafbarkeit wegen Diebstahls oder zum Freispruch kommen. In der Praxis besteht eine klare Tendenz zu Ersterem.

Anders als das Buch genießen das Automobil, sein Eigentümer, Besitzer und Fahrer besonderes Interesse und spezielle Zuwendung des Gesetzgebers, an der in diesem Fall auch Fahrräder teilhaben dürfen. Durch Notverordnung des Reichspräsidenten vom 20.10.1932 (Reichsgesetzblatt (RGBl) I S. 496) wurde der »unbefugte Gebrauch eines Kraftfahrzeugs oder eines Fahrrades« ins StGB aufgenommen und durch das Änderungsgesetz vom 4.8.1953 (Bundesgesetzblatt (BGBl) I S. 735) neu gefasst. Seither wird das unbefugte »Ausleihen« von Kraftfahrzeugen und auch von Fahrrädern mit Freiheitsstrafe bis zu drei Jahren geahndet. In der Praxis wird Entleihern oft einfach nicht geglaubt, dass sie ein weggenommenes Fahrrad oder Motorrad tatsächlich zurückbringen wollten. Wer das Teil am Ende daheim im Keller oder in der Garage stehen hat, wird nach aller Lebenserfahrung wohl kaum einen ehrenhaften Rückführungswillen aufweisen. Die entsprechende Behauptung ist dann kein Fall für »In dubio pro reo« (deutsch: »Im Zweifel für den Beschuldigten«), sondern einfach nur ein Beweisergebnis unter anderen: Kann man glauben, muss man aber nicht. Der zitierte Zweifelssatz kommt zur Anwendung, wenn alle Beweisquellen ausgeschöpft und die Beweisergebnisse gewürdigt worden sind. Erst wenn dann noch ein Zweifel besteht, gilt der Zweifelssatz. Er ist also keine Beweisregel, sondern eine Entscheidungsregel: Er schreibt nicht vor, dass oder wann man Zweifel haben *soll,* sondern wie man entscheiden muss, wenn man tatsächlich Zweifel *hat.*

Das verstehen viele nicht. Laien, aber auch Profis des Strafverfahrens werfen Gerichten oft vor, keine Zweifel gehabt zu haben, obwohl man sie hätte haben müssen. Das ist aber, wie sich aus dem oben Gesagten ergibt, keine sinnvolle Rüge, sondern zeigt nur, dass der Kritiker eine andere, nämlich seine eigene Ansicht und Würdigung der Beweisergebnisse für richtig hält. Er oder sie hätte an Stelle des Gerichts Zweifel gehabt.

Deshalb ist es fragwürdig, wenn Gerichte in die Begründungen ihrer Verurteilungen hineinschreiben, der Richter oder die Strafkammer habe »keine Zweifel gehabt«, manchmal noch besonders betont: »keinerlei Zweifel«, »nicht den geringsten Zweifel«. Was sonst? Wenn Zweifel bestanden hätten, hätte man ja nicht verurteilen dürfen! Im Grunde ist die genannte Formulierung in der Urteilsbegründung überflüssig. Richter benutzen sie trotzdem gern, um die Festigkeit ihrer »Überzeugung« zu demonstrieren, denn § 261 StPO ordnet an: »Über das Ergebnis der Beweisaufnahme entscheidet das Gericht nach seiner freien, aus dem Inbegriff der Verhandlung geschöpften Überzeugung.«

Das muss man ein wenig durchdenken, wenn man über den Kern des Bestimmtheitsgebots in Art. 103 Abs. 2 GG nachdenkt. Demnach muss die Tat »bestimmt« sein, und zwar »gesetzlich«. Das bedeutet, was »eine Tat« ist, muss durch einen sprachlichen, schriftlich fixierten Text beschrieben sein. Das klingt selbstverständlich, ist es aber nicht. Das kann man schon an sich selbst und im Alltagsleben leicht erkennen. Allzu oft lässt sich die Überzeugung vernehmen, irgendein Verhalten oder Schadensereignis sei bestimmt strafbar oder müsse es jedenfalls sein. Diese Ansicht speist sich aus verschiedenen Quellen. Dazu zählen die Kenntnis von einzelnen Gesetzen, Erzählungen Dritter,

Berichte in den Medien, die eigene Erziehung und Erfahrung, soziale Kontakte sowie persönliche Intuition. Im Extremfall bleibt für eine solche Argumentation nicht mehr übrig als ein vages Gefühl, dass irgendetwas bestraft gehört. Wir kennen solche Ansichten aus den Foren und Kommentaren des Internets, sie sind oft leidenschaftlich, aber weder durchdacht noch tragfähig.

Trotzdem ist dieses Rechtsgefühl, also die formal unbegründete Wahrnehmung, ein bestimmtes Verhalten oder Handlungsmotiv, ein Schadenserfolg oder ein gefährdendes Ereignis sei strafwürdig und gegebenenfalls strafbar, weder überflüssig noch zufällig. Es ist auch nicht falsch oder vermeidbar, denn menschliche Gesellschaften produzieren solche Gefühle immer und notwendigerweise. Wie oben gezeigt wurde, ist das Bedürfnis, sich auf sozialer Ebene mit anderen darüber auszutauschen und zu einigen, welches Verhalten als abweichend und schädlich angesehen wird, eine der Voraussetzungen von Gesellschaft überhaupt.

Damit ist aber zugleich auch gesagt, dass dieses diffuse Rechts- und Strafbedürfnis keinesfalls anthropologisch konstant ist und bestimmte Ergebnisse liefert. Das liegt da auf der Hand, wo es »Taten« schon deshalb nicht geben kann, weil es an tatsächlichen, sozialen oder rechtlichen normativen Voraussetzungen dafür fehlt. Den Tatbestand »Entziehung elektrischer Energie« hat es im 16. Jahrhundert nicht gegeben, und die alten Ägypter bestraften nicht die Gebrauchsentwendung von Fahrrädern.

Die Voraussetzungslage geht aber viel tiefer. Der Diebstahl, wie wir ihn heute kennen, hat keine Substanz, wenn es eine fremde Sache gar nicht gibt, weil es kein Eigentum und damit keine Unterscheidung von »eigen« und »fremd« gibt. Wenn alle Gegenstände im Gemeingebrauch sind, ist ihre individuelle Aneignung stets höchstens eine Schädigung der Gesamtheit, aber nie eines einzelnen Eigentümers. Bevor der erste Sammler einen

Zaun um ein Feld zog und sagte, die darauf wachsenden, von ihm und seiner Familie gepflegten Pflanzen gehörten von jetzt an ihm und stünden für die freie Aneignung durch andere nicht mehr zur Verfügung, gab es wenig Anlass, über das Eigentum nachzudenken und damit über seinen Erwerb und Verlust, seine Teilung und Vererbung, seine Vermehrung und Übertragung. Die Wurzeln solcher Bewertungen und Regeln reichen also bis in die tiefsten Ebenen des sozialen Lebens, der Gruppenbildung, der Ernährung und Fortpflanzung hinab.

Damit ist bei aller hier notwendigen Verkürzung auch gesagt, dass die einzelnen Regeln stets zeitabhängig sind, wobei mit Zeit selbstverständlich nicht ein bloßes objektives Verstreichen von Naturbewegung gemeint ist, sondern menschliche Lebenszeit, die notwendig und immer soziale, biografische, lebensweltliche und geschichtliche Zeit ist. Schon oft hat man versucht, ein sogenanntes natürliches Verbrechen zu finden oder zu konstruieren, eine Handlungsweise also, die stets, in allen Gesellschaften und zu jeder Zeit als asozial, verächtlich und sanktionierungswürdig angesehen wurde. Es gibt solche Taten aber nicht. Schon im engen historisch-sozialen Kontext erkennen wir, dass kein menschliches Verhalten, sei es noch so ungewöhnlich, gewaltsam, eigensüchtig, grausam, befremdlich, als immer und unter allen Umständen strafwürdig angesehen wird. Was im Frieden grausamer Mord ist, ist im Krieg eine bejubelte Heldentat, was dem Verlierer als brutale Vergewaltigung gilt, ist dem Sieger eine freudige Belohnung. Tötungen als Mittel der Geburtenkontrolle, Erbfolgeregelung oder Friedenssicherung, Raub und Plünderung als Staatsgründung, Massaker als historische Großtaten – es gibt nichts Schlimmes, was nicht zu Zeiten als besonders gut angesehen, gefeiert und gelobt wurde, und umgekehrt nichts als positiv Angesehenes, was nicht zu anderen Zeiten verachtet, verdammt und bestraft wird.

Daraus könnte man ableiten, es sei alles gleichgültig, der

Mensch sei halt schlecht oder indifferent und alle Regeln nur Illusionen über Abgründe. Das wäre aber eine naive und larmoyante Haltung, die zu zynischer Gleichgültigkeit führen und das Sozialleben kaum erklären oder gar gestalten könnte. In der gesellschaftlichen Wirklichkeit geht es in der Regel nicht darum, dass Gewalt historisch unterschiedlich bewertet wurde, sondern um das Zufügen und Erleiden, Anstreben und Vermeiden von Gewalt und Schmerz im Konkreten.

Darüber hinaus ist es eine vertraute Erfahrung, dass ein bestimmter Tatbestand eines Strafgesetzes zwar allgemein bekannt ist, im konkreten Fall Unsicherheit besteht, ob ein bestimmtes Verhalten oder ein Handlungskomplex die Voraussetzungen dieses Straftatbestands erfüllt. »Ist das Betrug, wenn ...?« oder »Ist das nicht Nötigung, wenn mein Chef mir sagt, dass ...?« sind typische Alltagsfragen. Gleiches gilt, wenn ein bestimmtes tatsächliches Verhalten als strafwürdig angesehen und vielleicht auch mit allgemeinen, nicht rechtstechnischen Begriffen beschrieben wird, aber unklar ist, ob überhaupt der Anwendungsbereich irgendeines Strafgesetzes eröffnet ist. Das reicht von der Feststellung, irgendetwas »gehöre bestraft«, bis zur Beschwerde darüber, dass irgendein unklarer, aber für strafwürdig gehaltener Gesamtvorgang wie etwa Korruption oder Amtsmissbrauch nicht nach einem bestehenden Gesetz verfolgt oder mithilfe eines passenden neuen Gesetzes unterbunden wird.

Anders als in diesen alltäglichen Zusammenhängen geschildert, ist die Bestimmtheit von Rechtsbegriffen allerdings eine Grundvoraussetzung dafür, dass man über ihren Inhalt, ihre Grenzen und ihren Wert sinnvoll und kritisch begründet nachdenken und sprechen kann. Recht ist ein Kommunikationssystem, und daher ist es unzureichend, das Strafrecht und seine Tatbestände mit der Begründung zu kritisieren, dass ein »juristisches« Herangehen an Fragen der Strafwürdigkeit und Strafbarkeit den Anforderungen der Gerechtigkeit und den Wirklichkeiten des Lebens nicht gerecht werde. Eben weil das Recht wie die Religion, die Erziehung und die Politik ein zwar nicht unabhängiges, aber eigenständiges gesellschaftliches System ist, stellt es bestimmte Anforderungen an die Kommunikation in diesem System. Man kann und muss sich darüber unterhalten, woher das Recht kommt und wie aus Wirklichkeiten und Konflikten, Interessen und Gefühlen Recht wird. Aber um eine Kultur von Willkür und Gewalt zu vermeiden, muss man sich darauf einlassen, dass das Recht sich zwar nur über Sprache vermittelt, diese Sprache aber einer außeralltäglichen, eben spezifisch rechtlichen Systematik folgt: Wer anderen mitteilen will, dass er etwas gegen »Diebstahl« hat, muss sich zuvor mit ihnen darüber einigen, was das ist und was er mit »Eigentum« meint.

Abgesehen von einer allgemeinen Informationsfunktion, hat die Anforderung der Bestimmtheit in Art. 103 Abs. 2 GG natürlich auch eine hohe Schutzfunktion, deshalb wird sie als zentrales Justizgrundrecht bezeichnet. Unbestimmte Straftatbestände sind die Quelle von Willkür und Ungerechtigkeit, denn sie machen es für die Bürger unvorhersehbar, wann und für welches Verhalten sie bestraft werden können. Gäbe es zum Beispiel einen Tatbestand, der lautet: »Wer die Gesundheit anderer Menschen gefährdet, wird mit Freiheitsstrafe bis zu 10 Jahren bestraft«, könnte niemand mehr sicher sein, sich nicht strafbar zu machen, denn wir alle »gefährden« ständig die Gesundheit anderer durch irgendetwas. Damit der Tatbestand verfassungsgemäß ist, müsste er die Grenzen strafbaren Verhaltens genauer bestimmen. »Wer giftigen Abfall so entsorgt, dass die Gesundheit anderer Menschen gefährdet, wird …«, oder »Wer betrunken Auto fährt und dadurch die Gesundheit anderer gefährdet, …«, wären mögliche Bestimmungen.

All das sind keine Spitzfindigkeiten und ist kein Selbstzweck, sondern Lebensbedingung eines Rechtsstaats. Das zeigt ein Blick in die Vergangenheit. Durch Gesetz vom 28. Juli 1935 wurde in Deutschland § 2 des Strafgesetzbuchs geändert und Satz 1 wie folgt formuliert:

»Bestraft wird, wer eine Tat begeht, die das Gesetz für strafbar erklärt oder die nach dem Grundgedanken eines Strafgesetzes und nach gesundem Volksempfinden Bestrafung verdient.« Man könnte das im Gegensatz zum Bestimmtheitsgebot als Analogie-Gebot bezeichnen. Strafbar war demnach nicht nur solches Verhalten, das im Gesetz als strafbar beschrieben ist, sondern auch jedes ähnliche Verhalten, wenn es nach Ansicht der Strafverfolgungsbehörden »Bestrafung verdient«. Es liegt auf der Hand, dass auf solch einer Grundlage praktisch alles strafbar sein kann, dieser Artikel öffnete also das formelle Strafrecht für beliebige rechtspolitische Zwecke. Da es Aufgabe der Polizei in ihrer Funktion als Strafverfolgungsbehörde ist, allen Anhaltspunkten für Straftaten nachzugehen, öffnet eine Strafrechtsordnung, die auf »Analogien« und unbestimmten Tatbeständen beruht, polizeistaatlicher Willkür Tür und Tor. Der Alliierte Kontrollrat hob § 2 des Reichsstrafgesetzbuchs daher 1946 als typisch nationalsozialistisches, menschenrechtswidriges Recht auf (Art. 1 des 11. Kontrollratsgesetzes). Mit dem Grundgesetz wäre eine solche Regelung unvereinbar. Das muss man gelegentlich denen in Erinnerung rufen, die sich allzu schnell empören, wenn ein Gericht einen vermeintlich schuldigen Angeklagten freispricht, weil eine »Strafbarkeitslücke« besteht, und der Justiz angebliches Versagen vorwerfen, weil sie einen Beschuldigten laufen lässt, der Strafe »verdient« habe. Mit genau diesen Argumenten hat der NS-Staat die willkürliche Strafbarkeit nach § 2 des RStGB begründet.

Freiheitseinschränkung und Fehlgebrauch: allgemeine Begriffsbedeutungen

In Bezug auf das Begriffspaar Zwang und Missbrauch werden wir sehen, dass die Frage der Bestimmtheit von besonderer, auch praktischer Bedeutung ist und dass abstrakte Überlegungen von der aktuellen Wirklichkeit nicht so weit entfernt sind, wie man meinen könnte.

Ausgangspunkt für eine Definition (»Bestimmung«) muss wie immer der Wortlaut sein. Es ist unwahrscheinlich, dass die beiden Worte bloße Synonyme sind, also inhaltlich dasselbe bedeuten. Das kann man leicht überprüfen, indem man einen Satz mit »Zwang« oder »zwingen« bildet und dann überprüft, ob man diese Worte durch »Missbrauch« oder »missbrauchen« ersetzen kann, ohne dass sich der Sinn ändert. »Ich werde gezwungen, ein Buch zu lesen«, lässt sich nicht mit »Ich werde zum Buchlesen missbraucht« übersetzen. Dennoch könnten beide Aussagen in dieselbe Richtung weisen. Sie tun das aber nur unter der Bedingung, dass eine gemeinsame übergeordnete Ebene gefunden wird. Diese kann sich aus dem Sinn ergeben, der den Sätzen und der Beschreibung der Situation beigemessen wird, sei es vom Sprechenden, sei es von Hörenden. So gesehen ergibt sich, dass sowohl das Zwingen eine Form des Missbrauchs sein könnte als auch das Missbrauchen eine Form des Zwangs. Die Sprache differenziert und nuanciert hier sehr fein.

Strafrecht bedroht menschliche Handlungen mit Strafe. Bloße Gedanken sind nicht strafbar, wenn sie sich nicht in Handlungen verwirklicht haben. Das setzt nicht voraus, dass die jeweiligen Handlungsziele erreicht wurden, auch Versuche dazu sind strafbar. Ja, es ist noch nicht einmal erforderlich, dass das jeweilige Handlungsziel und das als strafbar angesehene Handeln identisch sind. Bei Fahrlässigkeitstaten treten Schadenserfolge von

Handlungen ein, die auf ganz andere Ziele gerichtet waren und bei denen der Täter den strafbaren Erfolg gar nicht wollte. Für alle Fälle aber gilt, dass eine Handlung in der realen Außenwelt, also außerhalb der inneren Gedankensphäre eines Menschen erforderlich ist, um als strafbar angesehen werden zu können. Außerdem werden nur solche Handlungen erfasst, die von irgendeiner Art Willen oder Bewusstsein getragen sind. Wer im Schlaf um sich schlägt und dabei eine andere Person verletzt, ist in aller Regel nicht wegen fahrlässiger Körperverletzung strafbar. Nach allgemeiner Ansicht in der Rechtswissenschaft fehlt es schon an einer willensgetragenen Handlung, weil bloße Körperreflexe und unbewusste Bewegungen einer Person gar nicht als solche zugerechnet werden können. Im Beispielsfall wäre eine Strafbarkeit also nur möglich, wenn nicht das unbewusste Schlagen im Schlaf, sondern das bewusste Ins-Bett-Legen als Anknüpfungspunkt genommen würde. Das ist eine Handlung. Ob sie allerdings strafbar ist, hängt davon ab, ob die betroffene Person damit rechnete oder rechnen musste, dass sie um sich schlagen würde, und ob sie es mit zumutbarer Vorsorge hätte vermeiden können.

Wenn man die Begriffe Zwang/zwingen und Missbrauch/missbrauchen näher betrachtet, stellt man fest, dass sie keine konkrete Handlungsbeschreibung enthalten. Wenn man jemandem befiehlt, »zwinge!« oder »missbrauche!«, weiß die Person nicht, was sie tun soll. *Zwingen ist also nicht die Beschreibung einer tatsächlichen Handlung, sondern ein Begriff für den Zusammenhang einer ganz beliebigen Handlung mit den Bedingungen ihrer Ausführung.* Darüber hinaus beschreibt Zwang ein Verhältnis von Ursache und Wirkung, sodass nicht nur eine menschliche Handlung, sondern auch Naturgegebenheiten, soziale Umstände und anderes Zwang ausüben können – das Ausbleiben von Regen zwingt zur sparsamen Wasserverwendung. Jeder Zwang schränkt außerdem die Möglichkeiten, Handlungsvarianten oder den Freiheitsraum des Gezwungenen ein. Man kann nicht jemanden zwingen, wenn oder indem man ihm die Gesamtheit seiner Handlungsmöglichkeiten unverändert erhält. Auch der Zwang, irgendetwas zu tun, zum Beispiel irgendetwas zu essen, schränkt die Freiheit ein, indem er die Möglichkeit ausschließt, nichts zu tun. Der Mensch ist gezwungen zu essen, weil er sonst verhungert.

Ähnliches gilt für den zweiten Begriff. Missbrauch beschreibt keine konkrete Handlung, sondern eine Mischung von objektiven Kausalzusammenhängen, subjektiven Zielen oder Motiven und Bewertungen. Der letztgenannte Aspekt ist dabei von besonderer Bedeutung, so würde man gewiss nicht formulieren, jemand habe ein Frühstücksmesser zum Bestreichen eines Brötchens mit Butter missbraucht oder eine Kaffeetasse zum Aufnehmen von Kaffee. Keine Einwände aber hätte man gegen die Formulierung, eine Person habe ein Frühstücksmesser zum Begehen eines Mordes oder eine Kaffeetasse als Wurfgeschoss missbraucht. Der Grund ist offensichtlich, *so ist Missbrauch Fehlgebrauch, ein Gebrauch also, der aus Sicht des Missbrauchsobjekts bestimmungswidrig ist.*

Die Formulierungen, jemand habe ein Frühstücksmesser zum Öffnen eines Pakets missbraucht oder eine Kaffeetasse zum Beschweren eines Briefs, bewegen sich daher an der Grenze zwischen Ernsthaftigkeit und Scherz. Sie spielen auf die harten Beschreibungen eines Fehlgebrauchs an, obgleich sie nur geringfügige, harmlose Abweichungen vom eigentlichen Zweck der Gegenstände beschreiben. Ernsthaftigkeit könnten sie erst dann gewinnen, wenn sich die Umstände verändern. Wenn man mit einem goldenen Frühstücksmesser aus einem königlichen Tafelgeschirr des 18. Jahrhunderts Draht zerschneidet oder Holz schnitzt, mag das ein Missbrauch der einzigartigen Kostbarkeit sein.

Man muss also, um ein Zwingen oder ein Missbrauchen zu beschreiben, entweder einen bestimmten Erfolg einer beliebigen

Handlung bezeichnen oder eine konkrete Handlung darstellen. Am sichersten ist es, wenn beides verbunden wird, und zwar durch die Beschreibung einer bestimmten Handlung mit einem bestimmten Erfolg. Im Strafgesetzbuch finden sich alle Varianten: § 281: Wer ein Ausweispapier, das für einen anderen ausgestellt worden ist, zur Täuschung im Rechtsverkehr (missbraucht) …; § 145: Wer absichtlich oder wissentlich Notrufe oder Notzeichen missbraucht …; § 266: Wer die Befugnis, über fremdes Vermögen zu verfügen, missbraucht … und dadurch … einen Nachteil zufügt …

Missbrauch als Kategorie im Sexualstrafrecht

Der Begriff Missbrauch kommt im 13. Abschnitt des Besonderen Teils des StGB (»Straftaten gegen die sexuelle Selbstbestimmung«) fast nur in Überschriften von Tatbeständen vor, zu nennen sind hier der Missbrauch von Schutzbefohlenen (§ 174); Missbrauch von Gefangenen, behördlich Verwahrten, oder Kranken und Hilfsbedürftigen in Einrichtungen (§ 174a); Missbrauch unter Ausnutzung einer Amtsstellung (§ 174b); Missbrauch unter Ausnutzung eines Beratungs-, Behandlungs- oder Betreuungsverhältnisses (§ 174c); Missbrauch von Kindern (§§ 176, 176a, 176b, Rechtslage November 2020, zu neuen Entwürfen s. unten); Missbrauch von Jugendlichen (§ 182).

In § 176a kommt das Wort auch im Text der Vorschrift vor, in welcher Fälle beschrieben werden, in denen »der sexuelle Missbrauch von Kindern« besonders schwer wiegt und deshalb höher bestraft wird. In anderen Vorschriften ist das Missbrauchen bestimmter äußerer oder innerer Umstände als Voraussetzung der Strafbarkeit genannt. In den meisten genannten Tatbeständen ist, was die Überschrift als »Missbrauch« betitelt, näher und konkreter beschrieben, etwa in § 174 Abs. 1 Nr. 1 (»Wer sexuelle Handlungen an einer Person unter sechzehn Jahren, die ihm zur Ausbildung oder zur Betreuung in der Lebensführung anvertraut ist, vornimmt …«); in § 174 Abs. 1 Nr. 2 (»… an einer Person unter achtzehn Jahren, die ihm anvertraut … oder untergeordnet ist, unter Missbrauch einer … Abhängigkeit vornimmt …«); in § 174 Abs. 1 Nr. 2 (»… an einer Person unter achtzehn Jahren, die ihm anvertraut … oder untergeordnet ist, unter Missbrauch einer … Abhängigkeit vornimmt …«); in § 174c (»Wer sexuelle Handlungen an einer Person, die ihm wegen einer geistigen oder seelischen Krankheit … zur Beratung, Behandlung oder Betreuung anvertraut ist, unter Missbrauch des Beratungs-, Behandlungs- oder Betreuungsverhältnisses vornimmt …«).

Am deutlichsten wird diese Regelungstechnik in § 176 Abs. 1, wo es heißt: »Wer sexuelle Handlungen an einer Person unter vierzehn Jahren (Kind) vornimmt oder an sich von dem Kind vornehmen lässt, wird … bestraft.« Das Missbrauchen wird in dem letztgenannten Tatbestand also dadurch verwirklicht, dass eine Person eine sexuelle Handlung an einem Kind vornimmt oder von diesem an sich »vornehmen lässt«. Weitere Voraussetzungen müssen nicht erfüllt sein, damit der Tatbestand erfüllt ist. Die tatbestandliche Handlung des Missbrauchens ist mit der sexuellen Handlung des Täters oder ihrem Geschehen auf dessen Veranlassung erfüllt. Damit ist auch klar, dass es nicht, wie in den anderen genannten Tatbeständen, zumindest auch auf das Missbrauchen irgendeiner Stellung, Position, Abhängigkeit ankommt, sondern dass Objekt und zugleich Mittel des »Missbrauchs« hier allein das Kind als das Tatopfer ist.

Damit wird sprachlich eine problematische Perspektive in den Tatbestand eingeführt, und zwar das Missbrauchen von Personen. Dies kommt auch in alltäglichen Beschreibungen von Handlungszusammenhängen durchaus vor, etwa in der Aussage, jemand habe eine andere Person in einer bestimmten Funktion oder für bestimmte Zwecke missbraucht, etwa als Bote, als Sündenbock oder als billige Arbeitskraft. Damit ist wie bei den oben genannten Objekten jeweils gemeint, dass eine Person fehlgebraucht wird, also entgegen ihrer eigentlichen Zweckbestimmung, Aufgabe oder Stellung. Einen sprachlich-kommunikativen Sinn ergibt dies aber jeweils nur, weil die eigentlich angemessene Verwendung oder Stellung in einem spezifischen, bestimmbaren Kontrast zur missbrauchenden steht. So ist der Bote vielleicht eigentlich ein Gast, der Sündenbock eigentlich ohne Schuld und die billige Arbeitskraft eigentlich eine wertvolle Hilfe.

Beim Objekt Kind lässt sich eine solche regelmäßige, »richtige«, bestimmungsgemäße Verwendung aber gar nicht feststellen. Ein Kind ist nicht seiner Natur nach zu bestimmten Verwendungen zu gebrauchen oder für bestimmte Gebrauchsarten vorgesehen, für andere nicht, sondern es ist eine unbegrenzte eigene Identität, eine personale Ganzheit. Wer eine andere Person schlägt, missbraucht sie vielleicht umgangssprachlich als Objekt seiner Aggression. Aber man würde nicht auf die Idee kommen, das Schlagen eines anderen Menschen allgemein als dessen Missbrauch zu bezeichnen, ebenso wenig wie das Täuschen, Betrügen, Berauben, Töten. Wer seinen Feind erschießt, missbraucht ihn nicht, sondern tötet ihn.

Das ist ein heikler Punkt, der zu denken gibt. Denn wer das Vornehmen einer sexuellen Handlung an einem Kind als dessen Missbrauch bezeichnet, nicht aber das Vornehmen irgendwelcher sonstigen Handlungen an oder gegenüber dem Kind so nennt, stellt erstens offenkundig auf den sexuellen Zusammenhang dieser Handlung ab. Zweitens wird dies formuliert vor dem unausgesprochenen Hintergrund, dass es zwingend auch einen nicht missbräuchlichen Gebrauch zum selben Zweck geben muss, weil Missbrauch sprachlogisch nur bestimmt werden kann, wenn Gebrauch als Gegenbegriff definiert werden kann. Zu behaupten, jegliche sexuelle Handlung an oder durch ein Kind sei dessen Missbrauch, ist also auf seltsame Weise aus dem logischen Zusammenhang der Sprache herausgerissen. Unter der Hand insinuiert dies, es müsse auch einen erlaubten, nicht missbrauchenden, bestimmungsgemäßen Gebrauch von Kindern zu sexuellen Zwecken geben. Von einer solchen Annahme würde sich heute jedermann distanzieren. Umso befremdlicher ist es, dass die Terminologie einer zum Gebrauch berechtigenden Verfügungsgewalt über Körper und Personen unkritisch weiterhin verwendet wird, sowohl vom Gesetzgeber als auch in der Fach- und allgemeinen Kommunikation.

Nun könnte man sagen, eine solche Kritik richte sich nur gegen eine vielleicht unpassende Terminologie und sei daher ohne Gewicht, wenn inhaltlich das Richtige gemeint sei und verstanden werde. Ebendas ist aber die Frage: ob man mit falschen Begriffen das Richtige beschreiben kann.

Vermutlich wäre die Öffentlichkeit irritiert, wenn der Begriff des Missbrauchs für sexuelle Handlungen an oder von erwachsenen, selbstbestimmungsfähigen Personen verwendet würde. Es ist kein »sexueller Missbrauch eines Mannes«, wenn eine Frau ihren Partner im Schlaf an dessen Genitalien berührt. Wenn man aber mangelnde Selbstbestimmungsfähigkeit von Kindern, psychisch Kranken oder Bewusstlosen mit Missbrauchs-Geeignetheit gleichsetzt, ist das Ergebnis ein im Grunde etwas seltsames Menschenbild. In der Unterscheidung zwischen Personen, die man nach der gesetzlichen Terminologie missbrauchen kann, und solchen, bei denen dies nicht der Fall ist, spiegelt sich die Differenz zwischen Personen, die als selbstbestimmt und eigenverantwortlich wahrgenommen werden, und Personen, die als Objekte und Sachen erscheinen. Letztere kann man für gute oder schlechte Zwecke gebrauchen, ihnen kommt aber keine eigene Definitionsmacht zu. Diese Differenzierung muss nicht von vornherein verwerflich sein, sie ist aber für das Verständnis der tatsächlichen und rechtlichen Probleme von Bedeutung. Es zeigt sich somit, dass die Qualifizierung von Kindern als Objekte von Missbrauch nicht ganz präzise und strikt von der Behandlung anderer Personen abgegrenzt werden kann. Da die »gute Ordnung« des Sexualverhaltens evolutionär und historisch eng mit Fragen von Macht und Herrschaft verbunden ist, stellt sich hier die Frage, inwiefern missbrauchbare, wie Sachen behandelte Personen immer auch Objekte der Beherrschung sind.

Nach einem neuen Gesetzentwurf der Bundesregierung aus dem Herbst 2020* soll der Begriff »Missbrauch von Kindern« aufgegeben werden, und die Tatbestände sollen zukünftig »Sexualisierte Gewalt gegen Kinder« heißen. Zugleich ist in der Entwurfsbegründung aber Folgendes ausgeführt: »Einer Bagatellisierung soll entgegengewirkt werden. Jede sexuelle Handlung mit einem Kind ist als sexualisierte Gewalt zu brandmarken. Dabei ist mit der Änderung der Begrifflichkeit aber keine Inhaltsänderung verbunden. Es bleibt dabei, dass es für die Tatbestandsverwirklichung nicht auf die Anwendung von Gewalt oder auf Drohung mit Gewalt ankommt.«** Das ist in hohem Maß verwirrend und auch sachwidrig. Denn so richtig die Abkehr vom Personen-Missbrauchsbegriff ist, so unsinnig ist es, denselben Sachverhalt nun »Gewalt« zu nennen. Dabei handelt es sich um einen Fachbegriff aus dem Kommunikationssystem Recht, der seit sehr langer Zeit verwendet wird und im Kern klar definiert ist: Danach ist Gewalt die Ausübung körperlich wirkender Kraft. In diesem Sinn wird der Begriff in einer Vielzahl von Straftatbeständen verwendet. Der Gesetzentwurf der Bundesregierung will an der Bedeutung gar nichts ändern, den Begriff aber im Gesetz trotzdem auch für Verhaltensweisen verwenden, die das genaue Gegenteil sind, also gerade keine Gewalt voraussetzen. Das ist ein

* Bundestags-Drucksache 19/23707.

** Bundestags-Drucksache 19/23707, S. 20.

Unterfangen ohne intellektuelle Redlichkeit. Zutreffend hat Constantin van Lijnden in der FAZ formuliert: »Ein zentraler Begriff des (Sexual-)Strafrechts, dessen präzise Bestimmung in Literatur und Rechtsprechung Regalmeter füllt, wird aus dramaturgischen Zwecken in den Titel eines neuen Tatbestandes verfrachtet, in dem es auf diesen Begriff gerade nicht ankommt.«*

Ein bestimmtes Verhalten »Gewalt« zu nennen, aber zugleich hinzuzufügen, eigentlich sei damit gar nicht Gewalt gemeint, sondern etwas anderes, das aber genauso schlimm sei wie Gewalt, ist des Gesetzgebers eigentlich unwürdig. Hier wird ausdrücklich und absichtsvoll mit sprachlichen Mitteln gearbeitet, die der Welt der Werbung, der Manipulation und der Propaganda entspringen. Weil ein Messer ebenso schwere Verletzungen verursachen kann wie eine Pistole, ist es nicht redlich, alle Messer »Pistole« zu nennen und dann auszuführen, es gebe ab sofort Pistolen, die echte Pistolen seien, und solche, die wie Messer aussehen. Die Formulierung strafgesetzlicher Tatbestände ist nicht dazu da, die Assoziations- und Fantasiekraft der Bevölkerung zu stimulieren oder das Maß ihrer Entrüstung zu erhöhen.

Wir werden bei der Besprechung der gesetzlichen Tatbestände sehen, dass eine Vielzahl von Tatvarianten gerade nicht mit körperlich wirkender Gewalt vorgenommen werden. Sie sind deshalb nicht weniger verwerflich. Drohung, körperlichen Zwang, das Erzeugen von Angst, das Ausnutzen von Abhängigkeit oder Vertrauen sowie das Täuschen allesamt mit dem Wort »Gewalt« zu benennen, ist schädlich, weil es den Blick auf die Inhalte verstellt. Es mag sein, dass die Politik, die Psychologie oder andere Begriffs- und Kommunikationssysteme eigenständige Begriffe von Gewalt vertreten und hierfür gute Gründe haben. Es ist aber falsch, solche Terminologien unkritisch in das Rechtssystem zu übertragen.

* Constantin van Lijnden, »Alle wegsperren!«, FAZ-*Einspruch*, 3.11.2020.

Entscheidend ist der Widerwille: Zwang im Sexualstrafrecht

Was die allgemeine Bedeutung derjenigen Tatbeschreibungen angeht, die den Begriff Zwang enthalten oder umschreiben, ist zunächst auffällig, dass weder das Verb »zwingen« noch das Substantiv »Zwang« im Gesetzeswortlaut vorkommen. Vielmehr wird das Zwingen anderer Personen stets mit anderen Begriffen und unter näherer Beschreibung von konkreten Handlungen umschrieben. In § 177 Abs. 2 Nr. 5 heißt es: »… Wer sexuelle Handlungen an einer anderen Person vornimmt oder von ihr vornehmen lässt … wenn der Täter die Person zur Vornahme oder Duldung der sexuellen Handlung durch Drohung mit einem empfindlichen Übel genötigt hat …« In § 177 Abs. 7 Nr. 2 wird eine besonders schwere Form des Übergriffs so beschrieben: »… wenn der Täter sonst ein Werkzeug oder Mittel bei sich führt, um den Widerstand einer anderen Person durch Gewalt oder Drohung mit Gewalt zu verhindern oder zu überwinden …«

Das Gesetz verwendet also »Nötigen« als Synonym für »Zwingen«. Das Zeitwort knüpft an Not an, definiert als ein Übel, das auf eine Person einwirkt und Folgen hat, die nicht auf dem freien Wollen der genötigten Person beruhen, sondern jedenfalls auch durch das Übel gesteuert sind. Das ist ein außerordentlich weiter Bedeutungsrahmen, der fast keine Begrenzungen erkennen lässt. Diese Weite des strafrechtlichen Begriffs kann aufgrund des oben erläuterten Bestimmtheitsgebots problematisch sein, denn die Wörter »Zwingen« oder auch »Nötigen« enthalten für sich keine Handlungsbeschreibung und daher auch wenig, was man als Tatbeschreibung bezeichnen könnte.

Wenn man die Regelungen des StGB unter diesem Gesichtspunkt anschaut, stellt man fest, dass beide Begriffe nur so verwendet werden, dass bestimmte andere Handlungen ihrerseits unter dem Begriff »Nötigen« zusammengefasst werden. Diese konkreten Handlungen wiederum bestimmen den gesetzlichen Begriff des Nötigens. Regelmäßig nennen die Tatbestände entweder »Gewalt« oder »Drohen« als Form oder Mittel des Nötigens. »Mit Gewalt nötigen« oder »durch Drohung ... nötigen«, heißt es in § 240 Abs. 1, dem allgemeinen Nötigungstatbestand. Nur zwei Ausnahmen gibt es, und zwar zum einen im Fall der Wählernötigung in § 108 (»Wer rechtswidrig ... durch Missbrauch eines beruflichen oder wirtschaftlichen Abhängigkeitsverhältnisses oder durch sonstigen wirtschaftlichen Druck einen anderen nötigt ...«) und in § 177 Abs. 1 Nr. 3 in der bis 2016 geltenden Fassung: »Wer eine andere Person ... unter Ausnutzung einer Lage, in der das Opfer den Einwirkungen des Täters schutzlos ausgeliefert ist, nötigt ...«. Was das im Einzelnen bedeutet, wie und warum es inzwischen geändert wurde und welche Folgen das hat, soll später erörtert werden. Hier reicht vorerst der Hinweis darauf, dass auch hier das Nötigen als Tathandlung nicht für sich selbst und allein steht, sondern wiederum durch mehr oder weniger konkrete Handlungen umschrieben wird, und zwar durch »Missbrauchen von Abhängigkeit«, »wirtschaftlichen Druck« oder das »Ausnutzen einer schutzlosen Lage«. Allen Beschreibungen gemeinsam ist das unausgesprochene Merkmal, dass die genötigte Person das, was ihr aufgenötigt oder abgenötigt wird, nicht will. *Der Widerwille des Genötigten ist ein bestimmendes Kennzeichen dessen, was wir Nötigen oder Zwingen nennen.*

Dabei ist zu bedenken, dass in der Alltagssprache die Begriffe Nötigen und Zwingen auch zur Beschreibung von Vorgängen und Umständen verwendet werden, die mit Straftaten oder dramatischen Zwangshandlungen gar keine Zusammenhänge aufweisen. Der Regen zwingt mich etwa dazu, einen Regenschirm mitzunehmen, dem potenziellen Kunden wird ein Werbeprospekt aufgenötigt, die Gäste werden genötigt, noch eine Tasse Tee zu trinken, die Volatilität des Aktienmarktes zwingt Sparer zur Vorsicht. In all diesen Fällen wird niemand bedroht oder gar mit Gewalt genötigt, und die Zwangswirkungen sind auch von teilweise kaum spürbarem oder jedenfalls nur mittelbarem Gewicht. Sich von jemandem eine Wohltat »aufnötigen« zu lassen, beruht allenfalls auf der Wirksamkeit gesellschaftlicher Konventionen oder emotionaler Verpflichtungen. Und dass der Mensch gezwungen ist zu atmen, ist sogar nur eine Beschreibung von Naturkausalitäten. Gleichwohl bleibt auch in solch lockeren sprachlichen Verbindungen der Charakter der Nötigung jedenfalls im Hintergrund aktuell, und selbst wenn formuliert wird, man »zwinge sich«, irgendetwas zu tun oder zu lassen, meint man damit, Entscheidungen gegen einen inneren Widerstand zu treffen.

Übertragen auf den Bereich sexuellen Verhaltens bedeutet das allgemein, dass Zwang jedenfalls einen inneren Widerstand voraussetzt. Gleichgültig ist dabei zunächst, wie man diesen Widerstand definiert, feststellt, beweist, empfindet oder äußert: ohne Widerstand kein Zwingen. Beim Verständnis dieser Regel muss man sich zunächst von den zahlreichen sprachlichen Bildern und Vorurteilen frei machen, die die Diskussion und das allgemeine Verständnis prägen und medial reproduziert werden.

Eines dieser Vorurteile ist die Behauptung, das Gesetz oder seine Auslegung durch die Rechtsprechung zu den Sexualdelikten habe lange Zeit angenommen, dass ein Nötigen nur gegeben sein könne, »wenn sich das Opfer wehrt«. Schon immer war diese Behauptung falsch und das Gegenteil richtig. Seit vielen Jahrzehnten kann man in allen höchstrichterlichen Urteilen, in den Lehrbüchern und Kommentaren zum Strafrecht lesen, dass Gewalt »der Einsatz von körperlich wirkender Kraft zur Überwindung oder Verhinderung von Gegenwehr« ist. Das klingt etwas ungewohnt, ist aber unmissverständlich und ziemlich genau formuliert. Wenn es also für die Erfüllung eines Nötigungs-Tatbestands ausreicht, Gewalt zur Verhinderung von körperlicher Gegenwehr einzusetzen, kann das Nötigen unmöglich einen solchen Widerstand schon voraussetzen, denn er wird ja durch die Gewalt gerade unterdrückt.

Die Behauptung, die Rechtsprechung habe das Gegenteil verlangt, beruhte überwiegend auf einer selektiven Wahrnehmung von Einzelfällen, die sich gar nicht mit tatbestandlichen Voraussetzungen der dort angeklagten Verbrechen, sondern mit dem Beweis beschäftigten, dass sie objektiv gegeben oder vom Täter gewollt waren. Natürlich mag es im Einzelfall leichter zu beweisen sein, dass Gewalt angewendet wurde, wenn Spuren körperlicher Gegenwehr festgestellt werden. Das bedeutet aber nicht, dass eine solche Gegenwehr auch erforderlich ist. Insoweit unterscheidet sich eine Vergewaltigung in keiner Weise etwa von einem Raub, dessen Tatbestand ebenfalls eine Handlung, nämlich das Wegnehmen einer Sache mit Gewalt voraussetzt. Niemand würde behaupten, Voraussetzung eines Raubes sei, dass sich das Opfer körperlich wehrt. Es ist vielmehr unbestritten, dass es für die Verwirklichung eines Raubes ausreicht, wenn der Täter das Opfer zum Beispiel von hinten überraschend niederschlägt und ihm dann die Geldbörse wegnimmt. Das Niederschlagen findet dann »zur Verhinderung von Widerstand« statt, Gegenwehr ist also gerade nicht erforderlich. Genauso ist es bei der Vergewaltigung. Wer das Gegenteil behauptet, irrt oder möchte, dass sich andere irren.

Mit der Beschreibung dessen, was man unter Zwingen oder Nötigen versteht, sind keine Wertungen zum Ausdruck gebracht oder vorweggenommen. Das muss hier nochmals ausdrücklich betont werden, denn gerade im Bereich des Sexualstrafrechts herrscht vielfach eine überzogene Empfindlichkeit gegenüber Begriffen bei gleichzeitig weitreichender Unkenntnis ihrer Bedeutung. Das führt dazu, dass einzelne Worte und ihre Verwendung oft moralisch aufgeladen werden. Das macht die Kommunikation anstrengend, nicht selten fast unmöglich, und der Begriff Nötigen ist hierfür beispielhaft.

Nehmen wir an, eine Bekannte B. erzählt der Rechtsanwältin R.: »F. ist von M. zu sexuellen Handlungen genötigt worden.« R. fragt nach, was M. getan habe, und bekommt zur Antwort, dass der Täter F. »ohne deren Zustimmung an der Brust berührt« habe. Nun wird R. sagen, dass F. nicht »zu Handlungen« genötigt worden sei, denn sie selbst habe ja gar keine Handlung vollzogen. Sie habe nur »eine Handlung geduldet«, also erlitten, und zu diesem »Dulden« sei F. nicht »genötigt« worden, denn M. habe außer dem Berühren selbst gar nichts gemacht, er habe also die Duldung nicht »erzwungen« und so weiter und so fort.

Spätestens an dieser Stelle wird die Diskussion vermutlich unsachlich. Denn nun wird Frau B. der R. vorwerfen, diese sei dabei, mit juristischen Spitzfindigkeiten die Tat des M. zu »verharmlosen«. Das stimmt aber nicht, denn R. ist auf der Ebene von »leicht oder schwer«, »strafwürdig oder bagatellhaft« noch gar nicht angekommen, sondern versucht erst einmal, herauszufinden und zu beschreiben, was überhaupt passiert ist.

Natürlich kann man mit der Sprache alles tun, was man will. Zur Verständigung ist es aber erforderlich, dass es möglichst von allen und ohne innere Widersprüche getan wird. Wenn man ausdrücken will, dass das überraschende Berühren einer fremden Brust eine Handlung ist, die der betroffenen Person den Willen des Täters »aufzwingt«, kann man das selbstverständlich so ausdrücken, dass man sagt, der Täter habe die Geschädigte »gezwungen«, den überraschenden Griff zu ertragen. Das führt aber nur dazu, dass man als Nächstes auch eine sprachliche Differenzierung vornehmen muss zwischen einerseits Fällen, in denen die Handlung überraschend erfolgte, ohne dass die Betroffene überhaupt reagieren konnte, und andererseits solchen Fällen, in denen der Täter die Geschädigte zuvor bedrohte, schlug oder festhielt, um ihren Widerstand zu verhindern oder zu überwinden. Anders gesagt, die Wirklichkeit des Lebens und der tatsächlichen Vorkommnisse und Handlungen lässt sich durch die rechtlichen Begriffe, mit denen wir sie beschreiben, nicht verändern. Sondern es ist für das Verständnis und die Durchsetzung von Recht erforderlich, dass die Rechtssprache die Vielgestaltigkeit und Variationsbreite der Realität möglichst zutreffend und differenziert wiedergibt.

Zwangslagen und Missbrauchslagen

Aus dem zuvor Ausgeführten ergibt sich, dass die von den gesetzlichen Tatbeständen beschriebenen, also im Fachjargon die »tatbestandlich erfassten« Sachverhalte, Situationen, Abläufe und Interessenlagen der Beteiligten keineswegs immer gleich sind. Die Erfahrung, durch unmittelbare Bedrohung mit Gewalt zu etwas gezwungen zu werden, ist etwas völlig anderes als das Gefühl, sich gegen eine vorgebliche Verpflichtung nicht abgrenzen zu können oder zu etwas ausgenutzt worden zu sein, das man eigentlich nicht wollte und aus eigenem Antrieb nicht getan hätte. Es ist weder überzeugend noch glaubhaft, beides gleichzusetzen, weil es gleichermaßen schlimm ist. In der Feststellung, dass ein Raub (§ 249 StGB), also das Wegnehmen einer Sache mit Gewalt gegen eine Person, etwas anderes ist als ein Diebstahl (§ 242 StGB), also das Wegnehmen derselben Sache ohne Gewalt, liegt keine Missachtung von Diebstahlsopfern. Dass man beides unterscheidet, bedeutet auch nicht einen Mangel an Fantasie oder Mitgefühl. Es beruht vielmehr darauf, dass es sinnvoll ist, unterschiedliche Formen und Wirkungen von Rechtsgutsverletzungen auch unterschiedlich zu nennen und je nach Auswirkung unterschiedlich zu bestrafen. Eine Beleidigung ist eine Verletzung der Ehre und eine Körperverletzung eine Verletzung des Körpers. Die beiden Taten werden in § 223 und in § 185 StGB ganz unterschiedlich bestraft. Es hätte keinen Vorteil und wenig Sinn, sie gleich zu nennen.

Leider hat es sich in den vergangenen Jahren immer mehr eingebürgert, eine einigermaßen klare begriffliche Unterscheidung zwischen Zwang und Missbrauch dadurch aufzuweichen, dass in die rechtlichen Regelungen und Begriffe immer mehr außerrechtliche Gesichtspunkte und Beurteilungsgrundlagen eingeführt werden. Dabei spielen die erwähnte Einwanderung vorgeblich psychologischer Begriffe in die Alltagssprache eine große Rolle. Es mag in bestimmten Zusammenhängen durchaus nützlich sein, den Begriff der Gewalt nicht aus dem Blickwinkel der handelnden, sondern der erleidenden Person zu betrachten. Insbesondere in therapeutischen Konstellationen kann es vor allem darauf ankommen, wie eine Person einen Zwang erlebt und gefühlt hat. Dennoch würde ein Psychotherapeut schwerlich meinen, es sei vollkommen gleichgültig, ob ein Patient tatsächlich geschlagen und körperlich misshandelt wird oder nur Empfindungen hat, die ihm ein ähnlich starkes Gefühl von Hilflosigkeit vermitteln.

Zwang ist überwältigend, Missbrauch korrumpierend. Das ist eine ungenaue Kurzformel, in der aber wichtige Elemente enthalten sind. Sie deutet auch auf einen Effekt hin, der für die betroffene Person entlastend sein kann. Wenn Zwang als unwiderstehlich empfunden wird, ist dies regelmäßig mit dem Verlust von Verantwortung für die Auswirkungen verbunden. Eine zu einem Verhalten gezwungene Person hat und empfindet nicht die Verpflichtung, dieses aufgezwungene Verhalten zu rechtfertigen, denn sie ist dafür nicht verantwortlich. Das kann für die Einordnung, Reflexion und Selbstbewertung von großer Bedeutung sein. Man denke nur beispielhaft an das bis zur offenkundigen Verkennung gesteigerte Bemühen von Gewalttätern, Mitläufern und Nutznießern des NS-Regimes, das eigene verbrecherische Handeln oder Unterlassen als von einer notfalls unkonkret-allgemeinen Bedrohungssituation aufgezwungen darzustellen.

Dieses Bedürfnis und der entlastende Effekt des Gezwungenseins ist umso stärker, je mehr das betroffene Verhalten, allgemein und neutral betrachtet, als abweichend, unmoralisch oder erklärungsbedürftig angesehen wird, je größer also die Gefahr ist, dass die abweichenden Handlungen als Regelverletzungen angesehen werden. Darüber hinaus spielt im Bereich sexuellen Verhaltens die entlastende Funktion von Zwang eine eigenständige, in abweichendem – wir haben die Verwendung des Begriffs oben diskutiert – Sexualverhalten eine fetischisierte Rolle. Zwang wird hier zur Quelle quasi verantwortungsfreier Lust. Wir kommen darauf weiter unten zu sprechen.

Es kann also unter bestimmten Umständen durchaus von Vorteil sein und zu starker individueller Entlastung führen, wenn die eigene Handlung oder Duldung sexueller Handlungen als erzwungen definiert und diese Definition verallgemeinert und zur Grundlage einer möglichen Bewertung durch Dritte oder gar der gesellschaftlichen Öffentlichkeit gemacht werden kann. Es ist weder verwunderlich noch an sich moralisch zu bewerten, wenn mögliche Opfer als übergriffig erlebten oder definierten sexuellen Verhaltens nachdrücklichen Wert darauf legen, das eigene Verhalten als möglichst weitgehend erzwungen zu empfinden und gegenüber Dritten darzustellen. Im Gegensatz zur Position eines Missbrauchsopfers ist die eines Zwangsopfers jedenfalls im Grundsatz eindeutig und frei von Angriffsflächen für Schuldzuschreibungen. Dass diese gleichwohl auf mittelbarem Weg stattfinden, ist ein Phänomen, auf dessen Formen, Ursachen und Wirkungen weiter unten näher einzugehen sein wird.

Während also die Lage des Opfers von Zwang sich im Grundsatz allein danach bestimmt, ob die Wirksamkeit des Zwangs gegeben und in rechtsförmigen und informellen Verfahren bewiesen ist, stellt sich die Lage eines Missbrauchsopfers ungleich komplizierter dar. Denn wie oben ausgeführt, ist es ja eben nicht die Person des Opfers, die »missbraucht« wird, schließlich gibt es keinen straflosen »Gebrauch« von Personen. Missbraucht wird vielmehr ein bestimmtes Verhältnis zwischen Täter und Opfer, meist ein Machtverhältnis der Über- und Unterordnung, der Abhängigkeit, der Über- und Unterlegenheit. Die Gründe hierfür variieren, wir werden weiter unten darauf zu sprechen kommen. Gemeinsam ist allen Missbrauchssituationen, dass es auf das Einverständnis des Opfers nicht ankommt. Genauer gesagt, wenn das Opfer mit der sexuellen Handlung nicht einverstanden ist, muss der Täter ja regelmäßig Zwang anwenden. Daher kommt es in diesen Fällen auf den Missbrauch der Situation im Grunde gar nicht mehr an. Wichtig sind die Missbrauchs-Tatbestände vielmehr in den Fällen, in denen das Opfer einer sexuellen Handlung zustimmt oder diese sogar selbst initiiert oder von sich aus vornimmt. Wenn man sich diesen entscheidenden Unterschied einmal klargemacht hat, ist es einfacher, die oft verwirrend erscheinenden Terminologien der Rechtssprache und der Presseberichte über Strafverfahren wegen Sexualstraftaten zu verstehen und richtig einzuordnen.

Darüber hinaus muss man noch eine zunächst eher entfernt liegende Besonderheit des deutschen Strafrechts kennen, und zwar die »Konkurrenz« zwischen verschiedenen Tatbeständen. Sie ist in den §§ 52 bis 55 des StGB teilweise geregelt, weitere Regeln ergeben sich aus wissenschaftlicher Theorie und langjähriger höchstrichterlicher Entscheidungspraxis.

Die Konkurrenzregeln setzen an der Tatbestandsmäßigkeit der Strafrechtsbestimmungen an, die auf die Verletzung oder Gefährdung bestimmter Rechtsgüter gerichtet sind. So schützt etwa § 242 StGB (Diebstahl) bekanntlich das Eigentum und den Gewahrsam an beweglichen Sachen. § 123 StGB (Hausfriedensbruch) schützt das Hausrecht der berechtigten Person. § 303 StGB (Sachbeschädigung) schützt die Integrität und Funktionsfähigkeit von Sachen, die nicht im Eigentum des Täters stehen.

Wenn man sich nun, erstens, den einfachen Fall vorstellt, dass der Dieb D. in das Geschäftslokal des G. einbricht, indem er eine Fensterscheibe zerschlägt und dort eine wertvolle Sache wegnimmt, liegt ein sogenannter Einbruchsdiebstahl vor. Er ist in § 244 StGB mit höherer Strafe bedroht als der einfache Diebstahl, weil er zusätzliches Unrecht verwirklicht. Zur Wegnahme kommt hier noch das Einbrechen oder Eindringen hinzu, also ein Hausfriedensbruch. Es wäre aber ungerecht, D. nun wegen Einbruchsdiebstahl und Hausfriedensbruch mit einer noch mal höheren Strafe zu bestrafen, denn der Hausfriedensbruch ist ja eine regelmäßige, notwendige Voraussetzung des Einbruchs. Er hat gerade deshalb einen höheren Strafrahmen als der einfache Diebstahl. In diesem Fall wird daher § 123 StGB verdrängt und kommt nicht zur Anwendung.

Anders ist es, zweitens, mit der Fensterscheibe, denn man kann durchaus in einen Laden eindringen, ohne Fenster zu zerschlagen, zum Beispiel mit einem falschen Schlüssel. Die Sachbeschädigung wird daher nicht verdrängt, sondern steht, weil der Tatbestand des § 303 ein *anderes* Rechtsgut schützt, *neben* dem Einbruchsdiebstahl. Das nennt man »Tateinheit« oder gelehrt Idealkonkurrenz. Weil die Sachbeschädigung hier ein Teil des Einbruchs ist, stellt das Ganze nur *eine* Tat dar. Bestraft wird D. daher »wegen Einbruchsdiebstahls in Tateinheit mit Sachbeschädigung« auch zu *einer* Strafe. Diese wird aus dem höheren Strafrahmen genommen und kann dann wegen der zusätzlichen Rechtsgutsverletzung innerhalb dieses Rahmens erhöht werden.

Eine dritte Möglichkeit kommt ins Spiel, wenn D., nachdem er die Sache gestohlen und den Laden verlassen hat, aus Mutwillen noch den Inhalt einer Mülltonne anzündet. Diese Brandstiftung gemäß § 306 StGB hat weder mit dem Diebstahl noch mit der Sachbeschädigung zu tun, sondern ist aufgrund eines nachträglichen Tatentschlusses nur »bei Gelegenheit« dieser ersten Tat begangen worden und bleibt daher als Tat selbstständig. Sie steht nicht in Tateinheit, sondern in »Tatmehrheit« und wird mit einer gesonderten Einzelstrafe geahndet.

Nach diesen Grundsätzen ist auch die Konkurrenzsituation im Sexualstrafrecht zu beurteilen. Hier wird als gemeinsames Rechtsgut aller Vorschriften vor allem die sexuelle Selbstbestimmung angesehen. Selbstbestimmung ist mehr als bloße Abwesenheit von subjektiv empfundenem Zwang. Eine Person, die aus welchen Gründen auch immer zur Bestimmung über sich selbst gar nicht oder nur stark eingeschränkt in der Lage ist, muss dies keineswegs stets als äußeren Zwang empfinden. Und da die Missbrauchs-Tatbestände eben nicht auf den Fehlgebrauch von Personen abstellen, sondern auf die missbräuchliche Ausnutzung eines Zugangs zu Personen oder einer überlegenen Stellung ihnen gegenüber, wird durch die Verwirklichung dieser Tatbestände nach herrschender Meinung auch die jeweilige Beziehungsstruktur und ihre Grundlage geschützt. Beim sexuellen

Missbrauch von Gefangenen etwa (§ 174a StGB) ist neben der Selbstbestimmung der gefangenen Person auch die Freiheit des Herrschaftsverhältnisses von korrumpierenden, sachwidrigen sexuellen Handlungsmotiven Rechtsgut der Vorschrift. Daher steht die Ausübung von sexuellem Zwang (§ 177 Abs. 5 StGB) zu dem Missbrauch des Gefangenenverhältnisses (§ 174a) in Tateinheit und verdrängt diesen nicht.

Grundlage dieser kompliziert erscheinenden Erwägung ist, dass es für einen Missbrauch keineswegs erforderlich ist, dass das Opfer einen Widerwillen gegen die sexuellen Handlungen hat. Vielmehr kann es sein, dass das Opfer der Tat diese selbst initiiert, etwa um sich durch sexuelle Zuwendungen Vorteile zu verschaffen. Wer als Vollzugsbediensteter sexuelle Handlungen mit einer gefangenen Person ausführt, missbraucht seine Stellung und Zugangsmöglichkeit, zwingt die Person aber nicht. Wenn er zusätzlich Zwang, zum Beispiel durch Drohung ausübt, steht der Tatbestand der sexuellen Nötigung zum Missbrauch in Tateinheit, und das führt in der Regel zu höherer Strafe.

Die Situation des Opfers

Die konkrete Lage des Opfers einer Sexualstraftat ist nicht stets dieselbe und darf nicht stets gleich behandelt werden. Die Ansicht, auf Unterschiede und Einzelheiten komme es gar nicht an, weil alle Sexualstraftaten stets eine Form von Gewalt oder Zwang seien, ist unzutreffend. Sie ist auch nicht opferfreundlich, sondern bringt im Gegenteil in eine rationale, an rechtlichen Maßstäben zu orientierende Beurteilung eine unangemessene Emotionalisierung und Ungenauigkeit.

Es ist ein erheblicher Unterschied, ob man von einem Angreifer niedergeschlagen und seiner Geldbörse beraubt wird oder ob einem ein lügender Täter eine Zahlung betrügerisch abschwatzt.

Es wird daher zu Recht nicht als sinnvoll angesehen, jeden Betrug einen Raub zu nennen und umgekehrt. Ebenso wenig ist es nützlich, jeden Missbrauch Vergewaltigung und jedes Überreden einer psychisch labilen Person psychische Gewalt zu nennen. Es wird durch solche moralisierenden Bezeichnungen nichts einfacher. In der Wirklichkeit der Feststellungen und Verfahren müssen dann die Unterscheidungen mühsam rekonstruiert werden.

Das Opfer eines nötigenden Zwangs sieht sich einem Druck ausgesetzt, der unmittelbar auf seinen Willen einwirkt, entweder indem er die Herstellung eines nachgebenden Willens erzwingt oder die Durchsetzung eines entgegenstehenden Willens verhindert. Beides ist offenkundig nicht dasselbe. Wer einem Angreifer seinen Geldbeutel übergibt, weil der ihn mit einer Waffe bedroht, will zwar eigentlich nicht das Geld übereignen, handelt aber willentlich und bewusst. Dasselbe gilt, wenn der Täter das Opfer zunächst schlägt und dann die Herausgabe mit der Drohung erzwingt, weitere, noch stärkere Gewalt anzuwenden. Man nennt das »zwingende Gewalt«, denn die Gewalteinwirkung wird hier wie ein Drohmittel eingesetzt, um dem Opfer klarzumachen, was ihm im Fall einer Weigerung oder Gegenwehr droht. Wenn der Täter dagegen das Opfer ohne Drohung niederschlägt und ihm selbst den Geldbeutel wegnimmt, gibt es keinen vom Opfer betätigten Handlungswillen. Diesen Fall der Gewalteinwirkung nennt man »absolute Gewalt«, weil die körperliche Einwirkung eine Willensbetätigung des Opfers verhindert.

Ein Zwang dieser Art wirkt auf das Opfer einer Missbrauchstat nicht ein. Zum Verständnis dieses Satzes ist wichtig zu bedenken, was oben zur Konkurrenz ausgeführt ist. Er bedeutet natürlich nicht, dass Missbrauch und Zwang sich faktisch, also im Wirken auf eine konkrete Person in einer konkreten Situation ausschließen. Vielmehr handelt es sich um begriffliche und tatbestandliche Abgrenzungen. Missbrauch setzt Zwang nicht voraus, und Zwang ist nicht stets mit tatbestandlichem Missbrauch verbunden. Beides kann zusammentreffen, muss es aber nicht.

Diese theoretische Erwägung hat wichtige praktische Konsequenzen. Bei näherer Betrachtung zeigt sich nämlich, dass gerade im Bereich sexuell motivierter Übergriffe die Grenze zwischen Missbrauch und Zwang häufig schwierig zu bestimmen ist. Dann wiederum stellt sich die Frage, ob für das Recht vielleicht beides gleich zu behandeln wäre, weil es aus der Sicht des Rechtsguts gleich schädlich und gravierend ist. In diesem Fall käme es auf die Unterscheidung gar nicht an. In der rechtspolitischen Diskussion der letzten drei Jahrzehnte ist das anhand von Fällen problematisiert worden, die unter dem Begriff der »Schutzlosigkeit« zusammengefasst werden können. Im Zentrum standen hier Situationen, in denen eine Person möglichen Einflüssen und sexuell motivierten Ansinnen einer anderen Person so ausgesetzt ist, dass sie sich ihnen nicht oder nur schwer entziehen kann, sodass die Grenze zwischen Zwang und Ausnutzen von Schwäche verschwimmt. In solchen Fällen muss man fragen, ob es auf die Sicht des Opfers, das Zwang empfindet, oder des Täters, der die Zugangsmöglichkeit ausnutzen will, ankommt. Die Untersuchung der einzelnen Tatbestände wird zeigen, dass das Gesetz hier unterschiedliche Lösungen vorsieht, deren Unterscheidung im geltenden Gesetz nicht wirklich überzeugt.

Missbrauch und Zwang können, wenn sie als Mittel zur Durchsetzung sexueller Interessen angewendet werden, für das Opfer unterschiedliche Folgen haben. »Leichter« dürfte es für das Opfer in den meisten Fällen sein, die Einwirkung des Täters als Zwang zu definieren, dem es unterlegen ist. Fälle des Missbrauchs beinhalten dagegen oft, wenn auch nicht immer, ein Element des Opferverhaltens, das die geschädigte Person vor sich selbst und vor anderen erklären, ja gegebenenfalls rechtfertigen muss, wenn sie grundsätzlich in der Lage gewesen wäre, das sexuelle Anliegen abzulehnen. Eine solche Erklärung ist in ihren Einzelheiten tendenziell kompliziert und auch risikoreich für das Opfer. Wer sagt, er sei mit körperlicher Gewalt überwältigt worden, muss nicht rechtfertigen, warum er nicht wehrhafter oder körperlich stärker als der Täter war. Wer aber sagt, er habe aus Scheu vor emotionaler Ablehnung oder aus Angst, der Täter könne sich von ihm abwenden, scheinbar zugestimmt, findet sich in einer anderen Position. Er muss seine »Schwäche« erklären und rechtfertigen, und diese wird in der sozialen Umgebung womöglich weniger bereitwillig akzeptiert.

Es gibt eine weitere Besonderheit der Opferlage, die sich in Lagen des Missbrauchs von Abhängigkeitslagen auswirken kann (s. dazu den Beispielsfall 2), die aber auch im Bereich von Zwang Bedeutung hat. Sie betrifft einerseits die Tatsituation selbst, andererseits die persönliche und formelle Aufarbeitung sowie die Anzeige- und Verfolgungssituation. Es handelt sich um eine Situation, die die Kriminologie und Kriminalpsychologie mit dem Begriff des typischen Opfers bezeichnet. Dieser ist keine Projektion oder gar vorwurfsvolle Charakterisierung im Sinne einer Schuldzuschreibung an die Opfer selbst (eine solche Bedeutung hat er nur in der zynischen Verdrehung der sogenannten Jugendsprache).

Der geradezu sprichwörtliche Fall findet sich nicht selten im Bereich des Betrugs, also der manipulativen Beeinflussung fremden Willens. Erfolgreiche Betrüger und Hochstapler, etwa Heiratsschwindler oder Anlagebetrüger, haben eine angeborene oder erlernte und perfektionierte Begabung, sozusagen passende Opferpersönlichkeiten zu finden. Die Vorspiegelungen und Behauptungen, mit denen sie ihren Opfern nicht selten katastrophale wirtschaftliche und emotionale Schäden zufügen, wirken im Rückblick eines Gerichtsverfahrens oft so absurd und unglaubhaft, dass man sich ernsthaft fragt, wie jemand derartige Fantasiegeschichten jemals glauben und unter Einsatz seines gesamten Vermögens stützen konnte. Das Geheimnis liegt zu einem erheblichen Teil auch in der Psyche der Opfer. Sie zeigen in minimalen Details ihres Verhaltens ein »Fenster der Bereitschaft«, das psychologisch-intuitiv erfahrene Personen, die keine moralischen Skrupel besitzen, suchen, entdecken und auf geschickte Weise so lange erweitern, bis das Opfer für die eigentlichen Taten vorbereitet ist. Das vollzieht sich nicht auf stereotype Weise, etwa durch ständige Erhöhung von Forderungen. Mindestens so häufig sind Darstellungen von echter Zuwendung und Interesse, angebotene Hilfe in emotional oder sonst schwierigen Lagen oder auch das scheinbare Opfern und Zurückstellen eigener Interessen für angebliche gemeinsame Ziele. Gäbe es solche strukturellen Opferlagen nicht, ließen sich Taten wie Heiratsschwindel, Ausbeutung von Prostituierten oder Anlagebetrug zulasten von wohlhabenden älteren Menschen kaum erklären.

Ähnliches gibt es auch im Bereich der Sexualdelikte. Potenzielle Opfer befinden sich oft in ähnlichen Tatsituationen. Das ist insoweit selbstverständlich, als bestimmte äußere Situationen und personale Konstellationen nach der Natur der Taten eher nahe und andere eher fern liegen. Gleichwohl reicht es nicht aus, das Risiko, Opfer einer Sexualstraftat zu werden, allein im Rückgriff auf äußere Faktoren wie die Örtlichkeit, die Tageszeit und Anzahl der anwesenden Personen zu beschreiben. Es gibt darüber hinaus in der Person des Opfers selbst begründete Dispositionen. Damit sind nicht äußere Zuschreibungen gemeint, die etwa auf ein sehr schlichtes Reiz-Reaktions-Schema abstellen und regelmäßig zur verfehlten Verlagerung von Verantwortung auf das Opfer führen. Zu nennen wären hier die geradezu klassischen Merkmale wie ein kurzer Rock, eine offene Bluse oder das Aufsuchen verrufener Orte ohne Schutzpersonen. Vielmehr sind es eher Defizite im kommunikativen Verständnis sowie in Empathie und Selbstbild, die eine »Opfergeneigtheit« hervorrufen, welche von potenziellen Tätern wahrgenommen und ausgenutzt wird. Dies ist nicht regelmäßig so, aber auch nicht auf wenige Fälle beschränkt. Eine gering ausgeprägte Fähigkeit, sich erstens in fremde Menschen hineinzuversetzen, zweitens die Grenzen des eigenen Wollens zu bestimmen und drittens im Umgang mit anderen Menschen Grenzen zu setzen, führt bei ungünstiger Konstellation zu Situationen, die Straftaten gegen die sexuelle Selbstbestimmung begünstigen. Für Dritte erscheint in der Rückschau ein bestimmtes Verhalten des Tatopfers als leichtsinnig, unbedacht oder schwer verständlich.

Das wirkt sich auch im Strafprozess aus, in dem gelegentlich ein durch scheinbare Naivität oder Ambivalenz geprägtes Vortatverhalten des Tatopfers aus dem Blickwinkel des Gerichts oder auch einer zur Schematisierung neigenden Öffentlichkeit schwer nachvollziehbar erscheint. Dies führt zu Nachfragen, Unterstellungen oder gar Angriffen gegen Geschädigte.

Auch mit großer Rechtskenntnis und Erfahrung ist es schwierig, ambivalentes Verhalten von unterlegenen Personen in als unsicher empfundenen Situationen zu verstehen und in seinen Motivationen zu rekonstruieren. Es ist ein wesentliches Verdienst der intensiven Diskussion über den Opferschutz, auf Fehlerquellen und Defizite des Strafverfahrens in diesem Zusammenhang aufmerksam gemacht zu haben. Auch hier gibt es keine schematischen Regeln und Lösungen. So führt ambivalentes oder tätermutigendes Verhalten potenzieller Opfer nicht regelmäßig zur Einschränkung von Glaubhaftigkeit. Umgekehrt ergibt sich aus Defiziten des Selbstbildes mutmaßlicher Opfer auch nicht regelmäßig eine höhere Plausibilität der Beschuldigung.

Die Situation des Täters

Die Täterlage und die Sicht des Täters auf die Situation sind bei Zwang und Missbrauch gleichfalls unterschiedlich. Ausgangspunkt ist im Regelfall ein Interesse, entweder sexuell motivierte Handlungen selbst am Opfer auszuführen oder dieses zu veranlassen, solche Handlungen am Täter auszuführen. Im ersten Fall muss der Täter, um sein Ansinnen zu verwirklichen, selbst etwas Sexuelles tun. Im zweiten Fall muss er kommunikativ auf das Opfer einwirken, um seinen Wunsch deutlich zu machen, das kann entweder ausdrücklich oder durch schlüssiges Handeln erfolgen.

In den allermeisten Fällen legt der Täter keinen Wert darauf, sexuelle Handlungen gegen Widerstand zu verwirklichen. Am liebsten wäre ihm vielmehr, wenn die betroffene Person einwilligt. In Fällen, in denen das offensichtlich nicht der Fall ist und sich Einwilligung auch nicht durch Überreden erreichen lässt, muss er also eine mindestens doppelte Abwägung anstellen. Zum einen muss er aus der Sicht seines Tatinteresses, also seiner Motivation entscheiden, ob ihm das Erreichen seines Ziels den Konflikt des Erzwingens wert ist. Damit ist nicht das rechtliche Risiko gemeint, sondern das tatsächliche und situative. Die Sache ist ja auf jeden Fall stressbelastet, der emotionale Erfolg ist unsicher, das Risiko des Scheiterns, der Verachtung, der Ablehnung ist hoch. Das gilt selbst für den Fall, dass der Täter eine Strafverfolgung, aus welchen Gründen auch immer, nicht befürchtet.

Zum Zweiten muss der Täter das Verfolgungsrisiko einschätzen und mit dem Vorteil, den er durch die Tat erlangen will, abwägen. Ob hier der genuine Ort der Abschreckung durch Strafdrohung ist, wie eine Mehrheit der Bürger hoffnungsvoll annimmt, wird an späterer Stelle diskutiert. Zur Abwägung des Täters gehört drittens, dass eine bewusste Entscheidung zum Überschreiten einer Tatschwelle getroffen werden muss. Der durchschnittliche Nötigungstäter weiß nichts vom »strafbefreienden Rücktritt vom Versuch« (§ 24 StGB) und kann jedenfalls nicht einschätzen, wie in seinem konkreten Fall die Rechtslage ist.

Im Übrigen macht sich natürlich niemand, der eine Tat beginnt, also mindestens in das Versuchsstadium eintritt, vorher Gedanken über einen Rücktritt. Der Täter entscheidet sich daher, die Schwelle von der Beeinflussung oder dem Fordern zum Zwang zu überschreiten, mit grundsätzlich unabsehbaren Folgen. In der Regel wird er annehmen, aus irgendwelchen Gründen werde er nicht bestraft, sei es, weil das Opfer keine Strafanzeige erstattet, weil er nicht erkannt und erwischt wird oder weil die Tat nicht beweisbar ist. Trotzdem bleibt ein Risiko. Nur in sehr wenigen Fällen befindet sich der Täter in einer Situation, in der ihm alles egal ist, ähnlich manchen Tötungs- und Körperverletzungsdelikten in hoher Affektivität. Dabei handelt es sich meistens um Fälle demonstrativer, zur Bestrafung des Tatopfers begangener Taten, in denen der Täter irgendeine angeblich höhere Privatmoral vollstrecken und dabei zugleich die eigene Bestrafung als Demonstration seiner angeblich moralisch überragenden Motivation – dies kann in seiner Wahrnehmung Liebe, Eifersucht, Trauer oder Rache sein – in Kauf nehmen will.

Meistens allerdings befindet sich der Täter in einer Situation, in der sein Definitionsinteresse dem des Opfers entgegengesetzt ist. Während das Opfer das Geschehen möglichst als unabweisbare Überwältigung definieren will, hat der Täter das Interesse, es als kommunikativen Einwirkungsprozess allenfalls an der Grenze zum im Regelfall straflosen Missbrauch darzustellen und für sich zu definieren, nämlich als Ausnutzen der Gelegenheit. Dies ist der Raum für eine Vielzahl von bewussten, vorgetäuschten oder tatsächlichen Verkennungen, die ihrerseits auf unterschiedlichen Gründen beruhen können. Dazu zählen fehlendes Interesse und Einfühlungsvermögen, eine innere Abwertung des

Opfers oder Ignoranz gegenüber dessen Wünschen oder Interessen sowie verfehlte Rollenklischees.

Aus der objektiven Interessenlage ergibt sich oft ein Blick auf die Sachlage, der weniger von Realitätserkenntnis als von Wunschdenken geprägt ist. Das kann vorgeschoben und bewusst geschehen, aber auch auf interessengeleiteten Verkennungen beruhen. Täter erzwungener sexueller Handlungen sind daher vielfach geneigt, Ablehnung, Abwehr oder sonstigen Widerstand des Tatopfers in »eigentliche« Zustimmungen umzudefinieren. Täter von Missbrauchstaten neigen dazu, missbräuchlich erlangte Zustimmungen als fehlerfrei zu definieren. In vielen Fällen sind das bewusste Verzerrungen mit dem Ziel der Entlastung, in Einzelfällen kann aber auch der Tatvorsatz fehlen.

Wie erkennt man einen Willen? Zustimmung, Widerstand und Grenzzustimmung

Die entscheidende Weiche bei der Abgrenzung von Zwang und Missbrauch und bei der Feststellung und rechtlichen Bewertung des tatsächlichen Geschehens ist die Frage des Willens, und zwar beantwortet im Hinblick auf die Unterscheidung zwischen Zustimmung oder Widerwille. Missbrauch setzt wie erwähnt eine Zustimmung des Tatopfers nicht voraus, umgekehrt schließt eine Zustimmung den Missbrauch nicht aus. Im Fall des sexuellen Missbrauchs von Kindern (§ 176 StGB) ist das offensichtlich, so kommt es für die Strafbarkeit nicht darauf an, ob das Kind zustimmt, die Handlung ablehnt oder sie sogar selbst initiiert. Aber auch bei anderen Missbrauchstatbeständen ist es nicht anders. Die Zustimmung einer Patientin gegenüber einem Therapeuten im Fall des § 174c StGB ändert nichts an der Strafbarkeit, wenn sie gerade durch den Missbrauch des Behandlungsverhältnisses erwirkt wurde, zum Beispiel dadurch, dass der Täter dem Opfer vorspiegelte, die sexuellen Handlungen seien Teil der Therapie oder ein Beweis für deren Erfolg. Dasselbe gilt, wenn ein Strafgefangener oder Maßregelpatient (§ 174a StGB) durch das Versprechen von Vergünstigungen zu sexuellen Handlungen gebracht wird. Seine Zustimmung ist regelmäßig unwirksam, wenn ein missbräuchliches Ausnutzen der spezifischen Abhängigkeit gegeben ist.

Damit sind wir bei einem zentralen und besonders problematischen Teil des Sexualstrafrechts angekommen, und zwar beim freien Willen, beim wirklichen, eigentlichen, richtigen, erwünschten oder rekonstruierten Willen. Ihn zu bestimmen, ist nicht so leicht, wie es sich in raschen Feststellungen oder Statements oft liest, denn der Mensch denkt nicht in Rechtsbegriffen. Niemand formuliert in Gedanken: »Ich will, dass der Tatbestand nicht verwirklicht wird!«

Auch ein rein tatsächlicher und intuitiver Wille wird nicht intellektuell abgewogen und dann in einem inneren Monolog als Begriff formuliert. Wir nehmen den Willen vielmehr als Emotion und Entscheidung wahr. Oft kann man nicht genau sagen, welche Argumente, Gedanken, Voraussetzungen oder Erwägungen in dieses Gefühl eines Willens eingegangen sind. In den meisten Fällen haben Menschen nur sehr eingeschränkten Zugang zu den Beweggründen und Formen ihrer Entscheidungen, ganze Wissenschaftszweige der Psychologie und weite Teile der Psychotherapie befassen sich damit. Bevor wir uns den einzelnen Tatbeständen des geltenden Rechts, ihren Abgrenzungen, Voraussetzungen und Überschneidungen zuwenden, ist es daher erforderlich, sich mit der Form, dem Inhalt und der Entstehung des Willens zu beschäftigen, und zwar sowohl des Opfers als auch des Täters. Denn jenseits eines heutzutage ganz überwiegend als veraltet und überholt angesehenen allein auf Moral gestützten Strafrechts, das schlichte und absolute Normen als starre Grenze zwischen erlaubtem und nicht erlaubtem Verhalten ansieht, *geht es im modernen am Individuum und seinen Rechtsgütern orientierten Recht stets auch um das subjektive Empfinden, den wahren Willen und die Selbstbestimmung der Personen.*

Der freie Wille im Spiegel von Neurologie und Psychologie

Wenn man im strafrechtlichen Zusammenhang heutzutage vom Willen spricht, muss man die Diskussion über die Freiheit des Willens im Hinblick auf seinen Ursprung im Gehirn, also in physiologischen Prozessen des zentralen Nervensystems erwähnen. Bekanntlich ist vor einigen Jahren in allen Wissenschaften, die sich mit dem menschlichen Willen befassen, eine erhebliche Unruhe entstanden, weil Erkenntnisse der modernen Neurologie den Schluss nahelegen, dass Entscheidungen nicht in einem Bereich des freien Willens entstehen, was bisher subjektiv angenommen und in allen Vorstellungen von *Verantwortung* vorausgesetzt war. Vielmehr sei der Wille durch bereits vorhandene Strukturen des neuronalen Netzes vorgegeben. Die Freiheit der Willensentscheidung sei daher nicht mehr als eine nachträglich vom Gehirn produzierte Illusion, genauso wie die allgemeinere Vorstellung, es gebe überhaupt ein in seinen Wahlmöglichkeiten freies Ich.

Die neurologischen Indizien und Beweise für diese These sind gravierend. Namentlich kann man zuverlässig messen, dass Gehirnaktivitäten, die ein bestimmtes Handeln auslösen oder damit zusammenhängen, schon früher beginnen als die Aktivitäten der Entscheidung in anderen Gehirnregionen. Das deutet darauf hin, dass auch freie Entscheidungen nur eine Verarbeitung des bereits Geschehenen auf der Ebene der Reflexion sind.

Vereinfacht: Ich tue dies oder jenes, also werde ich es wohl so entschieden haben.

Diese naturwissenschaftlichen Erkenntnisse kann man als Laie nicht fachwissenschaftlich widerlegen und sollte dies erst recht nicht deshalb versuchen, weil ihr Ergebnis nicht zu hergebrachten Anschauungen passt. Es stellt sich aber die Frage, ob und inwieweit dies für den praktischen Umgang mit diesen Erkenntnissen erforderlich ist. Ansatzpunkt dieser Überlegung ist eine gleichfalls laienhafte Frage auf der Ebene der Plausibilität: Gibt es einen Anhaltspunkt dafür, dass die Neurologen, die die genannten Erkenntnisse gewonnen haben, daraus ableiten, für die Ergebnisse ihrer Forschung sei nicht ihr eigenes, persönliches Ich, sondern eine neurologische Instanz ursächlich, die jenseits der Ebene von Verantwortung, Persönlichkeit und gegebenenfalls Schuld angesiedelt ist? Soweit ich sehe, ist das nicht der Fall. Daraus könnte man die These ableiten, dass es möglicherweise für die Beurteilung der sozialen Wirksamkeiten menschlichen Handelns gar nicht darauf ankommt, ob Entscheidung eine reflektorische Illusion ist, quasi ein Echo neuronaler Aktivitäten, oder ob eine als Ich identifizierbare, reflexionsfähige psychische Struktur zunächst einen Auswahlprozess in Gang setzt und dann neuronale Rückmeldungen verarbeitet. Weitgehende Einigkeit besteht jedenfalls auf wissenschaftlicher Ebene darüber, dass es nicht eine substanzfreie, vom menschlichen Körper ganz getrennte und dort spurlos aktive Seele gibt, welche die freien Entscheidungen trifft.

Außerdem muss man die Tatsache anerkennen, dass die möglicherweise nur reflektorische Illusion eines freien Ich eben auch zu den Funktionsstrukturen des menschlichen Gehirns zählt. Sie ist der gegenwärtige Stand der Evolution des menschlichen zentralen Nervensystems. Es scheint mir daher wenig sinnvoll, darunter liegende materielle Bedingungen als Enthüllung einer wahren Natur zu identifizieren.

Anders gesagt, der Mensch hat ein unabweisbares und regelmäßig unüberwindliches Bedürfnis, ja einen Zwang, in den Kategorien von »Ich« und »Du« zu denken. Denn nur über die Identifikation des Selbst kann das Gegenüber überhaupt als solches erkannt werden. Das ist eine spezifisch menschliche Eigenschaft, auch wenn sie bei Tieren in Ansätzen vorhanden ist. Affen oder Rabenvögel, die sich im Spiegel erkennen oder sich die Gesichter von vertrauten Individuen über lange Zeiträume ebenso gut merken können wie Menschen, zeigen deutlich, dass sie über Ich-Bewusstsein verfügen und zwischen dem eigenen Selbst und fremden Individuen unterscheiden können.

Schließlich besteht kein Zweifel daran, dass eine Verlagerung des Ursprungsorts der Willensentscheidung vom Bewusstsein in einen vorgelagerten neuronalen Raum nichts daran ändert, dass der biochemische Prozess, der im Einzelfall abläuft, in höchstem Maß individuell und singulär ist. Das Ich, das möglicherweise auf einer vorbewussten Ebene entscheidet, mag also unreflektiert sein. Es ist aber nicht unauthentisch. Ein analytisches Verständnis seiner Struktur und eine Rekonstruktion seiner sinninhaltlichen Ergebnisprozesse ist uns nicht ansatzweise möglich. Vielmehr zeigen die neurologischen Forschungen nur erste Ansätze zu einem groben funktionalen Verständnis.

Neben der Neurologie ist es insbesondere die Psychologie, die sich um Erkenntnisse über die Ursachen, Abläufe und Wirkungen von Prozessen der Willensbildung und -äußerung bemüht. Entgegen einer weitverbreiteten Vorstellung befasst sich auch die analytische Psychotherapie aber nicht im Wesentlichen damit, von außen anhand diagnostischer Anhaltspunkte einen Zugriff auf tatsächliche Denk- und Entscheidungsprozesse zu gewinnen. Es gibt auch hier keine Methode, auf die tatsächliche Wirklichkeit des Fühlens, Denkens und Entscheidens rekonstruierend zuzugreifen. Allerdings gibt es eine Vielzahl von Erfahrungswerten und Plausibilitäten, mithilfe derer auf innere Prozesse mittelbar geschlossen und dergestalt eingewirkt werden kann, dass die jeweilige Person selbst – erstmals oder wieder – Zugang zu möglicherweise reflektierbaren Ablaufmustern findet.

Wie kompliziert die hier nur gestreiften physiologischen und psychologischen Grundlagen des freien Willens beschaffen sind, dessen also, was wir *Denken* und *Entscheiden* nennen, wird beispielhaft deutlich beim Versuch, den Einschlaftrick des Schäfchenzählens auszuführen. Ohne längere Übung misslingt das, weil die abschweifenden Assoziationsprozesse ohne eine erlernte Fähigkeit zu Meditation oder autogenem Training nicht hinreichend kontrolliert werden können. Der bloße Wille reicht also keinesfalls aus, um Gedankenketten und assoziative Verknüpfungen vollständig zu kontrollieren – von Gefühlen ganz zu schweigen.

Der wirkliche Wille als strafrechtliches Kriterium

Voraussetzung jeder Feststellung und Bewertung von Zustimmung oder Ablehnung ist, dass der Wille der betroffenen Person bekannt ist. Damit ist immer der wirkliche, tatsächliche Wille gemeint, nicht ein möglicher, ein erwünschter, ein vorgeschriebener oder richtiger. Der Wille einer Person, sei es des Täters, des Opfers oder von Dritten, ist im Recht im Allgemeinen, im Strafrecht im Besonderen von zentraler Bedeutung. Namentlich bei den Nötigungsdelikten jeder Art gehört er insoweit zum notwendigen Tatbestand, als eine Nötigung mit dem Willen begrifflich nicht möglich ist, denn zu etwas, das man tatsächlich will, kann man nicht gezwungen werden.

Es liegt auf der Hand, dass der wirkliche Wille einer Person zum zentralen Feststellungsproblem werden kann, wenn von seinem genauen Inhalt abhängt, ob eine andere Person verurteilt und möglicherweise langjährig inhaftiert wird. Das ist bei allen

Straftatbeständen so, für deren Verwirklichung es auf den Willen des Opfers ankommt. Der Tatbestand der allgemeinen Nötigung in § 240 Abs. 1 lautet: »Wer einen Menschen rechtswidrig mit Gewalt oder durch Drohung mit einem empfindlichen Übel zu einer Handlung, Duldung oder Unterlassung nötigt, wird mit Freiheitsstrafe bis zu drei Jahren oder mit Geldstrafe bestraft.«

Hier begegnet uns das Wort »nötigen«. Es ist, wie schon oben ausgeführt, im Grundsatz ein Synonym für Zwingen. Umgangssprachlich wird es aber eher als Abschwächung verstanden und in weiterem Umfang gebraucht. Anders im Strafrecht unter der Geltung des Bestimmtheitsgebots. Der Begriff selbst ist an sich nichtssagend, denn er verrät nicht, was wer tut, nicht tun oder tun soll. Das Nötigen beschreibt nur den Zusammenhang zwischen einer realen und einer fiktiven Handlung, ohne diese zu bestimmen. Deshalb muss man im Strafrecht immer erstens sagen, zu was jemand gezwungen wird, und zweitens, wie, also durch welche Handlung. Das ist die Frage nach der Tathandlung und nach der wirklichen oder vorgestellten Kausalität dieser Handlung für einen Taterfolg, nämlich das »abgenötigte« Verhalten.

Vorrangig ist aber noch eine andere Frage, und zwar die nach dem wirklichen Willen des möglichen Tatopfers und des möglichen Täters. Schon dass man das Attribut »wirklich« voranstellt, deutet darauf hin, dass es mit dem Willen eine vertrackte Sache ist. Wissen Sie zu jeder Zeit und im Hinblick auf jedes denkbare Geschehen oder jede mögliche Entscheidung ganz genau, was Sie wirklich wollen? Wenn Sie diese Frage bejahen, wäre das weniger ein Beweis für ein ausgereiftes Lebenskonzept und eine starke Persönlichkeit als ein Indiz für eine große Angst, mit etwas Neuem und Unbekanntem konfrontiert zu werden. Anders gesagt, wer alle theoretisch denkbaren Entscheidungen schon getroffen zu haben meint oder behauptet, lässt keinen Raum mehr für Erfahrungen und Entwicklungen. Wir erleben Ambivalenz und Vagheit in der Alltagswirklichkeit oft sogar als angenehm, denn kein Mensch möchte zu jedem Zeitpunkt definitive Entscheidungen über alle denkbaren Varianten treffen müssen. Davon abgesehen ist das in der Lebenswirklichkeit gar nicht möglich. Man kann zwar auf einer abstrakten Ebene fiktive Konflikte oder Probleme konstruieren und dann festlegen, was man potenziell tun würde. Ob diese virtuellen Vorentscheidungen in der Realität Bestand haben, ist aber mindestens unsicher.

Ohne Frage haben Sie schon einmal die Formulierung benutzt, dass Sie »sich zu etwas zwingen mussten«, was auch immer das gewesen sein mag, zur Ruhe, zur Geduld, zur Freundlichkeit, zum Lachen, zum Ausruhen oder zum Arbeiten. Diese Aussage ist angesichts des oben Ausgeführten widersinnig. Denn wenn man etwas aus eigenem Antrieb tut, tut man es eben nicht gegen seinen tatsächlichen Willen. Im strafrechtlichen Sinn kann sich also niemand selbst zwingen oder nötigen. Denn spätestens, wenn die Person sich entscheidet, das zu tun, zu was sie sich zwingt, will sie es ja und kann sich nicht mehr zwingen. Die Beschreibung betrifft dann nur noch das Nachwirken des motivatorischen Widerstands bei Abwägung und Entscheidung.

So viel zur Sprachlogik. In der Lebenswelt stellt die Formulierung »Ich zwinge mich« aber nicht auf einen rechtstechnischen, sondern auf den Begriff eines »eigentlichen Willens« ab. Eigentlich möchte ich im Bett bleiben, doch ich zwinge mich zum Aufstehen, oder eigentlich möchte ich dieses oder jenes kaufen, aber ich zwinge mich zur Sparsamkeit. Diese Denk- und Begründungsfigur begleitet uns permanent. Fast ununterbrochen tun oder unterlassen wir irgendetwas, von dem wir behaupten könnten, dass wir eigentlich das Gegenteil wollen. In der Regel ist das nicht nur menschlich und unvermeidbar, sondern auch sehr vernünftig. Wir anerkennen damit, dass die zahllosen Entscheidungen des täglichen Lebens eben nicht nach vorgefertigten, starren Plänen und Schemata getroffen werden können, sondern einer emotionalen und intellektuellen Abwägung unterliegen: »Eigentlich wollte ich an Weihnachten mit dem Rauchen aufhören ... Eigentlich will ich keine Schokolade mehr essen ... Eigentlich wollte ich Jura studieren ...«

Was überall gilt und wirksam ist, gilt natürlich auch im Bereich der Sexualität, also in jedem Lebensbereich, der von der tiefsten Schicht des emotional Unbewussten bis zur höchsten Schicht der reflektierten Moral das individuelle Leben durchschneidet wie eine mitlaufende senkrechte Achse einen horizontalen Verlauf der Lebenszeit. Hier ist das »eigentlich« mindestens so häufig wie sonst im Leben, aber auch oft folgenreicher. »Eigentlich wollte ich treu sein« oder »Eigentlich will ich die Beziehung beenden« sind wohl geläufige Erwägungen, erst recht gilt dies für die Äußerungen wie »Eigentlich habe ich keine Lust«, »Eigentlich bin ich müde« oder »Eigentlich finde ich ihn ...«. Zu diesen »Eigentlich ...« der spontanen Launen und unreflektierten Wünsche kommt im Bereich der Sexualität besonders oft ein »Eigentlich ...« aus inneren und äußeren moralischen Regeln, aus Konventionen und Abhängigkeiten, aus Prinzipien wie Treue und Vertrauen, aus guten und schlechten Erfahrungen mit anderen Menschen.

All diesen Eigentlich-aber-Entscheidungen des praktischen Lebens liegen keineswegs elaborierte rationale Abwägungen, kognitive Prozesse und intellektuelle Reflexionen zugrunde. Vielfach sind es intuitive und gefühlte Motive, die den Ausschlag geben und in Struktur, Ablauf und Einfluss gar nicht genau identifiziert und benannt werden könnten. Außerdem gibt es begleitende und nachträgliche Rationalisierungen eigenen Entscheidungsverhaltens, indem tatsächlich emotional gesteuertes Verhalten mit scheinbar rationalen Gründen aufgewertet wird. Ein verbreitetes Beispiel dürften die nachträglich konstruierten Gründe für sogenannte Seitensprünge sein, durch welche dem Partner eine Schuld am eigenen Vertrauensbruch zugewiesen wird. Umgekehrt gibt es abwägendes oder berechnendes Verhalten, das nach Maßgabe des moralisch Erwünschten emotional verzuckert und umgedeutet wird. Ein Beispiel hierfür mag sexuelles Verlangen sein, das 25-jährige Schönheitsköniginnen gelegentlich gegenüber 70-jährigen Multimillionären zu empfinden meinen.

Die Gewissheit der Wirklichkeit: Ambivalenz und ihre Grenzen

Hinter jeder noch so banal erscheinenden Entscheidungs-Formulierung (»Ich will ein Käsebrot essen«, »Ich will spazieren gehen«, »Ich will nicht wütend sein!«) stecken also komplizierte, im Detail kaum rekonstruierbare und zu steuernde Komplexe des Befindens, Fühlens, Reflektierens, Abwägens, Assoziierens und Erinnerns. Was schließlich herauskommt, ist eine freie Entscheidung, etwas zu wollen oder nicht zu wollen. In den weitaus meisten Fällen ist es gänzlich gleichgültig, welche Ursachen im Einzelnen eine solche Entscheidung hatte, woher also die Vorliebe für Käse oder Abendspaziergänge kommt, welche Erinnerungen damit verbunden sind, welche unwillkürlichen und nicht reflektierten oder reflektierbaren Auswahlprozesse ablaufen. In anderen Fällen sind diese Fragen problematisch und treten unter bestimmten Umständen auch ins Bewusstsein: Will ich rauchen, trinken und lügen, will ich einer Gier nachgeben, will ich einem Suchtimpuls entgegenhandeln oder nachgeben?

Überträgt man dies auf den Bereich der Sexualität, zeigen sich sogleich weitere Verkomplizierungen, denn das Wollen oder Nichtwollen ist hier regelmäßig auf ein Objekt jenseits des Ich bezogen. Es befindet sich in einem mehrdimensionalen Raum von Körperlichkeit und physiologischen Prozessen, Fantasie und Reflexion, Interaktion und Kommunikation sowie in einem von Moral, Einstellungen und Anschauungen sowie sozialen Rücksichten bestimmten Umfeld. Die meisten Entscheidungen verlaufen daher auch hier nicht in einem stets reflektierten, gradlinigen Prozess zwischen Impulsursache und Verhaltenswirkung. Sie sind überdies nicht immer Entscheidungen zwischen null und eins, nein und ja, und manches bleibt unentschieden und vage.

Wer behauptet, er oder sie habe Situationen der Ambivalenz in Bezug auf sexuelles Verhalten noch nie erlebt, sagt bewusst oder unbewusst nicht die Wahrheit. Nicht zuletzt die Pubertät und Jugend sind Lebensphasen, die vor Ambivalenz und offenen Fragen nur so strotzen. Was ist normal, was wird von mir erwartet, und was erwarte ich selbst, was »darf« man erwarten? Was wird ausgesprochen und was verschwiegen? Wie funktionieren Erotik und Sexualität überhaupt? Welche Gefühle sind echt, welche fremdbestimmt? Wie setzt man praktisch um, was man als Erwartung verspürt? All diese Fragen sind allgegenwärtig und hören nicht durch bloße Erfahrung mit 23 Jahren auf, viele Menschen haben mit 50 noch immer keine Antworten gefunden.

Bis weit in das 20. Jahrhundert hinein wurden all diese Fragen und Ambivalenzen, wenn überhaupt, nur privat verhandelt. Als in den späten 1960er-Jahren Aufklärungsbücher, -filme und -dokumentationen erstmals öffentlich mit bisherigen Tabus brachen, wurden sie als sensationelle Modernisierung begrüßt oder als Untergang der Moral verdammt. Der Journalist und Sexualaufklärer Oswald Kolle sagte einmal: »Machen Sie sich keine Sorgen! Was immer Sie mögen und erträumen, irgendwo gibt es jemanden, der genau das mag.« Das klang damals wie ein Donner der Befreiung.

Ambivalenz ist nicht verwerflich, sondern unvermeidlich und daher zu akzeptieren, und überdies entlastend und fruchtbar.

Zerstörerisch ist es, sie nicht zu akzeptieren oder sie zu missbrauchen. Eine normative, gesetzliche Grenze zwischen Strafbarkeit und Beliebigkeit, zwischen Schuld und Unschuld, die jegliche Ambivalenz leugnet, verfehlt ihr Ziel. Denn sie verlangt von den Menschen etwas, was zwar oft, aber keineswegs immer und erst recht nicht automatisch geleistet werden kann. Man kann das anhand von einfachen Beispielen erklären. Nehmen Sie an, dass Sie Ihr Gewicht reduzieren und deshalb weniger Kuchen essen wollen. Beim Besuch von Freunden drängt man Ihnen ein Stück Kuchen auf, und Sie essen ihn. Drei Jahre später fragt Sie ein Richter in einer Hauptverhandlung, ob Sie den Kuchen essen wollten oder nicht. Wenn Sie nun anfangen, ihm Ihre Probleme mit dem Übergewicht zu erklären, die Sie quälten, wird er vermutlich sagen, Sie sollten zur Sache kommen: Ja oder nein? In Wirklichkeit, das wissen Sie, sind beide Antwortvarianten falsch, weil sie unvollständig sind. In »Ja oder nein« lässt sich die Situation Ihrer guten Vorsätze, der Verlockung, Ihre Rücksicht auf die Höflichkeit und Ihr Unwillen, eine Diskussion über »einmal ist keinmal« zu führen, nicht darstellen. Aber das eingeschränkte, funktional verengte Programm der Verhandlung und der Frage lässt Ihrer Ambivalenz keinen Raum. Im späteren Urteil wird dann lapidar stehen: »Die Zeugin, die ein Stück Kuchen essen wollte …« Sie werden jedes Mal, wenn Sie das lesen, denken: »So habe ich das nicht gemeint!«

Wenn man das Beispiel auf sexuelles Verhalten überträgt, wird es noch komplizierter. Denn hier wirken informelle, soziale, moralische Vorprägungen, Normen und Beurteilungen von ungleich mächtigerer Kraft als beim Essen von Pflaumenkuchen und der Sorge um die Passform der neuen Jeans. Eine angeblich falsche Antwort kann Sie genauso als unmoralisch und verachtungswürdig wie als prüde und kleinkariert erscheinen lassen. Von ihr hängen weitreichende Bewertungen Ihrer Person durch Partner, Familienangehörige, Freunde, Kollegen und die Öffentlichkeit ab. Wenn die Frage »Wollten Sie das?« oder »Waren Sie einverstanden?« also mit »Ja« beantwortet wird, können sich unter Umständen erhebliche Risiken verwirklichen. Auch ein Offenlassen mit der Formulierung »Ich weiß es nicht mehr« macht es kaum besser, weil es das Risiko eines Verdachts enthält und bei manchen zu der Ansicht führen wird, dass Sie moralischen Fragen keine Bedeutung beimessen oder in Fragen der Sexualmoral zu Oberflächlichkeit und Beliebigkeit neigen. Mit hoher Wahrscheinlichkeit würde man Ihnen, ausgesprochen oder nicht, vorhalten: »Das muss man doch wissen!« Das ist aber, nach allem, was wir über die menschliche Psyche und die Erinnerung wissen, nicht richtig. Das hat nichts mit dem sogenannten Unbewussten zu tun, dessen Existenz oder Nichtexistenz Gegenstand von Glaubenskriegen in der Psychologie ist. Es folgt, viel schlichter, den Funktionen des Gedächtnisses, das kein Datenspeicher ist, sondern ein höchst produktives Organ.

Und erst recht folgt aus dem Postulat, dass man etwas wissen müsse oder solle, keineswegs, dass man es auch weiß. Aber der Druck einer moralisch begründeten Pflicht zur Gewissheit wirkt sehr stark. Er kommt auch nicht nur von außen, sondern bestimmt auch das Selbstbild und das Bild, das man von sich nach außen präsentieren möchte. Es ist in fast allen Fragen viel leichter und konfliktärmer, Verhaltensweisen als durch Entscheidungen verursacht und die Entscheidungen als dezidiert darzustellen und auch innerlich so zu empfinden, als sie als Produkt von Unentschlossenheiten, Unklarheiten, Zufällen oder Fehlinterpretationen zu beschreiben. Das ist nicht allein ein sozialpsychologisch erklärbares Phänomen, sondern hängt auch eng mit den Mechanismen der Willensbildung zusammen, die schon oben angesprochen wurden: Entscheidungen werden in der Rückschau fast immer rationalisiert, also auf Gründe gestützt, die der Person selbst als plausibel oder tragfähig erscheinen – entweder weil der Gedanke, ein bestimmtes Verhalten könne keine Gründe haben, nicht erträglich ist, oder weil die bruchstückhaft oder ganz bekannten Gründe als falsch, schlecht oder peinlich vernebelt werden.

Man kann all diese Abgrenzungs- und Wirklichkeits-Probleme beiseiteschieben, indem man sich bei der Beurteilung auf evidente, klare Fälle beschränkt. Das ist es, was man regelmäßig erlebt, wenn man öffentlich über Ambivalenzen spricht oder schreibt. Eine Vielzahl von Empörten hält mit entsprechenden Beispielen entgegen, man verharmlose die Missachtung von offenkundigem oder selbstverständlichem Widerwillen. Tatsächlich liegt der Ort der Ambivalenzen aber ganz woanders, und mitnichten besteht die Welt potenzieller Übergriffe aus lauter offenkundig weißen oder schwarzen Fällen. Konkret: Die Anzahl der Vergewaltigungen im landläufigen Sinn, also mit körperlicher Gewalt oder Drohung erzwungenen Geschlechtsverkehrs, ist absolut gesehen nicht gering und gewiss zu hoch, aber diese Taten stellen nur einen sehr geringen Teil aller sexuellen Übergriffe und Grenzverletzungen dar. Die journalistisch undifferenzierte, manchmal fast standardisiert wirkende Beschreibung von Vergewaltigungen als »brutal« ist Ausdruck eines schematischen Denkens und Urteilens angesichts komplexer strafrechtlicher Vorgänge und Entscheidungen. Es wäre auch nicht sinnvoll, jeden Diebstahl »frech« oder jeden Raub »furchtbar« zu nennen. Erst recht verfehlt ist es, die rechtstechnischen Bezeichnungen schwerer Taten möglichst weit auszudehnen, um der eigenen Empörung Ausdruck zu verleihen oder um eine möglichst sensationsnahe Nachrichtenlage zu schaffen. Wenn man *alles,* was mit Aneignung fremden Vermögens zu tun hat, »Raub« nennt, hat man bald keine Ahnung mehr, was einen Ladendiebstahl von einem Millionenbetrug unterscheidet. Und wenn man jede sexuelle Belästigung oder jedes grenzüberschreitende Anfassen eines Kindes »Vergewaltigung« nennt, verliert man den Blick für die Voraussetzungen, Unterschiede und eigentlich wichtigen Fragen.

Falsche Tatsachen: die Täuschung im Sexualstrafrecht

Der Wille eines Menschen kann gebrochen, übergangen oder manipuliert werden. Zwischen diesen drei Varianten bestehen erhebliche Unterschiede, nicht zuletzt für die betroffene Person. Wer sein Fahrrad kurz abstellt und einen Laden betritt, behält selbstverständlich seinen Herrschaftswillen. Ein Dieb, der das Fahrrad wegnimmt, missachtet ihn. Ein Räuber hingegen wartet, bis der Eigentümer wieder auf die Straße tritt, dann bedroht er ihn mit einem Messer und nötigt ihm den Schlüssel zum Fahrradschloss ab. Er missachtet nicht nur den Willen des Opfers, sondern überwindet ihn mit einer Drohung. Der Betrüger schließlich bittet den Fahrradeigentümer, ihm das Rad für eine Minute zu leihen, und fährt dann auf Nimmerwiedersehen davon. Er hat den Besitzwillen nicht missachtet oder gebrochen, sondern durch Täuschung dafür gesorgt, dass er aufgegeben wurde. Er hat das Fahrrad »mit Willen« des Eigentümers erlangt. Freilich war dieser Wille zwar wirklich, aber auf falsche Annahmen gestützt.

Alle drei Fälle kommen im täglichen Leben häufig vor. Bezogen auf den Schutz des Eigentums und des Vermögens werden sie als Diebstahl, Raub und Betrug bestraft. Im Bereich des Sexualstrafrechts gilt das nicht gleichermaßen.

Zur Veranschaulichung sei näher auf eine nicht mehr geltende Vorschrift eingegangen, anhand derer sich zahlreiche Problemfelder im Zusammenhang mit dem Begriff der Täuschung exemplarisch aufzeigen lassen. § 179 des Reichsstrafgesetzbuchs (RStGB) von 1871, also des StGB in seiner ersten Fassung, enthielt folgende interessante Vorschrift (s. Anhang/Dokumente):

> Wer eine Frauensperson zur Gestattung des Beischlafs dadurch verleitet, daß er eine Trauung vorspiegelt, oder einen anderen Irrthum in ihr erregt oder benutzt, in welchem sie den Beischlaf für einen ehelichen hielt, wird mit Zuchthaus bis zu fünf Jahren bestraft. Sind mildernde Umstände vorhanden, so tritt Gefängnißstrafe nicht unter sechs Monaten ein. Die Verfolgung tritt nur auf Antrag ein.

Es wurde hier also bestraft, wer eine Frau »zur Gestattung des Beischlafs … verleitet« – gemeint ist vaginaler Geschlechtsverkehr –, indem er einen bestimmten Irrtum des Tatopfers erregte oder ausnutzte. Täter konnte jede beliebige Person sein, nicht nur derjenige, der den Beischlaf ausführte. Hier wurde also nur ein Teilbereich der Selbstbestimmung über das Sexualverhalten geschützt, und zwar der Wertung der Zeit entsprechend nur der Bereich möglicher Zeugung von Kindern. Die Tathandlung der ersten Tatvariante »Verleiten« ist nur insoweit beschrieben, als ihr Erfolg genannt wird, nämlich ein Irrtum des Opfers.

Im Begriff des Verleitens ist auch eine weitere Folge umschrieben, nämlich die »Gestattung«. Das bedeutet, dass der Geschlechtsverkehr nicht gegen, sondern mit Zustimmung der Getäuschten ausgeführt wird. Ihr Wille wird nicht gebrochen oder schlicht übergangen, sondern manipuliert. Das ist die Konstellation, die aus dem Vermögensstrafrecht als »Betrug« bekannt ist. Der Unterschied zwischen den Rechtsgütern liegt auf der Hand. Beim Betrug verfügt die getäuschte Person über einen Teil ihres Vermögens, also über einen äußeren Gegenstand, der zum Kreis der ihr rechtlich zugeordneten Güter gehört. Dieser Gegenstand kann anschließend nicht mehr genutzt und über ihn kann nicht mehr bestimmt werden, weil er aus dem Vermögen ausgeschieden ist.

Bei der Selbstbestimmung als Rechtsgut ist das anders. Eine »Verfügung« über das eigene Handeln betrifft hier nicht einen von der Person abgrenzbaren Gegenstand, sondern den Willen zum Handeln selbst. Hier muss man genau unterscheiden, denn soweit das Handeln eine Verfügung über Sachen betrifft, ist dies auch einem Vermögensschutz zugänglich. Das würde sogar dann gelten, wenn die Sache ein selbstständiger Teil des eigenen Körpers ist. Wer seine langen Haare abschneiden lässt, weil ihm dafür von einem Perückenmacher ein hoher Preis geboten worden ist, ist Opfer eines Betrugs, falls der Käufer gar nicht zahlen kann und will. Anders ist es, wenn ein nicht kommerzialisiertes Handeln durch eine Täuschung falsch motiviert wird. Wer einer Einladung eines Freundes zum Essen folgt, weil ihm vom Gastgeber sein Lieblingsgericht versprochen wurde, ist, wenn es statt des angekündigten Rehrückens nur Wiener Würstchen gibt, zwar enttäuscht, aber nicht betrogen. Deshalb kann man eine Bestrafung eines täuschenden Verleitens zu sexuellen Handlungen auch nicht darauf stützen, dass in diesem Fall entweder über den Körper des Opfers verfügt werde wie über eine Sache oder über dessen Zur-Verfügung-Stellen wie über eine Dienstleistung. Ein aus emotionalen Gründen gestatteter Geschlechtsverkehr ist keine Prostitution, und wer aus getäuschter Zuneigung in sexuelle Handlungen einwilligt, entäußert sich nicht seines Körpers.

Daraus folgt umgekehrt, dass ein Kunde, der einer Prostituierten Zahlungsbereitschaft vortäuscht und erst nach der sexuellen Dienstleistung zu zahlen verspricht, einen strafbaren Betrug begeht. Das ist nicht so, weil ihm der Körper der Prostituierten übereignet wird, sondern weil er infolge der Täuschung eine entgeltliche Dienstleistung erhält, die er nicht erhalten hätte, wenn er wahrheitsgemäß mitgeteilt hätte, dass er weder zahlen könne noch wolle. Die Prostituierte ist also nicht in ihrer sexuellen Selbstbestimmung verletzt, denn sie hat den sexuellen Handlungen ja zugestimmt, sondern sie ist an ihrem Vermögen geschädigt.

Es gibt eine fast unbegrenzte Vielzahl möglicher Täuschungen, die eine Person zur Gestattung des Beischlafs veranlassen können. Genauer gesagt, es gibt so viele mögliche Täuschungen, wie es mögliche Motive der Gestattung gibt. Diese reichen von den drei Worten »Ich liebe dich« über das In-Aussicht-Stellen von Ruhm und Reichtum bis zum schnöden Versprechen einer Entlohnung. Unter allen unmoralischen denkbaren Täuschungsinhalten nahm die oben zitierte Vorschrift von 1871 aber nur einen heraus, und zwar die Annahme, der Beischlaf sei »ein ehelicher«. Das beruhte darauf, dass damals und bis Ende des 20. Jahrhunderts die sexuelle Selbstbestimmung innerhalb von ehelichen Gemeinschaften anders geschützt war als zwischen nicht verheirateten Personen.

Wie muss man sich eine Tat nach § 179 RStGB vorstellen? Zwei Varianten sind denkbar, wobei die erste etwas skurril ist und selten gewesen sein dürfte. Hier täuscht der Täter dem Opfer vor, er oder der Sexualpartner sei der Ehemann der Frau. Das geht vielleicht bei eineiigen Zwillingen, in tiefer Dunkelheit oder bei angeblicher Heimkehr nach langjähriger Abwesenheit. Letzteres ist ein Szenario, das in Filmen und Literatur immer wieder aufgegriffen wurde, etwa in Erzählungen von Heimkehrern aus langer Gefangenschaft. 1871 war die Kommunikation zwischen Ehepartnern in manchen Gesellschaftsschichten weniger umfassend und intim als heutzutage, wo die Kenntnis aller Seelenzustände und Lebensäußerungen als Bedingung der emotional geschuldeten Nähe angesehen wird. Dennoch dürfte den meisten verheirateten Frauen ihr Ehemann in einer der Verwechslung kaum zugänglichen Weise vertraut gewesen sein. Die zweite Variante war praktisch näherliegend, nämlich das Vortäuschen einer Hochzeit. Dazu benötigt der Täter einige gute Freunde, die als Priester, Trauzeugen und Standesbeamter auftreten, sowie eine passende Legende, die bekanntlich die geringste Sorge des Betrügers ist. Auf diese Weise konnte man etwa heimliche Eheschließungen zur Ausschaltung böser Eltern, unwilliger Vormünder oder widersetzlicher Dienstherren inszenieren und romantisch verführbare junge Frauen zur Gestattung bewegen.

Solche Tatbilder, die an rührselige Filmszenen unter Mitwirkung von treuherzigen Dienstmädchen und unmoralischen jungen Herren erinnern, kommen hierzulande in dieser Form nicht mehr vor. Das bedeutet aber natürlich nicht, dass es in der Sexualität und bei deren Gestattung heute stets grundlegend ehrlicher zugeht. Dazu muss man nicht erst an den Bereich des klassischen Heiratsschwindels denken, bei dem zwar aus Tätersicht die Erlangung von materiellen Vorteilen im Vordergrund steht, die sexuelle Zuwendung aber entweder als willkommene Beigabe oder als unvermeidliche Begleiterscheinung eingeschlossen ist. Natürlich geht es hier nicht mehr allein um das täuschende Umwerben von »Frauenspersonen« durch verworfene Männer. Der Heirats- und Liebesschwindel in umgekehrter Richtung dürfte empirisch eher überwiegen, seine Feststellung und Skandalisierung ist aber noch mehr als bei männlichen Tätern auf wenige spektakuläre Fälle beschränkt. Das tattypisch hohe Maß an Demütigung, oft noch verbunden mit sozialer Abwertung und Schadenfreude, dürfte zu einer hohen Dunkelziffer führen.

Hinzu kommt, dass moralorientierte Konventionen und soziale Gewöhnungen die rein faktischen Konstellationen weithin überlagern. Wenn etwa relativ wohlhabende, relativ alte Männer attraktive, junge, nicht wohlhabende Sexualpartnerinnen gewinnen, wird das im Allgemeinen weder durchweg unter dem Gesichtspunkt einer prostitutiven Beziehung gesehen, also als Kauf von sexueller Zuwendung im engeren Sinn verstanden, noch durchweg als Konstellation einer Täuschung. Im ersten Fall wäre strafrechtlich nichts einzuwenden, da erwachsene Menschen sich die Zustimmung zu sexuellen Handlungen jederzeit abkaufen lassen dürfen. Ob der Preis bar auf den Tisch gelegt wird oder in einer Filmrolle, einer Hacienda, einem mittelmäßigen Abendessen oder einer Lebensversicherung besteht, spielt dabei keine Rolle.

Im zweiten Fall, der Täuschung, kommt man aber in erhebliche Schwierigkeiten der Definition und der Abgrenzung. Denn die Motive der Menschen sind sehr vielgestaltig, und ebenso ist es der innere Motivationsverlauf. Wie viel Fremdtäuschung, wie viel Selbsttäuschung, wie viel falsche Tatsachen und wie viel Wunschdenken im Spiel sind, wenn Gestattungen von sexuellen Handlungen im kommunikativen Prozess des Werbens, Großtuns, Versprechens und Verlangens erteilt werden, ist regelmäßig schwer zu bestimmen. Eine genaue Feststellung im Einzelfall ist nicht nur faktisch ausgeschlossen, sondern wäre unverhältnismäßig und persönlichkeitsverletzend. Die Versuche, die täuschungsbedingte Zustimmung zu sexuellen Handlungen in den Bereich strafrechtlichen Schutzes zu ziehen, beschränken sich daher meist auf Manipulationen, die relativ dicht an der sexuellen Handlung selbst angesiedelt sind. Zu unterscheiden sind hier vor allem Täuschungen über Motiv, Art und Umfang von Handlungen, solche über Risiken sowie solche über allgemeine Voraussetzungen der Einwilligung.

Täuschungen über das Motiv kommen namentlich bei der Vortäuschung von dienstlichen oder beruflichen Handlungen vor, etwa bei angeblichen Durchsuchungen, medizinischen Untersuchungen oder physio- und psychotherapeutischen Behandlungen, aber auch im Rahmen von sportlichem Training.

Weiterhin zu erwähnen sind Täuschungen darüber, zu welchem Zweck das Opfer in eine Lage versetzt wird, die ihm eine Gegenwehr oder einen Abbruch der sexuellen Handlungen nicht mehr erlaubt, etwa eine Fesselung, eine Betäubung oder das Verbringen an einsame Orte. Hier ist klar, dass eine Einwilligung, die sich auf die konkrete Art, die Dauer oder das Ausmaß der

Handlungen bezieht, insoweit nicht wirksam ist, als die vorausgesetzten Grenzen nicht eingehalten werden. Wer einem vaginalen Geschlechtsverkehr zustimmt, hat damit nicht in Analverkehr eingewilligt. Das ist keine Frage einer ausdrücklichen Einschränkung, wenn die Einwilligung sich eindeutig auf eine beschränkte oder bestimmte Handlung bezog. Wer einem Oralverkehr ausdrücklich zugestimmt hat, muss nicht nachträglich Erklärungen über den Ausschluss anderer Handlungen abgeben, es liegt dann insoweit keine Zustimmung vor. Anders kann es sein und ist nicht selten so, wenn sich ein Handlungsablauf gewissermaßen entwickelt, die zunächst getäuschte Person dabei die Täuschung erkennt und Möglichkeiten zum Abbruch hat, dies jedoch ohne weitere Erklärung unterlässt. In diesem Fall wirkt die ursprüngliche Täuschung nicht ohne Weiteres weiter und erfasst auch solche Handlungsteile, die nachträglich konsentiert oder nicht abgelehnt werden.

Täuschungen über Risiken sind problematischer. Soweit Täuschungen über medizinische Notwendigkeiten betroffen sind, kann hier auch die Grenze zur Risiko-Aufklärung betroffen sein. Wenn sexuell motivierte »Untersuchungen« mit Eingriffen verbunden sind, werden dabei regelmäßig, wenn auch geringe, Risiken bestehen, über die aufzuklären ist. Wenn die Aufklärung erlogen ist, ist eine darauf beruhende Einwilligung unwirksam.

Im Übrigen werden insbesondere zwei sich auf den ersten Blick entsprechende Varianten diskutiert, zum einen das Vortäuschen der Benutzung eines Kondoms und zum anderen das Vortäuschen der Verwendung von empfängnisverhütenden Mitteln wie der Pille. Für beides gibt es bisher allein Bezeichnungen aus dem US-amerikanischen Sprachraum, weil neue Ideen, welches tatsächlich, mutmaßlich oder möglicherweise sexuell motivierte Verhalten als strafbedürftig angesehen werden soll, in den letzten Jahrzehnten oft vom Umfeld der dortigen Universitäten ausgehen.

Man kann selbstverständlich argumentieren, dass eine Einwilligung in einen Geschlechtsverkehr mit Kondom nicht dasselbe ist wie die Einwilligung in einen Geschlechtsverkehr ohne Kondom. Es fällt allerdings nicht ganz leicht, die substanzielle Differenz zwischen dieser Unterscheidung und derjenigen zwischen einer Einwilligung aus Liebe und einer solchen aus Habgier zu beschreiben. In beiden Fällen gestattet eine Person den »Zugriff« auf ihren Körper aus Motiven, die sie nur aufgrund von Täuschung entwickelt hat, ihre Motivationen sind in beiden Fällen täuschungsbedingt falsch. Argumentiert wird insoweit aber damit, dass die Frage der Benutzung eines Kondoms oder auch einer vorliegenden Sterilisation aufgrund des Risikos einer Schwangerschaft oder einer Infektion der Abgrenzung bei körperlichen Eingriffen entspricht. Hierauf hat auch das Kammergericht Berlin in einer Entscheidung vom 27. Juli 2020* abgestellt, in der eine Strafbarkeit bejaht wurde. Es ist in Rechtsprechung und Literatur anerkannt, dass eine Täuschung (oder, bei medizinischer Behandlung, eine falsche, täuschende oder fehlende Aufklärung über Risiken) zur Unwirksamkeit der Einwilligung und damit zur Rechtswidrigkeit der Verletzungshandlung führt, dies gilt von der schlichten Injektion bis zur großen Operation. Der Fall, dass eine Frau vortäuscht, ein empfängnisverhütendes Mittel zu benutzen, liegt anders, es sei denn, dass dieses Mittel eine auch infektionshemmende Wirkung hat und diese auch für den Geschlechtspartner von Bedeutung ist. Das Risiko einer ungewollten Schwangerschaft stellt sich beim Mann als finanzielles und als Risiko allgemeiner Lebensgestaltung dar und nicht primär als Risiko körperlicher Beeinträchtigung. Das spricht für die Auffassung, eine Vortäuschung von Kondomgebrauch durch einen Mann beim Geschlechtsverkehr führe zur Unwirksamkeit einer ausdrücklich nur unter der Voraussetzung des Gebrauchs

* Aktenzeichen: 4 SS 58/20.

erteilten Einwilligung – und damit zu sehr weitreichenden strafrechtlichen Folgen.

Bestätigt wird dieses Ergebnis, wenn man sich als Folge eines täuschungsbedingt ungeschützten Verkehrs etwa eine HIV-Infektion vorstellt. Hier ist eine schwerwiegende Gesundheitsbeschädigung im Sinn der gefährlichen Körperverletzung gemäß § 223, § 224 Abs. 1 Nr. 5 eingetreten, in die die getäuschte Person bei Kenntnis in aller Regel nicht eingewilligt hätte. Durch die Täuschung war ihr die Möglichkeit genommen, das Risiko zu erkennen und sich insoweit zu entscheiden. Der Täter oder die Täterin würde daher zu Recht wegen vorsätzlicher oder fahrlässiger Körperverletzung verurteilt, weil eine wirksame und daher rechtfertigende oder sogar schon den Tatbestand ausschließende Einwilligung nicht gegeben ist. Durch die Anforderung einer wahrheitsgemäßen und vollständigen Aufklärung über das Risiko einer Infektion werden hier also die Rechtsgüter der körperlichen Unversehrtheit und des Lebens der anderen Person geschützt.

Es bleibt aber ein ungutes Gefühl, wenn ausgesprochene oder unausgesprochene Bedingungen für sexuellen Verkehr und Körperkontakt mittels der Wirksamkeit der Einwilligung bis auf die Verbrechenstatbestände des Strafgesetzbuchs zum Schutz der sexuellen Selbstbestimmung durchschlagen. Man muss sich bewusst sein, dass die täuschungsbedingte Unwirksamkeit der Einwilligung dazu führt, dass jeder Geschlechtsverkehr zu einem Verbrechen der Vergewaltigung mit einer Strafe von 2 bis 15 Jahren wird. Dies gilt auch schon dann, wenn die Täuschung etwa nur das Verschweigen einer Pilz- oder Chlamydieninfektion oder einer Gonorrhoe betrifft und daher selbst eine vorsätzliche Infektion des Sexualpartners nur ein Vergehen der einfachen Körperverletzung wäre. Auf die Spitze treiben lässt sich dieses Argument insofern, als viele Menschen vielleicht auch dann keinen Sexualverkehr wollen würden, wenn sie wüssten, dass der

Partner oder die Partnerin mit Influenza, Covid-19 oder Herpes simplex infiziert ist. Soll dann das Verschweigen oder das täuschende Bejahen einer Frage nach der Gesundheit zur Verurteilung wegen »schwerer Vergewaltigung« mit einer Strafe von 3 bis 15 Jahren führen? Die körperliche Unversehrtheit und Gesundheit sind im Strafgesetz durch eigene, spezielle Vorschriften geschützt. Der Gesetzgeber hat bei ihrer Schaffung gewiss nicht daran gedacht, dass auf dem Umweg über das »Nein heißt Nein«-Prinzip die Infektion mit einer bakteriellen Erkältung zur Verbrechensstrafe von 15 Jahren führen solle.

Kapitel 4
Aktuelle Rechtslage und Beispielsfälle

Fälle und ihre Behandlung

Im Strafrecht heißen Ereignisse, die zu bewerten sind, »Fälle«; darin ist die Aufgabe der Bewertung schon enthalten. Es ist eine sehr allgemeine Bezeichnung, die zum Beispiel auch in der Medizin verwendet wird. Was hier und dort als Fall gilt, unterscheidet sich natürlich grundlegend. Ein Arzt sieht einen Fall, indem ein Mensch zu einem Patienten wird: Eine Diagnose ist verlangt, vielleicht auch eine prognostische oder therapeutische Beurteilung. Im Recht spricht man von einem Fall, wenn ein tatsächliches Geschehen – ein »Sachverhalt« – gegeben ist und nach Regeln des Rechts, das heißt hier des Strafrechts, beurteilt werden soll, also eingeordnet, untersucht und bewertet. Die Fall-Frage lautet im Strafrecht daher regelmäßig: Enthalten die Tatsachen, also der Sachverhalt, eine strafbare Handlung? Hat sich jemand strafrechtlich schuldig gemacht? Wenn nein, hat jemand ein Unrecht begangen, dem zwar keine »Schuld« vorzuwerfen ist, der aber »gefährlich« ist? Und in beiden Varianten folgt danach die Frage: Welche Folge soll das Recht daraus ableiten?

Einen Sachverhalt anhand dieser Fragen strafrechtlich zu untersuchen, ist nur eine von mehreren Möglichkeiten, mit einem Geschehen umzugehen. Genau dasselbe Ereignis, dieselben Handlungen können auch unter ganz anderen Gesichtspunkten und mit ganz anderen Folgerungen betrachtet werden, etwa unter moralischen, ethischen, psychologischen, medizinischen, sozialen, politischen Blickwinkeln. All diese Blickwinkel bringen ihr jeweils eigenes Begriffsinstrumentarium, Erkenntnisinteresse und Spektrum möglicher Konsequenzen oder Folgen mit sich.

Im Folgenden werden einige fiktive Fälle besprochen und anhand ihrer Lösung einige Grundstrukturen des geltenden Rechts entwickelt und vermittelt. Der erste Beispielsfall betrifft § 177 StGB, die zentrale Norm über sexuelle Übergriffe, sexuelle Nötigung und Vergewaltigung in ihrer seit 2016 geltenden Fassung. Weitere Beispiele betreffen den sexuellen Missbrauch von Kindern (§§ 176, 176a StGB), den sexuellen Missbrauch von eingeschränkt abwehrfähigen Personen (§§ 174 bis 174c StGB), die Vorschriften über sexuelle Belästigungen (§§ 184i, 184j, 184k StGB) und die Verbreitung von pornografischen Inhalten (§§ 184 bis 184d StGB).

Es werden auch Seitenthemen behandelt, um Einzelheiten zu vertiefen oder Abgrenzungen deutlich zu machen. Um den Überblick nicht zu verlieren, ist es daher erforderlich und anzuraten, sich den eingangs geschilderten Sachverhalt einzuprägen oder gelegentlich wieder nachzulesen. Im Strafrecht, daran muss auch hier noch einmal erinnert werden, kommt es auf Genauigkeit und Klarheit an. Wenn man nicht weiß, über welche Tatsachen genau man urteilen soll, kommt man zu keinem vernünftigen Ergebnis. Wie man eine Steuer nur dann zutreffend berechnen kann, wenn die Zahlen stimmen, und wie eine Handwerkerrechnung nur dann stimmen kann, wenn die Aufmaße und Stundenzettel richtig sind, kann ein strafrechtliches Urteil nur dann richtig, ja im besten Fall gerecht sein, wenn die Tatsachen klar sind. Mit vagen Meinungen, Wahrscheinlichkeiten oder Vermutungen kann man im Strafrecht ebenso wenig anfangen wie auf der Baustelle oder beim Steuerberater.

Beispielsfall 1: Sexueller Übergriff, Nötigung, Vergewaltigung

Einführung

Der erste Beispielsfall wird besonders ausführlich erläutert, weil eine Reihe von Grundbegriffen und Voraussetzungen zunächst erklärt werden müssen, damit man als nicht fachkundiger Leser die strafrechtlichen Fragen und Gedankengänge verstehen und nachvollziehen kann. Der Fall beschäftigt sich mit Grundfragen des freien Willens, der Zustimmung und Ablehnung von sexuellen Handlungen, mit »Übergriffen« und ihren erschwerten und höher bestraften Formen. Es geht nicht darum, fertige oder außerhalb jeder Diskussion stehende Lösungen anzubieten, und auch nicht um das *Lernen* von Strafrechtsdogmatik im engeren Sinn. Es reicht aus, die Weichenstellungen des Sachverhalts zu erkennen und zu verstehen, warum Strafjuristen die rechtlichen Fragen so stellen, wie sie es tun.

Das mag nicht für jedermann auf den ersten Blick einfach und zwingend sein. Nicht wenige Leser würden die Fragen wahrscheinlich auch ganz anders oder in einer anderen Reihenfolge stellen. Darüber kann man nachdenken und auch streiten. Es geht hier zunächst darum, die spezielle Sichtweise des Rechts zu vermitteln, die eben weder willkürlich sind noch aus der Unfähigkeit oder Unwilligkeit folgen, die konkreten Geschehnisse des Lebens zu begreifen.

Sachverhalt

Der 26-jährige A. trifft an einem Samstagabend in einem Klub die ihm flüchtig bekannte 21-jährige Studentin B., die mit zwei Freundinnen dort ist. Die beiden unterhalten sich, tanzen miteinander und trinken einige alkoholische Getränke, die A. bezahlt. Die Stimmung ist gut und wird noch besser, nachdem beide ein wenig Amphetamin konsumiert haben. Um 2 Uhr nachts will B. nach Hause, sucht ihre Freundinnen, findet sie aber nicht. A. bietet sich an, sie mit seinem Auto nach Hause zu fahren. B. willigt ein, sagt aber zur Klarstellung vorsichtshalber: »Du kannst aber nicht mit zu mir kommen.« Sie wohnt mit ihrem Freund C. zusammen, mit dem sie zurzeit allerdings Streit hat.

Im Auto auf dem Parkplatz vor dem Klub küssen sich A. und B. Dann fährt A. los. Unterwegs legt er seine rechte Hand zunächst auf den Oberschenkel von B., dann auf ihre Brust. Sie lässt das schweigend geschehen. Als er versucht, seine Hand unter ihr T-Shirt zu schieben, dreht sie sich ein wenig zur Seite und sagt: »Pass auf die Straße auf.« Nun schiebt er die Hand zwischen ihre Beine und berührt sie oberhalb ihrer Jeans im Genitalbereich, unternimmt aber sonst nichts weiter. B. sitzt schweigend neben ihm. Sie empfindet sein Verhalten als unangenehm und bedrängend, sagt aber nichts, weil sie keinen Streit will und hofft, dass er sie ohne weitere Eskalation nach Hause fährt.

Nach etwa 10 Minuten Fahrt bremst A. plötzlich zwischen zwei Ortschaften ab, biegt rechts in einen Feldweg ein und hält dort nach etwa 50 Metern an. B. fragt: »Und was soll das jetzt?« A. antwortet: »Was denkst du denn?« B. sagt: »Ich will das nicht«, und A. antwortet: »Na komm, ich tue dir doch nichts.« Zugleich fängt er an, ihre Brüste über dem T-Shirt zu streicheln. B. weiß nicht recht, wie sie sich verhalten soll. Schließlich dreht sie sich zu A. hin, erwidert seine Zungenküsse und lässt es zu, dass er ihre Brüste entblößt und anfasst, und sagt daraufhin: »Aber nicht mehr. Das reicht!« A. beachtet das nicht. Er öffnet mit der linken Hand ihre Hose, schiebt seine Hand zwischen ihre Beine und führt einen Mittelfinger in ihre Scheide ein. B. sagt: »Jetzt hör auf! Außerdem hab ich meine Tage!«, und rutscht auf dem Sitz zur Seite. A. zieht seine Hand zurück und sagt: »Dann mach's mir wenigstens mit der Hand!« B. ist sich unschlüssig, sie will keine weiteren sexuellen Handlungen, denkt aber, wenn sie A.s Forderung erfülle, lasse er sie in Ruhe. A. bemerkt ihre Furcht nicht. Er entblößt sein erigiertes Glied, B. masturbiert es bis zum Samenerguss.

B. wischt sich das Ejakulat mit einem Papiertaschentuch von der Hand ab. Beide ziehen ihre Hosen hoch und richten ihre Kleidung. Dann fahren sie schweigend bis zu der Straße, in der B. wohnt. Als sie aussteigen will, sagt A.: »Sehen wir uns wieder?« B. antwortet: »Mal sehen«, schlägt die Tür zu und geht nach Hause.

Am nächsten Tag versöhnt sich B. mit ihrem Freund C. Sie erzählt ihm von dem Vorfall im Auto. C., der sehr eifersüchtig ist, bedrängt sie, unbedingt Strafanzeige zu erstatten. B. sagt, sie wolle das nicht. Es sei ja nicht viel passiert, und die Sache sei ihr peinlich. Nachdem C. in seinem Drängen nicht nachlässt und ankündigt, andernfalls selbst mit A. »abzurechnen«, gehen beide am nächsten Morgen zur Polizei und erstatten Anzeige gegen A., weil dieser B. »vergewaltigt« habe. Sie wird von einer Kriminalbeamtin vernommen; ihre Vernehmung wird aufgezeichnet. Dann wird sie auf Veranlassung der Polizistin von einer Ärztin untersucht, die keine Spuren im Genitalbereich oder sonst am Körper von B. feststellen kann. Am Nachmittag sucht B. auf Anraten der Polizistin zusammen mit C. eine Rechtsanwältin auf und erteilt ihr das Mandat, sie im Verfahren gegen A. zu vertreten. Die ganze Sache wühlt B. sehr auf, sie fühlt sich den Bedrängnissen ausgeliefert und überfordert und weint viel. Die Beziehung zu ihrem Freund C. leidet langfristig unter der Sache.

Vorbemerkung: Was ist wirklich passiert? Die Feststellung des Sachverhalts und die Beweisaufnahme

Das ist ein Sachverhalt, wie ihn das Leben leider recht oft schreibt. Wer beruflich mit Strafrecht zu tun hat, hat das so oder ähnlich schon viele Male gehört und gelesen, teils harmloser, teils drastischer. Natürlich werden in der Wirklichkeit der Strafjustiz die Sachverhalte nicht so übersichtlich dargeboten und erzählt. Strafakten sind ja keine Drehbücher, in denen die Geschehnisse in Richtung eines schon feststehenden Ergebnisses geschrieben werden. Weder A. noch B. oder C. werden im realen Leben bemüht sein, vollständige Sachverhalte darzubieten, wie sie das Strafrecht mag und ein Richter oder Staatsanwalt hören möchte.

Die Menschen im wirklichen Leben erzählen erst einmal drauflos, manchmal sagen sie auch gar nichts, oft sind es allerlei überflüssiges Beiwerk, Lügen oder unbeabsichtigte Unwahrheiten, dann viele Halbwahrheiten, sehr viel Gefühle, Schlussfolgerungen, Vermutungen. Mit sehr hoher Wahrscheinlichkeit berichten sie nicht in sachlicher, objektiver und unbezweifelbarer Form darüber, was sie zu welchem Zeitpunkt gedacht, gewollt, gesagt und getan haben oder nicht. Vieles, was Strafjuristen und Ermittler wichtig finden, kommt den real Betroffenen gar nicht in den Sinn. Umgekehrt erscheint vieles, was diese unbedingt wichtig finden, den Juristen belanglos oder sogar störend. Das gilt etwa für die zahlreichen Emotionen und Mutmaßungen der Betroffenen über mögliche Hintergründe, Motive und Ursachen eines Geschehens.

Das ist kein Vorwurf und auch keine professionelle Überhebung. Niemand kann, selbst wenn er es lange geübt hat und nicht persönlich betroffen ist, eine einigermaßen komplexe Geschichte völlig tendenzfrei berichten. Die vollständige Objektivität, die oft verlangt und auch behauptet wird, ist eine Illusion, mit der man umgehen muss und kann. Eine maschinengleiche Objektivität des Erkennens und Deutens kann es bei Menschen nicht geben. Das gilt schon für solche Personen, die das berufsmäßig machen und zahllose Fälle distanziert betrachten, wie es zum Beispiel Staatsanwälte und Richter tun. Es gilt verstärkt, wenn man selbst betroffen ist. Jeder kann an sich selbst beobachten, dass man nicht dazu neigt, bei der Schilderung vergangener Erlebnisse die eigenen Gedanken und Empfindungen unverfälscht wiederzugeben, wenn sie peinlich, falsch, unklar oder unmoralisch waren. Fast niemand schafft es, stets reflektiert und neutral die eigenen Empfindungen und Handlungsmotive überhaupt zu erkennen und zu kontrollieren. Das ist menschlich und wird nicht dadurch besser, dass man es aus einer falsch verstandenen Erwartungshaltung an die eigene Neutralität und Ehrlichkeit verleugnet oder ignoriert.

Wenn wir uns dem Fall-Sachverhalt nähern, müssen wir also eine gewisse Distanz zwischen der Schilderung, der Lebenswirklichkeit und uns selbst herstellen. Wir müssen uns klarmachen, dass es sich um einen fiktiven Sachverhalt handelt, der als Beispiel dient, um Rechtsfragen und Lösungen zu erproben und zu erklären. Das bedeutet zweierlei: Die Darstellung muss als faktisch anerkannt und darf nicht umgedeutet werden. Es handelt sich – im Jargon der Strafjustiz – um sogenannte Feststellungen, also nicht um bloße Hypothesen und Behauptungen über eine mögliche Wirklichkeit. Dass alles auch anders gewesen sein *könnte,* ist klar. Wir müssen aber hier davon ausgehen, dass es eben nicht anders, sondern genauso wie geschildert gewesen ist. Das klingt selbstverständlich, ist aber für Laien, Studenten und nicht selten auch für Rechts-Profis gar nicht so einfach.

Denn man neigt unwillkürlich dazu, empfundene Lücken zu füllen, indem man vorhandene Kenntnisse weiterdenkt und aufgrund von intuitiven Wahrscheinlichkeitsannahmen ergänzt. Wenn zum Beispiel im Sachverhalt festgestellt ist, dass Herr A. mit seinem Pkw zur Tankstelle fuhr, und im nächsten Absatz, dass er eine Stunde später bei Frau B. war, geht man fast automatisch davon aus, dass er dort mit dem Pkw hingefahren sei. Wenn das nicht in den Feststellungen steht, ist diese Annahme aber pure Spekulation, und wenn man Pech hat, scheitert an dieser unbewussten Lückenfüllung die Aufklärung des Falls. Solche unbewussten Ergänzungen sind viel häufiger als angenommen, und sie werden auch oft dadurch unsichtbar, dass sie ungefragt übernommen werden. Nehmen wir an, ein Polizeibeamter habe die beiden Fakten ermittelt und dann in gutem Glauben einen Aktenvermerk gefertigt: »Herr A. fuhr mit seinem Pkw zunächst zur Tankstelle und von dort aus zu Frau B.« Diese Feststellung wird wahrscheinlich niemand mehr überprüfen – warum sollte falsch sein, was der Polizeibeamte ermittelt hat?

In einem realen Verfahren sind die Feststellungen das Ergebnis einer unter Umständen langen, schwierigen und aufwendigen Beweisaufnahme. Es sind vielleicht Dutzende von Zeugen und Sachverständigen vernommen worden, die Anzeigeerstatterin B. wurde mehrfach verhört und von einem Sachverständigen für Aussagepsychologie begutachtet, der Beschuldigte A. hat eigene, abweichende Darstellungen des Geschehens vorgetragen oder von einem Strafverteidiger vortragen lassen. Am Ende der Beweisaufnahme, also der Auswahl, Herbeischaffung und Verwendung von Beweismitteln (das sind im Einzelnen: Zeugen, Sachverständige, Urkunden, gerichtlicher Augenschein, also eine unmittelbare Kenntnisnahme durch Anschauen, Anhören, Anfassen), steht eine sogenannte Würdigung. Diese antwortet auf die Frage: Was sollen wir glauben und was nicht? Welche Tatsachen sind *bewiesen?*

Die Antwort ist keine, die sich mit naturwissenschaftlicher Präzision finden und als unzweifelhaft, stets eindeutig richtig oder eindeutig falsch ansehen lässt. Ob man einem Zeugen glaubt oder nicht, ist in den meisten Fällen keine Frage der Medizin, der Physik oder der Mathematik. Es ist aber auch nicht eine Frage bloßen Gefühls, von allgemeinen, politischen, sozialen oder menschlichen Überzeugungen davon, wie es sein *sollte*, was richtig und was falsch ist oder was für eine Gesamtpersönlichkeit die Auskunftsperson ist. Auch sehr unsympathische Menschen können die reine Wahrheit sagen und moralisch handeln, und sehr nette oder sozial verdienstvolle Menschen können lügen oder sich irren und schockierende oder unmoralische Dinge tun oder wollen. Man muss stets bedenken, dass die Welt nicht an der Grenze der eigenen Lebenserfahrungen endet, dass also andere Menschen ganz andere Motive haben und ganz andere Prioritäten setzen können als man selbst, und dass sich das für sie wahrscheinlich komplett anders anfühlt, als man selbst es kennt.

Die Empathie also, die man als Ermittler, Staatsanwalt oder Richter benötigt, ist nicht das, was in der allgemeinen Wahrnehmung häufig mit Mitleid verwechselt wird. Es bedeutet vielmehr die Fähigkeit, die Welt, die Geschehnisse und das Gesagte gleichermaßen durch die Augen eines anderen zu sehen. Es heißt, sich in eine andere Person hineinversetzen zu können, so, wie sie wirklich ist, und nicht, wie sie sein sollte. Oder wie man selbst ist. Alle Menschen haben ein im Vergleich zu Tieren hohes Empathiepotenzial, aber es ist sehr unterschiedlich ausgeprägt und kann nur eingeschränkt erworben oder gelernt werden. Was allerdings gelernt werden kann, sind die Konzentration auf die Empathie, der Wille zum Hineinversetzen und die Eigenkontrolle im Umgang mit den eigenen Vorannahmen.

Überdies muss man bedenken, dass eine Vielzahl einzelner Beweisergebnisse in der Summe häufig kein völlig übereinstimmendes Ergebnis liefert: Beispielsweise deutet Ergebnis Nr. 1 vielleicht sehr stark auf einen bestimmten Sachverhalt hin, Ergebnis Nr. 2 und 3 sprechen eher dagegen, Ergebnisse 5 bis 7 lassen beides zu. Das ist eine häufige Beweislage. Sie verlangt eine *Gesamtwürdigung*, also eine zusammenfassende Gesamtbeurteilung aller Beweisergebnisse. Das kann man nur seriös leisten, wenn man die Wertigkeit und Bedeutung jedes einzelnen Beweises, aber auch die möglichen Zusammenhänge und wechselseitigen Beeinflussungen kennt. Auch hier lässt sich keine mathematische Genauigkeit erreichen. Es gibt immer noch den Rest einer Möglichkeit, dass das Geschehen ganz anders gewesen sein könnte. Es kommt also darauf an, ob man diese Restunsicherheit überwinden kann oder nicht und aus welchen Gründen. In der Strafprozessordnung (§ 261 StPO) steht, dass der Strafrichter von der Schuld des Beschuldigten »überzeugt« sein muss, wenn er ihn verurteilen will. Diese Überzeugung verlangt keinen naturwissenschaftlichen Beweis, aber eine bloße Möglichkeit, ein Vorurteil oder die Überlegung, der Beschuldigte sei »wahrscheinlich« der Täter, reichen auch nicht aus. In der Beratung eines Kollegialgerichts werden oft sehr unterschiedliche Meinungen zur Beweislage vertreten, und es wird nach der Diskussion streitig abgestimmt. Es gilt für die Schuldfrage nach § 263 StPO ein qualifiziertes Mehrheitsprinzip. Wenn zwei Drittel der Richter meinen, die Schuld sei erwiesen, ist zu verurteilen. Bei einer Strafkammer mit fünf Richtern sind also vier Stimmen erforderlich.

Die meisten Menschen, die mit dem Strafrecht nur über mediale Berichte zu tun haben, machen sich wenig Gedanken darüber, wie die Journalisten zur Feststellung ihres Sachverhalts gekommen sind. Meist nimmt man die Berichte über einen Fall, wie sie sind, und analysiert nicht aufwendig, was Feststellung, was Schlussfolgerung, was Bewertung ist. Gerade vor Abschluss eines Strafverfahrens und Verkündung des Urteils neigen viele Journalisten dazu, die Schilderungen des Sachverhalts und der Beweisergebnisse ausgesprochen frei und unbekümmert spekulativ zu ergänzen, zu deuten und zu bewerten. Nicht selten gilt dies sogar als Kennzeichen besonders »lebensnaher« und »erfahrener« Reportertätigkeit. Dabei wird aber recht oft die Aufgabe, komplizierte Sachverhalte verständlich darzustellen, mit der Neigung verwechselt, die Sachverhalte nach Maßgabe medialer Bedürfnisse zu manipulieren. Dies geschieht meistens nicht bewusst, sondern aufgrund Gewöhnung, Anpassung und dem Wunsch, erfolgreich zu sein.

Nicht selten versuchen Richter, in ihrer Rolle als Vorsitzende einer Verhandlung bei der Verkündung des Urteils die Feststellungen des Gerichts kurz zusammenzufassen und zu sagen, worauf die Überzeugung des Gerichts beruht. Das ist aber oft eine recht oberflächliche, manchmal nichtssagende und verkürzte Darstellung des Vorsitzenden, an der die übrigen Richter eines Kollegialgerichts in der Regel nicht mitwirken. Die Feststellungen im Einzelnen kann man erst in den schriftlichen Urteilsgründen nachlesen, die oft nicht eher als Wochen oder Monate später vorliegen und nur selten veröffentlicht werden. Bis dahin ist der Fall bei der breiten Leserschaft schon fast wieder vergessen; sie verlässt sich auf die mehr oder minder dramatischen, lustigen, aufgebauschten, manchmal auch fehlerhaften oder missverständlichen Berichte der Presse – oder auf deren wahre, objektive und richtige Schilderungen. Ob das eine oder das andere vorliegt, weiß man von außen jedoch nicht.

Hat sich jemand strafbar gemacht? Die Subsumtion

Nach diesen Vorbemerkungen, die alle folgenden Fälle betreffen, geht es jetzt an die Besprechung des ersten Beispielsfalls. Die Aufgabe ist es, den Sachverhalt, also die Feststellungen, daraufhin zu überprüfen, ob sich jemand schuldig und strafbar gemacht hat. Wer das hier sein könnte, liegt auf der Hand. A. ist die Person, die man als Leser im Verdacht hat, sich strafbar gemacht zu haben. Dabei hat man allerdings schon eine Vorauswahl getroffen. Denn B. und C. erscheinen nicht verdächtig. B. ist Tatopfer, C. allenfalls Zeuge. Ob das im Einzelnen so stimmt, kann vorerst dahinstehen. Es kommt jedenfalls für diese Vorauswahl nicht darauf an, ob man meint, B. habe irgendetwas »falsch gemacht« und C. solle nicht eifersüchtig und misstrauisch sein. Das wären allenfalls moralische Verfehlungen, die aber als solche nicht strafbar sind. Ob sie irgendeinen Einfluss auf die strafrechtliche Beurteilung haben könnten, werden wir später sehen.

B. hat A. »wegen Vergewaltigung« angezeigt. Wären wir im Zivilprozess, käme es auf einen solchen sogenannten Antrag an. Denn dort gelten der Antrags- und der Beibringungsgrundsatz, und die Gerichte sind an die Anträge der Prozessparteien gebunden. Wenn Herr X. Herrn Y. verklagt, weil dieser ihm 1000 Euro als Schadensersatz wegen Zerstörung einer Vase schulde, und Y. den Vorfall und die Schadenshöhe nicht bestreitet, steht beides fest. Das Gericht kann nicht von sich aus sagen, ein Schaden sei zwar nicht feststellbar, aber weil ein früheres Darlehen des X. an Y. fällig sei, seien die 1000 Euro trotzdem zu zahlen. Das würde nur gehen, wenn Herr X. seine Klage ändert. Und wenn Herr X. dann behauptet, seine Ehefrau Z. sei bei dem Vorfall anwesend gewesen, während Herr Y. den Vasenvorfall und die Anwesenheit der Ehefrau bestreitet: Dann vernimmt das Gericht nicht von sich aus die Ehefrau Z., um herauszufinden, ob die Behauptung stimmt. Wenn Herr X. will, dass seine Frau zur Stützung seiner Aussage vernommen wird, muss er einen Antrag stellen.

Im Strafrecht ist das ganz anders. Da geht es nicht um Ansprüche und Anträge, sondern um eine »von Amts wegen«, also antragsunabhängig vorzunehmende Würdigung von Sachverhalten. Angezeigt und gegebenenfalls von der Staatsanwaltschaft angeklagt werden anders als im Zivilrecht nicht Straftat*bestände,* also gewissermaßen Ansprüche, sondern *tatsächliche Geschehnisse,* eben Taten (§ 264 Abs. 1 StPO). Wenn in der Anklage steht, X. habe Y. geschlagen und sich der Körperverletzung schuldig gemacht, und in der Hauptverhandlung stellt sich heraus, dass X. den Y. erst geschlagen und ihm dann den Geldbeutel weggenommen hat, wird die Anklage »Körperverletzung« nach einem entsprechenden Hinweis des Gerichts einfach umgestellt auf »Raub in Tateinheit mit Körperverletzung«. Denn Gegenstand des Verfahrens ist nicht irgendein »Anspruch« des Geschädigten, sondern das von Amts wegen zu verfolgende *tatsächliche Handeln des Beschuldigten.*

Wie schon dargelegt, muss man, um eine mögliche Strafbarkeit zu prüfen, einen gesetzlichen Tatbestand finden, von dessen Beschreibung die konkret festgestellten Handlungen erfasst sein könnten. Das ergibt sich aus dem Bestimmtheitsgrundsatz (Art. 103 Abs. 2 GG). Die Prüfung, ob ein festgestellter Sachverhalt von einem gesetzlichen Tatbestand erfasst wird, nennt man Subsumtion: Es wird überlegt, ob die Tatsachen, die in der Realität gegeben sind, von den gesetzlichen Begriffen erfasst sind. Das klingt selbstverständlich und leicht, ist es aber nicht immer. Denn die Gesetze sind natürlich nicht auf den konkreten Fall zugeschnitten, sondern abstrakt formuliert. Sie sollen eine Vielzahl von Sachverhalten umfassen, aber andererseits nicht grenzenlos sein.

Daher lautet zum Beispiel § 242 StGB nicht: »Wer ein Fahrrad stiehlt, wird bestraft«, sondern »Wer eine fremde bewegliche Sache … wegnimmt«. Also muss man fragen, ob ein Fahrrad eine »Sache« ist. Sachen sind, so lautet § 90 des Bürgerlichen Gesetzbuchs (BGB), »nur körperliche Gegenstände«. Da das StGB keine abweichende Regelung enthält, gilt § 90 BGB auch hier. Ein Fahrrad ist ein »körperlicher Gegenstand« (kein »Recht«, also zum Beispiel keine »Forderung«). Als Nächstes müsste man prüfen, ob das Fahrrad, um das es konkret geht, für den Täter »fremd« war … und so weiter. So geht Subsumtion. Manchmal ist sie schwierig, weil die Begriffe ihrerseits kompliziert sein können, Wertungen enthalten oder unklare Grenzen haben. Was ist

»unbefugt«, was »rechtswidrig«, was »gute Sitten« oder »verwerflich«? Was ist »besonders schwere Schuld«, was »Freiwilligkeit«?

Über solche und zahllose andere Begriffe wird gestritten. Gerade in der Presse und bei Laien gilt die Rechtswissenschaft als Land des ewigen Streits, und Juristen werden gern als Menschen dargestellt, die nichts unbestritten lassen können und sich und anderen ständig mit haarspalterischen Differenzen auf die Nerven gehen. Das ist – mit bedauerlichen Ausnahmen, die es überall gibt – im Grundsatz nicht richtig. Tatsächlich geht es bei juristischen Streiten regelmäßig um Abgrenzungen von Begriffen, die sich in der realen Wirklichkeit gravierend auswirken können. Begriffe wie zum Beispiel »gute Sitten« verändern sich in einer Gesellschaft ständig. Ihre Bedeutungen und Reichweiten werden infrage gestellt, gedeutet, umgedeutet, neu geordnet. Das findet nicht in geordneter Form und unter einer autoritativen Leitung statt, es entwickelt sich in der allgemeinen Kommunikation, vielfach unbemerkt und vor allem unreflektiert. Das Recht und die Rechtsanwendung sind führende Akteure in diesem kontinuierlichen Veränderungsprozess und erfüllen damit eine eminent wichtige Orientierungsfunktion.

Die Rechtsnorm, um die es in unserem konkreten Fall geht, ist § 177 StGB (s. Anhang), eine umfangreiche und schwer zu verstehende Vorschrift, die seit 1997 mehrfach geändert und zuletzt 2016 komplett umgestaltet wurde. Seither hat sie einen wesentlich weiteren Anwendungsbereich. Die gesetzliche Überschrift lautet: »Sexueller Übergriff; sexuelle Nötigung; Vergewaltigung«. Die Überschrift stimmt nur annähernd, denn was bis 2016 »sexuelle Nötigung« hieß, gibt es in dieser Form gar nicht mehr. Für den Begriff »Vergewaltigung« findet sich in § 177 Abs. 6 Nr. 1

eine ziemlich versteckte gesetzliche Definition, eine sogenannte Legaldefinition:

> Ein besonders schwerer Fall liegt in der Regel vor, wenn der Täter mit dem Opfer den Beischlaf vollzieht oder vollziehen lässt oder ähnliche sexuelle Handlungen an dem Opfer vornimmt oder von ihm vornehmen lässt, die dieses besonders erniedrigen, insbesondere wenn sie mit einem Eindringen in den Körper verbunden sind (Vergewaltigung) …

Das klingt kompliziert und ist bei näherem Hinsehen noch komplizierter, weil man auch mit gutem Willen kaum erkennen kann, was hier nun eigentlich die Regel und was die Ausnahme ist und was als ein Beispiel für was formuliert wurde. Der Wortlaut aus sich heraus ist nicht verständlich. »Ein besonders schwerer Fall liegt in der Regel vor …« verweist auf eine Regel über besonders schwere Fälle, die man nicht kennt. Man weiß daher nicht, was das soll. Das gilt insbesondere auch für die Voraussetzung: »… wenn der Täter …« Welcher Täter? Es kann ja unmöglich jeder »Beischlaf« schon ohne Weiteres eine »Vergewaltigung« sein, denn dann wäre das gesamte menschliche Verhalten rund um Fortpflanzung und Geschlechtsverkehr unter eine absurde Strafdrohung gestellt. Man muss also suchen, welcher Täter gemeint sein könnte. Der sechste Absatz knüpft offensichtlich an eine andere Tatbeschreibung an. Fündig wird man schließlich in den Absätzen 1 und 2 des § 177:

> (1) Wer gegen den erkennbaren Willen einer anderen Person sexuelle Handlungen an dieser Person vornimmt oder von ihr vornehmen lässt oder diese Person zur Vornahme oder Duldung sexueller Handlungen an oder von einem Dritten bestimmt, wird mit Freiheitsstrafe von sechs Monaten bis zu fünf Jahren bestraft.

(2) Ebenso wird bestraft, wer sexuelle Handlungen an einer anderen Person vornimmt oder von ihr vornehmen lässt oder diese Person zur Vornahme oder Duldung sexueller Handlungen an oder von einem Dritten bestimmt, wenn
1. der Täter ausnutzt, dass die Person nicht in der Lage ist, einen entgegenstehenden Willen zu bilden oder zu äußern,
2. der Täter ausnutzt, dass die Person auf Grund ihres körperlichen oder psychischen Zustands in der Bildung oder Äußerung des Willens erheblich eingeschränkt ist, es sei denn, er hat sich der Zustimmung dieser Person versichert,
3. der Täter ein Überraschungsmoment ausnutzt,
4. der Täter eine Lage ausnutzt, in der dem Opfer bei Widerstand ein empfindliches Übel droht, oder
5. der Täter die Person zur Vornahme oder Duldung der sexuellen Handlung durch Drohung mit einem empfindlichen Übel genötigt hat.

Um diesen Täter geht es im sechsten Absatz. Der »besonders schwere Fall«, von dem dort die Rede ist, ist ein solcher des Abs. 1 oder des Abs. 2. In diesen beiden Absätzen haben wir es nun mit einer Vielzahl von Varianten einer Tatbeschreibung zu tun, bei deren Erfüllung derjenige, der als »Wer« oder »der Täter« bezeichnet wird, bestraft werden soll.

Wenn Sie Freude an Rätselaufgaben haben, können Sie einmal versuchen, die Anzahl der möglichen Tatvarianten in diesen beiden Absätzen herauszufinden und zu zählen. Kleiner Tipp: Es sind aufgrund der mehrfachen Verschachtelung insgesamt mindestens 20. Wenn Sie sich spontan alle merken könnten, wären Sie ein Genie. Die meisten Strafjuristen können es nicht und müssen jedes Mal wieder neu nachschauen. Das ist nicht schlimm. Ein verbreiteter Irrtum ist es, dass das Jurastudium überwiegend aus Auswendiglernen bestehe und der juristische Beruf überwiegend das Anwenden auswendig gelernter, schematischer Regeln umfasse. Mit beidem kommt man nicht weit. Rechtsanwendung ist die Kunst, systematische Zusammenhänge zwischen Tatsachen und Wertungen zu erkennen.

Objektiver Tatbestand

Der Wortlaut von § 177 Abs. 1 enthält im ersten Teil eine ausdrückliche, das heißt dem Bestimmtheitsgrundsatz entsprechende Abfolge dessen, was man »objektive Tatbestandsmerkmale« nennt, also äußere, objektive Merkmale der beschriebenen Tat. Diese sechs Merkmale sind im Einzelnen:

(1) Wer
(2) gegen den erkennbaren Willen
(3) einer anderen Person
(4) sexuelle Handlungen
(5) an dieser Person vornimmt
(6) oder von ihr vornehmen lässt …

Nun muss geprüft werden, ob die festgestellten Tatsachen die Voraussetzungen der gesetzlichen Begriffe erfüllen. Diesen Prüfungsvorgang nennt man »Subsumtion«. Sie ist hier für einzelne Tatbestandsmerkmale offensichtlich und einfach: »Wer« (Nr. 1) ist in unserem Fall A., und die »andere Person« (Nr. 3) ist B. Alles andere bedarf einer etwas genaueren Erläuterung.

Was ist überhaupt eine sexuelle Handlung? (Merkmal 4)

Widmen wir uns zunächst dem Merkmal der »sexuellen Handlung«. Eine Handlung ist jedes Tun; im juristischen Sinne und anders als im allgemeinen Sprachgebrauch aber zählt als Handlung auch jedes Unterlassen, jedenfalls wenn ein Tun erforderlich wäre. Auch das ist in diesem Fall sicher gegeben. Was eine

»sexuelle Handlung« ist, steht in § 177 nicht. In § 184h heißt es hingegen:

> Im Sinne dieses Gesetzes sind sexuelle Handlungen nur solche, die im Hinblick auf das jeweils geschützte Rechtsgut von einiger Erheblichkeit sind.

Manchmal liest man, dies sei eine »Legaldefinition«. Das stimmt aber nicht, denn die Regelung setzt den Begriff »sexuelle Handlung« ja schon voraus und schränkt nur seinen Anwendungsbereich ein. Dazu verweist sie auf andere Begriffe, die wieder ihrerseits auslegungsbedürftig sind. Wenn man einmal andere, ähnliche Formulierungen zum Vergleich nimmt – zum Beispiel die »wirtschaftliche«, »religiöse« oder »sportliche« Handlung –, stellt man fest, dass die Abgrenzung gar nicht so leicht ist. Alle genannten Begriffe haben einen relativ sicheren Kern. So ist das Verkaufen einer Ware sicher eine wirtschaftliche, das Beten eine religiöse und die Teilnahme an einem Rennen eine sportliche Handlung. Aber mit etwas Fantasie gelangt man schnell zu Beispielen, bei denen die Grenze fraglich ist. Ist ein Schaufensterbummel eine wirtschaftliche Handlung? Das Tragen eines Kopftuchs eine religiöse, das Treppensteigen eine sportliche Handlung?

Wenn wir den Sachverhalt des ersten Beispielsfalls lebensnah betrachten, können wir sagen, dass dort von allerlei sexuellen Handlungen die Rede ist: Zungenküsse, Berühren der Brüste oberhalb und unterhalb des T-Shirts, Berühren des Oberschenkels, Berühren des Genitals oberhalb und unterhalb der Kleidung, Einführen eines Fingers in die Scheide, Berühren und Masturbieren des Penis, Ejakulieren. All das sind Handlungen, deren Sexualbezogenheit auf der Hand liegt. Das gilt auch für den Zungenkuss, anders als für das Küsschen auf die Wange.

Das Gesetz ist auf diese Handlungen also anwendbar, wenn sie

»von einiger Erheblichkeit« für das »geschützte Rechtsgut« sind. Das Rechtsgut des § 177 Abs. 1, der »Handlungen gegen den Willen« einer Person bestraft, ist das Bestimmungsrecht jeder einzelnen Person über ihr Sexualverhalten, also die sexuelle Selbstbestimmung. Das ergäbe sich, wenn man es nicht schon aus der Überschrift des Abschnitts (»Straftaten gegen die sexuelle Selbstbestimmung«) wüsste, aus dem Wortlaut »gegen den Willen«. Das stellt offenkundig nicht auf den Willen der Gesellschaft, der Kirchen, der Familie oder des Staats ab, sondern auf den der »anderen Person«. Es geht daher um die individuelle Freiheit und nicht um Ehre, Moral, Fortpflanzung oder die Staatsräson.

Bei der im Zusammenhang mit dem Schutz des Rechtsguts angeführten »Erheblichkeit« könnte man Zweifel haben, was das Anfassen des Oberschenkels über der Kleidung betrifft. Das ist eigentlich eine neutrale Handlung, denn sie ist als solche nicht ohne Zusammenhang als sexuell motiviert zu erkennen. Diese Motivation aber kann sich aus dem Sinn- und Handlungszusammenhang ergeben. So ergibt sich hier wohl, dass A. mit dem Anfassen des Oberschenkels unzweideutig eine sexuelle Absicht zum Ausdruck gebracht hat, die über eine bloße Vertraulichkeit deutlich hinausging. Man kann also im Ergebnis sagen, dass alle genannten Handlungen die Voraussetzungen des § 184h Nr. 1 für eine »sexuelle« Handlung erfüllen. Daher ist der den Tatbestand des sexuellen Übergriffs beschreibende § 177 Abs. 1 auf sie anwendbar. Anders ist es, wenn man das frühere Verhalten im Klub betrachtet. Weder Unterhalten noch Tanzen noch Trinken sind »sexuelle« Handlungen, auch wenn sie vielleicht in der Absicht vorgenommen werden, einen Weg dahin zu bahnen.

Eine jüngere Diskussion in diesem Zusammenhang kann hier nur kurz erwähnt werden. Sie betrifft die Frage, ob sexuell anzügliche, auffordernde oder provozierende Äußerungen mit sexualbezogenem Inhalt als »sexuelle Handlungen« angesehen werden können und sollen. Für § 177 Abs. 1 und die übrigen Beschreibungen des 13. Abschnitts gilt das bislang nicht, denn dort ist stets von Handlungen »an« oder »von« Personen die Rede. Wo Äußerungen und nicht Handlungen gemeint sind, ist das im Strafgesetzbuch ausdrücklich benannt. In § 176 etwa findet die Formulierung »durch Reden einwirken« Verwendung.

»Ja heißt Ja« oder »Nein heißt Nein«: Der erkennbare Widerwille (Merkmal 2)

Ein schwieriges Tatbestandsmerkmal beschreibt die Formulierung: »Wer gegen den erkennbaren Willen …« Dieser Tatbestand ist erst im Jahr 2016 neu gefasst worden. Vorangegangen war eine unübersichtliche, sehr polemisch geführte Diskussion, die sich verdichtete in den Auseinandersetzungen über die zwei Konzepte »Nein heißt Nein« und »Ja heißt Ja«. Was diese Schlagworte im Einzelnen bedeuten, muss erklärt werden.

Bis zum Jahr 2016 war die sexuelle Selbstbestimmung erwachsener Personen nur ausschnittweise strafrechtlich geschützt. Gesunde, selbstbestimmte Erwachsene waren gegen Übergriffe geschützt, die durch Gewalt, Drohung oder Ausnutzen einer bedrohlichen Lage erzwungen werden. Dagegen waren Täuschungen oder das bloße Übergehen einer Ablehnung ohne jegliche Zwangswirkung nicht strafbar. Weitergehend war der Schutz von Personen mit eingeschränkter Durchsetzungsfähigkeit, also von Menschen in Situationen spezieller Abhängigkeit (etwa Gefangene und Klinikpatienten) oder infolge konstitutioneller Schwächen wie Krankheit oder Behinderung.

Die auch von der Bundesrepublik unterzeichnete sogenannte Istanbul-Konvention vom 11. Mai 2011* bestimmte darüber hinaus, dass sich die Vertragsstaaten verpflichten, alle sexuellen

* Offizieller Titel: *Übereinkommen des Europarats zur Verhütung und Bekämpfung von Gewalt gegen Frauen und häuslicher Gewalt* vom 11.5.2011.

Handlungen gegen den Willen einer Person unter Strafe zu stellen. Wörtlich lautet die Vorschrift in Art. 36:

> (1) Die Vertragsparteien treffen die erforderlichen gesetzgeberischen oder sonstigen Maßnahmen, um sicherzustellen, dass folgendes vorsätzliches Verhalten unter Strafe gestellt wird:
> a) nicht einverständliches, sexuell bestimmtes vaginales, anales oder orales Eindringen in den Körper einer anderen Person mit einem Körperteil oder Gegenstand;
> b) sonstige nicht einverständliche sexuell bestimmte Handlungen mit einer anderen Person;
> c) Veranlassung einer Person zur Durchführung nicht einverständlicher sexuell bestimmter Handlungen mit einer dritten Person.
> (2) Das Einverständnis muss freiwillig als Ergebnis des freien Willens der Person, der im Zusammenhang der jeweiligen Begleitumstände beurteilt wird, erteilt werden.

Wie es bei völkerrechtlichen Verträgen üblich ist, muss der Text solcher Vereinbarungen jeweils im Lichte des nationalen Rechts ausgelegt und angewandt werden. Was »nicht einverständlich« konkret bedeutet, ist daher streitig und wird in den unterzeichnenden Staaten unterschiedlich interpretiert. Dabei ist klar und wird auch von Art. 36 vorausgesetzt, dass ein »vorsätzliches Verhalten« unter Strafe zu stellen ist. Auch § 177 Abs. 1 StGB, der diese Maßgabe umsetzt, ist ein Vorsatz-Delikt, und fahrlässiges Verhalten reicht nicht aus. Das bedeutet unter anderem, dass der Täter des Übergriffs entweder positive Kenntnis davon haben muss, dass kein »Einverständnis« gegeben ist (dies ist der sogenannte direkte Vorsatz), oder dass er dies für möglich hält, es ihm aber egal ist (der sogenannte bedingte Vorsatz).

In keinem Fall strafbar ist eine Handlung, wenn der Täter gar nicht weiß, dass ein Einverständnis fehlt. Damit sind wir beim

Kern der im Vorfeld der Gesetzesänderungen von 2016 geführten Debatten angelangt. Denn darüber, wie ein solches Wissen hergestellt oder widerlegt werden sollte, bestand in der rechtspolitischen Diskussion erheblicher Streit. Die Anhänger des »Ja heißt Ja«–Prinzips meinten, eine sexuelle Handlung dürfte nur dann erlaubt sein, wenn die betroffene Person, die dabei stets als »Opfer« gedacht wird, positiv zum Ausdruck bringe, dass sie einverstanden sei – also »Ja« sagt. Dies könne ausdrücklich oder durch schlüssiges Verhalten, also »konkludent« geschehen. Die Gegenmeinung vertrat das »Nein heißt Nein«–Prinzip. Danach ist eine sexuelle Handlung dann tatbestandsmäßig, wenn die betroffene Person ihren Widerwillen, also das »Nein« zum Ausdruck gebracht hat.

In § 177 Abs. 1 StGB ist nun, wie sich aus dem Wortlaut ergibt, das »Nein heißt Nein«-Prinzip umgesetzt. Es heißt dort »gegen den erkennbaren Willen« und nicht »ohne Zustimmung«. Das Fehlen einer Zustimmung bedeutet also nicht ohne Weiteres das Vorliegen eines Widerwillens. Fälle von »vielleicht« oder »egal« wären zwar vom Merkmal fehlender Zustimmung erfasst, sind aber nicht »gegen den Willen«.

Schon im Vorgriff auf spätere Ausführungen zum *zweiten* Absatz des § 177 Abs. 2 ist hier zur Abgrenzung zugleich darauf hinzuweisen, dass die dortige Formulierung »es sei denn, das Opfer hat zugestimmt« im Gegensatz zum ersten eine Anwendung des »Ja heißt Ja«-Prinzips ist. Vorausgesetzt ist dort nämlich ein positiv gegebenes »Ja«, anders als im ersten Absatz reicht das bloße Fehlen eines »Nein« also nicht aus.

Was bedeutet das alles für unseren Fall? Die sexuellen Handlungen des A. an B. und die sexuelle Handlung von B. an A. müssten also »gegen den erkennbaren Willen« von B. erfolgt sein. Was unter dem Begriff Wille im strafrechtlichen Sinn zu verstehen ist, wie er inhaltlich bestimmt und bewertet wird, ist in Kapitel 3 erläutert. Was meint nun aber das Wort »erkennbar«? Wenn man es sich kurz überlegt, ist diese Formulierung merkwürdig. Für wen ist der Wille erkennbar? Das Tatopfer B. kann nicht gemeint sein, denn für sie muss ihr eigener Wille nicht erkennbar, sondern *erkannt* sein, der Wille muss also feststehen und seine Erkenntnis nicht nur eine bloße Möglichkeit sein. Denn man kann nicht eine Bestrafung darauf stützen, dass das Opfer zwar wirksam eingewilligt hat, aber vielleicht nicht eingewilligt *hätte*, wenn es besser nachgedacht hätte. Das Strafgesetzbuch schützt erwachsene, geistig gesunde Menschen nicht gegen eigene Unüberlegtheit nach Maßstäben einer übergeordneten, abstrakten, angeblich besseren Vernünftigkeit.

Und der Täter A. kann auch nicht gemeint sein. § 177 Abs. 1 ist wie gesagt ein Vorsatzdelikt. Der Täter muss vom Widerwillen der anderen Person also entweder sicher wissen oder ihn für möglich halten und billigen. Die bloße »Erkennbarkeit« reicht auch hier nicht aus; das wäre nur ein typischer Fahrlässigkeits-Vorwurf, und fahrlässige Verletzungen fremder Selbstbestimmung sind weder im Sexualbereich noch im Bereich allgemeiner Nötigung strafbar. Denn sonst würde der Vorwurf lauten: Der Täter hat zwar nicht erkannt, dass das Opfer nicht wollte – aber wenn er sorgfältig nachgedacht hätte, hätte er es erkennen können.

Es wäre nicht von vornherein ausgeschlossen, einen solchen Tatbestand zu konstruieren, und in der Strafrechtswissenschaft wird das tatsächlich vereinzelt vorgeschlagen, etwa im Falle der Strafbarkeit schon bei »grob fahrlässiger« Verkennung des Widerwillens. Damit wäre man aber in einen Bereich des Strafens gelangt, in dem Tatsachen fast ganz durch Wertungen ersetzt würden. Beweise wären dann fast nur noch auf normativem Weg zu finden, also durch eine objektivierte nachträgliche Wertung des Üblichen, Angemessenen und sozial Verträglichen. Ein Beispiel für eine solche Konstruktion wäre etwa folgende Argumentation: Eine Frau, die sich mit einem ihr unbekannten Mann spontan auf sexuellen Verkehr einlässt, kann »eigentlich« gar nicht wirklich zugestimmt haben. Und wenn der Mann richtig nachgedacht hätte, hätte ihm das auffallen müssen – daher müsste er wegen »fahrlässiger Vergewaltigung« bestraft werden. Das wäre, wie man sieht, sehr weitgehendes Moral-Strafrecht. Keinesfalls würde es den Schutz der Selbstbestimmung stärken, sondern wäre eine moralgestützte Fremdbestimmung durch angeblich wohlmeinende Instanzen der Psychologie und der Justiz.

Der Gesetzgeber des Jahres 2016 hat, was die Erkennbarkeit betrifft, eine äußerst merkwürdige und schwer verständliche Figur gebastelt. Die Erkennbarkeit soll sich, so heißt es in den Gesetzesmaterialien*, auf einen »objektiven Dritten« beziehen. Das ist natürlich kein wirklicher, lebendiger Mensch, der zufällig dabeisteht. Gemeint ist ein *fiktiver* Dritter, an dessen Stelle sich das Gericht denken soll, um zu prüfen, ob der Widerwille nach objektiven Maßstäben »erkennbar« war. Im praktischen Ergebnis läuft das darauf hinaus, dass das (mögliche) Tatopfer seinen Widerwillen irgendwie *geäußert* haben muss: Ausdrücklich durch »Nein«-Sagen oder auf andere verständliche Weise: Wegdrehen, Abwehren, Sich-Sperren, Weinen usw. Denn nur wenn der Widerwille für eine fiktive dritte Person äußerlich wahrnehmbar gewesen wäre, ist er im Sinn des Gesetzes »erkennbar«. Dies ist der Kern und das Geheimnis des »Nein heißt Nein«-Prinzips, wie es im deutschen Strafrecht umgesetzt wurde.

In dieser Regelung stecken mehr Merkwürdigkeiten und Schwierigkeiten, als man auf den ersten Blick vermutet. Wenn § 177 Abs. 1 nach Ansicht des Gesetzgebers angeblich die getreue Umsetzung von Art. 36 der Istanbul-Konvention sein soll-

* Bundestags-Drucksache 18/8210.

te, dann wäre dies zunächst grob misslungen. Denn in der Konvention heißt es, dass »jede Handlung ohne Einverständnis« zu bestrafen sei, also nicht nur Handlungen »ohne *erkennbare* Ablehnung«, das heißt Handlungen, zu denen das Tatopfer sich zuvor gegenüber dem Täter ablehnend geäußert hat. Der deutsche Gesetzgeber hat dem Tatopfer damit eine sogenannte Obliegenheit auferlegt. So nennt es, wenn Handlungsbeschreibungen zwar keine Rechtspflicht begründen, das Ausbleiben der Handlung aber zu Nachteilen führt. Ein sexueller Übergriff gegen seinen Willen ist nur dann strafbar, wenn das Opfer zuvor deutlich erkennbar seinen Widerwillen geäußert hat.

Was das bedeutet, ergibt sich aus der Umkehrung. Wenn der Täter zwar genau weiß, dass das Opfer nicht will, es sich aber nicht erkennbar äußert, erfolgt die Handlung zwar gegen den Willen, ist aber dennoch nicht strafbar. Das ist, vom Schutzzweck des Gesetzes her gesehen, schlicht widersinnig. Die Regelung, die den Interessen möglicher Opfer krass widerspricht, ist im Rechtsausschuss des Bundestags als angeblich »feministische« Verwirklichung der Istanbul-Konvention gegen jede Kritik durchgesetzt worden. Sie hat die Lage des potenziellen Opfers aber nicht verbessert, sondern massiv verschlechtert. Zur Begründung wurde allen Ernstes angeführt, die Regelung genüge sonst nicht dem in Kapitel 3 erläuterten Bestimmtheitsgrundsatz. Das ist grob falsch. Denn mit der Bestimmtheit des Tatbestands hat das Erfordernis der Erkennbarkeit überhaupt nichts zu tun. Die Regelung wäre auch ohne dieses Merkmal genauso bestimmt. Das zeigt ein Vergleich mit anderen Straftatbeständen, die einen Widerwillen des Tatopfers voraussetzen: Auch bei Diebstahl, Nötigung oder Erpressung ist für die Bestimmtheit keineswegs erforderlich, dass das Tatopfer ausdrücklich »Nein« sagt. Es reicht hier völlig, dass der Täter *weiß,* dass es nicht einwilligt.

Tatsächlich handelt es sich nicht um eine Frage der Bestimmtheit, sondern des Beweises. Wenn eine Person ihren inneren Willen nach außen deutlich macht, ist dies für außenstehende Dritte, also fiktive Beobachter, im Grundsatz leichter festzustellen, als wenn sie ihn für sich behält. Das ist ebenso richtig wie banal. Es hat allerdings für die Tatsituation des § 177 Abs. 1 StGB überhaupt keine Bedeutung, da in 98 Prozent aller Fälle eine dritte Person gar nicht anwesend ist, um später die Äußerung des Widerwillens bezeugen zu können, sondern sich ein Gericht lange Zeit später fiktiv in die Rolle einer solchen dritten Person hineinversetzt.

Die Frage ist dann: Wenn ein objektiver Dritter dabei gewesen wäre, hätte er dann die Äußerung des Widerwillens wahrgenommen? Aber auch diese Frage spielt für den Tatbestand, für die Lage des Opfers und für die Verletzung des Rechtsguts »sexuelle Selbstbestimmung« gar keine Rolle. Geprüft werden soll sie vielmehr nur als Indiz dafür, dass erstens eine solche Äußerung überhaupt gegeben war und zweitens der Täter sie wahrgenommen hat. Der erste dieser Zwecke ist sinnlos, da man nicht die Existenz von etwas beweisen kann, indem man prüft, ob ein fiktiver Dritter es wahrgenommen hätte, wenn es existiert hätte. Und auch der zweite Zweck dreht sich um sich selbst. Denn wenn die Äußerung zwar erkennbar war, der Täter sie aber trotzdem nicht erkannt hat, ist der Tatbestand nicht erfüllt, denn der erforderliche Tatvorsatz ist ja, wie schon ausgeführt, nur dann gegeben, wenn der Täter den Widerwillen wirklich erkannt hat. Daran ändert auch die Fiktion eines »objektiven Dritten« nichts. Und wenn der Täter den Widerwillen erkannt hat, kommt es auf einen objektiven Dritten überhaupt nicht an. Zu guter Letzt kann in aller Regel weder durch das eine noch das andere bewiesen werden, ob das Opfer sich geäußert hat oder nicht. Hier geht es um eine »Aussage-gegen-Aussage«-Konstellation. Entscheidender Gradmesser ist hier die Glaubhaftigkeit, nicht die nachträglich fantasierte Wahrnehmung fiktiver Dritter.

Es zeigt sich also, dass die Fassung des Tatbestands des Übergriffs nicht nur von den Anforderungen der Istanbul-Konvention weit abweicht, obwohl die Autoren des Gesetzes das genaue Gegenteil behauptet haben*. Außerdem wurde die Situation des Tatopfers in unverständlicher Weise und ohne nachvollziehbare Begründung gegenüber den Opfern anderer Straftaten verschlechtert. Über die Gründe dafür kann man nur spekulieren. Am wahrscheinlichsten ist, dass die Abgeordneten, die den Entwurf des Gesetzes vorlegten, aufgrund von Eile, parteipolitisch motivierter Geheimniskrämerei und ideologisch motivierter Abwehr jeglicher Kritik den Überblick verloren hatten, sodass sie vergaßen, dass § 177 ein Vorsatzdelikt ist, und dabei die Begriffe »Beweis« und »Bestimmtheit« verwechselten.

Das Ergebnis ist ein ungerechtes Gesetz: Wenn das Opfer einer sexuellen Handlung, etwa einem Griff an die Brust, total ablehnend gegenübersteht und der Täter dies genau weiß, das Opfer aber nicht »Nein« sagt, ist die Tat straflos. Wenn das Opfer sich schweigend ein wenig zur Seite dreht und ein Richter zwei Jahre später meint, das sei für ihn eine »erkennbare« Ablehnung, ist dieselbe Handlung mit einer Freiheitsstrafe bis zu fünf Jahren zu bestrafen.

Wie ist es im ersten Beispielsfall? Die erste Äußerung von B. (»Du kannst aber nicht mit zu mir kommen.«) ist sicher keine erkennbare Äußerung von Widerwillen gegen sexuelle Handlungen. Es könnte alles Mögliche, sogar das Gegenteil von Widerwillen bedeuten. Auch die Äußerung »Pass auf die Straße auf«, als A. ihr die Hand auf den Oberschenkel legt, wird man nur schwer als deutliches »Nein« verstehen können.

* Bundestags-Drucksache 18/9097.

Es folgt die Szene auf dem Parkplatz. Die Frage »Was soll das jetzt?« macht einen Vorbehalt deutlich. Wenn das »Ja heißt Ja«-Prinzip gelten würde, wäre klar, dass hier jedenfalls keine Zustimmung vorliegt. Aber eine klare Ablehnung ist auch nicht gegeben. B. versucht vielmehr ersichtlich, die Situation, die ihr unangenehm ist, »herunterzudefinieren« und durch vorgetäuschte Ahnungslosigkeit aus der Lage herauszukommen. A. geht darauf nicht ein und beginnt, sie mit eindeutigen Aufforderungen sexualbezogen zu berühren und zu küssen. Hierauf lässt sich B. ein, ohne Widerstand zu formulieren, weil sie hofft, die Situation werde ohne weitergehende (genitale) sexuelle Handlungen enden. Das macht sie deutlich mit der Äußerung »Aber nicht mehr!« und dem Hinweis auf ihre Menstruation. Zugleich erwidert sie die Zungenküsse des A. aktiv. Hierin wird man eine konkludente, also schlüssige Zustimmung erkennen können. Denn zu sagen, dass »mehr« nicht erwünscht sei, bedeutet im Umkehrschluss, dass das Gegebene akzeptiert wird. Aus der konkludenten Zustimmung zum Berühren der Brüste und zum Zungenkuss kann man im Übrigen auch ein nachträgliches Indiz dafür ableiten, dass auch bei den ersten Handlungen von A. kein »erkennbarer Widerwille« im Sinn von § 177 Abs. 1 gegeben war.

Hier kommen wir an eine wichtige Weiche der rechtlichen Behandlung. Es wird aus dem geschilderten Sachverhalt klar, dass B. »nicht will« und dass ihr die Handlungen von A. unangenehm sind. Es kommt aber, wie sich aus dem oben Gesagten ergibt, auf die »objektive Erkennbarkeit« dieses Widerwillens und auf die Sicht des Täter-Vorsatzes an. Für A. stellt sich die Lage vermutlich so dar, als ob B. »sich ziert«, ambivalent in ihrer Haltung ist und auf Zureden nachgibt. Eine solche Lage auszunutzen und sein sexuelles Ziel zu verfolgen, ist – gegenüber erwachsenen, gesunden Personen – nicht verboten. Man kann es selbstverständlich unmoralisch, im weiteren Sinn grenzüberschreitend, unverschämt und unhöflich finden. Strafbar aber ist es nicht. Dass sich

B. aus einer konkreten Angst vor A. so verhält, ergibt sich aus dem Sachverhalt nicht. Daher darf man es auch nicht, sei es aus moralischer Empörung oder »lebensnaher« Fantasie, einfach dazuerfinden oder unterstellen. Das ist ein häufiger Fehler, den vor allem Laien machen, die mit strafrechtlichen Sachverhalten konfrontiert sind. Sie malen sich Motive, Handlungen und Zusammenhänge aus, die weder bewiesen sind noch in der Fallbeschreibung stehen, und fügen sie dem Sachverhalt hinzu: »Der hat doch bestimmt vorher auch …«, oder »Die muss doch gedacht haben …«, heißt es dann. Mit anderen Worten, sie konstruieren sich den Fall so, wie sie ihn gern hätten. Dabei übersehen sie, dass man ebenso gut genau gegenteilige fiktive Ergänzungen vornehmen könnte und dann zum vielleicht entgegengesetzten Ergebnis käme. Beides ist falsch. Man muss den Sachverhalt, also die Feststellungen, so nehmen, wie er ist, und dabei nichts weglassen und nichts hinzufügen. Ein Urteil ergeht nicht auf der Grundlage von Möglichkeiten und Fantasien, sondern auf der Basis von Beweisergebnissen.

Der nächste Abschnitt des Sachverhalts ist anders. B. sagt: »Das reicht!« A. beachtet das nicht, öffnet ihre Hose, schiebt seine Hand zwischen ihre Beine und führt einen Mittelfinger in ihre Scheide ein. B. sagt: »Jetzt hör auf!«, und rutscht auf dem Sitz zur Seite. A. zieht seine Hand zurück. Hier hat B. eindeutig klargestellt, dass sie einem »Mehr« nicht zustimmt. A. setzt sich über diese Grenzziehung hinweg. Damit ist insoweit der objektive Tatbestand des § 177 Abs. 1 erfüllt. Dass er die Handlung auf die Aufforderung »Hör auf!« beendet, ändert hier nichts mehr, denn B. hatte ja schon vor der Handlung ihren Widerwillen mit den Worten »Nicht mehr!« geäußert.

Subjektiver Tatbestand: der Vorsatz des Täters

Am subjektiven Tatbestand, also am Vorsatz des Täters, könnte man unter Umständen zweifeln, weil A. im Grunde mit dem weitermacht, was er schon zuvor getan hat, indem er Grenzen überschreitet und darauf hofft, dass B. nachgibt. Außerdem könnte für das Fehlen eines Vorsatzes sprechen, dass A. sofort aufhört, als B. ihn zurückweist. Das deutet darauf hin, dass er letzten Endes nur einverständliche Handlungen will, allerdings mit einer eigenwilligen, allein auf seine eigenen Wünsche bezogenen Vorstellung von Einverständnis und dessen Herstellung. Für eine solche Verkennung spricht aber auch die Fehleinschätzung, die sich am Ende des Sachverhalts in der Frage zeigt, ob man sich wiedersehen wolle. Offenbar ist A. sich keiner Verfehlung bewusst, die B. aus seiner Sicht veranlassen könnte, keine nähere Beziehung mit ihm einzugehen. Damit ist das Problem der geschlechts-, kultur-, bildungs- und erfahrungsmäßig bestimmten Vorurteile, Verkennungen und Irrtümer angesprochen. Sie sind verbreiteter, als gemeinhin behauptet wird. Allerdings ist dieses Gebiet stark von Tabus, normativen Erwartungen und moralischen Forderungen beherrscht, sodass viele reale Probleme nicht ausgesprochen werden können, ohne sogleich in Verdächtigungen und Vorwürfe zu geraten. Das ist falsch und gefährlich.

Die Erwartung, dass Frauen sich in der Regel »zieren« und Männer »aktiv fordernd« seien, ist verbreitet, wird aber von praktisch allen Menschen, die sich als »modern« darstellen und nicht verachtet werden wollen, bestritten. Es ist insoweit auch zu beachten, dass sich die Selbstdarstellung und die Erwartungen in den letzten Jahrzehnten deutlich geändert haben. Vor 60 und auch 40 Jahren herrschten auch unter jungen Leuten normative Bilder vor, wonach sich Männer durchweg als sexuell erfahren und fordernd, Frauen als unerfahren und abwehrend zu präsentieren hatten. Das machte die Sache zwar nicht wahrhaftig, aber halbwegs übersichtlich. Diese recht klaren Rollenbilder und Zuweisungen von Dominanz- und Werbeverhalten, Abwehr und »Sich-Zieren« sind durch soziale Veränderungen jedenfalls in der Außendarstellung stark verändert worden. Von halbwüchsigen Mädchen und jungen Frauen werden heute starke Rollenbilder sowie selbstbewusstes, eigendefiniertes und durchsetzungsstarkes Verhalten erwartet, in der Sache grundsätzlich zu Recht, in der Praxis nicht selten auch überfordernd. Denn nicht jede Persönlichkeit kann sich nach dem Vorbild von amerikanischen Rapperinnen formen. Das gilt entsprechend für heranwachsende junge Männer. Hieraus entstehen Konflikte und Missverständnisse, die sich von denen früherer Jahrzehnte unterscheiden. Verstärkt wird das durch einen heute deutlich höheren Anteil von Immigranten oder von Immigranten abstammender junger, also sexuell besonders aktiver Menschen mit inhomogenen Anschauungen und kulturellen Prägungen. Wichtig zu bedenken ist zum einen, dass normativ Erwünschtes und real Gewolltes nicht immer übereinstimmen, zum anderen, dass innere Einstellungen, Gewöhnungen und Gefühle sich viel langsamer ändern, als es mittels Verlautbarungen, programmatischen Erklärungen oder guten Absichten in kurzer Zeit erreicht werden soll oder von einer vorherrschenden Mehrheitsmoral verlangt wird.

Wie immer sind auch beim Erkennen von Widerwillen, also dem Vorsatz des Täters in § 177 Abs. 1 StGB, und bei der Erkennbarkeit einer ablehnenden Äußerung aus Sicht eines objektiven Dritten die klaren Fälle einfach und die eindeutigen Fälle nicht schwer zu identifizieren. Selbst dies ist aber relativ. Allgemeiner Konsens herrscht wohl nur darüber, dass Verkennungen, die auf fernliegenden, menschenverachtenden »Theorien« beruhen, keine Bedeutung haben dürfen, insbesondere weil sie regelmäßig nicht auf konkrete Personen und Situationen abstellen, sondern diese anhand von abstrakten Regeln beurteilen wollen. Für den Tatvorsatz kommt es aber nicht darauf an, wie es angeblich »meistens« ist oder gar, wie es sein sollte, sondern allein darauf, wie die Sach- und Erkenntnislage in der konkreten Situation ist. Wer ernsthaft der Ansicht ist, eine Vergewaltigung erzeuge »Liebe«, stellt sich außerhalb der Realität, auf welche das Strafgesetzbuch bezogen ist. Es handelt sich bei solchen Annahmen letztlich auch nicht um Irrtümer über Tatsachen, sondern um die Weigerung, rechtliche und moralische Normen anzuerkennen, oder nur um bloße Wünsche, die zu angeblichen Tatsachenannahmen umgedeutet werden. Dabei ist auch eine Berufung auf angeblich fremdkulturelle Normen kaum hilfreich: Auch in den Kulturkreisen, auf welche insoweit verwiesen wird, werden solche Annahmen regelmäßig geächtet.

Jenseits einer solchen von vornherein unakzeptablen Ebene unterscheiden sich die Anerkennungen und Verkennungen sehr stark, und zwar nach Herkunft, Ethnie, Bildungsstand, sozialer Peergroup und subkultureller Ausrichtung. Die von Massenmedien verbreitete Behauptung, es gebe für ganz Deutschland einheitliche, an Maßstäben der bürgerlichen Mittelschichten orientierte Normen und Verständnisräume, trifft nicht zu. Sie wird vor allem dadurch bestärkt, dass die großen Medienunternehmen, insbesondere das Fernsehen, von dieser Vorstellung dominiert sind. In den Leitmedien sind überdies beinahe ausschließlich Mitglieder einer akademischen Mittelschicht präsent, die selbst aus diesen Milieus stammen und deren Wertvorstellungen teilen, als selbstverständlich ansehen und vertreten.

In den von den gebildeteren Mittelschichten verachteten Sozialmilieus der Langzeitarbeitslosen, Transferempfänger, schlecht integrierten Immigranten und Randständigen herrschen andere Sitten und werden andere Moralvorstellungen davon diskutiert, wie Männer und Frauen zu sein und sich zueinander zu verhalten haben. Daher sind dort auch die Verkennungen schichtspezifisch. Dazu gehört auch das spezifische Publikum des sogenannten Unterschichtenfernsehens, dessen Unterhaltung von spezialisierten Fernsehsendern und anderen Medien gerade auch mit einer fiktiv-primitiven Darstellung fernliegender »Ehren«- und Liebeshändel betrieben wird. Das muss man zur Kenntnis nehmen und bei der Bewertung von Sachverhalten berücksichtigen.

Im Zwischenergebnis lässt sich sagen: Ein sexueller Übergriff im Sinn von § 177 Abs. 1 StGB ist objektiv und subjektiv im ersten Beispielsfall gegeben mit dem Berühren des Intimbereichs und dem Einführen eines Fingers in die Scheide. Insoweit lag eindeutig und erkennbar ein Widerwille von B. vor, den A. auch tatsächlich erkannte. Bei allen anderen bisher genannten Handlungen ist das entweder nicht der Fall oder kann man zumindest erhebliche Zweifel am Vorsatz des A. haben.

Wurde der erkennbare Widerwille aufgegeben? Die Handlung der Geschädigten B.

Es stellt sich nun die Frage, wie der letzte Teil der Handlung im Auto zu bewerten ist. Er unterscheidet sich dadurch von dem vorherigen Geschehen, dass die sexuelle Handlung, das Masturbieren, nun von B. ausgeführt wird. A. beschränkt sich darauf, sie dazu aufzufordern. Dass es sich um eine sexuelle Handlung handelt, ist offenkundig. Ebenso sicher ist nach den Feststellungen, dass B. diese Handlung nicht will. Es stellt sich aber die Frage, ob ihr Widerwille erkennbar war. Dafür spricht, dass sie zuvor schon einen Widerwillen gegen Handlungen des A. geäußert hatte. Andererseits ist zu berücksichtigen, dass die Handlung auf einer neuen Aufforderung des A. und einem neuen Entschluss der B. beruht. Hier stellt sich im Grundsatz eine schwierige und bisher in der Rechtsprechung nicht abschließend geklärte Frage: Wie ist es zu bewerten, wenn eine Person eine sexuelle Handlung, die von ihr verlangt wird, zwar nicht will und dies eventuell sogar ausdrücklich äußert, die Handlung dann aber trotzdem ausführt?

Das Landgericht Bamberg hat in einem Urteil vom 7. Dezember 2017* über folgenden vereinfachten Sachverhalt entschieden: Ein Chefarzt hatte eine längerfristige sexuelle Beziehung mit einer Angestellten seiner Abteilung. Die sexuellen Kontakte, die stets in den Klinikräumen stattfanden, beschränkten sich regelmäßig auf einen Oralverkehr der Angestellten an dem Beschuldigten. Als die Frau eine andere Beziehung einging, teilte sie dem Beschuldigten mit, sie beende die Beziehung zu ihm und wolle keine sexuellen Kontakte mehr. Er wollte das zunächst nicht akzeptieren. Bei einer Aussprache bat er sie, es ein letztes Mal zu machen. Sie sagte ausdrücklich: »Ich will das nicht«, nahm dann aber, um ihre Ruhe zu haben, den Penis des Beschuldigten ganz kurz zwischen die Lippen. Dann sagte sie: »Das reicht.« Er entgegnete: »Jetzt muss ich aber«, worauf sie erwiderte: »Dann mach's dir selbst.« Gemeinsam verließen sie das Stationszimmer und täuschten gegenüber anderen Mitarbeitern ein dienstliches Gespräch vor.

Das Landgericht hat den Arzt wegen Vergewaltigung verurteilt, denn er habe gewusst, dass die Frau nicht wollte, und außerdem habe sie unter Druck gestanden. Sie habe ihren Widerwillen nicht aufgegeben, das sei erkennbar gewesen. Dieses Urteil hat

* Aktenzeichen: 33 KLs 1105 Js 5120/17.

der 1. Strafsenat des BGH aufgehoben*, weil nicht fehlerfrei festgestellt worden sei, dass der Angeklagte Tatvorsatz gehabt habe. Der Senat hat, weil es sich um einen Rechtsfehler in der Beweiswürdigung handelte, die Sache nicht selbst entschieden, sondern sie zur neuen Verhandlung an das Landgericht zurückverwiesen.

Dahinter steckt folgendes Problem, das auch in unserem Fall von Bedeutung ist: Wenn eine Person weder mit Gewalt noch durch irgendeine Art von Drohung dazu aufgefordert wird, eine Handlung gegen ihren Willen auszuführen, stellt sich die Frage, warum sie dies tun sollte. Stellen Sie sich beispielhaft eine alltägliche Situation vor, in der Sie sagen: »Ich will nicht zur Arbeit gehen«, dies dann aber trotzdem tun. Jemand ruft Sie. Sie sagen: »Ich will nicht kommen.« Anschließend gehen Sie dennoch hin, um Streit zu vermeiden. Haben Sie nun zugestimmt oder erkennbar gegen Ihren Willen gehandelt? In den Alltagsfällen dürfte die Antwort klar sein. Sie wollen eigentlich nicht, haben aber Motive wie Pflichtgefühl und Streitvermeidung, trotzdem zu tun, was verlangt wird. Sie haben Ihren Widerwillen in der Handlungsrealität aufgegeben, und Sie würden sicher nicht auf die Idee kommen, Ihren Arbeitgeber oder das Familienmitglied, das Sie gerufen hat, wegen Nötigung (§ 240 StGB) anzuzeigen.

Im Bereich sexueller Handlungen ist das aber umstritten. So ist von Strafrechtsprofessoren die Meinung vertreten worden, die Klinikangestellte habe erkennbar ihren Widerwillen nicht aufgegeben, sondern habe unter einem allgemeinen sozialen Druck gestanden. Daher sei die Ausführung der Handlung, hier Oralverkehr, nicht freiwillig, sondern gegen den Willen geschehen. Ich halte diese Ansicht nicht für zutreffend und für viel zu weitgehend. Es gibt eine unendliche Anzahl von Motiven, aus denen Menschen Handlungen ausführen, die sie eigentlich nicht wollen. Die Mehrzahl dieser Motive liegt in einem Bereich, den

* Beschluss vom 21.11.2018, Aktenzeichen: 1 StR 290/18.

man auch als allgemeinen sozialen Druck bezeichnen könnte und der sich aus Faktoren wie soziales Ansehen, Erfolg, wirtschaftliche oder sonstige Vorteile, Streitvermeidung oder Vermeiden von Nachteilen zusammensetzt. Sie bestimmen das Handeln von Menschen, setzen diese aber, wenn es sich um erwachsene, psychisch gesunde Menschen handelt, nicht einem Druck aus, der nicht mehr als sozialadäquat angesehen werden kann. Von einer erwachsenen Person, die weder durch Not noch durch Drohung irgendeiner Art in ihrer Entscheidungsfreiheit eingeschränkt ist, kann man erwarten, dass sie Handlungen, die sie nicht ausführen will, auch nicht ausführt und sich nicht als kriminell »genötigt« darstellt, wenn sie dies tut. Wer sagt: »Ich will nicht«, dann aber ohne jeden äußeren Zwang oder innere Angst die zunächst nicht gewollte Handlung ausführt, hat den Widerwillen, aus welchen Motiven auch immer, aufgegeben. Man sollte nicht aus moralischer Entrüstung oder allgemeinen rechtspolitischen Überzeugungen ganze Bevölkerungsgruppen von vornherein als hilflose Opfer darstellen und behandeln. Nimmt man beispielhaft den im Geschlechterverhältnis umgekehrten Fall, dass eine Unternehmerin einen Angestellten, mit dem sie ein sexuelles Verhältnis hatte, zu einer sexuellen Handlung auffordert und dieser dem Wunsch mit Worten nachkommt wie: »Wenn's unbedingt sein muss« oder »Eigentlich habe ich keine Lust«, würde gewiss niemand auf die Idee kommen, die Frau wegen Vergewaltigung zu bestrafen.

In dem Fall des Landgerichts Bamberg ist nicht erkennbar, dass das Motiv der Angestellten, ihre Ruhe haben und eventuelle Nachteile vermeiden zu wollen, ihre Entscheidungsfreiheit in rechtserheblicher Weise eingeschränkt hätte. Der Ablauf des Sachverhalts zeigt, dass sie keineswegs eingeschüchtert war, sondern selbstbewusst ihre Interessen durchsetzte.

Wenden wir uns wieder dem ersten Beispielsfall zu. Der Sachverhalt liegt hier ähnlich. B. hat zwar zunächst ihren Widerwillen geäußert. Auf die Aufforderung des A., die weitere Handlung dann aber »wenigstens« auszuführen, ist sie jedoch ohne Weiteres eingegangen. A. hatte sie zuvor weder mit Gewalt zur Duldung seiner Handlungen gezwungen noch irgendeine Art von Drohung angedeutet. Im Gegenteil hat er seine Handlung sofort beendet, als B. »Jetzt hör auf!« sagte. Man kann auch nicht den zuvor geäußerten Widerwillen der B. auf ihre eigenen, nachfolgenden Handlungen einfach fortschreiben, denn dieser letzten Handlung gingen eine Zäsur im Ablauf und eine neue, geänderte Konstellation voraus. A. beschränkte sich hier auf die verbale Aufforderung, statt wie zuvor selbst aktiv zu handeln. Daher wird man im Ergebnis sagen müssen, dass im Zusammenhang mit der von B. ausgeführten letzten Handlung im Auto der Tatbestand des § 177 Abs. 1 StGB nicht verwirklicht wurde.

Handelt es sich um ein Vergehen oder um ein Verbrechen?

Die Tat des A., ein »sexueller Übergriff« nach § 177 Abs. 1 StGB, ist ein sogenanntes Vergehen. Das sind nach § 12 StGB solche Straftaten, die mit einer Mindeststrafe von weniger als einem Jahr bedroht sind. Die Strafe für § 177 Abs. 1 beträgt 6 Monate bis 5 Jahre. Im fünften Absatz der Vorschrift sind jedoch drei sogenannte Qualifikationen der Tat beschrieben, bei deren Vorliegen die Tat gravierender ist und daher eine Freiheitsstrafe von »nicht unter einem Jahr« angedroht wird (s. Anhang). Damit ist die Tat dann nicht mehr nur ein Vergehen, sondern ein sogenanntes Verbrechen (§ 12). Die Höchststrafe ist hier, wie sich aus § 38 ergibt, 15 Jahre. Die drei Qualifikationen werden im Folgenden für den ersten Beispielsfall besprochen.

Gewalt?

Die erste Variante (Abs. 5 Nr. 1) lautet: »wenn der Täter gegenüber dem Opfer Gewalt anwendet«. Mit Gewalt ist hier nicht der heute verbreitete sogenannte psychologische Gewaltbegriff gemeint. In vielen Veröffentlichungen der allgemeinen Presse, aber auch schon in Gesetzesbegründungen findet man heute die Begriffe »sexuelle Gewalt« oder gar »sexualisierte Gewalt«. Sie beschreiben oft nur sehr ungenau, was eigentlich konkret gemeint ist. Zugrunde liegt ihnen eine Identifikation mit der jeweils als Opfer angesehenen Person. Es kommt danach nur auf irgendeinen »Zwang« an, den dieses als freiheitseinschränkend empfindet. Daraus entstehen dann Begriffe wie »psychische Gewalt«, »verbale Gewalt«, »digitale Gewalt« oder »strukturelle Gewalt«. Man weiß schon gar nicht genau, wie sich diese Begriffe gegeneinander abgrenzen sollen, denn verbale Gewalt kann ja gar nicht anders wirken als psychisch, und digitale Gewalt ist nur eine spezielle Form verbaler Einwirkung. Die Begriffe wechseln daher ziemlich wahllos zwischen ganz verschiedenen Perspektiven, zum Beispiel der Handlung des Täters, der Wirkung auf das Opfer oder der Form von Äußerungen. Es mag sein, dass in einem psychologischen, vielleicht therapeutischen Konzept diese Begriffe eine sinnvolle Funktion haben. Auch für sozialpsychologische Beschreibungen und Analysen können derartige Begriffsbildungen im Einzelfall sinnvoll sein. Hieraus folgt aber nicht, dass man sie ohne Weiteres auf Sachgebiete übertragen kann, in denen sie eine spezielle, fachbezogene und abweichende Bedeutung haben. Wenn man in einem medizinischen Gutachten oder in einem Gesetz zur Gesundheitsvorsorge Personen als »verschnupft« bezeichnen würde und damit nicht Menschen meinte, die unter Schwellung der Nasenschleimhaut und vermehrter Nasensekretbildung leiden, sondern solche, die aus irgendeinem Grund beleidigt sind, würde man das zu Recht abwegig finden und kritisieren. Im Strafrecht, wo es um eindeutige Grenzen von

Tatbestandsmerkmalen geht, ist es nicht anders: Man kann nicht einen Begriff, auf den zahllose rechtliche Differenzierungen und Folgen gestützt sind, in manchen Fällen mit einer ganz anderen Bedeutung verwenden. Für den Begriff der Gewalt liegt das auch in der Sache fern: Es ist selbstverständlich nicht dasselbe, ob man einen Menschen schwer körperlich misshandelt oder ob man ihm dies nur androht. Selbstverständlich gibt es aggressive Äußerungen; aber es ist verfehlt, sie als Gewalt zu bezeichnen, welche die Tatbestände des Raubs oder der sexuellen Nötigung erfüllt.

Die Gewalt, von der § 177 Abs. 5 Nr. 1 spricht, ist körperliche Gewalt, also das Ausüben physischer Kraft, die wiederum auf ein Objekt einwirkt. Da der Tatbestand voraussetzt, dass die Gewalt gegenüber dem Opfer eingesetzt wird, reicht Gewalt gegen Sachen nicht beziehungsweise nur dann aus, wenn sie mittelbar wiederum auf den Körper des Opfers wirkt. Ein klassischer Beispielsfall hierfür ist das Einsperren. Wer die Tür abschließt, damit das Tatopfer nicht fliehen kann, übt gegenüber dem Opfer mittelbar körperliche Gewalt aus. Anders ist es, wenn die Tür schon aus anderen Gründen abgeschlossen ist, bevor eine Tat nach § 177 Abs. 1 begangen wird.

Bis zu den Gesetzesänderungen im Jahr 2016 setzte der Tatbestand voraus, dass Gewalt *zur Erzwingung* der sexuellen Handlung eingesetzt wurde. Gewalt war daher das Mittel des Zwangs, also der Nötigung. Dieser Fall der Gewaltanwendung ist in der ab 2016 geltenden Fassung des Tatbestands natürlich immer noch umfasst, er ist für seine Erfüllung aber eine nicht mehr notwendige Voraussetzung. Es reicht vielmehr jetzt schon, wenn Gewalt bei der Tat aus anderen Gründen eingesetzt wird, zum Beispiel aus sexuellen Motiven (sadistische Handlungen) oder um das Opfer nach der sexuellen Handlung in Angst zu versetzen und von einer Strafanzeige abzuhalten. In unserem Beispielsfall 1 liegt keine Gewalt vor. Das bloße Anfassen, Berühren sowie das Ausführen der sexuellen Handlung selbst wirken zwar auf den Körper ein, sind aber insoweit notwendiger Teil der Grundhandlung und keine zusätzliche, qualifizierende Gewaltausübung.

Drohung?

Auch die zweite Variante ist nicht gegeben: »wenn der Täter dem Opfer mit gegenwärtiger Gefahr für Leib oder Leben droht« (Abs. 5 Nr. 2). Hier gilt dasselbe wie bei der Gewalt: Die Drohung muss nicht (mehr) zur Erzwingung der sexuellen Handlung eingesetzt werden. Es reicht auch eine Drohung zum Beispiel für den Fall einer Strafanzeige. Eine nötigende Drohung ist gegeben, wenn eine Person gegenüber einer anderen Person den Eintritt eines Übels in Aussicht stellt, womit hier Tod oder Verletzung des Körpers gemeint sind, und zugleich behauptet, dass der Eintritt oder Nichteintritt des Übels in ihrer Macht stehe und dass sie ihn auch wolle, wenn die bedrohte Person sich nicht wunschgemäß verhalte. Man muss also die Drohung von der Warnung unterscheiden. Dabei kommt es nicht darauf an, wie die Äußerung genannt wird. Die Aussage »Ich warne dich: Wenn du nicht tust, was ich sage, bring ich dich um« ist natürlich keine Warnung, sondern eine Drohung gegen das Leben. Wer einer Person aber damit »droht«, sie werde nicht von ihrer Depression genesen, wenn sie sich nicht auf ein sexuelles Verhältnis mit dem Therapeuten einlasse, spricht eine täuschende Warnung aus (s. dazu Beispielsfall 2), droht aber kein in seiner Macht stehendes Übel an.

Ein häufiger Fall sind außerdem sogenannte konkludente Drohungen. So werden Äußerungen genannt, in denen die Drohung nicht ausdrücklich ausgesprochen, sondern nur angedeutet, umschrieben oder sinngemäß angesprochen wird. Das Opfer kann und soll die Drohung aber verstehen. »Soll ich erst wieder böse werden?«, »Muss ich nachhelfen?« oder »Du weißt ja, was passiert, wenn du nicht spurst« sind typische konkludente Drohungen. Möglich sind auch Gesten, Blicke oder demonstrative Handlungen. In vielen Fällen, in denen Angst von früheren Gewalttätigkeiten ausgenutzt wird, liegen konkludente Drohungen vor. Die Grenze der Deutung und Auslegung ist allerdings erreicht, wenn sich die Bedrohung nur noch in der Vorstellung des Opfers abspielt, der Täter also keine, auch keine konkludente Äußerung macht.

Die bloße Aufforderung, eine sexuelle Handlung vorzunehmen oder zu dulden, ist für sich allein noch keine Drohung. In unserem Beispielsfall 1 liegt dementsprechend keinerlei Drohung des A. vor. Selbst wenn B. sich an der einsamen Stelle fürchtet, sind das bloße Anhalten des Fahrzeugs und die Aufforderungen des A. an B. weder ausdrücklich noch sinngemäß drohend. Die zweite Variante des § 177 Abs. 5 ist daher ebenfalls nicht gegeben.

Schutzlose Lage?

Abs. 5 Nr. 3 ist die problematischste und in der Anwendung schwierigste Variante des Verbrechens nach Abs. 5. Sie ist im Jahr 1997 in das Gesetz eingeführt worden, weil zuvor nur das Erzwingen von sexuellen Handlungen oder Duldungen mit Gewalt oder durch Drohung mit Lebens- oder Leibesgefahr strafbar waren. Es blieb nach Ansicht des Gesetzgebers eine Lücke für solche Fälle, in denen das Tatopfer gar nicht gewaltsam oder mittels Drohung gezwungen werden musste, weil es aus lauter Furcht oder aufgrund früherer Erfahrungen schon von vornherein auf jeden Widerstand verzichtete. In den meisten Fällen liegen in solchen Situationen konkludente Drohungen des Täters vor. Es gibt aber, gerade auch in längerfristigen Beziehungen,

Fälle eines Klimas der Angst, in denen das Tatopfer annimmt, dass es sowieso keine Chance hat, und der Täter die Furcht des Opfers kennt und gar keine Aktualisierung der Bedrohung mehr vornehmen muss. Wer sagt: »Du weißt ja, was jetzt kommt«, spricht, wenn auch sonst keine konkludente Äußerung erfolgt, keine Drohung aus. Er nutzt aber die schon bestehende Einschüchterung und Angst aus.

Die dritte Qualifikation setzt daher voraus, dass das Tatopfer »der Einwirkung des Täters schutzlos ausgeliefert ist« (s. Anhang). Da stellt sich natürlich die Frage, was damit gemeint ist: Sind mit der »Einwirkung« die sexuellen Handlungen gemeint? Was bedeutet dann »schutzlos ausgeliefert«? Wenn man es sich überlegt, kommt man darauf, dass dann eigentlich jeder Mensch zu jeder Zeit sexuellen Handlungen schutzlos ausgeliefert wäre, sobald nur irgendein anderer Mensch in der Nähe ist. Denn niemand kann sich völlig sicher sein, dass er/sie nicht plötzlich von hinten angefasst oder bedrängt wird. Überraschungen ist man definitionsgemäß immer schutzlos ausgeliefert, deshalb heißen sie so. Das kann also nicht gemeint sein. Dagegen sprechen außerdem drei weitere Gründe: Der erste ergibt sich schon aus dem Wortlaut des Gesetzes, nämlich aus § 177 Abs. 2 Nr. 3 (s. Anhang). Danach ist es ein Vergehen, wenn der Täter eine sexuelle Handlung begeht und dabei »ein Überraschungsmoment ausnutzt«. Wenn das im zweiten Absatz ausdrücklich als Vergehen geregelt ist, kann nicht genau dasselbe Verhalten in Abs. 5 Nr. 3 zum Verbrechen mit dreimal höherer Strafe erklärt werden.

Der zweite Grund ergibt sich aus einem Vergleich der drei Qualifikationen des fünften Absatzes: Sowohl das Ausüben von Gewalt als auch das Drohen mit dem Tod oder mit Körperverletzungen sind gravierende Eingriffe in die geschützten Rechtsgüter des Tatopfers. Es wäre nicht verständlich, wenn dem das bloße Ausnutzen einer günstigen Gelegenheit zum Grapschen gleichgestellt würde, also zum Beispiel das Alleinsein mit einer

Person in einem Raum oder die räumliche Enge in einer Straßenbahn. Solche Fälle sind in § 177 Abs. 2 Nr. 3 und § 184i StGB gesondert geregelt. Sie stehen den Verbrechen nach Nr. 1 und Nr. 2 wertungsmäßig sicher nicht gleich. Und schließlich muss man drittens darauf hinweisen, dass die Verwirklichung des Tatbestands zu einem reinen Zufallsergebnis würde, wenn man die Schutzlosigkeit gegen sexuelle Handlungen ausreichen lassen würde. Eine Frau, die ihren schlafenden Lebensgefährten nachts im Genitalbereich berührt, begeht kein Verbrechen des sexuellen Übergriffs unter Ausnutzen einer schutzlosen Lage.

Nachdem der Bundesgerichtshof zunächst im Jahr 1999 diese praktisch fernliegende Ansicht vertreten hatte, hat er im Jahr 2006 seine Auffassung geändert. Damals lautete die Vorschrift noch: »… wenn der Täter das Opfer unter Ausnutzung einer schutzlosen Lage nötigt«. Es musste also ein Zwang gegeben sein. Eine schutzlose Lage übt aber nur dann Zwang aus, wenn das Tatopfer diese Lage erkennt und sich fürchtet. Das Opfer ist Gewalthandlungen zum Beispiel dann schutzlos ausgeliefert, wenn es sich nicht erfolgreich wehren könnte und Hilfe von Dritten nicht zu erlangen wäre. In einer Grundsatzentscheidung vom 25. Januar 2006* hat daher der 2. Strafsenat des BGH entschieden, dass der objektive Tatbestand von Nr. 3 voraussetzt, dass das Tatopfer sich erstens in einer Lage befindet, in der es körperlichen Gewalteinwirkungen des Täters gegenüber wehr- und schutzlos wäre, dass zweitens das Opfer diese Lage erkennt und sich drittens aus Furcht vor möglicher Gewalt dem Willen des Täters beugt. Der subjektive Tatbestand, also der Vorsatz des Täters setzt voraus, dass der Täter erstens die Lage und die Furcht des Opfers erkennt oder für möglich hält und dass er zweitens erkennt, dass das Opfer sich nur aus Angst seinem Willen beugt. Das ist also genau die Situation, die beim Ausbleiben von Gewalt

* BGH, Urteil vom 25.1.2006, Aktenzeichen: 2 StR 345/05.

und auch von Drohungen mit Gewalt als Lücke übrig geblieben war, nämlich solche Taten, die in einem Klima der Angst oder in einsamer, als bedrohlich empfundener Lage stattfinden, in der weitere Drohungen des Täters gar nicht mehr notwendig sind.

Diese Auslegung des schon damals recht verworrenen Gesetzestextes haben alle anderen Senate des BGH übernommen. Auf ihrer Grundlage funktionierte die Gesetzesanwendung 14 Jahre lang einigermaßen, wenn auch die allermeisten Fälle der Schutzlosigkeit nun als solche der konkludenten Drohung angesehen wurden. Das zeigt, dass die angeblich riesige Lücke in Wahrheit ziemlich schmal gewesen war.

Nun hat aber der Gesetzgeber bei der grundlegenden Neufassung des § 177 im Jahr 2016 eine wichtige Änderung vorgenommen: Wo früher die Formulierung »Wenn der Täter … nötigt« stand, ist die Voraussetzung des Nötigens im fünften Absatz nun weggefallen. Auch die Gewalt ebenso wie die Drohung müssen, wie wir schon oben gesehen haben, gar nicht mehr zur Erzwingung der sexuellen Handlung ausgeübt werden. Es reicht vielmehr schon, wenn sie bei Gelegenheit einer nicht gewollten Handlung vorkommen. Was bedeutet das für die Variante Nr. 3, die Schutzlosigkeit? Der 4. Strafsenat des BGH hat am 2. Juli 2020 entschieden*, dass es auf eine Kenntnis der Schutzlosigkeit beim Tatopfer nach der neuen Fassung nicht mehr ankomme, weil das Wort »nötigt« gestrichen worden ist. Es reicht danach aus, dass eine solche Lage rein objektiv besteht und der Täter das weiß oder in Kauf nimmt. Ob das Opfer die eigene Schutzlosigkeit erkennt, sich fürchtet und aufgrund dieser Furcht gegen seinen Willen handelt, ist nach dieser Ansicht gleichgültig.

Damit kehrt der 4. Strafsenat zu der Ansicht zurück, die vor der Entscheidung vom 25. Januar 2006 vertreten wurde. Er stützt das auf das Argument, dass eine Nötigung, also eine Zwangswir-

* BGH, Urteil vom 2.7.2020, Aktenzeichen: 4 StR 678/19.

kung auf das Opfer, nach dem neuen Wortlaut nicht mehr vorausgesetzt ist. Das ist insoweit richtig. Trotzdem kann man der Entscheidung nicht zustimmen. Denn sie hat keines der Argumente berücksichtigt, die schon früher gegen diese Auslegung bestanden. Es gibt nicht den geringsten Grund, warum eine Person, gegen die keine Gewalt ausgeübt wird, die nicht bedroht wird und die sich vor nichts fürchtet, etwas tun sollte, was sie definitiv nicht will. Wer keinerlei Zwang oder Druck empfindet, kann jederzeit einfach Nein sagen, es sei denn, er oder sie wird von der Handlung einer anderen Person überrascht. Das ist aber, wie gesagt, in Abs. 2 Nr. 3 ausdrücklich geregelt (Strafe 6 Monate bis 5 Jahre), kann also in Abs. 5 Nr. 3 nicht gemeint sein. Die neue Auslegung der Vorschrift durch den 4. Strafsenat berücksichtigt den systematischen Zusammenhang der Vorschrift nicht. Sie führt dazu, dass Übergriffe im Sinn von Abs. 1 und 2 aufgrund reiner Zufälligkeiten zu Verbrechen mit Strafe zwischen einem und 15 Jahren werden, obwohl keinerlei weitergehende Beeinträchtigungen der Rechtsgüter des Tatopfers gegeben sind. Das ist nicht angemessen. Gerade praktisch überzeugt die Auslegung überhaupt nicht: Wenn zwei Personen in einem Kraftfahrzeug sitzen, sind beide wechselseitig objektiv schutzlos – jeder könnte den jeweils anderen plötzlich anfassen. Wenn nun Beifahrer B. der Fahrerin F., die das nicht will, aber sich weder schutzlos fühlt noch Angst hat, an die Brust fasst, ist es völlig unverhältnismäßig, dies einer massiven Gewaltanwendung oder Todesdrohung gleichzusetzen und mit Verbrechensstrafe von einem bis 15 Jahren zu ahnden.

Die Frage ist noch nicht endgültig geklärt; die Diskussion darüber wird mit Sicherheit andauern und (hoffentlich) noch zu Änderungen führen. Was hier ein wenig akademisch und theoretisch klingt, hat in der gesellschaftlichen Realität weitreichende Folgen. Wir können sie an unserem Beispielsfall 1 sehen: Der Feldweg, auf dem A. sein Auto in der Dunkelheit am späten Abend anhält, ist einsam. B. befindet sich daher – spätestens jetzt – in einer Lage, in der sie möglichen Gewalthandlungen des A. schutzlos ausgeliefert *wäre*. Das gilt allerdings genauso schon für die vorangehende Fahrt bis zum Feldweg. Auch da könnte A. Gewalt gegen B. ausüben, gegen die sie sich nicht wehren könnte. Allerdings will A. offenkundig keine Gewalt ausüben, vielmehr denkt er offenbar ernsthaft, sein Charme werde B. schon irgendwann überzeugen. Und B. befürchtet auch keine Gewalt. Sie gibt dem Drängen des A. nicht nach, weil sie Angst vor Gewalt hat, sondern weil sie ihre Ruhe haben und nach Hause will. Sie ist nicht genötigt und befindet sich zwar in einer unangenehmen, aber nicht als bedrohlich empfundenen Situation. Umgekehrt hat A. auch offenkundig nicht die Vorstellung, dass B. sich fürchtet, womit es auch an einem solchen Vorsatz fehlt. Es kommt hier also darauf an: Wenn man der bisherigen Rechtsprechung zu Nr. 3 folgt, die ich weiterhin für richtig halte, ist der Tatbestand des § 177 Abs. 5 Nr. 3 hier sicher nicht gegeben. Wenn man hingegen der Rechtsprechung des 4. Strafsenats aus dem Urteil vom 2. Juli 2020 folgt, ist die Tat des A. ein Verbrechen nach Abs. 5 Nr. 3. Die Höchststrafe beträgt, nur weil die Tat auf dem Feldweg stattfand, nicht 5, sondern 15 Jahre.

Was ist eine Vergewaltigung und liegt eine solche hier vor?

Der nächste, letzte Schritt der Prüfung unseres Falles betrifft § 177 Abs. 6 Nr. 1 StGB. Das ist der Tatbestand der Vergewaltigung, der als besonders schwerer Fall des sexuellen Übergriffs geregelt ist (s. Anhang). Einleitend muss man an dieser Stelle noch ein paar Sätze zur Konstruktion des sechsten Absatzes sagen. Der erste Satz des Absatzes ordnet an, dass in besonders schweren Fällen der Strafrahmen für die Tat (gemeint ist die Tat nach Abs. 1 oder Abs. 2 und/oder Abs. 5) angehoben wird auf eine Mindeststrafe von zwei Jahren. Die Höchststrafe bleibt bei 15 Jahren. Dann folgt im zweiten Satz eine Regel: »Ein besonders schwerer Fall liegt in der Regel vor, wenn …« Beim Vergleich dieser Formulierung mit der des soeben besprochenen fünften Absatzes fällt auf, dass sie viel offener ist. Der fünfte Absatz beschreibt die drei abgegrenzten Qualifikationen Gewalt, Drohung und Schutzlosigkeit. Der sechste Absatz dagegen enthält zwar auch eine Reihe von Varianten in Nr. 1 und Nr. 2, aber wenn sie gegeben sind, soll nur »in der Regel« ein besonders schwerer Fall vorliegen. Das bedeutet im Gegenschluss, dass es Ausnahmen gibt. Die Formulierung »in der Regel« bedeutet in der Rechtssprache, ebenso wie »grundsätzlich«, gerade nicht, dass etwas immer so ist, sondern nur, dass es meistens so ist oder dass eine Vermutung dafür besteht, dass etwas so ist. Man kann die Formulierung also etwa lesen als: »Wenn keine gravierenden Umstände dagegensprechen, ist es so.«

Das ist die eine, sozusagen geschlossene Seite der Regel. Die andere, offene Seite ist, dass ein besonders schwerer Fall eben nicht nur dann gegeben ist, wenn eines der sogenannten Regelbeispiele verwirklicht ist, also Fälle, bei denen in der Regel ein besonders schwerer Fall anzunehmen ist. Im Gegenteil ist der Begriff des »besonders schweren Falles« offen für ähnliche Fälle, Analogien und Entsprechungen. Nun haben wir in Kapitel 2 gesehen, dass das Verbot von Analogien ein Grundprinzip rechtsstaatlichen Strafrechts ist. Bestraft werden Taten, die gesetzlich *bestimmte* Tatmerkmale verwirklichen, nicht *ähnliche* Taten. Weil das so ist, wird die Rechtsfigur der »besonders schweren Fälle« mit ihren Regelbeispielen in der Rechtslehre teilweise als problematisch und rechtsstaatswidrig kritisiert. Sie ist aber von der Rechtsprechung auch des BVerfG und des BGH anerkannt und beim Gesetzgeber sehr beliebt, weil man so die Tatbestände offen gestalten kann. Neben den benannten besonders schweren Fällen gibt es immer noch unbenannte, und selbst wenn ein Regelbeispiel verwirklicht ist, können besondere Umstände dazu führen, dass von der Regel abgewichen und kein besonders schwerer Fall angenommen wird. Voraussetzung ist aber stets, dass die Gesichtspunkte und Wertungen, die für das eine oder das andere herangezogen werden, sozusagen im Geiste der ausdrücklichen Regelung ausgesucht und gewichtet werden. Sie müssen auf dasselbe Rechtsgut bezogen sein und die Schuld gegenüber der gesetzlichen Regel gravierend erhöhen oder vermindern. Dazu können im Prinzip alle Gesichtspunkte herangezogen werden, die auch für die Strafzumessung von Bedeutung sind, seien es Umstände in der Tat, in der Person des Täters, des Opfers, im Umfang des Schadens, in der Entstehung und Ursache der Tat, ihren Folgen oder in dem Verhalten nach der Tat. Mit anderen Worten: Besonders schwere Fälle sind, wie auch minder schwere Fälle, keine festen Tatbestände, sondern eigentlich Strafzumessungsregeln, die flexibel handhabbar, aber mit Richtungsvorgaben verknüpft sind.

Was eine Vergewaltigung ist, steht in Abs. 6 Nr. 1: Eine Tat (nach Abs. 1 oder 2) heißt Vergewaltigung,

- wenn der Täter mit dem Opfer den Beischlaf vollzieht
  oder vollziehen lässt
  oder ähnliche sexuelle Handlungen an dem Opfer vornimmt
  oder vornehmen lässt,
- die das Opfer besonders erniedrigen,
  insbesondere wenn sie mit einem Eindringen in den Körper
  verbunden sind.

Diese Regelung ist an Kompliziertheit schwer zu überbieten. Ein Laie kann sie kaum verstehen, selbst wenn er guten Willen mitbringt. Trotzdem sollen alle die Vorschrift kennen und werden bestraft, wenn sie die Merkmale verwirklichen, die sie bestenfalls »in laienhafter Parallelwertung« verstehen, wie es herablassend umschrieben wird. Der Gesetzgeber droht seinem Volk Strafe zwischen 2 und 15 Jahren für das Verwirklichen einer Handlung an, deren Beschreibung im Gesetz man nur verstehen kann, wenn man hochgebildet ist, eine Spezialausbildung genossen hat und eine Systematik durchschaut, deren Verständnis selbst Fachleuten Schwierigkeiten bereitet. Aus eigener Anschauung als Sachverständiger in Anhörungen kann ich sagen, dass auch im Rechtsausschuss des Deutschen Bundestags Personen sitzen, die eine Vorschrift wie § 177 StGB zwar formulieren, aber in ihrer Systematik weder verstehen noch erklären können. Es wird in solchen Fällen gern gesagt, dass man die Anwendbarkeit und Auslegung der gerichtlichen Praxis und der Wissenschaft überlassen wolle. So kann man es natürlich auch machen.

Beischlaf ist, so sollte man meinen, ein Begriff, an dessen Bedeutung keine Zweifel bestehen. Aber selbst hier täuscht die spontane Eingebung. Der Begriff steht nämlich in dem unübersichtlichen Gesamtzusammenhang des Abs. 6 Nr. 1. Außer dem Beischlaf existieren noch »ähnliche Handlungen«, worunter es auch solche gibt, die das Opfer besonders erniedrigen. Das setzt wiederum voraus, dass es ähnliche Handlungen gibt, die das Opfer nicht *besonders* erniedrigen, sondern nur »normal« oder »wenig«, was immer man sich darunter vorstellen soll. Und bei den besonders erniedrigenden Handlungen gibt es dann wieder solche, die mit einem Eindringen in den Körper verbunden sind, und solche, die dies nicht sind. Was soll das wieder heißen? Wieso und wann sind Handlungen mit Eindringen verbunden? Gibt es zum einen eine Handlung und zum anderen ein Eindringen, und beides ist getrennt voneinander, aber verbunden? Man sieht, dass sich viele Fragen aus einem einzigen verschachtelten Satz ergeben, der bei näherem Hinsehen zwei gestaffelte Regeln, mehrere ungenannte Ausnahmen und mindestens zwei Analogien enthält.

Beischlaf ist, so sagen Rechtsprechung und herrschende Meinung, die Vereinigung weiblicher und männlicher Geschlechtsorgane, also der heterosexuelle vaginale Geschlechtsverkehr. Dabei kommt es selbstverständlich nicht darauf an, ob der Beischlaf der Zeugung dient oder nicht und ob eine Zeugung im konkreten Fall überhaupt möglich ist. Das muss deshalb betont werden, weil es eine äußerst merkwürdige Diskussion darüber gibt, wann ein Beischlaf eigentlich vollendet ist und wann dies nur versucht wurde.

Im Strafrecht unterscheidet man nämlich vier Phasen einer Tat, die Vorbereitung, den Versuch, die Vollendung und die Beendigung. Nehmen wir ein einfaches Beispiel: Einbrecher A. kauft ein Stemmeisen und geht zu einem Haus, in das er einbrechen will. Das ist eine Vorbereitung, sie ist noch nicht strafbar. Er setzt das Stemmeisen an der Terrassentür an und beginnt mit dem Aufhebeln, womit der Versuch gegeben ist. Er ist nach §§ 22, 23 StGB strafbar. Dann dringt A. durch die aufgehebelte Tür ein, nimmt einen Laptop aus dem Regal und steckt ihn in die Tasche. Dies ist die Vollendung der Tat, denn alle Tatbestandsmerkmale des Diebstahls sind verwirklicht (§§ 242, 244 StGB). Wenn A. das Haus verlassen hat und in die Straßenbahn steigt, um nach Hause zu fahren, ist die Tat beendet. Die Strafbarkeit beginnt mit dem Versuchsanfang. Bis zur Vollendung könnte A. noch zurücktreten, also einfach aufhören, und würde dann zur »Belohnung« für den Versuch nicht bestraft (§ 24 StGB). Nach Vollendung kann man nicht mehr zurücktreten, nur noch Wiedergutmachung leisten. Mit der Beendigung beginnt die Verjährung (§ 78a StGB).

Fraglich und streitig ist nun, wann ein Beischlaf nur versucht und wann er vollendet ist. Dabei ist klar: Wenn der Penis des Mannes auch nur zum Teil in die Scheide der Frau eingeführt ist, liegt Vollendung vor. Nun hat aber die Rechtsprechung des BGH, in Anknüpfung an vergangene Vorstellungen vom Rechtsgut des § 177, im Jahr 1961 die Ansicht vertreten, eine Vollendung sei schon bei Kontakt des männlichen Gliedes mit dem Scheidenvorhof gegeben, denn schon dann könne die Handlung (bei Ejakulation) zur Zeugung eines Kindes führen.* Diese Ansicht hat der BGH in einer Entscheidung aus dem Jahr 2000 bestätigt.** Sie ist allerdings fragwürdig. Denn die Vergewaltigung bestraft nicht, wie früher, einen Verstoß gegen die Sittlichkeit und erst recht nicht die ungewollte Zeugung und damit eine Verletzung von Ehe oder Familie, sondern allein eine gravierende Verletzung der sexuellen Selbstbestimmung. Es kann also für die Frage, ob der Tatbestand verwirklicht ist, unmöglich auf die (abstrakte!) Möglichkeit einer Zeugung ankommen, sondern nur darauf, ob das Merkmal des Eindringens vollendet ist. Das ist, wie schon der Name sagt, beim Kontakt mit dem Scheidenvorhof nun gerade nicht gegeben. Das häufig vorgebrachte Argument, mit dieser Ausdehnung in den sprichwörtlichen »Vorhof«-Bereich vermeide man Beweisschwierigkeiten, ist einerseits vor dem Hintergrund des Bestimmtheitsgrundsatzes fragwürdig, andererseits und vor allem aber in der Sache unsinnig, denn »Kontakt mit dem Vorhof« ist kein bisschen weniger schwer beweisbar als ein teilweises Eindringen. Wenn man die erwähnte Entscheidung des BGH aus dem Jahr 2000 liest, drängt sich der Eindruck auf, es sei hier mit Bedacht um eine Frage herumgeschrieben worden, deren Erörterung dem Senat irgendwie peinlich gewesen sei. Das liegt auf derselben Linie wie manche anderen nebelhaften Begriffskunststücke der Rechtsprechung. So ist in Urteilen über Sexualstraftaten unentwegt davon die Rede, je-

* BGH, Urteil vom 26.7.1961, Aktenzeichen: 2 StR 204/60.

** BGH, Urteil vom 25.10.2000, Aktenzeichen: 2 StR 242/00.

mand habe an irgendwelchen Körperteilen anderer Personen »manipuliert«. Dieser seltsame Begriff lässt regelmäßig völlig offen, was denn eigentlich konkret gemeint ist. Niemand würde im Alltag diesen Begriff in einer fernliegenden Sinnbedeutung benutzen, um Handlungen des Streichelns, Reibens, Drückens, Kneifens usw. zu beschreiben. Der Strafjustiz sind noch im 21. Jahrhundert sexuelle Vorgänge so peinlich, dass sie diese hinter Wortnebeln verbirgt.

In unserm Beispielsfall 1 kommt es darauf nicht an. Ein Geschlechtsverkehr hat nicht stattgefunden und wurde auch nicht versucht. Daher kann es hier nur um ähnliche Handlungen gehen. Als solche kommt das Einführen eines Fingers in die Scheide der B. durch A. in Betracht. Was man unter »ähnlich« zu verstehen hat, ist wiederum offen. Stellte man auf die Beteiligung des männlichen Penis ab, so wäre Ähnlichkeit hier nicht gegeben. Nach allgemeiner Ansicht ist aber die Ähnlichkeit aus dem Satzteil mit »insbesondere« zu erschließen. Sie soll sich danach aus dem Eindringen in den Körper ergeben. Damit ist aber noch nicht alles geklärt. In den Körper eindringen kann man ja auf vielerlei Weise. So dringt auch ein Messer- oder Nadelstich ein. Das ist aber nicht gemeint. § 177 Abs. 6 Nr. 1 meint nur das Eindringen in die natürlichen Körperöffnungen Vagina, Anus, Mund. Auch Nasen- und Ohrenöffnungen dürften ausscheiden.

Die Handlungen müssen besonders erniedrigend sein. Dieser Begriff umfasst eindringende Handlungen, aber auch andere, sonst bräuchte man das Wort »insbesondere« nicht. Und von allen eindringenden Handlungen können manche besonders erniedrigend sein, andere nicht. Auch das ergibt sich aus dem verschachtelten Regel-Ausnahme-Verhältnis. Zudem müssen alle dem Beischlaf ähnlich sein. Wenn beischlafähnliche Handlungen nicht in den Körper eindringen, kann es jedoch kaum auf eine äußerliche Ähnlichkeit ankommen. Die Rechtsprechung nimmt daher an, dass »ähnlich gravierend« oder »ähnlich erniedrigend« gemeint ist. Hieraus folgt, dass ein Beischlaf immer als besonders erniedrigend angesehen wird. An diesem Maßstab müssen sich dann alle anderen Handlungen messen lassen. Dabei spricht bei eindringenden Handlungen eine gewisse Vermutung dafür, dass sie besonders erniedrigend sind, bei anderen Handlungen muss das besonders begründet werden. Mit dieser Systematik kann man die verworrene Formulierung des Abs. 6 Nr. 1 einigermaßen in den Griff bekommen. Auch dann bleiben aber noch ungeklärte Fragen. Wie durch ein Wunder ist es jedoch oft so, dass ausgerechnet solche Fragen, die sich bei der Auslegung eines Gesetzeswortlauts durch die Gerichte nicht haben klären lassen oder die widersprüchlich gelöst wurden, in der Rechtspraxis dann nie auftauchen. Die Gerichte können dann jahrelang schreiben, die Frage könne offenbleiben, weil der konkrete Sachverhalt gerade so viel anders sei, dass sie sich hier einmal mehr nicht stelle. Das ist dann eine praktische Lösung, an der wiederum die Wissenschaftler an den Universitäten verzweifeln, die stets ein geschlossenes System anstreben und eben nicht Fragen einfach offenlassen können. Auch dies ist ein Beispiel dafür, dass das Erkenntnisergebnis nicht zuletzt auch vom Erkenntnisinteresse mitbestimmt wird. Es handelt sich meist nicht um bösen Willen, sondern ergibt sich unter der Hand: Wenn die Beweiswürdigung auf eine Tatsachenfeststellung zusteuert, die zu einer absehbar nicht oder nur sehr schwierig zu lösenden Rechtsfrage führen würde, neigt der menschliche und daher auch der richterliche Geist dazu, die Tatsachen so zu erkennen, dass die schwierige Frage unbeantwortet bleiben kann.

A. hat gegen den erkennbaren, nämlich eindeutig geäußerten Willen der B. einen Finger in ihre Scheide eingeführt. Das war ohne Zweifel eine sexuelle Handlung, und sie war mit einem Eindringen in den Körper verbunden. Es kommt für Abs. 6 Nr. 1 nicht darauf an, ob das Eindringen in den Körper des Opfers oder in den des Täters erfolgt. Es kommen auch Taten vor, in denen das Letztere gegeben ist, ein Tatopfer also zum Beispiel gezwungen wird, eindringende Handlungen am Täter vorzunehmen. Es kommt auch nicht darauf an, ob das Eindringen mit einem Körperteil oder einer Sache vollzogen wird. Hier kommen in der Praxis alle möglichen (und auch unmöglichen) Sachen in Betracht, meistens solche, die in irgendeiner Form als Penisersatz oder -symbol angesehen werden können. Ob ihre Verwendung zusätzlich auch oder hauptsächlich anderen Zwecken dient, zum Beispiel der Erniedrigung oder Verletzung, spielt für Abs. 6 Nr. 1 keine Rolle. Denn für die Frage, ob eine Vergewaltigung gegeben ist, ist es unerheblich, ob das Eindringen in den Körper sexuell motiviert ist. Eine sexuelle Handlung im Sinn von § 177 Abs. 1 und Abs. 6 liegt schon deshalb vor, weil die äußere Form der Tathandlung dies aufdrängt. Daher ist zum Beispiel auch wegen Vergewaltigung zu bestrafen, wenn einer Person zur bloßen Quälerei und Erniedrigung ein Gegenstand in den Anus eingeführt wird. Es kann dann ein weiterer Erschwerungsgrund nach Abs. 7 oder Abs. 8 gegeben sein (s. Anhang).

Andere Körperteile als der Penis sind in der Regel Finger oder Hände sowie die Zunge. Dass ihre Verwendung jeweils ein Eindringen im Sinn von Abs. 6 Nr. 1 ist, ist eindeutig. Eine andere Frage ist, ob dies erstens einem Beischlaf *ähnlich* und zweitens *besonders erniedrigend* ist. Bei der Ähnlichkeit kann man zwei Varianten unterscheiden. Das sind zum einen körperliche Handlungen, die in ihrer äußeren Form einem Kopulationsakt ähneln, und zum anderen Handlungen, die eine Ähnlichkeit aufgrund eines Eindringens in den Körper aufweisen. Schließlich gehören nach verbreiteter Ansicht auch Handlungen dazu, die weder das eine noch das andere sind, aber ähnlich schwerwiegend in das Rechtsgut der sexuellen Selbstbestimmung eingreifen. Diese letztere Auslegung ist sehr problematisch und sollte im Hinblick auf das Bestimmtheitsgebot wohl nicht angewendet werden. Denn der Begriff »ähnlich« in Abs. 6 Nr. 1 bezieht sich nach dem Zusammenhang der Vorschrift nicht auf die Folgen, sondern auf die Form der Tat.

Im Beispielsfall 1 kommt nur die zweite Variante in Betracht, das Einführen eines Fingers. Hier ist es in der Folge der Gesetzesänderung von 1997/1998 zu einer ganzen Reihe von Einzelfallentscheidungen des BGH gekommen, durch die sich insgesamt eine Linie der Kasuistik, das heißt der Einzelfallbeurteilung, gebildet hat. Das Einführen von Körperteilen oder Gegenständen in die Vagina oder den Anus des Opfers ist in aller Regel ähnlich und auch besonders erniedrigend. Wenn das Eindringen dagegen in den Körper des Täters erfolgt, ist das nicht immer selbstverständlich, denn es kommt natürlich für die besondere Erniedrigung auch in diesem Fall auf die Person und die Sichtweise des Opfers an. In der gerichtlichen Praxis dürften auch hier die Voraussetzungen des Abs. 6 Nr. 1 als gegeben angesehen werden. Meistens liegen sie aber schon deshalb vor, weil es im konkreten Tatverlauf auch zum Eindringen in den Körper des Opfers kommt.

Beim Eindringen in den Mund muss man zwischen dem Eindringen mit dem Penis und dem Eindringen mit einem Finger unterscheiden. Ersteres ist sicher tatbestandsmäßig, bei Letzterem wird man das wohl eher verneinen, da es an einer besonderen Erniedrigung fehlt. Diese kann wiederum vorliegen beim Eindringen mit Gegenständen wie etwa Dildos. Für den Zungenkuss hat die Rechtsprechung entweder schon die Ähnlichkeit mit einem Beischlaf oder aber eine besondere Erniedrigung verneint. Das ist in aller Regel richtig, aber auch hier kann es Ausnahmen geben, etwa bei besonders ekligen Handlungszusammenhängen. Auch das Eindringen mit der Zunge in Vagina oder Anus wird den Tatbestand meistens verwirklichen. In mehreren Fällen hatte der BGH schließlich zu entscheiden, ob das Eindringen (nur) mit Körperprodukten wie Sperma, Urin oder Stuhl die Voraussetzungen des Abs. 6 Nr. 1 erfüllt. Er hat das bejaht. Diese Auslegung liegt allerdings, wie man mit Blick auf Art. 103 Abs. 2, also den Bestimmtheitsgrundsatz, sagen muss, an der *Grenze*. Für unseren Beispielsfall kommt es darauf jedoch nicht an. Die Beispiele zeigen aber, dass in der Rechtswirklichkeit keineswegs alles stets so klar ist, wie viele Außenstehende meinen. Denn auch wenn die meisten Fälle klar und eindeutig sind, gibt es eine Vielzahl von Grenzfällen und Besonderheiten, und auch für die Fallgestaltungen, an die noch niemand gedacht hat, muss die Rechtsprechung ja eine Antwort finden.

Verkennung und Irrtum des Täters

Die Verkennungen des A., die besonders deutlich in der Frage »Sehen wir uns wieder?« werden, spielen weder für den objektiven Tatbestand noch für den Vorsatz des Täters eine Rolle. Anzunehmen, ein sexueller Übergriff gegen den Willen einer Person werde diese veranlassen, weitere Treffen zu vereinbaren, ist eine Einstellung, die auf wenig Realitätssinn und eine bedauerliche Selbstüberschätzung hindeutet. Sie führt aber nicht zu einem relevanten Irrtum über die Strafbarkeit des Verhaltens.

Problematisch können solche Verkennungen insbesondere sein, wenn Taten von Personen aus einer fremden Kultur begangen werden. Hier prallen in meist besonders drastischer Weise die Meinungen darüber aufeinander, wie viel Verständnis beziehungsweise Nachsicht man solchen Tätern entgegenbringen müsse. Dabei ist ganz allgemein anerkannt und wird von niemandem ernsthaft infrage gestellt, dass jedermann sich an die Regeln des Staates halten muss, in dem er sich aufhält oder lebt. Wie unsicher diese scheinbar klare Regel ist, zeigt sich aber etwa, wenn man sich überlegt, wie es um die eigene Regelbefolgung bei Aufenthalten zum Beispiel in islamisch geprägten Ländern bestellt ist. Die meisten Europäer, die sich aus geschäftlichen oder touristischen Gründen zeitweise dort aufhalten, akzeptieren die geltenden Verhaltensregeln allenfalls äußerlich, umgehen sie jedoch vielfach, stehen ihnen innerlich ablehnend gegenüber und erwarten, dass für sie Ausnahmen gemacht werden, was sich zum Beispiel bei den Bekleidungsregeln, dem Essen oder dem Alkoholkonsum manifestiert.

Das ist in der Regel anders, wenn man sich langfristig in einem anderen Land aufhalten oder ganz übersiedeln will. In diesem Fall kann man heute, im Unterschied etwa zur noch stark von Auswirkungen des Kolonialismus geprägten Zeit bis vor 50 Jahren, vernünftigerweise nicht erwarten, dass die Moral- und Rechtsordnung der alten Heimat in die neue Heimat mitgenommen werden und für das eigene Handeln dort gelten könnte. Das ist letztlich unstreitig, soweit es die formellen Rechtsregeln betrifft. Deutlich anders sieht es aber hinsichtlich der informellen Regeln, der Moralgebote und -verbote und der Akzeptanz der Verfahrensregeln aus. Insoweit stehen sich extreme Positionen gegenüber. Einerseits besteht die Ansicht, dass das Verhaftetsein einer Person in einer anderen Kultur so lange entlastend und schuldmindernd wirke, wie sie sich den Moralgeboten und -verboten der Heimatkultur verbunden fühlt. Das andere Extrem formuliert, dass eine fremdkulturelle Prägung unter keinen Umständen irgendeine schuld- und strafmindernde Bedeutung haben könne. Wie meistens sind beide Extreme in der Praxis nicht realistisch und auch in der Sache nicht angemessen. Die Rechtsprechung des BGH geht davon aus, dass von Einwanderern erwartet werden kann, sich binnen angemessener Zeit mit den Regeln der neuen Heimat vertraut zu machen und diese auch zu befolgen. Ausnahmen sind aber anzuerkennen, wenn eine Person noch gar keine Gelegenheit hatte, sich mit diesen Regeln hinreichend vertraut zu machen, etwa weil sie erst sehr kurze Zeit in Deutschland ist, die Sprache nicht beherrscht und keinen Kontakt zu Einheimischen hat. Konkret und beispielhaft bedeutet das, dass man einem sich erst wenige Wochen in Deutschland aufhaltenden pakistanischen Bauern schwerlich vorwerfen können wird, dass er die »Geschlechtsehre« seiner 17-jährigen Tochter wichtiger nimmt als ein deutscher Rechtsanwalt aus Berlin.

Im Einzelfall können sich hieraus durchaus gravierende Bewertungskonflikte und soziale Verbitterung ergeben. Dies rührt nicht zuletzt auch daher, dass sich ethnisch-kulturelle Zuordnungen mit sozial-wirtschaftlichen stark überschneiden, dass also etwa ein nicht unerheblicher Teil fremdkulturell geprägter junger Menschen, vor allem Männer, in Deutschland keinen hohen Bildungsstand und nur ein geringes Sozialprestige haben. Das Beharren auf angeblichen oder tatsächlichen heimatlichen Regeln und Anschauungen, die in deutlichem Widerspruch zur hiesigen Mehrheitskultur stehen, ist daher nicht selten vor allem Ausdruck eines fehlgeleiteten Selbstbehauptungs- und Widerstandswillens, wie er sozialen Subkulturen häufig eigen ist. Das ist keine Entschuldigung für kriminelles Verhalten, muss aber bei dessen Verfolgung und Sanktionierung beachtet werden.

Freilich ist stets darauf zu achten, ob die Vorstellungen und Anschauungen, deren Geltung behauptet wird, in der jeweiligen Heimatkultur überhaupt gelten und anerkannt sind. So ist etwa die sogenannte Blutrache in allen Staaten verboten und wird gerade dort besonders hart verfolgt, wo sie traditionell noch vorkommt, beispielsweise in der Türkei, in Afghanistan oder Somalia. Niemand kann sich in Deutschland auf Rechtfertigungen oder Entschuldigungen berufen, die weder in der neuen noch in der alten Heimat Legitimität beanspruchen können.

Das gilt übertragen auch für fernliegende, auf Verkennung, Uneinsichtigkeit oder Geringschätzung anderer gestützte Regeln in einheimischen Subkulturen und Bevölkerungsgruppen. Wer davon überzeugt ist, dass etwa Frauen, Homosexuelle oder Kinder kein Recht auf Selbstbestimmung oder Respektierung von Grenzen haben, kann auf solche »Überzeugungen« nicht einen Anspruch auf mildere Beurteilung stützen. Sie sind nicht legitim und haben daher keine rechtliche Bedeutung. Sie können sogar als Zeichen hartnäckiger Uneinsichtigkeit oder Rechtsfeindlichkeit strafschärfend gewertet werden.

Diese Grenze ist bei dem Beispielstäter A. sicher nicht erreicht. Dass er ernsthaft annimmt, sein Verhalten könne die Geschädigte dazu veranlassen, eine weitergehende Beziehung mit ihm einzugehen, ist eine nicht sehr intelligente, aber für die Bestrafung unerhebliche Randerscheinung.

Ergebnis

A. hat sich durch das Anfassen im Genitalbereich und das Einführen eines Fingers wegen sexuellen Übergriffs nach § 177 Abs. 1 schuldig gemacht, vermutlich auch schon durch das vorherige Anfassen der Brüste über der Kleidung. Nach der neuen Rechtsprechung des 4. Strafsenats des BGH liegt ein Fall des schweren sexuellen Übergriffs nach § 177 Abs. 5 Nr. 3 vor, nach hier vertretener Meinung jedoch nicht, weil die Handlungen zwar in einer objektiv gegen Gewaltanwendung schutzlosen Lage geschahen, diese Lage aber weder aus Sicht des Opfers noch des Täters irgendeine Bedeutung für die Missachtung des entgegenstehenden Willens hatte: Weder fürchtete sich das Opfer B., noch nahm der Täter A. an, dass sie sich fürchte. Die Tat ist aber ein besonders schwerer Fall in der Form der Vergewaltigung nach § 177 Abs. 6 Nr. 1. Insgesamt wäre A. wegen Vergewaltigung zu verurteilen.

Der Strafrahmen beträgt 2 Jahre bis 15 Jahre Freiheitsstrafe. Nach dem geschilderten Ablauf liegt die Tatschwere eher im unteren Bereich, andererseits ist B. erheblich beeinträchtigt und hat langfristige Folgen zu erleiden, für die A. verantwortlich ist. Man kann sich überlegen, wie man selbst den A. bestrafen würde, wobei man davon ausgehen kann, dass er nicht vorbestraft ist.

Beispielsfall 2: Sexuelle Übergriffe durch das Ausnutzen von besonderen Lagen

Einführung

Der folgende Fall befasst sich mit einem Geschehensablauf anderer Art. Hier geht es nicht darum, ob, wie und warum eine Person einen Widerstand gegen eine fremde oder eigene sexuelle Handlung geäußert oder betätigt hat. Auch die Frage einer zwangsweisen Einwirkung durch körperliche Gewalt oder Drohungen stellt sich nicht. Es handelt sich hingegen um einen Sachverhalt aus dem Umfeld des sogenannten Missbrauchs. Damit sind sexuelle Handlungen in Situationen gemeint, in denen eine Person durch besondere Umstände erfahrungsgemäß eine geringere Widerstandskraft aufbringen kann. Solche besonderen Umstände können eine körperliche oder psychische Schwäche sein, eine Abhängigkeit vom Täter oder das Ausgeliefertsein in einer Institution. Auch kindliches oder jugendliches Alter gehören zu solchen besonderen Lagen.

Das Auffallende an Situationen und Taten des Missbrauchs von besonderen Lagen aus sexuellen Motiven ist, dass es auf die Zustimmung oder Nichtzustimmung der betroffenen Person nicht ankommt. Genauer gesagt schließt eine Zustimmung den Tatbestand nicht aus. Sie ist sogar in vielen Fällen die Regel.

Sachverhalt

Die 30-jährige Bankangestellte P. befindet sich wegen einer Essstörung und Panikattacken seit sechs Monaten in Behandlung bei dem Psychotherapeuten T. Einmal wöchentlich geht sie zu jeweils einstündigen Therapiesitzungen. Im Laufe der Therapiesitzungen thematisiert die Patientin P., dass sie auch Probleme in ihrem Sexualleben habe. T. erklärt ihr in einer der nächsten Stunden, dass sie ein gestörtes Verhältnis zum eigenen Körper habe, dem man in der Therapie gemeinsam auf die Spur kommen könne. Er rät der Patientin unter anderem mehrfach, allein zu masturbieren, und befragt sie am Anfang der folgenden Therapiestunde danach. Ihr ist das sehr unangenehm, und schließlich weigert sie sich, daran mitzuwirken. Nun erklärt ihr der Therapeut, es sei für ihre Heilung entscheidend, dass sie sich ihm gegenüber öffne und sexuelle Berührungen durch ihn zulasse. Wenn ihr dies angstfrei gelinge, sei das ein Zeichen der Gesundung. P. hat Bedenken, äußert diese aber nicht und willigt ausdrücklich ein, weil sie dem Therapeuten vertraut und die Therapie fortsetzen will. Sie lässt es in der Folge zweimal zu, dass T. während der Therapiestunden ihre Hose öffnet, ihren Slip herunterzieht und sie intim berührt. Ihr ist auch das unangenehm, sie sagt aber nichts und wehrt die Handlungen auch nicht ab. Erst als sie mit einer Freundin darüber spricht und diese ihr sagt, es sei keinesfalls richtig und habe mit Psychotherapie gar nichts zu tun, was T. da treibe, bricht sie die Therapie ab und zeigt den Therapeuten in der Folge an. Dieser macht geltend, er habe mit dieser Methode körperbezogener Therapie schon gute Erfahrungen gemacht. Sexuelles Interesse an der Patientin habe er nicht.

Überblick

Dieser Beispielsfall liegt offensichtlich anders als der erste. Ein sexueller Übergriff im Sinn von § 177 Abs. 1 StGB kommt schon deshalb nicht in Betracht, weil die Patientin P. den Handlungen des Therapeuten T. ausdrücklich zugestimmt hat. Ihre Zustimmung ist auch nicht unwirksam, denn P. ist nicht geisteskrank oder sonst so in ihrer Selbstbestimmungsfähigkeit eingeschränkt, dass sie die Bedeutung einer Einwilligung nicht erkennen könnte. Wir befinden uns in einem Bereich, in dem der durchschnittliche, erwachsene, gesunde Mensch für gewöhnlich keinen über § 177 Abs. 1, 3 und 5 bis 7 StGB hinausgehenden, *fürsorglichen* Schutz seiner sexuellen Selbstbestimmung benötigt, auch nicht vor eigenen unbedachten Entscheidungen. Dies trifft jedenfalls nach bisheriger Sicht der Dinge zu, wie man angesichts ständig neuer rechtspolitischer Forderungen sagen muss. Es gibt aber Lebensbereiche und -lagen, in denen die als normal und vernünftig angesehene Fähigkeit, über das eigene Handeln zu entscheiden und eigenverantwortliche Abwägungen zu treffen, *typischerweise* eingeschränkt ist.

Im Recht, auch im Strafrecht, wird bei der Beurteilung von Sachlagen häufig auf Typisierungen zurückgegriffen, um bestimmte Handlungsabläufe, Erwartungen, Gefahrenquellen und Wahrscheinlichkeiten einzuschätzen und rechtlich zu erfassen. Der klassische und bekannte Fall solcher auf Typisierung beruhenden Vermutungen ist die Gefährlichkeit bestimmter Sachen oder Handlungen. Das Autofahren zum Beispiel ist in aller Regel, also typischerweise so gefährlich, dass man es nur nach Erwerb einer Fahrerlaubnis ausführen darf. Das bedeutet nicht, dass alle Menschen ohne Fahrerlaubnis nicht fahren können oder alle Menschen mit Fahrerlaubnis stets unfallfrei fahren. Aber es ist eine Regelung, die auf gut belegten Erfahrungswerten beruht und allgemein akzeptiert wird. Aus ähnlichen Gründen gelten besondere Sicherheitsvorschriften zum Beispiel für Waffen, Sprengstoff oder andere gefährliche Stoffe, ebenso für das Ausüben erfahrungsgemäß gefährlicher Handlungen oder das Bestehen gefahrgeneigter Lagen.

Die Ursachen der oben angesprochenen besonderen Lagen, in denen eine Person eine geringere Widerstandskraft besitzt, können in der betroffenen Person selbst liegen, sie können aber auch durch einen Täter oder durch Dritte und aus Gründen, die mit sexualbezogenem Verhalten gar nichts zu tun haben, geschaffen worden sein. Wenn man sich überlegt, welche Situationen, Lagen und Zustände wohl in Betracht kämen, fällt einem eine Reihe sehr unterschiedlicher Beispiele ein: psychische Beeinträchtigungen, Rausch, Abhängigkeiten oder Ausgeliefertsein. Solche Lagen und Zustände führen nicht automatisch und regelmäßig dazu, dass Entscheidungen über das eigene Handeln und über sexuelle Betätigungen so fehlerhaft sind, dass sie vom Recht stets als unwirksam angesehen werden müssten. Es kommt vielmehr auf den Einzelfall an. Dazu gehören erstens die konkrete Situation, in der sich das potenzielle Tatopfer befindet, zweitens das konkrete Verhalten von Täter und Opfer und drittens die Motive und Absichten.

Schließlich muss man bei der Abwägung auch stets bedenken, dass eine möglichst enge Abgrenzung des Bereichs, in dem die Einwilligung der betroffenen Personen zu sexuellen Betätigungen noch als wirksam gilt, zwar eine Ausweitung des gesetzlichen Schutzbereichs bewirkt, aber für die betroffene Person keineswegs stets nur angenehm und schützend sein muss, sondern sie zugleich auch in ihrer Freiheit massiv einengt. Denn jeder strafrechtliche Schutz gegen bestimmte Handlungen bedeutet ja zugleich als Kehrseite ein Verbot dieser Handlungen. Nicht jeder

Mensch möchte vom Staat ständig beschützt werden, weil angeblich seine persönliche Entscheidung aus irgendwelchen normativen Gründen nicht fehlerfrei und daher nicht wirksam sei. Dass ein Staatsanwalt oder Strafrichter von Amts wegen besser weiß, was zum Beispiel eine intelligenzgeminderte oder psychisch abhängige Person »richtigerweise« will oder wollen sollte, ist nicht garantiert, und die Entscheidung des Staats, mit den Mitteln des Strafrechts gegen jeden vorzugehen, der eine angeblich unvernünftige sexuelle Handlung vornimmt, kann auch das Leben und die Selbstbestimmung des mutmaßlichen Opfers erheblich beeinträchtigen.

In allen angesprochenen Fällen wird vom Gesetz vorausgesetzt, dass der Täter die Lage oder Situation, seine eigene strukturelle Überlegenheit und die spezifische Unterlegenheit des Opfers ausnutzt beziehungsweise missbraucht, das heißt falsch und zweckwidrig einsetzt.

Hat sich jemand strafbar gemacht? Die Subsumtion

Im Beispielsfall kommt der Tatbestand des § 174c StGB in Betracht: »Sexueller Missbrauch unter Ausnutzung eines Beratungs-, Behandlungs- oder Betreuungsverhältnisses«. Täter könnte der Therapeut T. sein, Opfer die Patientin P.

Objektiver Tatbestand

Offenkundig ist, dass es sich bei den beiden Handlungen des Therapeuten um sexuelle Handlungen handelt. Daran ändert auch nichts, dass sie im Rahmen einer therapeutischen Behandlung durchgeführt wurden. Damit ist das Problem der sogenannten *neutralen* Handlungen angesprochen. Immer wieder kommt es vor, dass Handlungen in einem neutralen, alltäglichen oder beruflichen Zusammenhang vorgenommen werden, die vom äußeren Erscheinungsbild her auch als sexuell motiviert angesehen werden könnten. Beispiele sind vor allem ärztliche und sonstige körperliche Untersuchungen sowie alle Handlungen, die mit einem Körperkontakt verbunden sind, zum Beispiel Durchsuchungen oder Fesselungen durch Polizeivollzugsbeamte, Sanitäter oder Krankenpfleger sowie Hilfestellungen bei körperlich Behinderten. Die Rechtsprechung differenziert hier zwischen verschiedenen Fallgruppen. Bei Handlungen, die schon nach ihrem äußeren Erscheinungsbild eindeutig sexualbezogen sind, kommt es auf das Motiv der handelnden oder veranlassenden Person in der Regel nicht an. Auch davon gibt es aber Ausnahmen, die sich aus dem Handlungszusammenhang ergeben. So ist etwa nach wohl vorherrschender Ansicht das Einführen eines Fingers durch einen Arzt zur Abtastung der Vagina oder des Anus bei Vorsorgeuntersuchungen keine sexuelle Handlung, wenn sie aus medizinischen Gründen vorgenommen wird. Andere Rechtslehrer sowie im Grundsatz auch die Rechtsprechung würden hier, weil die Handlung nach dem äußeren Erscheinungsbild sexualbezogen ist, wohl eine sexuelle Handlung annehmen. Es würde aber schon an einem *Missbrauch* des Behandlungsverhältnisses fehlen, wenn sie zur Behandlung erforderlich ist.

In unserem Beispielsfall befindet sich die Patientin in einer psychotherapeutischen Behandlung, sodass § 174c Abs. 2 StGB in Betracht kommt:

> (Es) wird bestraft, wer sexuelle Handlungen an einer Person, die ihm zur psychotherapeutischen Behandlung anvertraut ist, unter Missbrauch des Behandlungsverhältnisses vornimmt oder an sich von ihr vornehmen lässt.

Warum der Gesetzgeber die Psychotherapie im zweiten Absatz nochmals gesondert geregelt hat, ist nicht ganz klar, denn eigentlich ist sie ja schon von der Variante »Behandlung wegen seelischer Krankheit« im ersten Absatz erfasst. Sozusagen zur Sicherheit hat man die Psychotherapien nochmals einzeln aufgeführt, für den Fall, dass jemand meinen sollte, psychische Störungen gehörten nicht unter den Begriff der seelischen Krankheit. Mit dieser Unklarheit kommt man bei der Anwendung zurecht, schwieriger ist jedoch etwas anderes: Der 1. Strafsenat des Bundesgerichtshofs hat im Jahr 2009 entschieden*, dass Täter des § 174c Abs. 2 StGB nur solche Personen sein könnten, die Psychotherapeuten im Sinne des Psychotherapeutengesetzes vom 16.6.1998 sind, die also die formelle Berufsbezeichnung führen dürfen. Das ist deshalb von Bedeutung, weil der Begriff der Psychotherapie, anders als die meisten medizinischen Fachrichtungen, nicht klar begrenzt ist und eine Vielzahl unterschiedlicher, teilweise sich kritisch voneinander abgrenzender und sogar verfeindeter Schulen enthält, die auch in Begrifflichkeiten voneinander abweichen. Es gibt daher auch immer wieder Fälle von Scharlatanerie. Auch diese sind nicht stets und ohne Weiteres als offenkundig zu erkennen. Der Spruch »Wer heilt, hat recht« ist zwar nicht zutreffend, aber weitverbreitet. Denn auch grob fehlerhafte und hochgefährliche Handlungen können in Einzelfällen und aufgrund besonderer Konstellationen heilen. So können etwa Selbstsuggestion, persönlicher Bezug oder Placeboeffekte zu Erfolgen auch von objektiv unsinnigen »Therapien« führen. Dazu gehören auch die medial gern spektakulär vermarkteten sogenannten Wunderheilungen, etwa der Rückgang einer Psychose nach Einnahme von Kräutertee oder die Heilung von Wahnerkrankungen nach spiritistischen Sitzungen. Dass solche

* BGH, Beschluss vom 29.9.2009, Aktenzeichen: 1 StR 426/09, abgedruckt u. a. in *Neue Zeitschrift für Strafrecht* (NStZ) 2012, S. 212.

Spontanheilungen mit der jeweiligen Therapiehandlung überhaupt zu tun haben, ist mehr als zweifelhaft.

Es besteht außerdem eine gewisse Vermutung darüber, dass sich im Bereich nicht schulmäßiger, außerhalb von anerkannten Berufsorganisationen befindlicher »Therapien«, seien es esoterische Kurse, Workshops oder Selbsterfahrungsgruppen, jedenfalls nicht weniger Missbrauch von Behandlungssituationen und von spezifischen psychischen Schwächen und Abhängigkeiten findet als im klassischen Therapiebereich. Man muss sich nur anschauen, was in manchen Sekten verwirrten, Halt suchenden Menschen für Rituale der Selbstaufgabe, der Unterwerfung und der Auslieferung abverlangt werden, in denen sie angeblich »gereinigt« und zu neuen, besseren Menschen gemacht werden sollen. Solang es sich nur um allgemeine Lebensberatung, pseudoreligiösen oder angeblich »wissenschaftlich fundierten« Hokuspokus handelt, liegt das im Rahmen der allgemeinen Selbstverantwortung und des Lebensrisikos. Wo allerdings die Grenze zur Therapie, also zur ausdrücklich oder sinngemäß so bezeichneten Heilung von Leiden jeglicher Art überschritten wird, sollte man Personen, die behandelt oder beraten werden wollen und sich deshalb einer solchen Situation ausgesetzt haben, ebenso gegen den Missbrauch struktureller Abhängigkeit schützen wie Patienten approbierter Therapeuten. Das ist aber, wie ausgeführt, umstritten und wird vom Bundesgerichtshof, entgegen der Ansicht des Gesetzgebers und der ganz vorherrschenden Meinung in der Rechtswissenschaft, bisher anders gesehen. Es ist zu hoffen, dass der Gerichtshof diese schwer verständliche, der ausdrücklichen Zielrichtung des Gesetzgebers widersprechende Rechtsprechung aufgibt.

In unserem Fall kommt es auf diese Frage nicht an, denn T. ist zugelassener Psychotherapeut im Sinn des Psychotherapeutengesetzes. P. ist auch bei ihm in Behandlung wegen einer psychischen Störung. Ob eine solche tatsächlich vorliegt oder nicht, ist hierfür egal. Es kommt nur darauf an, dass die Behandlung auf eine psychische Störung oder auf ihre Diagnose gerichtet ist. Auch am Anvertrauen fehlt es hier nicht, denn P. hat sich selbst den Therapeuten ausgesucht und einen Behandlungsvertrag geschlossen. Das Anvertrauen kann wie hier auf einer Initiative des Patienten beruhen, in bestimmten Fällen aber auch ohne oder sogar gegen dessen Willen gegeben sein.

Voraussetzung für eine Bestrafung wäre schließlich, dass die sexuellen Handlungen »unter Missbrauch des Behandlungsverhältnisses« vorgenommen wurden. Wann ein solcher Missbrauch vorliegt, wird im Einzelnen wieder unterschiedlich beurteilt. Weitgehend klar ist dabei, dass solche Handlungen missbräuchlich sind, die objektiv überhaupt keinen therapeutischen Zusammenhang aufweisen und entweder auch nicht als solche ausgegeben werden oder einen solchen Zusammenhang nur vortäuschen. Das kommt zum Beispiel vor, wenn angeblich erforderliche »Untersuchungen« zur Diagnostik durchgeführt werden, die in Wahrheit auch nach Kenntnis des Täters keinen Bezug zu den Beschwerden des Patienten haben, sondern allein den sexuellen Zwecken des Therapeuten dienen. Diese Voraussetzungen sind hier nicht gegeben, da die sexuellen Handlungen von T. ausdrücklich als Teile der Therapie bezeichnet und wohl auch selbst so eingeschätzt werden. Seine unwiderlegte Einlassung, er habe keine sexuellen Interessen und benutze solche Therapieformen regelmäßig, spricht dafür, dass eine klassische Missbrauchslage nicht gegeben ist.

Es stellt sich allerdings die Frage, ob solche Vorgehensweisen überhaupt grundsätzlich im Rahmen psychotherapeutischer Behandlungen zulässig sind oder nicht ganz unabhängig von der

Motivation der handelnden Personen stets das Behandlungsverhältnis missbrauchen. In der klassischen Psychotherapie gilt eine strikte »Abstinenzregel«, die besagt, dass keinerlei persönlicher Kontakt zwischen Therapeut und Patient erfolgen darf, der über die Therapiesituation hinausgeht. Dazu zählen auch persönliche Begegnungen, nachträgliche Freundschaften oder das Einbringen irgendwelcher persönlicher Informationen oder Erfahrungen durch den Therapeuten. Die in einer Psychotherapie je nach Therapiemethode notwendige und intensive persönliche Beziehung des Patienten zum Therapeuten (im Zusammenhang mit dem psychoanalytischen Begriff der Übertragung) und ihre Spiegelungen in den Gefühlen des Therapeuten (die sogenannte Gegenübertragung) sind streng auf den Therapiezusammenhang zu begrenzen und dort zu bearbeiten. Darüber hinausgehende persönliche Interessen des Therapeuten am Patienten, insbesondere emotionaler und sexueller Art, sind tabu, grob kunstfehlerhaft und müssen gegebenenfalls zum Abbruch der Therapie führen. Dennoch kommt es nach nicht exakt belegbaren Schätzungen und Befragungen in fast zehn Prozent der Fälle zu solchen Grenzüberschreitungen von unterschiedlichem Gewicht, wobei manche Autoren noch höhere Zahlen nennen. Andere Autoren wiederum nennen die Zahl von zumindest etwa 600 Fällen sexuell motivierten Missbrauchs in psychotherapeutischen Zusammenhängen pro Jahr in Deutschland.*

Nach gegenwärtig vorherrschender Meinung sind solche Formen der »Behandlung«, wie sie im Beispielsfall der Therapeut T. anwendet, in jedem Fall missbräuchlich und unzulässig, gleichgültig, ob er sie selbst als therapeutisch indiziert ansieht oder dies nur der Patientin mitteilt. Im Gegensatz zu den meisten Behandlungen und Beratungen wegen körperlicher Erkrankungen

* Monika Becker-Fischer / Gottfried Fischer, *Sexueller Mißbrauch in der Psychotherapie – was tun? Orientierungshilfen für Therapeuten und interessierte Patienten*, Heidelberg 1996.

ist gerade die Psychotherapie einerseits von einem meist extremen Machtgefälle und andererseits von der therapeutischen Notwendigkeit möglichst vollständigen Vertrauens und Offenheit des Patienten zum Therapeuten geprägt. Überdies befindet sich der Patient regelmäßig in einer strukturell und auch subjektiv so empfundenen Abhängigkeit, selbst wenn dieses Empfinden seinerseits gerade störungsbedingt und pathologisch ist. In anderen Fällen (insbesondere bei tiefenpsychologischen und analytischen Methoden) ist eine auf Idealisierung beruhende emotionale Abhängigkeit geradezu Ziel, jedenfalls Mittel der Therapie. Sie soll vom Therapeuten durch Supervision bearbeitet und im Fortgang der Therapie aufgelöst werden. Wie oft das scheitert, fehlerhaft geschieht oder missbraucht wird, ist unbekannt.

Deshalb ist es angemessen und schränkt die Therapiefreiheit nicht unzulässig ein, wenn alle ernst zu nehmenden Berufsvereinigungen von Psychotherapeuten, Psychosomatikern und Psychiatern sexuell geprägte Kontakte und jede Art von emotional-erotischer Beziehung zwischen Therapeut und Patient strikt ausschließen und berufsrechtlich verfolgen, allerdings nicht immer hinreichend aufklären.

Hinzu kommt, dass eine Person, die in einer solchen Behandlungssituation sexuellen Grenzüberschreitungen ausgesetzt war, vielfach auf Schwierigkeiten bei der Abwehr, Anzeige und Verfolgung stößt, weil auch eine entsprechende Behauptung als Manifestation der Störung abgetan werden kann. In diesem Fall missbraucht der Täter also die psychotherapeutische Behandlungssituation selbst erneut in gravierender Weise, indem er den Behandlungsanlass und die in der Behandlung gewonnenen Erkenntnisse zur eigenen Verteidigung und gegen den Patienten benutzt. Solche Konstellationen sollten durch klare und konsequent durchgesetzte berufsrechtliche Distanzregelungen möglichst verhindert werden, denn sie bergen auch für unter Umständen zu Unrecht beschuldigte Therapeuten erhebliche Gefahren. Deshalb erscheint es bedenklich, wenn in neueren Konzepten der Psychotherapie wieder verstärkt körperliche Elemente wie Berührungen aufgenommen werden.

Subjektiver Tatbestand und Ergebnis

Der Tatbestand des § 174c setzt, wie alle Sexualdelikte, den Vorsatz des Täters voraus. Das bedeutet, wie bereits angesprochen, dass der Täter alle objektiven Merkmale, die die gesetzliche Regelung für die Strafbarkeit voraussetzt, entweder positiv kennt (sogenannter direkter Vorsatz) oder zumindest für möglich hält und billigend in Kauf nimmt (sogenannter bedingter Vorsatz). Dass der Täter diese Merkmale nur kennen *könnte* oder kennen *müsste,* reicht nicht aus. Das wäre wiederum ein Fall der sogenannten Fahrlässigkeit, und die ist im Sexualstrafrecht nicht strafbar.

Es ist schon oben darauf hingewiesen worden, dass es bei der Beurteilung von Sachverhalten sehr wichtig ist, zwischen den festgestellten, das heißt bewiesenen, Tatsachen, bloßen Vermutungen und Annahmen zu unterscheiden, die einen Beweis und damit eine Tatsachenfeststellung erst erbringen sollen oder können. Wer also zum Beispiel sagt: »Dass das Anzünden eines Gartengrills mit Benzin schiefgehen kann, musste der Täter doch wissen«, hat damit nicht etwa bewiesen, dass der Täter beim Grillanzünden wirklich daran gedacht hat, dass es eine Verpuffung geben könnte und dass Gäste verletzt werden könnten. Erst recht ist damit nicht bewiesen, dass er das bezweckte oder dass es ihm gleichgültig war. »Er musste das wissen« bedeutet nur, dass der Täter daran hätte denken müssen, denn wer gefährliche Handlungen vornimmt, *soll* sich Gedanken über die Gefahr machen. Wir alle wissen, dass dieser Forderung keineswegs immer genügt wird. Wer sich beim Käseschneiden in den Finger schneidet oder wer beim Fensterputzen von der Leiter fällt, hätte wissen müssen, dass man mit dem Messer ausrutschen oder dass die ungesicherte Leiter umkippen kann, er hat aber gewiss nicht beabsichtigt, sich selbst zu verletzen. Es liegt in beiden Fällen vielmehr klassische Fahrlässigkeit vor.

In unserem Fall kennt der Therapeut T. alle objektiven Umstände, darunter die eigene Rolle und die Rolle der Patientin P., die Behandlungssituation wegen einer seelischen Störung sowie den Umstand, dass es sich um sexuelle Handlungen handelt. Bei Letzterem und bei dem Merkmal »Missbrauch des Behandlungsverhältnisses« setzt der Vorsatz nicht voraus, dass der Täter die *Wertungen* des Gesetzes, hier »sexuell« und »Missbrauch«, kennt und teilt. Nach allgemeiner Ansicht in der Rechtsprechung und Rechtslehre reicht es aus, wenn er die tatsächlichen Umstände kennt, auf denen die Wertung beruht. Denn sonst könnte jeder Täter den Vorwurf des Tatvorsatzes einfach dadurch ausräumen, dass er behauptet, nach seiner eigenen Wertung sei das, was er getan habe, kein Missbrauch, oder die Handlung sei gar nicht sexuell, sondern nur medizinisch. Das Strafgesetz enthält Merkmale mit wertenden Elementen an sehr vielen Stellen, und insoweit gilt durchweg dasselbe: *Der Vorsatz solcher Merkmale setzt nicht die Kenntnis der Wertung voraus, sondern nur die der Fakten, welche sie tragen.* In unserem Fall bestehen nach dem Sachverhalt keine Zweifel, dass der Therapeut T. Kenntnis von allen Umständen hat, die seine Handlung zu einer missbräuchlichen machen. Es kommt, wenn man dem folgt, deshalb nicht darauf an, dass er selbst vielleicht gar nicht aus sexuellen Motiven handelte.

An diesem Beispiel kann man daher auch sehen, wie stark im Strafrecht das Verfahren und die materielle, inhaltliche Sachlage zusammenhängen. Wenn man nicht weiß, was der Vorsatz des Missbrauchs voraussetzt, könnte man auf die Idee kommen, im Strafprozess langwierige Beweisaufnahmen zu der Frage durchzuführen, ob der Beschuldigte T. sexuelle Motive hatte. Mit dieser Frage könnte man im Prozess ganze Tage verbringen. In Wahrheit ist es aber wohl so, dass es darauf gar nicht ankommt, denn T. hat alles gekannt, was im objektiven Tatbestand steht. Das Ergebnis lautet daher, dass Therapeut T., wenn der Sachverhalt so festgestellt wird, wegen einer Tat nach § 174c Abs. 2 StGB zu bestrafen wäre. Wenn man die Ansicht vertritt, subjektiv therapeutische Handlungen erfüllten den objektiven Tatbestand nicht, wäre er hingegen freizusprechen.

Beispielsfall 3: Sexualdelikte gegen Kinder

Einführung

Der dritte Beispielsfall thematisiert den Bereich des sogenannten sexuellen Missbrauchs von Kindern. Hier ist die Lage einer besonderen Schwäche gegenüber möglichen Übergriffen nicht eine Frage des Einzelfalls, sondern wird gesetzlich unwiderleglich vermutet. Das Beispiel und seine Besprechung sollen zeigen, dass die Sachverhalte, um die es in der Realität geht, sehr unterschiedlich sind, was vor allem in der medialen Berichterstattung nur selten deutlich wird. In der Öffentlichkeit besteht daher ein eher verzerrtes Bild der kriminologischen Lage. Die realen Probleme der Taten gegen Kinder und der strafrechtlichen Verfolgung der Taten liegen auf sehr verschiedenen Feldern. Die Lösung der Sachverhalte verlangt daher ein möglichst hohes Maß an Differenzierung und setzt auch Distanz voraus, ohne die man weder der Schuld von Tätern noch dem Leiden von Opfern gerecht werden kann. Auch deshalb ist es nicht sachgerecht und nützlich, wenn in der öffentlichen Diskussion Sachverhalte aus dem Bereich des sexuellen Missbrauchs von Kindern fast ausschließlich als monströse Taten geschildert und besprochen werden, die für eine Differenzierung des Abscheus und des Strafbedürfnisses gar keinen Raum mehr lassen. Das übt letztlich auch starken Druck auf die Organe der Rechtspflege aus, also auf Staatsanwälte, Richter, Strafverteidiger und Nebenklägervertreter, von denen die Gesellschaft mit Recht eine sachliche und differenzierte Haltung erwarten kann, nicht aber überengagiertes Eifern. Die Justiz ist auch in Fällen von Kindesmissbrauch nicht »Rächerin« oder zuständig für die Demonstration überschwänglicher Gefühle und moralischer Verachtung.

Sachverhalt

Der 72-jährige, nicht vorbestrafte Rentner R. lebt seit 45 Jahren mit seiner Ehefrau zusammen und hat mit ihr vier gemeinsame Kinder. Seine im Nachbarort wohnende Tochter T. ist geschieden und hat ihrerseits zwei Töchter im Alter von sieben und fünf Jahren, die bei ihr leben. Da sie beruflich oft unterwegs ist, verbringen die beiden Kinder viel Zeit bei den Großeltern und haben dort auch ein eigenes Kinderzimmer. R., der vor zwei Jahren einen leichteren Schlaganfall erlitten hat, kümmert sich liebevoll um die Mädchen. Er kocht des Öfteren auch für die Kinder, spielt mit ihnen und bringt sie gelegentlich zu Bett.

Als die Mutter T. die beiden Mädchen wieder einmal an einem Freitag über das Wochenende zu ihren Eltern bringen will, weigert sich die siebenjährige Sofia (S.) und sagt, sie wolle nicht mehr zu ihren Großeltern, es sei dort doof, und sie sei schon groß genug, um allein zu Hause zu bleiben. Als ihre Mutter ungeduldig wird, weint S. Nach Zureden und Trösten erzählt sie ihrer Mutter, der Großvater R. habe, als er sie beim letzten Besuch zu Bett gebracht hat, sich zu ihr ins Kinderbett gelegt und sie gestreichelt. Ihre kleine Schwester habe unten bei der Oma geschlafen. Der Opa sei auf einmal mit seiner Hand in ihre Schlafanzughose gefahren und habe mit seinem Finger so komisch herumgedrückt zwischen ihren Beinen. Das habe wehgetan, und sie habe gesagt, dass er aufhören solle. Er habe dann auch aufgehört und gesagt, dass er sie lieb habe und dass sie niemandem etwas davon erzählen sollte, weil sonst die Oma sehr traurig wäre. Sie habe ihm versprochen, dass das ein Geheimnis bleibt. Er habe ihr noch einen Kuss gegeben und sei dann aus dem Kinderzimmer gegangen. Am nächsten Tag habe sie sich etwas wünschen dürfen. Sie habe mit dem Opa nicht mehr darüber gesprochen, aber sie wolle auf gar keinen Fall noch einmal zu ihm. Außerdem habe er nach Schnaps gestunken.

T. sagt zu ihrer Tochter, dass sie vorerst nicht mehr zum Opa müsse, denn es sei nicht in Ordnung gewesen, was dieser gemacht habe. Am nächsten Tag konfrontiert sie ihren Vater mit dem Vorwurf. Dieser streitet alles ab und sagt, S. müsse etwas missverstanden haben. Auch seine Frau meint, es sei unmöglich, dass R. so etwas gemacht habe. Sie findet, dass ihre Tochter undankbar und böswillig sei, und sagt ihr, sie solle, solange sie solche Vorwürfe erhebt, nicht mehr zu Besuch kommen. T. geht am nächsten Tag mit S. zur Kriminalpolizei und zeigt ihren Vater an. Das Mädchen ist traurig, dass es seine Oma nicht mehr sehen darf. Sonstige Folgen des Vorkommnisses treten aber nicht auf.

Objektiver Tatbestand

Möglicherweise hat sich R. des sexuellen Missbrauchs von Kindern schuldig gemacht. Diese Straftat ist in § 176 des StGB geregelt und bisher ein Vergehen, das heißt, dass hierfür die Mindeststrafe bei unter einem Jahr, nämlich bei sechs Monaten liegt. Die Höchststrafe beträgt 10 Jahre. Die Vorschrift ist in den vergangenen 20 Jahren sechs Mal verschärft worden. Eine neue umfangreiche Gesetzesänderung mit wesentlichen Verschärfungen ist von der Bundesregierung im Herbst 2020 vorgeschlagen und ins Gesetzgebungsverfahren eingebracht worden.

Voraussetzung des objektiven Tatbestands ist hier eine sexuelle Handlung zwischen einem Kind und einer nicht kindlichen Person. Das ist in unserem Beispielsfall mit der Handlung im Kinderbett sowie dem Großvater R. und dem Kind S. sicher gegeben. Was ein Kind ist, ergibt sich aus der Definition in der Vorschrift selbst: »eine Person unter vierzehn Jahren (Kind)«. Das ist die für das Strafrecht allgemein geltende gesetzliche Definition des Begriffs »Kind«. Sie ist unabhängig davon, ob eine Person psychisch oder körperlich kindlich ist oder wirkt. Personen, die wie Kinder aussehen, aber älter sind als 14 Jahre, sind von § 176 nicht erfasst, sodass man an ihnen keinen vollendeten Kindesmissbrauch begehen kann. Man kann es aber in strafbarer Weise versuchen, indem man irrtümlich annimmt, die Person sei ein Kind.

§ 176 enthält in seinen Absätzen 1, 2 und 4 insgesamt sechs verschiedene Tatvarianten:

(1) sexuelle Handlungen des Täters am Kind
(2) sexuelle Handlungen des Kindes am Täter
(3) sexuelle Handlungen des Kindes an einer dritten Person
(4) sexuelle Handlungen einer dritten Person am Kind
(5) sexuelle Handlungen des Täters vor einem Kind
(6) sexuelle Handlungen eines Kindes an sich selbst.

Man muss hier genau auf die Wortlaute achten. Das Gesetz unterscheidet Handlungen »am«, »durch das« und »vor« dem Kind. Es geht also in verschiedenen Konstellationen jeweils um aktive Handlungen in Anwesenheit von mindestens zwei Menschen (Varianten 1 bis 5). Bei Handlungen des Kindes an sich selbst (Variante 6) muss niemand außer dem Tatopfer zugegen sein. Bei Handlungen an einem oder durch einen Dritten muss der Täter selbst nicht anwesend sein.

Dazu kommen noch die beiden Handlungsvarianten

(1) Handlung vornehmen und
(2) Handlung vornehmen lassen.

Der Begriff der sexuellen Handlung ist derselbe wie in allen anderen Vorschriften. Er ist in § 184h Nr. 1 noch einmal beschrieben als Handlung, die im Hinblick auf das geschützte Rechtsgut von einiger Erheblichkeit ist.

Was ist hier das geschützte Rechtsgut?
Sexuelle Selbstbestimmung bei Kindern

Die Frage, was das von § 176 geschützte Rechtsgut ist, ist gar nicht so leicht zu beantworten, wie viele denken. Der Gesetzesabschnitt nennt die sexuelle Selbstbestimmung als Rechtsgut. Die Vorschriften gegen den Missbrauch von Kindern gehen aber gerade davon aus, dass Personen unter 14 Jahren noch gar keine sexuelle Selbstbestimmung haben. Anders als bei den Vorschriften der §§ 174 ff., die sich mit dem Missbrauch von Abhängigen, Gefangenen und Patienten befassen, kommt es beim Kindesmissbrauch nämlich nicht darauf an, ob im Einzelfall eine missbräuchliche Handlung oder ein Ausnutzen einer spezifischen Schwäche gegeben ist. Für Kinder gelten das Verbot und die Strafdrohung vielmehr absolut, ganz unabhängig davon, ob die Tat schlimm ist, ob das Kind vielleicht schon genau weiß, was es entscheidet, und als »frühreif« gilt, oder ob die Handlung tatsächlich schädlich oder gefährlich ist. Es gibt also keine Ausnahmen von der Regel, dass sexuelle Handlungen von und an Kindern verboten sind. Im Einzelfall kann das durchaus zweifelhaft sein, denn wie jede rechtliche Grenze ist auch diese nicht einfach eine Übernahme aus der Natur, sondern eine normative Entscheidung. Wenn ein 18-jähriger Erwachsener mit einem am 1. März geborenen 13-jährigen Kind am 28. Februar um 23 Uhr und am 1. März um 1 Uhr zweimal einverständlichen Geschlechtsverkehr ausübt, ist die erste Handlung mit einer Strafe von 15 Jahren bedroht, die zweite straflos und rechtlich unbedenklich, ohne dass sich an der Lage des Rechtsguts sachlich irgendetwas geändert hätte. Grenzen sind im Recht unvermeidlich, aber im Einzelfall manchmal nur schwer mit der Erwartung elementarer Billigkeit zu vereinbaren. Eine vollständige Aufhebung der Grenze würde jedoch zu viel größerer Ungerechtigkeit und eine Verschiebung der Grenze nur dazu führen, dass das Problem an eine andere Stelle bewegt wird. In der praktischen Anwendung muss man versuchen, ein gewisses Maß an Flexibilität auch in diesen Fällen zu erhalten.

Meistens wird das Rechtsgut von § 176 so beschrieben, dass die Strafdrohung die *Entwicklung* der sexuellen Selbstbestimmung schützen soll. Das ist sicher insoweit richtig, als die *Fähigkeit* zur Selbstbestimmung nicht eine Eigenschaft ist, die entweder ganz da oder ganz weg ist. Selbstbestimmung funktioniert nicht wie eine mechanische Kraft. Wie alles in der menschlichen Psyche entwickelt sie sich, allerdings das ganze Leben lang und nicht nur bis zum Ende des 13. Lebensjahres. Es stellt sich hier ja auch die Frage, worin die sexuelle Selbstbestimmung und die Fähigkeit dazu überhaupt genau bestehen. Wie schon in Kapitel 3 ausgeführt, geht es hierbei um die Möglichkeit, über Ort, Zeit, Art und Maß des eigenen sexuellen Verhaltens sowie über die Wahl möglicher Partner von sexuellen Handlungen zu entscheiden. Mit Selbstbestimmungsfähigkeit ist in diesem Zusammenhang nicht die äußere, objektive Möglichkeit gemeint, Selbstbestimmung auszuüben. Vielmehr geht es um die subjektive, geistig-seelische Fähigkeit, sexuell motiviertes eigenes und fremdes Handeln als solches in seiner Bedeutung zu erkennen und es in ein Konzept der eigenen Persönlichkeit, also des Selbstbildes und der Selbstbewusstheit, sowie in den Zusammenhang von Emotion, Lust, personaler Nähe und Reflexion all dessen zu integrieren. Das klingt kompliziert und ist es tatsächlich auch. Zum Glück funktioniert es in den meisten Fällen und zum größten Teil auch dann, wenn wir es nicht kompliziert formuliert und durchdacht haben, weil es ein Teil der menschlichen Natur und eine der mächtigen inneren Kräfte unseres Lebenssinns ist. Trotzdem muss man sich den Inhalt solcher Begriffe auch theoretisch, in einer etwas abstrakteren Weise klarmachen, wenn man auf einer vernünftigen, kommunikationsfähigen Ebene darüber entscheiden will, ob, wie und warum die Voraussetzungen zur Selbstbestimmung bei anderen Personen gegeben sind oder nicht.

Einfach gesagt, kann man nicht schlicht behaupten, Kinder hätten keine sexuelle Selbstbestimmung, weil das schon immer so gewesen sei oder weil es so im Gesetz stehe. Beides ist falsch, denn es war zu anderen Zeiten eben nicht so, dass Kinder keine sexuelle Selbstbestimmung hatten, und es ist heute nicht deshalb so, weil es im Gesetz steht, sondern es steht im Gesetz, weil der Gesetzgeber angenommen hat, dass es so sei. Das »Warum« ist damit nicht beantwortet.

Selbstbestimmung ist, schlicht gesagt, die Möglichkeit, das eigene Handeln, worunter aktives Tun oder passives Nichtstun fallen, so vorzunehmen, wie man selbst es will. Insofern, auf dieser ganz allgemeinen Ebene, ist jede Selbstbestimmung gleich. Art. 2 Abs. 1

Grundgesetz spricht von der freien Entfaltung der Persönlichkeit, auf die jeder gegenüber dem Staat »ein Recht« habe. Das klingt sehr ambitioniert, umfasst aber eben auch die bloße Freiheit, ein Käsebrot zu essen oder auch nicht. Die Entfaltung der Persönlichkeit ist aber noch mehr als die Entscheidung, bestimmte äußere Handlungen auszuführen oder zu unterlassen. Sie umfasst auch den Aspekt, die jeweilige individuelle Persönlichkeit in die Entscheidung und ihre Umsetzung einzubringen. Es liegt nahe, dass die Entscheidung, zu essen oder nicht zu essen, andere Anforderungen an die Persönlichkeit eines Menschen stellt als die Entscheidung, welche Partei man wählen, welchen Beruf man ergreifen und mit welchen Personen man sexuelle Handlungen vornehmen soll. Verschiedene Entscheidungsmöglichkeiten setzen verschiedene Grade von Reife, das heißt des Verständnisses des Entscheidungsgegenstands und der Fähigkeit zur Einordnung der Entscheidung in einen größeren Zusammenhang, voraus. Ein 8-jähriges Kind kann nicht sinnvoll darüber entscheiden, ob es die Schule abbrechen und lieber Astronaut werden sollte. Ein 12-jähriges Kind kann nicht vernünftig darüber entscheiden, ob es sexuelle Handlungen eines 20 Jahre älteren Filmstars oder Schlagersängers dulden soll. Man sollte die Bestimmung über sich selbst nicht mit einer ganz besonderen, herausragenden Bedeutung versehen, soweit sie die Sexualität betrifft. Die Sexualität und ihre Integration in das Selbstbild und das Verhalten eines Menschen sind ein sehr wichtiger Teil der Persönlichkeit, aber nicht eine alles andere überragende Qualität.

Das wird, so meine ich, heute unter dem Zeichen einer möglichst weitreichenden analytischen Aufklärung von Strukturen, Motiven und Einflüssen im Lebensverlauf ein wenig überschätzt und dann auch überdramatisiert. Nicht jede Irritation oder jeder Eingriff in die Entwicklung von sexueller Identität sind psychologische Katastrophen, die zwangsläufig zu schweren Verletzungen und Behinderungen der Gesamtpersönlichkeit führen und unwiderruflich zerstörerische Spuren durch das ganze Leben ziehen. Es wäre überaus merkwürdig, wenn es so wäre und ein einzelner Teil der psychischen Gesamtheit ein alles andere bestimmendes Zentrum der Persönlichkeit wäre. Es gibt keine Belege für eine solch überdimensionierte Bedeutung. Das bedeutet allerdings nicht, dass Verletzungen, Enttäuschungen und Überforderungen hier stets harmlos wären. Es sollte aber Anlass geben, gelegentlich zu überprüfen, ob eine besonders dramatische Sicht auf (potenzielle) Verletzungen der sexuellen Selbstbestimmung und deren biografische Entwicklung nicht ihrerseits negative Folgen haben können.

Der Gesetzgeber hat sich dafür entschieden, unterhalb der Grenze der Vollendung des 14. Lebensjahres keine Relativierung von Entwicklung und Selbstbestimmung zuzulassen. Diese Grenze ist nicht willkürlich, sondern orientiert sich an Erfahrungswerten und deren wertender Einordnung. Sie ist aber auch nicht aus der Natur gegeben. In anderen Kulturen und zu anderen Zeiten hat man Grenzen der sexuellen Selbstbestimmung anders gesehen und vielfach nicht an bestimmten Lebensaltern festgemacht, weil diese gar nicht gezählt wurden. In vielen Fällen ging es um körperliche Reife im Sinn von Fortpflanzungsfähigkeit oder um eine allgemeine soziale Reife etwa durch die Fähigkeit, sich an der familiären Arbeit systematisch zu beteiligen. Fast überall wurden die Übergänge von der Kindheit zur sexuellen Reife ritualisiert und mit Formen des Feierns, des Übertritts und der Ablösung umgeben. Zugrunde liegt stets die Erkenntnis, dass die kindliche Persönlichkeit nicht reif ist für erwachsene, auf genitale Befriedigung gerichtete Sexualität. Dem steht die seit dem Ende des 19. Jahrhunderts sich verbreitende Erkenntnis nicht entgegen, dass auch kleine Kinder jeden Alters eine Sexualität haben, also lustvolle körperliche und emotionale Empfindungen. Diese Erkenntnis ist unabhängig davon, ob die alles überragende Rolle, die ihr namentlich in der Therapielehre Sigmund Freuds zugemessen wurde, realistisch oder ein bloßes zeitbedingtes, seinerseits aufzuarbeitendes Postulat ist.

In Rechtfertigungsfiguren von pädophilen Personen, also solchen, deren sexuelles Begehren auf vorpubertäre Kinder gerichtet ist, taucht immer wieder die Behauptung auf, sexuelle Handlungen mit oder an Kindern seien harmlos, wenn sie nicht auf Zwang und Druck beruhen. Vielmehr befriedigten sie das ursprüngliche Bedürfnis der Kinder nach Zärtlichkeit, Nähe und Verschmelzung. Diese Behauptung ist falsch und verschleiert den entscheidenden Umstand, dass zwischen den genannten kindlichen Bedürfnissen und der erwachsenen Sexualität nicht nur ein gradueller, sondern ein qualitativer Unterschied besteht. Pädophile Erwachsene missbrauchen die kindlichen Bedürfnisse, indem sie diese ihren eigenen explizit sexuellen Wünschen unterordnen, zugleich korrumpieren sie die Sinnstrukturen und Bedeutungen der kindlichen Psyche. Es findet nämlich fast regelmäßig – ausdrücklich oder unausgesprochen – eine Umdeutung kindlicher Bedürfnisse und Wünsche in eine dominante erwachsene Struktur der Befriedigung statt, die für die Entwicklung einer selbstbestimmenden, selbstbewussten, distanz- wie nähefähigen Persönlichkeit nach allen vorhandenen Erkenntnissen sehr schädlich ist und zu schweren, belastenden Folgen führen kann. Diese Folgen und ihr Ausmaß sind für missbrauchende Täter nicht voraussehbar und können auch nicht prophylaktisch ausgeschlossen werden. Daher sind Einlassungen der Art, Taten seien nur vorsichtig oder nur bei ausdrücklichem Einverständnis geschehen, nicht geeignet, die Gefahr auszuschließen. Das bedeutet umgekehrt, dass die Schwere der Folgen nicht stets in einem schematisch-proportionalen Verhältnis zum Umfang oder zur Form einer Tat steht. Auch schwere Taten müssen nicht zwingend zu besonders schweren Folgen führen, und leichte Taten schließen solche Folgen nicht aus. Für einen solchen Zusammenhang, der auch für die Strafzumessung wichtig ist, sprechen allenfalls Wahrscheinlichkeiten. Wie immer kommt es stets auf den Einzelfall an.

Sexueller Missbrauch von Kindern und Pädophilie sind nicht dasselbe. Das Erstere ist eine Straftat, das Letztere eine psychische Prägung. Pädophil zu sein ist nicht strafbar, und es bedeutet nicht, zwangsläufig Straftaten begehen zu müssen oder begangen zu haben. Deshalb sind allgemeine Schmähungen und Abwertungen dieser Minderheit, die weitverbreitet sind, weder angebracht noch gerecht. Die Gefahr, dass pädophil veranlagte Personen, die nach bisherigem Stand fast ausschließlich Männer sind, Straftaten gegen Kinder begehen, ist zwar sehr hoch. Tatsächlich wird aber nur ein eher geringer Teil der Straftaten nach §§ 176 ff. StGB von pädophil veranlagten oder geprägten Personen begangen. Der weitaus größere Teil der Taten wird von nicht pädophilen Personen verübt, die auf Kinder als Sexualpartner entweder als Ersatz zugreifen oder deshalb, weil die Tatopfer unterlegen und abhängig sind und den Wünschen des Täters keinen wirksamen Widerstand entgegensetzen können.

Tatbestand im Beispielsfall

Im Beispielsfall hat der Beschuldigte R. seine Hand unter der Kleidung an den Intimbereich des 7-jährigen Kindes S. geführt und mit einem oder mehreren Fingern jedenfalls so viel Druck auf den Bereich der Scheide ausgeübt, dass dies für das Kind schmerzhaft war. Das war ohne Zweifel eine sexuelle Handlung, die von einiger Erheblichkeit war. Mehr als die Erfüllung dieser Mindestvoraussetzung ist nicht erforderlich. Es handelte sich um eine sexuelle Handlung, die der Täter R. »an« dem Kind S. ausgeführt hat. Damit ist gemeint, dass der Täter unmittelbar auf den Körper des Kindes einwirkt, ihn also selbst berührt. Andere Varianten sind möglich (s. oben), müssen dann aber konkret festgestellt werden. Eine gewisse Unklarheit kann aufkommen, wenn man die Handlungsvariante »Handlung vornehmen lassen« betrachtet. Das klingt, als müsse der Täter hier gar nichts tun, sondern nur das Kind handeln lassen, also ganz passiv sein. Das ist aber nicht gemeint, denn § 176 ist kein sogenanntes (echtes) *Unterlassungsdelikt,* also kein Tatbestand, den man durch bloßes Nichtstun verwirklichen kann, wie zum Beispiel »Unterlassene Hilfeleistung« nach § 323c StGB. Das Gesetz meint etwas anderes: Der Täter muss auf das Kind so einwirken, dass dieses selbst die sexuelle Handlung am Täter, an einer dritten Person oder an sich selbst vornimmt. Das geht im Einzelfall auch, wenn das Kind selbst die Initiative zu der Handlung ergreift. Gemeint ist aber nicht bloßes Geschehenlassen, sondern Veranlassen. Beides kann sich überschneiden, zum Beispiel, wenn eine zunächst kindliche Initiative vom Täter bestärkt wird.

Nicht vorausgesetzt ist von § 176, dass das Kind die sexuelle Handlung nicht will oder sich gar dagegen wehrt. Auch irgendeine Art von Zwang ist für die Strafbarkeit nicht erforderlich. In Tatbeschreibungen in der Presse oder in Gerichtsurteilen liest man nicht selten: »Das Kind *musste* den Täter befriedigen« oder ähnlich. Das ist nicht richtig und verzerrt den Tatbestand. Ein »Müssen«, also irgendeine Art von Druck, Angst oder Zwang, ist nicht erforderlich. Man darf also auch nicht in jede Tat des sexuellen Kindesmissbrauchs, von der man hört oder liest, einen solchen Zwang hineininterpretieren und dadurch die Vorstellung von der Tat schon von Anfang an dramatisieren. Es ist hier wie beim Begriff der »sexualisierten Gewalt«, von dem im Zusammenhang mit Beispielsfall 1 die Rede war: Wer zu *jeder* Handlung im sexuellen Kontext »Gewalt« sagt, hat keine sinnvollen Begriffe mehr zur Abgrenzung der wirklich gewalttätigen Fälle. Tatsächlich ist es bei Taten nach § 176 StGB ja nicht selten gerade so, dass der Täter oder die Täterin das Vertrauen des Kindes ausnutzen und eine emotionale Konstellation herstellen, die vom Tatopfer zunächst gar nicht als Zwang empfunden wird. In den terminologischen Übersteigerungen spiegelt sich daher in gewissem Maß auch ein Bedürfnis nach Entlastung und Entschuldigung: Selbst da, wo es auf Zwang nach dem Gesetz überhaupt nicht ankommt, wird er routinemäßig unterstellt. Mit der zitierten Umschreibung (»müssen«) will man klarstellen, dass dem kindlichen Opfer keine eigene Initiative und daher keine »Mitschuld« zugeschrieben werden. Das offenbart eine recht verschleiernde, unaufrichtige Deutung der kriminologischen Zusammenhänge. Kinder sind nicht »unschuldig«, und ein Zustand von »Unschuld« ist auch keineswegs die Voraussetzung dafür, dass sexuelle Handlungen mit Kindern verboten und strafbar sind. Es handelt sich um eine typisch erwachsene, daher ihrerseits missbräuchliche Definition, Kindern wegen ihrer angeblichen Unschuld besonderen Schutz gewähren zu wollen. Die Kehrseite davon ist nämlich, dass der Schutz bei Fehlen von Unschuld versagt oder als nicht erforderlich angesehen wird. Darin versteckt sich die Figur der »kleinen Luder« und der »frühreifen Früchtchen«, die man früher aus dem Schutzbereich des Strafrechts ganz hinausdefinierte und heute noch immer nur mit Vorbehalten und scheinmoralischen Einschränkungen als legitime Opfer akzeptieren will. Dies offenbart im Grunde genau dieselbe missbräuchliche Verkennung, die man den Tätern vorwirft.

In der Praxis heißt das, dass es für den Tatbestand des § 176 StGB überhaupt keine Rolle spielt, ob das Kind freiwillig oder unfreiwillig handelt, denn die Freiwilligkeit ist rechtlich sowieso nicht wirksam. In lang dauernden Missbrauchsbeziehungen kommt es nicht ganz selten vor, dass die geschädigten Kinder aktive Rollen übernehmen und sexuelle Handlungen selbst initiieren. Psychologisch ist das nicht fernliegend, denn es sichert dem Kind einen Rest oder die Wiedergewinnung eines Anteils an Selbstbestimmtheit, der sich bis zu Formen subtiler Dominanz entwickeln kann. An der Grundkonstellation ändert das jedoch nichts. Die aktive Rolle des Kindes kann lediglich ein Zeichen einer widerstandsfähigen Persönlichkeit sein, andererseits auch das Maß einer vom Täter verursachten oder ausgenutzten emotionalen Korruption.

Auf die Zustimmung oder den Widerwillen des Kindes kommt es also für die Verwirklichung von § 176 StGB nicht an. Wenn das Kind die sexuelle Handlung nicht will, sind daher *zusätzlich* die Voraussetzungen des § 177 erfüllt (s. Beispielsfall 1). § 176 setzt das aber nicht voraus, denn sonst bräuchte man die Spezialvorschrift ja nicht. Beide Tatbestände sind dann nebeneinander verwirklicht, die Strafe wird aus dem höheren Strafrahmen bestimmt (§ 52 StGB). Das gilt im Übrigen gleichermaßen, wenn ein besonders schwerer Fall des sexuellen Kindesmissbrauchs (§ 176a wegen Eindringens in den Körper) mit einem Fall des besonders schweren sexuellen Übergriffs nach § 177 Abs. 6 Nr. 1 (Vergewaltigung) zusammentrifft, weil der Täter gegen den erkennbaren Willen des Kindes gehandelt hat.

Im Beispielsfall sind die Voraussetzungen des objektiven Tatbestands damit erfüllt. Dass Täter und Opfer verwandt sind, spielt keine Rolle, denn eine Inzesttat nach § 173 Abs. 1 StGB, der sogenannte Beischlaf mit einem Abkömmling, liegt nicht vor. Auch ein besonders schwerer Fall nach § 176a StGB ist nicht gegeben (s. Anhang).

Subjektiver Tatbestand: der Vorsatz des Täters

Im Wortlaut des § 176 kommt das Wort »Missbrauch« nicht vor, es steht nur in der gesetzlichen Überschrift. Für den erforderlichen Vorsatz reicht es aus, dass der Täter das Alter des Kindes kennt und dass er weiß, dass die Handlung eine sexuelle ist. In beiden Hinsichten genügt es, wenn der Vorsatz sich auf die tatsächlichen Umstände bezieht. Demgegenüber gehört die rechtliche Wertung hier – wie in den meisten Tatbeständen – nicht zum Vorsatz. Konkret kann sich das wie folgt auswirken: Wenn der Täter glaubt, die jugendliche Person sei bereits 14 Jahre alt (also Jugendlicher, s. § 182 StGB im Anhang), ist er im Irrtum über ein objektives Tatbestandsmerkmal. Das wäre ein Fall des § 16 Abs. 1 StGB:

> Wer bei Begehung der Tat einen Umstand nicht kennt, der zum gesetzlichen Tatbestand gehört, handelt nicht vorsätzlich. Die Strafbarkeit wegen fahrlässiger Begehung bleibt unberührt.

Da § 176 eine Fahrlässigkeitsstrafbarkeit nicht ausdrücklich vorsieht, würde mit dem Vorsatz auch die Strafbarkeit nach § 176 insgesamt entfallen. Es wäre dann § 182, der sexuelle Missbrauch von Jugendlichen, zu prüfen, der aber andere Voraussetzungen hat. Eine Spezialfrage ergäbe sich daraus, dass der objektive Tatbestand des § 182 gar nicht gegeben wäre, weil die geschädigte Person ja tatsächlich nicht jugendlich, sondern ein Kind ist. Man müsste also den *falschen* Vorsatz mit dem *falschen* Tatbestand zu einer *richtigen* Strafbarkeit kombinieren – ein strafrechtsdogmatisch sehr fragwürdiges Unterfangen.

In unserem Fall ist das aber kein Problem. Großvater R. handelt vorsätzlich. Daran würde sich auch nichts ändern, wenn er irrtümlich annähme, dass sexuelle Handlungen mit siebenjährigen Enkelinnen erlaubt seien. Das wäre kein sogenannter Tatsachenirrtum, sondern ein sogenannter Verbotsirrtum (§ 17 StGB), der am Vorsatz nichts ändert, aber den Schuldvorwurf entfallen lässt, wenn der Irrtum »unvermeidbar« war. Unvermeidbarkeit wird in der Praxis aber kaum je einmal angenommen. Im Beispielsfall läge sie völlig fern.

Die Frage nach der Schuld des Täters

Das bringt uns aber abschließend noch zu einer anderen Frage. Nach dem Sachverhalt ist der Täter R. 72 Jahre alt und hatte einen Schlaganfall. Über irgendwelche Vorbelastungen strafrechtlicher Art ist nichts bekannt. Bei der geschilderten Tat handelte es sich um die erste derartige Handlung, soweit es aus dem Sachverhalt erkennbar ist. Diese Konstellation ist insoweit auffällig, als man an ein kriminologisch nicht unbekanntes Phänomen denken kann beziehungsweise muss, das ungenau als »Pädophilie des Alters« beschrieben wird. Es ist nicht ganz selten, dass Männer, die lebenslang ein sexualstrafrechtlich ganz unauffälliges Leben geführt haben, in höherem Alter erstmals Straftaten des sexuellen Missbrauchs von Kindern begehen. Die Ursachen dafür können unterschiedlich sein, haben aber mit Pädophilie im eigentlichen Sinn meist nichts zu tun. Es gibt einen Bereich, der den Symptomen der Demenz zuzuordnen ist. Dieser zeichnet sich aber eher durch allgemeine Distanzlosigkeit und nicht durch spezielle Hinwendung zu Kindern aus. So wissen Pflegekräfte in Alten- und Pflegeheimen vielerlei Geschichten über die verbalen und körperlichen Zudringlichkeiten dementer alter Männer zu berichten.

Daneben gibt es aber auch Erscheinungsformen, in denen sich ein Nachlassen der sexuellen Potenz, der intellektuellen Leistungsfähigkeit und der Fähigkeit zur Alltagsbewältigung, verbunden mit depressiven Symptomen und gesundheitlichen Einschränkungen wie etwa Schlaganfällen, dahin auswirken, dass ältere Männer plötzlich sexuell motivierten körperlichen Kontakt zu Kindern suchen. Teilweise geschieht dies, nachdem sie mit ihren gleichaltrigen Partnerinnen und auch sonst schon lange keine sexuellen Kontakte mehr hatten. Solcher sexuell motivierter Kontakt zu Kindern kommt häufig innerhalb von Familien vor, da dort die meisten Gelegenheiten bestehen. Für die betroffenen Familien ist das oft völlig überraschend und überdies ein Schock, der schwer zu verarbeiten ist, da das mit dem bisherigen Bild von der Persönlichkeit des Täters kaum vereinbart werden kann. Die Täter wiederum sind oft sehr beschämt, bestreiten konstant alles und wollen die Taten auch vor sich selbst und ihren Partnerinnen nicht zugeben. Das führt dazu, dass nicht selten gegen alte Menschen Strafprozesse und Hauptverhandlungen durchgeführt werden, die wenig zur Lösung des Problems beitragen. Selbst wenn in minder schweren Fällen und bei Ersttätern Strafen verhängt werden, die zur Bewährung ausgesetzt werden, führt dies nicht selten zur vollständigen Isolation der Verurteilten in der Familie sowie zum Verlust aller Sozialkontakte, entweder weil die Täter sich aus Scham selbst isolieren, oder weil Verwandte und frühere Bekannte den Kontakt beenden.

Für betroffene Kinder sind Übergriffe von vertrauten Personen in der Familie und deren engem Umfeld oft schwer zu verarbeiten, zum einen, weil gerade hier quasi korruptive Strukturen über längere Zeiträume vorliegen können, die den Vorwurf einer »Mitschuld« entweder untergründig und unausgesprochen tragen oder diesen Vorwurf im Prozess der Aufklärung und Verfolgung sogar ausdrücklich formulieren. Zum anderen, weil sehr häufig starke Loyalitätskonflikte für das Kind entstehen, die es aus eigener Kraft nicht lösen kann. Diese betreffen das Verhältnis zu dem übergriffigen Täter, aber auch zu anderen Familienangehörigen, etwa zur Partnerin oder zum Partner des Täters, oder das Verhältnis der Eltern zu den Großeltern. Diese Konflikte werden von Tätern häufig bewusst provoziert und angelegt, um das betroffene Kind zur Geheimhaltung zu veranlassen. Beispielhaft für solche Strategien der korruptiven Verstrickung sind Hinweise etwa darauf, bei Offenbarung müsse der Opa ins Gefängnis oder, wie im Beispielsfall, sei die Oma/Mama sehr traurig, verbunden mit besonderer Zuwendung, Geschenken oder

Bevorzugung gegenüber Geschwistern. Betroffene Kinder können sich aus solchen Strukturen oft nicht aus eigener Kraft befreien und leiden langfristig auch darunter, dass sie selbst von den Taten emotional und/oder materiell profitiert haben.

Ist der Täter überhaupt schuldfähig?

Eine besondere Stellung nimmt die Frage der sogenannten Schuldfähigkeit ein. Diese betrifft die Schuld im Ganzen, wenn es darum geht, ob eine beschuldigte Person zur Tatzeit überhaupt erkannt hat, dass die begangene Handlung verboten war, oder ob sie in der Lage war, das eigene Handeln gedanklich zu kontrollieren und eine bewusste Entscheidung für oder gegen den Regelbruch zu fällen. Denn wer schuldunfähig ist, kann nicht als schuldig verurteilt werden. Es kommt dann allenfalls eine Maßnahme der Sicherung in Betracht, also etwa eine Unterbringung in einem (psychiatrischen) Krankenhaus. Wenn die Möglichkeit des Beschuldigten, sein Handeln zu kontrollieren, zum Tatzeitpunkt zwar nicht aufgehoben, aber erheblich eingeschränkt war, geht es nicht um die Schuld insgesamt, sondern nur um deren Maß, also um eine Frage der Strafzumessung. Das ergibt sich aus den §§ 20 und 21 StGB (s. Anhang).

Im Beispielsfall besteht nach dem festgestellten Sachverhalt Anlass zu der Prüfung, ob möglicherweise ein Fall der altersbedingten Schuldeinschränkung im genannten Sinn vorliegt, insbesondere deshalb, weil der Täter R. bislang völlig unauffällig gewesen ist und dies offenbar der erste Fall sexuellen Missbrauchs war. Daneben auch deshalb, weil der kürzlich erlittene Schlaganfall darauf hindeuten könnte, dass beim Beschuldigten cerebrale Abbauprozesse stattfinden, die seine Persönlichkeit und damit seine Schuldfähigkeit beeinträchtigt haben. Schließlich ist ein Anlass für die Prüfung auch deshalb gegeben, weil er nach Mitteilung des Kindes nach Schnaps gerochen und daher möglicherweise durch Alkoholkonsum enthemmt oder in seiner Steuerungsfähigkeit eingeschränkt war. Im vorliegenden Fall sind die genannten Anhaltspunkte nicht so ausgeprägt, dass man spontan annehmen könnte, der Großvater R. habe sein Verhalten überhaupt nicht mehr unter Kontrolle gehabt, aber eine erhebliche Einschränkung der Selbstkontrolle erscheint möglich.

In einem solchen Fall darf ein Gericht nicht ohne Weiteres eine eigene medizinisch-juristische Diagnose treffen, denn dazu sind Strafjuristen nicht ausgebildet. Das Gericht darf auch nicht ohne Weiteres den Grundsatz »Im Zweifel für den Angeklagten«* anwenden. Der Zweifelssatz schreibt nämlich, entgegen einem weitverbreiteten Irrtum, nicht vor, wann man Zweifel haben soll, sondern wie man entscheiden muss, wenn man tatsächlich Zweifel hat. Bevor man die Regel anwendet, muss man also zunächst versuchen, die Frage zu klären, indem man Beweise erhebt und die Ergebnisse prüft und würdigt. Erst wenn dann noch ernsthafte Zweifel bestehen, muss man »im Zweifel« die für den Beschuldigten günstigste von mehreren Möglichkeiten zugrunde legen.

Hier bedeutet das, dass sich ein Sachverständiger für die genannten medizinisch-psychiatrischen Fragen mit der Sache beschäftigen muss. Er wird insbesondere neurologische Untersuchungen der Gehirnfunktionen und internistische Untersuchungen der Durchblutung durchführen und sich intensiv mit der

* Häufig mit dem lateinischen Wortlaut »In dubio pro reo« zitiert, obwohl er nicht aus dem römischen Recht stammt. Im deutschen Strafprozessrecht und auch in der Verfassung (Grundgesetz) findet sich dieser Grundsatz im ausdrücklichen Wortlaut nicht. Er steht aber in Art. 6 Abs. 2 der Europäischen Menschenrechtskonvention (EMRK): »Jede Person, die einer Straftat angeklagt ist, gilt bis zum gesetzlichen Beweis ihrer Schuld als unschuldig.« Als allgemeiner menschenrechtlicher Grundsatz eines fairen rechtsstaatlichen Verfahrens hat er allgemeine Geltung. Dass Beschuldigte als unschuldig »gelten«, bedeutet, dass sie vom *Recht* (Staat) nicht so behandelt werden dürfen, als seien sie schuldig.

Psyche des Beschuldigten R. beschäftigen. Diese Beschäftigung umfasst die allgemeinen geistigen Fähigkeiten und gegebenenfalls Einschränkungen des Beschuldigten, seine Entwicklungsgeschichte, mögliche Hinweise in der Vergangenheit oder Veränderungen im Zeitablauf, intellektuelle Einschränkungen oder psychische Störungen des Probanden und schließlich auch dessen Darstellung des betreffenden Geschehens. Ein solcher Sachverständiger, meist ein Facharzt für forensische Psychiatrie, ist Gehilfe des Gerichts. Das bedeutet, dass er dem Gericht die Sachkunde und die Feststellungen vermitteln soll, über die das Gericht selbst nicht verfügt. Er wird dadurch nicht zum zusätzlichen Richter, da er über Rechtsfragen nicht zu entscheiden hat, sondern nur Material dafür liefern soll. Denn medizinische und psychiatrische Diagnosen und Prognosen können ja nicht ohne Weiteres als Rechtsbegriffe übernommen werden, weil empirische Befunde und rechtliche Folgen zwei ganz verschiedene Welten sind. Die Naturwissenschaften und die Medizin kennen keinen Zustand von Schuld oder Schuldunfähigkeit, denn das sind Kategorien, die aus dem Blickwinkel dieser Wissenschaften ohne Inhalt und Bedeutung sind. Was Schuld ist und was eingeschränkte Schuld, kann man nicht messen oder mittels bildgebender Verfahren aus dem Gehirn ablesen. Vielmehr muss dies vom Recht, in unserem Fall einem Gericht, entschieden werden. Aus dieser Abgrenzung ergibt sich die häufig schwierige und auch problematische Beziehung zwischen Institutionen des Rechts und Vertretern der empirischen Psychowissenschaften. Beide Seiten neigen hier zu verschiedenen Grenzverletzungen. So versuchen viele Gerichte, die Antworten auf Rechtsfragen von den Sachverständigen zu erlangen, und Sachverständige fühlen sich den Richtern insoweit überlegen und sind geschmeichelt, wenn sie in prozessentscheidende Rollen hineinwachsen.

Wie diese Fragen im Beispielsfall geklärt werden, kann man nicht vorhersagen. Zunächst wird es darauf ankommen, ob eine

Strafanzeige erstattet wird. Das ist gerade in Konstellationen wie der hier gegebenen nicht selbstverständlich, vermutlich auch nicht die Regel. Obgleich sich die Anzeigebereitschaft im Allgemeinen sehr erhöht hat, bleiben viele Taten im familiären Umfeld weiterhin unter der Decke und werden informell geregelt, sei es, dass man den öffentlichen Skandal für die ganze Familie scheut, sei es, dass man Mitleid mit dem möglichen Täter hat, oder sei es, dass die Beweislage auch innerhalb der Familie als unsicher angesehen wird. Es ist nicht ungewöhnlich, dass sich aus Anlass solcher Geschehnisse zwei verfeindete Lager bilden. Das wäre hier zum Beispiel möglich, indem die Tochter T. sich mit der Enkelin S. des Beschuldigten ganz zurückzieht und den Kontakt zu ihrem Vater abbricht, und andererseits, indem die Ehefrau von R. die Geschichte von S. für unwahr hält und ihren Ehemann gegen alle Beschuldigungen verteidigt. Solche Konfrontationen können sehr zerstörerisch sein und Familien und Freundeskreise auf Dauer entfremden. Für tatsächlich betroffene Kinder ist das eine zusätzliche Belastung und überfordernd, weil die Konfrontation dauerhaft aufrechterhalten wird und entweder in Beschuldigungen und Anfeindungen fortgesetzt wird oder zu einer Tabuisierung des Themas mit teils jahrzehntelangem Schweigen führt. Die Gefahr, dass solche für Kinder inadäquaten Lösungen letzten Endes zu psychischen Störungen und langwierigen Leiden führen, ist recht groß. Das zeigt allerdings auch, dass die sekundären Langzeitfolgen solcher Taten nicht immer und ohne Weiteres dem Täter zugeschrieben werden können. Er ist zwar der Auslöser, aber nicht stets der allein Agierende. Diese Feststellung zielt nicht auf eine Verharmlosung von strafrechtlicher Schuld ab. Sie soll nur darauf hinweisen, dass auch in diesem Bereich die allgemeine öffentliche Stimmung häufig einseitig und schematisch wirkt. Schlagworte wie »Traumatisierung« werden im Alltag eingesetzt, als ob ihre Bedeutung allgemein bekannt sei. Tatsächlich handelt es sich um einen Fachbegriff mit klaren Grenzen und Aufgaben. Wird er wahllos für jede Verstimmung, schlechte Erfahrung oder Opfersituation verwendet, wird er einerseits entwertet, andererseits werden Situationen unnötig dramatisiert, weil es einen mediengetriebenen terminologischen Wettlauf um die schlimmste, verletzendste, bedauernswerteste Opferstellung gibt. In der Sache bringt das weder der Rechtsfindung noch dem Opfer Vorteile.

Was kommt nach einer Strafanzeige? Verfahren und Beweisaufnahme

Wenn es zu einer Strafanzeige kommen sollte, kann diese entweder direkt bei der örtlich zuständigen Staatsanwaltschaft beim Landgericht oder bei der Polizei erstattet werden. Eine bestimmte Form der Strafanzeige ist nicht erforderlich. Man kann sie schriftlich, telefonisch, persönlich, mündlich oder auf dem E-Mail-Weg einreichen oder auch einen Rechtsanwalt damit beauftragen. Die notwendigen Formalien werden von Amts wegen beachtet und ermittelt. Die Polizei, die bei der Strafverfolgung, anders als bei der präventiven Gefahrbekämpfung, als Ermittlungsbehörde nach Weisung der Staatsanwaltschaft arbeitet, ist nicht befugt, selbst über den Ausgang von Strafverfahren zu entscheiden. Es passiert allerdings nicht selten, dass Polizeidienststellen beziehungsweise einzelne Beamte Strafanzeigen herunterdefinieren, also Anzeigeerstattern das Verfahren eher ausreden wollen. Beliebte Argumente sind »Da kommt sowieso nichts raus«, »Haben Sie Beweise?« und Ähnliches. Solche Strategien der Arbeitserleichterung und des Abwimmelns findet man vor allem in Bereichen der Massenkriminalität, also etwa bei Strafanzeigen wegen Diebstahls, Körperverletzung, Nötigung oder Beleidigung. In Fällen von sexuellem Missbrauch von Kindern sind sie heutzutage selten geworden, weil allgemein eine hohe

Aufmerksamkeit und Verfolgungsbereitschaft besteht und die Polizeibeamten auch befürchten müssen, dass eine schlechte oder herablassende Behandlung von mutmaßlichen Tatopfern oder Anzeigeerstattern öffentlich skandalisiert wird. Eine berechtigte Ausnahme besteht nur, wenn schon gar kein Anhaltspunkt dafür gegeben ist, dass ein sogenannter Anfangsverdacht gegeben sein könnte. Selbstverständlich gehört es zu den Aufgaben der Polizei, wenn sie Stelle des Erstkontakts ist, zwischen ernst zu nehmenden und völlig fernliegenden Anzeigen zu unterscheiden.

Aufgrund der seit drei Jahrzehnten sehr intensiven Bemühungen um eine opferschonende und die Interessen von möglichen Tatopfern schützende Verfahrensgestaltung gibt es in allen Bundesländern umfangreiche Strukturen, mit denen auf Strafanzeigen aus dem Bereich des § 176 StGB und anderer Vorschriften des Sexualstrafrechts reagiert werden kann. Das sind zunächst spezielle Dienststellen und Sachbearbeiter bei der Polizei, darüber hinaus spezialisierte Staatsanwälte in Sonderabteilungen. Die Verfahrensabläufe sind recht stark vereinfacht oder jedenfalls so gestaltet, dass möglicherweise geschädigte Kinder nicht noch zusätzlich durch das bloße Verfahren eingeschüchtert, in Angst versetzt oder behelligt werden. Andererseits ist natürlich zu beachten, dass das Ermittlungsverfahren nicht deshalb stattfindet, weil schon feststeht, dass die angezeigten Taten wirklich begangen wurden, sondern weil es das Ziel hat, dies zu prüfen und gegebenenfalls herauszufinden. Weder darf beim Eingang einer Strafanzeige die beschuldigte Person so behandelt werden, als sei der Tatvorwurf schon bestätigt, noch darf eine Person, die Anzeige erstattet oder in deren Namen Anzeige erstattet wird, so behandelt werden, als stehe ihr Opferstatus schon fest oder als sei umgekehrt der Vorwurf schon widerlegt. Ebenso, wie für den Beschuldigten der Zweifelssatz spricht und vorschreibt, ihn bis zum Beweis der Schuld nicht schon als Schuldigen zu behandeln, ist auch die Position des Opfers nur eine vorläufige, hypothetische. Das ist eine pure Selbstverständlichkeit, denn es liegt auf der Hand, dass die Schuld eines Menschen nicht dadurch bewiesen ist, dass eine andere Person dies behauptet.

Ich erwähne dies trotzdem ausdrücklich, weil sich heute in der öffentlichen Behandlung solcher Fälle teilweise irreführende, auch ungute Verzerrungen breitgemacht haben. Diese werfen den Ermittlungsbehörden vor, nicht genügend »opferfreundlich« zu sein, die Täter zu schonen oder in den Verfahren die Glaubhaftigkeit der Opfer infrage zu stellen oder die Anforderungen an den Nachweis der Tat zu hoch zu schrauben. Das ist in aller Regel schlicht falsch, und zwar sowohl empirisch-tatsächlich als auch rechtlich.

Die Gegenargumente kann jeder Leser leicht selbst ergründen, indem er sich einmal kurz vorstellt, eine beliebige dritte Person würde morgen eine Strafanzeige gegen ihn erstatten, zum Beispiel mit dem Vorwurf, er habe sie vor zehn Jahren, als die Person ein Kind war, einmal sexuell belästigt. Es ist eine Frage schlichter Fantasiefähigkeit, sich diese Möglichkeit einmal vorzustellen, auch wenn man ganz sicher ist, dass man eine solche Tat nie begangen hat und nie begehen würde und dass auch jeder, der einen kennt, dies für fernliegend hielte. Je unschuldiger man sich fühlt, desto mehr wird man Wert darauf legen, dass man bis zum Beweis des Gegenteils auch so behandelt wird, als sei man unschuldig. Das bedeutet, dass man die Gelegenheit erhält, die angeblichen Beweise zu prüfen, selbst Beweise vorzulegen, Zeugenaussagen in Zweifel zu ziehen, die Tat zu bestreiten, zu schweigen, einen Strafverteidiger zu beauftragen und die Motive der Belastungszeugen anzuzweifeln. Kurz gesagt heißt das, all die Rechte in Anspruch zu nehmen, die das Gesetz Beschuldigten eingeräumt hat, um zu verhindern, dass Unschuldige verurteilt werden.

Beide Positionen, also die der legitimen Rechte von Tatopfern und die der legitimen Rechte von Beschuldigten und auch Tätern, stehen sich konflikthaft gegenüber. Das Strafverfahren ist nicht dazu gemacht und erst recht nicht dazu bestimmt, schon im Voraus zu entscheiden, welche Rechte mehr wert sind und den Vorrang haben sollen. Das gilt übrigens auch dann, wenn weitgehend außer Frage steht, dass eine Tat begangen und eine Person durch sie geschädigt wurde. Dass es unstreitig ein Opfer gibt, sagt nichts darüber aus, dass die beschuldigte Person auch der Täter sein muss.

Nicht immer spielen ehrenamtliche Organisationen der Opferhilfe eine nützliche Rolle, manchmal ist ihre Intervention sogar ausgesprochen problematisch. Damit soll nicht das Engagement missachtet werden, das Mitglieder solcher Organisationen aufbringen. Vielfach können diese nämlich durch die Vermittlung sachlicher Informationen, durch betreuende Begleitung und schlichte Anwesenheit dazu beitragen, dass Furcht verringert wird und die Abläufe des Verfahrens als notwendig und nicht als schikanös verstanden werden. Gerade Opfer von kurz zurückliegenden Taten sind nicht selten sehr aufgewühlt, emotional verletzlich und unerfahren im Umgang mit Strafverfolgungsbehörden. Schon das umständliche Angeben von Personalien oder die Formalisierung von Beschreibungen der angezeigten Tat in Protokollen erscheint ihnen als Ausdruck von Misstrauen oder Verweigerung von Hilfe. Dem liegen Miss- und Fehlverständnisse zugrunde, die nicht immer vermeidbar sind. Denn die Polizei als Strafverfolgungsbehörde muss entsprechend ihrer gesetzlichen Aufgabe handeln und ist nicht in erster Linie dazu da, emotionale Hilfe und Stabilisierung zu gewähren.

Im Unterschied zu den ermittelnden Beamten der Polizei und der Staatsanwaltschaft sowie zu den meisten im Verfahren tätigen Sachverständigen wie Ärzten, Psychologen und Psychiatern sind Mitarbeiter von Hilfsorganisationen meistens ehrenamtlich tätig, haben also keine standardisierte Ausbildung und auch nicht zwingend viel Erfahrung. Überdies ist ihre Motivation in den meisten Fällen nicht, Strafverfahren neutral zu führen oder zu begleiten, sondern den Personen zu helfen, die sich als Opfer oder Angehörige von Tatopfern an sie wenden und die sie auch als solche ansehen. Das erzeugt fast zwangsläufig eine bestimmte innere Haltung zu den Tatvorwürfen und ein bestimmtes inhaltliches Interesse am Verfahrensablauf und -ausgang, die sich nicht zuverlässig von einer distanzierten, neutralen Haltung professioneller Hilfestellung abtrennen lassen. Man findet unter Mitarbeitern von Hilfeorganisationen daher nicht selten, allerdings auch nicht regelmäßig, Personen, die extrem ambitioniert und an oder gar jenseits der Grenze eigener Interessenverfolgung tätig sind. Das kann Gründe in eigenen Erfahrungen als Tatopfer haben, aber auch in allgemeinen rechtspolitischen oder ideologischen Einstellungen, auch in problematischen Persönlichkeitsstrukturen. Nichts davon ist per se verwerflich, und regelmäßig gibt es ein Höchstmaß an gutem Willen, aber wenn ein solches Engagement nicht kontrolliert wird, neigt es hier wie anderswo zu zirkulären Selbstbestätigungen und Distanzlosigkeit. Das kann mögliche Tatopfer entlasten, sie aber auch auf ganz falsche Wege führen, etwa wenn Tatvorwürfe durch eigene »Ermittlungen« von Hilfspersonen subtil immer weiter bestärkt oder in ihrer Schwere gesteigert, also aggraviert werden, oder wenn Mitarbeiter von Beratungs- und Unterstützungsstellen ihre Position missbrauchen und sich in die Rolle einer Partei begeben. Äußerst kritisch müssen zum Beispiel Praktiken beurteilt werden, bei denen mutmaßlich Geschädigte in simulierten Vernehmungen vorgeblich »stabilisiert« werden, in Wahrheit aber Einübungen von möglichst belastenden Zeugenaussagen durchgeführt werden, etwa indem mögliche Einwendungen oder Nachfragen nach Widersprüchen geübt werden. Bei manchen der spektakulär gescheiterten und grob fehlgelaufenen Verfahren der Vergangenheit haben überengagierte, eifernde Mitarbeiter von Opferschutzvereinen eine sehr ungute Rolle gespielt, indem sie durch eigenes »Ermitteln« neue, unzutreffende Tatvorwürfe erst hervorbrachten oder Symptome von Traumatisierung durch suggestive Dramatisierung verstärkten. Abschreckende Beispiele sind etwa die Wormser Prozesse 1994 bis 1997 vor dem Landgericht Mainz, in denen 25 unschuldige Personen teilweise monströser Missbrauchstaten an Kindern beschuldigt wurden. Mitarbeiter des Vereins »Wildwasser« generierten hier mittels hoch suggestiver Verfahren (zum Beispiel mit anatomisch korrekten Puppen) und selektiven Fehldeutungen zahlreiche Beschuldigungen mit fernliegenden oder widersprüchlichen Tatsachenbehauptungen. Die Verfahren hatten verheerende Folgen nicht nur für die Angeklagten, sondern auch für die Kinder, die teilweise bis heute überzeugt sind, dass die ihnen suggerierten Taten wirklich geschehen sind. Auch der Montessori-Prozess in Münster im Jahre 1995 ist zu erwähnen, in dem ein Erzieher zu Unrecht beschuldigt wurde, in zwei Kindergärten 55 Kinder schwer sexuell missbraucht zu haben. Bei den suggestiven Befragungen der Kinder spielte ein inzwischen aufgelöster Opferhilfeverein aus Coesfeld (»Zartbitter«) eine wichtige Rolle.

Pauschalisierungen verbieten sich auch hier. Private Opferhilfe im Strafverfahren kann nützlich sein, sie kann aber auch schaden. Unprofessionelles Eiferertum ist das Letzte, was den Verfahren nützt und betroffenen Personen wirklich hilft. Es drängt sich gelegentlich der Eindruck auf, als verfolgten manche besonders eifernde Opferhelfer eine eigene, persönliche Agenda und als könnten sie nicht mehr zwischen ihrer Rolle im Verfahren und in der Unterstützungsarbeit einerseits und ihrer privaten Sphäre andererseits unterscheiden. Leider kommt es nicht selten vor, dass gerade solche Personen besonders wenig Einsicht in die

Möglichkeit von Fehlerquellen haben. Das kann daran liegen, dass sie selbst früher Opfer von entsprechenden Straftaten geworden sind und in der Hilfstätigkeit die eigene Aufarbeitung ständig wiederholen, aber auch daran, dass sie eigene Tatimpulse und Neigungen sozusagen überkompensieren. So wurde der Leiter eines Heimes, in dem mehrere angebliche Opfer aus den Wormser Prozessen untergebracht wurden, später selbst wegen schweren sexuellen Missbrauchs verurteilt.

Man kann heute davon ausgehen, dass Anzeigeerstatter, kindliche und erwachsene mutmaßliche Tatopfer und Angehörige von den zuständigen Ermittlungsbehörden angemessen, rücksichtsvoll und neutral behandelt werden. Dass die Position der dort tätigen Beamten eher distanziert-professionell ist, ist die Konsequenz der Aufgabe und kein Ausdruck von Missachtung oder mangelndem Mitgefühl, das heute gern als demonstrative emotionale Unterstützung eingefordert wird. Ein strafrechtliches Ermittlungsverfahren hat nicht den Zweck der Therapie oder der Opferhilfe, sondern soll nach verfassungsrechtlich vorgegebenen Regeln und Maßstäben klären, ob der Tatvorwurf, der gegen den Beschuldigten erhoben wurde, zutrifft. Insoweit geht es im Verfahren vorrangig um die beschuldigte Person. Dies als Täterorientiertheit im Sinne von Täterfreundlichkeit zu diffamieren, ist verfehlt. Jeder, der einen solchen Vorwurf erhebt, würde größten Wert darauf legen, dass er oder sie, wenn ein solcher Vorwurf gegen ihn oder sie selbst erhoben würde, nach Recht und Gesetz und unter Beachtung des Zweifelsgrundsatzes behandelt würde und dass sich nicht die ermittelnden Beamten einseitig auf die Seite des mutmaßlichen Tatopfers stellten.

Beweise und ihre Glaubwürdigkeit

Die Fragen des Nachweises von Straftaten im Bereich der Sexualdelikte werden besonders oft in Verfahren wegen Taten des Kindesmissbrauchs und solchen nach § 177 (s. Beispielsfall 1) diskutiert. Dies vor allem deshalb, weil die weitaus meisten Taten – abgesehen von Pornografietatbeständen – diese Vorschriften betreffen. Bei Vorwürfen von Sexualstraftaten sind die Beweisfragen im Grundsatz schwierig und oft hoch umstritten. Das liegt nicht an Fehlern oder Schwächen des Rechts, sondern an tatsächlichen Umständen, welche die Taten selbst betreffen:

(1) Die allermeisten Taten finden nicht in der Öffentlichkeit und auch nicht in Anwesenheit von dritten Personen außer Täter und Opfer statt. Sexualstraftaten berühren nicht nur im wörtlichen und übertragenen Sinn den personalen Intimbereich, sondern ereignen sich auch in den meisten Fällen an Orten, zu Zeiten und in Situationen, in denen sie einer Beobachtung durch Dritte entzogen sind. Das führt unter anderem dazu, dass die Voraussetzungen einer objektiven Schutzlosigkeit gegeben sind, die auch schon oben im ersten Beispielsfall erörtert wurde. Dabei handelt es sich um eine Lage, in welcher das mögliche Opfer mit dem möglichen Täter allein ist und im Ernstfall von Gewaltanwendung nicht mit der Hilfe Dritter rechnen kann. Bei Taten des sexuellen Missbrauchs sowie der sexuellen Übergriffe und Nötigungen ist das geradezu die Regel. Umso verfehlter ist es, wenn ein Senat des Bundesgerichtshofs neuerdings angenommen hat, das bloße Alleinsein von zwei Personen mache jede noch so leichte Tat zum Verbrechen mit einer Mindeststrafe von einem Jahr (s. oben S. 203 ff.), denn dann könnte man sich alle Missbrauchstatbestände mit geringerem Strafmaß im Grunde schenken.

Die häufige Situation des Alleinseins von Täter und Opfer führt aber zwangsläufig dazu, dass die Beweislage besonders schwierig ist, weil sich zwei Darstellungen des Geschehens unvereinbar gegenüberstehen. So sagt zum Beispiel die Person, die Anzeige erstattet hat, dass sie in die Handlung nicht eingewilligt habe, der Beschuldigte versichert hingegen, dass das Geschehen einverständlich war. Ein anderes Beispiel wäre, dass der Anzeigeerstatter sagt, dass der Beschuldigte sich vor langer Zeit übergriffig und missbrauchend verhalten habe, dieser aber bestreitet, dass es jemals zu solchen Handlungen gekommen sei.

(2) Sexualstraftaten hinterlassen häufig keine äußerlich feststellbaren Spuren. Das kann zwar im Einzelfall so sein, etwa wenn bei der Tat Verletzungen entstehen oder wenn DNA-Spuren, wie Speichel, Scheidensekret, Sperma oder gegebenenfalls Blut, gesichert werden können und wenn andere Erklärungen für deren Vorhandensein nicht gegeben oder möglich sind. In vielen Fällen gibt es aber entweder von Anfang an keine Spuren, oder sie sind wegen des Zeitablaufs zwischen Tat und Ermittlungsverfahren nicht mehr vorhanden.

(3) Der Zeitpunkt von Anzeigeerstattungen liegt bei Sexualstraftaten nicht selten besonders weit zurück. Das hat seine Ursachen auch in der Eigenart dieser Taten, denn oftmals versuchen Geschädigte zunächst über längere Zeit, das Tatgeschehen zu vergessen oder zu überspielen, zweifeln an der Beweiskraft ihrer Bekundungen oder machen sich Selbstvorwürfe der Mitschuld. Ein wichtiges Hemmnis für Anzeigeerstattungen sind auch Rücksichten auf Dritte, insbesondere auf die Familie, aber auch auf Angehörige des Beschuldigten oder auf diesen selbst, zum Beispiel, wenn es sich um einen Verwandten handelt. Schließlich sind auch die Aussichten auf ein öffentliches Ermittlungsverfahren und eine Hauptverhandlung, auf das Bekanntwerden der Tat im sozialen Umfeld sowie die Prognose eines Verfahrensergebnisses Gründe, von einer Strafanzeige abzusehen. Nicht jede geschädigte Person ist der Ansicht, eine möglichst harte Bestrafung des Täters sei das beste Mittel, um die Tat zu verarbeiten und zu

sühnen. Nicht wenige Geschädigte, namentlich Kinder, sind auch von Tätern sozial und emotional abhängig und offenbaren länger zurückliegende Taten erst, wenn diese Lebenssituation beendet ist oder sie in einer anderen, neuen Umgebung Stabilisierung und Vertrauen finden.

Der Umstand, dass Strafanzeigen oft erst mit großer Verzögerung erstattet werden, hat den Gesetzgeber veranlasst, in den vergangenen zwanzig Jahren die Verjährungsfrist für Sexualstraftaten immer mehr auszudehnen. Dabei ist man zunächst davon ausgegangen, dass die Verjährung ruht. Das heißt, dass die Frist noch gar nicht zu laufen beginnt, bis ein gewisses Lebensalter erreicht ist, in dem in der Regel erwartet werden kann, dass eine Person in der ab dann laufenden Frist eine Entscheidung darüber treffen kann, ob sie Strafanzeige erstatten will. Dieses Alter hat man zunächst bei 18 Jahren angesetzt, dann bei 21, dann 26 und inzwischen bei 30 Jahren. Das bedeutet, dass bei einer Tat des sexuellen Missbrauchs eines 7-jährigen Kindes die Verjährung zunächst einmal 23 Jahre lang ruht, bis das geschädigte Kind 30 Jahre alt ist. Dann beginnt erst die Verjährungsfrist, die unterschiedlich nach der Schwere des Delikts, das heißt nach der Strafdrohung ausfallen kann. Für einfachen sexuellen Missbrauch von Kindern beträgt sie nach § 78 Abs. 3 StGB 10 Jahre, bei Vergewaltigung 20 Jahre. Konkret bedeutet das, dass ein Kind, das im Alter von sieben Jahren einmal in strafbarer Weise berührt wurde (s. Beispielsfall 2), bis zur Vollendung des 40. Lebensjahres Strafanzeige erstatten kann. Wenn bei der Tat ein Eindringen in den Körper stattgefunden hat, zum Beispiel durch das Einführen eines Fingers in die Scheide oder den Anus (§ 176a), endet die Verjährung erst mit dem 50. Lebensjahr der geschädigten Person. Ein sexueller Übergriff durch sogenanntes Angrapschen einer erwachsenen Person von 21 Jahren (§ 177 Abs. 1) kann nach § 78 Abs. 2 und § 78b Abs. 1 Nr. 1 StGB noch bis zum 35. Lebensjahr des Opfers, also 14 Jahre nach der Tat, angezeigt werden und ist auch dann noch uneingeschränkt von Amts wegen zu verfolgen.

In Verbindung mit den oben unter (1) geschilderten Besonderheiten führt das zu oft schwierigen Beweislagen. Wie soll ein Gericht bei einer Beweislage von »Aussage gegen Aussage« aufklären, was vor zwanzig Jahren abends um 21 Uhr geschehen ist, gesagt oder nicht gesagt, missverstanden, gewollt oder nicht gewollt wurde? Selbstverständlich können Erinnerungen auch nach so langer Zeit noch zutreffend sein. Man muss aber andererseits auch vorsichtig sein, nicht aus der besonderen Schwierigkeit der Beweislage eine besondere Glaubhaftigkeit der Beschuldigung abzuleiten, etwa mit folgendem Argument: Weil Kinder Sexualstraftaten oft lange nicht offenbaren, sind besonders späte Offenbarungen besonders glaubhaft. Das wäre ein glatter Zirkelschluss, der, um zum Ergebnis zu kommen, dieses mittelbar schon voraussetzt.

In einer weiteren, zahlenmäßig wohl deutlich überschätzten Gruppe von Fällen ist es so, dass in der Kindheit begangene Taten zunächst über einen langen Zeitraum verdrängt werden. Das bedeutet, dass sie vom Bewusstsein der geschädigten Person abgespalten und in mehr oder weniger abseitige Randbereiche, Störungen und Verdrehungen verschoben werden, die etwa als psychische Störungen mit erheblichem Leidensdruck Ausdruck finden. Im aktuellen Bewusstsein werden die Taten also vergessen und kehren erst auf Umwegen, etwa über die Forschung nach Ursachen von Störungen und Behinderungen, in die Erinnerung zurück. Das sind psychische Vorgänge, die mit dem Begriff »Verdrängen«, wie er umgangssprachlich für die Tendenz verwendet wird, an unangenehme Sachen möglichst nicht zu denken, nicht eigentlich zu tun haben. Es geht also nicht um die bewusste Entscheidung, sich mit einer bedrückenden Erinnerung nicht auseinanderzusetzen, sondern um ein tatsächliches Löschen im bewussten Bereich und um ein gegebenenfalls verstümmeltes oder verändertes Verschieben in einen Bereich nicht willentlich steuerbarer Impulse, Gefühle und Vorstellungen. Diese können sich stark verselbstständigen und zu langfristigen seelischen Erkrankungen führen. Das kann etwa der Fall sein bei sogenannten Borderline-Störungen (Störungen im Grenzbereich von Persönlichkeitsstörung und Psychose), bei schweren Essstörungen und bei selbstdestruktiven oder phobischen Störungen. Allerdings wäre es verfehlt, umgekehrt von der Diagnose solcher Störungen darauf zu schließen, sie müssten stets oder mit hoher Wahrscheinlichkeit ihre Ursache in früheren Sexualdelikten haben, die es nun therapeutisch aufzudecken gelte. Wer mit einem solchen Konzept an die Therapie einer Störung herangeht und es dem Patienten oder der Patientin ausdrücklich oder unter der Hand vermittelt, hat eine gute Chance, genau das an »Aufdeckung« zu produzieren, was er sucht. Denn für eine leidende Person ist es überaus attraktiv, eine ganz bestimmte, singuläre Ursache außerhalb ihrer selbst als Quell des Leidensdrucks zu identifizieren.

Auch hier sind Schematisierungen von Übel. Eine sich »Traumalehre« oder »Traumatologie« nennende Richtung der Psychodiagnostik und Psychotherapie argumentiert ausgehend von der Hypothese, dass den genannten und vielen anderen psychischen Störungen regelmäßig frühe Traumatisierungen zugrunde liegen, das heißt seelische Verletzungen, die vorwiegend aus der Kindheit stammen. Hieraus ergibt sich als Folgerung, dass die Therapie solcher Störungen darauf auszurichten sei, die jeweils vermutlich vorliegende Traumatisierung aufzudecken. Hier liegen offenkundig zahlreiche Fehlerquellen, insbesondere wenn solche »Theorien« in schematischer, mechanischer Weise von unerfahrenen und einseitig ausgerichteten Personen angewandt und zu angeblichen Regeln über reale Abläufe und Wirklichkeitselemente verdreht werden. Denn von hier aus sind es nur noch zwei Schritte bis zu der Annahme, dass besonders hartnäckigen oder schweren psychischen Störungen besonders schwere Traumatisierungen zugrunde liegen müssen und dass die Wahrscheinlichkeit, dass reale Geschehnisse solche Traumatisierungen ausgelöst haben, umso höher ist, je weniger zugänglich und der bewussten Erinnerung verfügbar die Ereignisse sind.

Eine solch zirkuläre Bestätigung einer Hypothese aus dem Umstand, dass sich *keine* objektiven Bestätigungen finden lassen, begründet notwendig eine Vermutung der Willkür und der Scharlatanerie. Man sollte annehmen, dass in einer rational strukturierten, auf vernünftige, intersubjektiv vermittelbare Argumente angewiesenen Umgebung derartige Fantasie- und Assoziationsprodukte kein Gewicht haben. Das Gegenteil ist leider der Fall. Immer wieder hat es spektakuläre Verfahren wegen angeblich gravierender Tatkomplexe von sexuellem Missbrauch von Kindern gegeben, in denen sich die Beschuldigungen und Anklagen entscheidend auf derartige »Theorien« stützten, wie zum Beispiel bei dem beschriebenen Montessori-Verfahren in Münster oder den Wormser Prozessen in Mainz. Das kann sich bis zu einer Massensuggestion steigern: Je fernliegender, monströser und unwahrscheinlicher die angeblich aufgedeckten Verbrechen sind, desto höher soll dann die Wahrscheinlichkeit sein, dass die Beschuldigungen zutreffen. Gestützt wird das vom Argument, dass man/ein Kind sich so etwas nicht ausdenken könne. Am Ende der Wormser Prozesse, in deren Verlauf die zu Unrecht beschuldigte 71-jährige Großmutter in der Untersuchungshaft starb, war es so, dass die angeblich geschädigten Kinder sogar im Verfahren tätige Staatsanwältinnen beschuldigten, Mitglieder eines grausamen Pädophilenrings zu sein. Erst dann kamen den Strafverfolgungsbehörden ernsthafte Zweifel am Wahrheitsgehalt.

Auch da, wo Verzerrungen und zirkuläre Annahmen aufgrund eines teilweise hysterisierten, unprofessionellen Verfolgungs- und Aufdeckungseifers von wohlmeinenden Psychotherapeuten nicht solch absurde Formen annehmen wie in den genannten Verfahren, bleiben die Gefahren bestehen, die von einer Vermischung therapeutischer und strafprozessualer Blickwinkel, Interessen und Schlussfolgerungen ausgehen. So mag es aus therapeutischem Blickwinkel durchaus sinnvoll und geboten sein, in der Therapie von dem Grundsatz auszugehen, dass alles, was der Patient oder die Patientin an Erinnerungen, Bildern und Assoziationen äußert, »wahr« ist. Denn es ist ja zweifellos eine psychische Realität, eine bestimmte Erinnerung zu produzieren. Dies hat aber sehr wenig damit zu tun, ob die Erinnerung mit der vergangenen Realität übereinstimmt. Das ist, wie die Erinnerungs- und Hirnforschung immer wieder eindrucksvoll bewiesen hat, schon bei psychisch gesunden Personen in den Bereichen nicht der Fall, die keinem starken Stress oder Druck ausgesetzt sind. Bei psychisch Kranken kann die Entdeckung bestimmter »Erinnerungen« ihrerseits gerade Ausdruck bestimmter psychischer Produktivität sein, die viel mehr mit der jeweiligen Störung als mit der Realität zu tun hat. Hinzu kommt die häufig sehr entlastende Funktion, die solche Aufdeckungen haben, wenn sie in therapeutischen Settings wie der Einzel- oder Gruppentherapie erfolgen. Sehr viele Zeugen/Probanden berichten von Gefühlen großer Erleichterung und Beruhigung. Auch dies ist kein Beweis für die Validität der Erinnerungen. Ebenso gut kann das die Reaktion auf den Wegfall des starken Leidensdrucks sein, nach den Ursachen und Anzeichen der Störung in sich selbst zu forschen. Indem dic Ursachen des Leidens auf eine ursprünglich die Seele verletzende Traumatisierung und die Verantwortung auf einen von außen kommenden Täter geschoben wird, können sich, wie in einer erfolgreichen Verhaltenstherapie, positive Effekte für das Wohlbefinden einstellen.

Ob sie Bedeutung für die strafrechtliche Behandlung des Problems und die verfahrensrechtliche Prüfung der Beschuldigung haben können, ist eine andere Frage.

Deshalb ist es wichtig, dass im Strafverfahren vonseiten des Gerichts geklärt wird, welche Rolle einzelne Psychosachverständige, Ärzte, Therapeuten im konkreten Fall eingenommen haben, aktuell einnehmen und über wie viel Distanz zu dieser Rolle sie verfügen (können). Die Annahme, die seit Jahren behandelnde Psychotherapeutin einer Borderline-Patientin sei am ehesten geeignet, über den Wirklichkeitsgehalt von deren Missbrauchserinnerungen Auskunft zu geben, ist falsch. Erfahrene und lege artis arbeitende Psychotherapeuten wissen das und lassen sich nicht in die Systeme ihrer Patienten hineinziehen. Für die Psychotherapie kommt es zunächst einmal nicht darauf an, ob die Erinnerungen und Vorstellungen von Patienten eine äußere Realität (Wirklichkeit) wiedergeben und abbilden, sondern darauf, dass diese Vorstellungen eine innere Realität sind. Psychotherapie ist also nicht das Ermitteln von vergangenen Geschehensabläufen mit dem Ziel, eine »Wahrheit« herauszufinden, die sich in der äußeren Welt behaupten oder durchsetzen kann. Dies kann ein Effekt sein, ist aber weder Grundlage noch Programm einer Therapie.

Damit ist angedeutet, dass die Fragen der Beweiswürdigung in Verfahren wegen Sexualstraftaten sehr schwierig sein können. Deshalb ist es in den allermeisten Fällen belanglos und überflüssig, was Medien, Foren, Zuschauer oder Medienkonsumenten, überhaupt Menschen, die sich nicht vertieft mit den Problemen und Fragen des konkreten Falls befassen, als Hypothesen und Behauptungen über die Wirklichkeit aufstellen. Die meisten dieser Hypothesen sind, wie die Erfahrung zeigt, sehr schlicht und begnügen sich mit Alltagstheorien und intuitiven Plausibilitäten, die zudem in höchstem Maß durch selektive, formal manipulative Medienberichterstattung gesteuert werden können, ohne dass dies den Konsumenten bewusst wird. Schon die Bezeichnungen der beteiligten Personen in den Überschriften von Presseartikeln beeinflussen in hohem Maß das Ergebnis von Meinungsumfragen zur »Wahrheit« und zum voraussichtlichen oder erwünschten Verfahrensergebnis.

Wie die Beweiswürdigung in unserem dritten Beispielsfall ausgehen würde, kann man nicht sicher vorhersagen. Wenn es zum Hauptverfahren käme, würde wahrscheinlich ein Sachverständiger für forensische Psychologie damit beauftragt, ein Gutachten zur Glaubhaftigkeit der Zeugenaussage des Kindes zu erstellen. Solche Gutachten sind heute sehr häufig. Sie können, wenn sie sachkundig erstellt werden, zur Aufklärung viel beitragen. Wichtig ist aber auch hier zu bedenken, dass ein Sachverständiger nicht die Aufgabe und auch nicht die rechtliche Kompetenz hat, »die Wahrheit« zu ermitteln. Was die in dem konkreten Verfahren festgestellte Wahrheit ist, entscheidet nach der Regelung des § 261 StPO »das Gericht nach seiner freien, aus dem Inbegriff der Hauptverhandlung geschöpften Überzeugung«. Das Sachverständigengutachten ist ein wichtiger Teil dieses Inbegriffs – mehr nicht. Das Gericht muss sich ihm nicht anschließen. Es kann auch das genaue Gegenteil dessen meinen, was der Glaubhaftigkeitsgutachter gemeint hat, oder beschließen, dass es zwar möglicherweise richtig ist, möglicherweise aber auch nicht.

In jedem Fall darf ein Glaubwürdigkeitsgutachter, wie jeder andere Sachverständige im Strafprozess auch, nicht eine eigene Beweiswürdigung betreiben, auch wenn die Versuchung oft groß sein mag und er überzeugt ist, die Wahrheit besser erkennen zu können als das Gericht. Glaubwürdigkeitsgutachten sind eine Prüfung von Aussagen auf ihre immanente Vereinbarkeit mit allgemeinen Erfahrungen der Psychologie und konkreten Ergebnissen der Erforschung der Persönlichkeit der Aussageperson. Wichtige Gesichtspunkte sind hierbei allgemeine Fähigkeiten der Wahrnehmung und des Erinnerns, die Entstehungsgeschichte der Aussage, mögliche Entwicklungen der Aussage über einen längeren Zeitraum hinweg, die innere Plausibilität der Aussage und Anhaltspunkte für aussagefremde Einflüsse, Interessen oder Projektionen.

Die Frage der Strafzumessung

Wenn im dritten Beispielsfall die Staatsanwaltschaft aufgrund ihrer Ermittlungsergebnisse Anklage gegen den Großvater R. erhebt und das Gericht in einer Hauptverhandlung zu der Überzeugung gelangt, dass R. die Tat so wie festgestellt begangen hat, müsste das Gericht zunächst entscheiden, ob unter Umständen eine Verfahrenseinstellung ohne Urteil in Betracht kommt. Eine solche Möglichkeit gibt es nach § 153a StPO, »wenn Auflagen oder Weisungen geeignet sind, das öffentliche Interesse an der Strafverfolgung zu beseitigen, und die Schwere der Schuld nicht entgegensteht«. Eine weitere Möglichkeit (§ 153 StPO) setzt voraus, dass die Schuld »gering« ist. In diesem Fall kann das Verfahren wegen eines Vergehens sogar ganz ohne Rechtsfolge eingestellt werden. Das kommt aber nur in Betracht, wenn es sich um eine echte Bagatelle handelt, die so gerade eben den gesetzlichen Tatbestand verwirklicht und zudem Besonderheiten aufweist, die die Schuld des Täters als außergewöhnlich gering erscheinen lässt.

In Verfahren wegen sexuellen Missbrauchs sind Einstellungen ohne jede Rechtsfolge selten, obwohl sie natürlich auch da nicht ausgeschlossen sind. Eher kommen Einstellungen gegen sogenannte Auflagen in Betracht. Das können zum Beispiel die Auflagen sein, innerhalb einer bestimmten Frist Wiedergutmachung von Schaden zu leisten, einen Geldbetrag zugunsten einer gemeinnützigen Einrichtung zu zahlen, einen sozialen Trainingskurs zu absolvieren oder einen Täter-Opfer-Ausgleich durchzuführen. Mit Zustimmung des Beschuldigten kann auch eine Therapieauflage erteilt werden, allerdings sind hier die verfassungsrechtlichen Grenzen zu beachten. Auflagen, deren Einhaltung nicht kontrollierbar ist, sind wenig sinnvoll. Wenn die mit Zustimmung des Angeklagten und der Staatsanwaltschaft angeordneten Auflagen fristgerecht erfüllt werden, wird das Verfahren endgültig eingestellt, ansonsten fortgesetzt. Solche Verfahrenseinstellungen eignen sich vor allem für geständige Ersttäter von Bagatelltaten. Sie kommen aber auch in Betracht, wenn der Beschuldigte die Tat nicht zugeben will, aber mit einer Auflage trotzdem einverstanden ist, um den Prozess zu vermeiden. Eine Einstellung gilt nicht als Verurteilung und wird nicht ins Bundeszentralregister eingetragen.

Wenn hingegen das Gericht das Verfahren nicht einstellt und überzeugt ist, dass der Tatvorwurf erwiesen ist, ist der Angeklagte R. »wegen sexuellen Missbrauchs eines Kindes« zu verurteilen. Diese Urteilsformel ergibt sich aus der gesetzlichen Überschrift des Tatbestands. Nach dem im Oktober 2020 eingebrachten Vorschlag einer Neufassung würde sie lauten: »wegen sexualisierter Gewalt gegen ein Kind«. Das wäre eine Formulierung, die offensichtlich zu Missverständnissen Anlass geben kann.

Das Gericht muss dann eine Rechtsfolge festsetzen. Dazu muss es zunächst den richtigen Strafrahmen suchen. In unserem Fall ist das einfach, denn die Tat ist das Vornehmen einer sexuellen Handlung an einem Kind nach § 176 Abs. 1. Der Strafrahmen ist sechs Monate bis zehn Jahre. Das ist der sogenannte Regelstrafrahmen. Es gibt eine Reihe von gesetzlichen Gründen, warum dieser Rahmen abgesenkt oder erhöht werden könnte. Insoweit unterscheidet man zwischen ganz allgemeinen, nicht näher beschriebenen Gründen, die zu abgeänderten Strafrahmen für besonders schwere Fälle (höherer Strafrahmen) und für minder schwere Fälle (niedrigerer Strafrahmen) führen. In § 176 StGB (s. Anhang) findet sich eine solche Regelung aber nicht. Früher gab es dort allerdings eine Regelung, wonach minder schwere Fälle niedriger zu bestrafen waren. Diese Regelung ist gestrichen worden, und zwar aus einem bemerkenswerten Grund: Es sei, so fanden damals die Abgeordneten im Rechtsausschuss des Bundestags, den Opfern nicht zuzumuten, wenn ein Fall als minder schwer eingeordnet würde. Dieses Argument ist an Sinnlosigkeit kaum zu überbieten. Als ob das Gewicht einer Tat sich dadurch ändern würde, dass man sie anders nennt! In demselben Änderungsgesetz hat man übrigens den § 176a (»schwerer sexueller Missbrauch«) eingeführt und dort dann auch einen milderen Strafrahmen für minder schwere Fälle. Es gibt also seither den »minder schweren Fall des besonders schweren Falles«, während der minder schwere Fall des einfachen Falles den Opfern sprachlich nicht zumutbar sei. Hinter der nicht ernsthaft wirkenden Änderung stand in Wahrheit das Anliegen, jede Möglichkeit einer Milderung in Bagatellfällen zu streichen.

In unserem Beispielsfall ist die Strafe in dem sehr breiten Rahmen von sechs Monaten bis zehn Jahren zu finden. In der Bandbreite aller vorstellbaren Fälle des sexuellen Missbrauchs liegt die Tat am unteren Ende. Wo genau das ist, kann man nicht mathematisch bestimmen. Es gibt keine schematischen Programme zum Finden der einzig richtigen Strafhöhe. Das Strafgesetzbuch hat in § 46 einige Grundregeln darüber formuliert, welche Gesichtspunkte zu berücksichtigen sind. Sie sind nicht abschließend aufgezählt und schon in Kapitel 2 erwähnt:

- die Beweggründe und die Ziele des Täters, besonders auch rassistische, fremdenfeindliche oder sonstige menschenverachtende,
- die Gesinnung, die aus der Tat spricht, und der bei der Tat aufgewendete Wille,
- das Maß der Pflichtwidrigkeit,
- die Art der Ausführung und die verschuldeten Auswirkungen der Tat,
- das Vorleben des Täters, seine persönlichen und wirtschaftlichen Verhältnisse sowie
- sein Verhalten nach der Tat, besonders sein Bemühen, den Schaden wiedergutzumachen, sowie das Bemühen des Täters, einen Ausgleich mit dem Verletzten zu erreichen.

Wenn man diese Zumessungsgesichtspunkte einmal durchsieht, sprechen die meisten Kriterien dafür, gegen den Angeklagten R. eine milde Strafe zu verhängen. Denn die Strafe muss stets auf die individuelle Schuld bezogen sein. Der einzelne Angeklagte darf wegen der Geltung des Menschenwürde-Grundsatzes (Art. 1 S. 1 GG) nicht zum bloßen Objekt einer staatlichen Demonstration gemacht werden, etwa, damit ein Zeichen gesetzt wird. Es wäre verfassungswidrig, wenn man gegen einen nicht vorbestraften jugendlichen Ladendieb eine Jugendstrafe von acht Jahren verhängen würde mit der Begründung, es müsse einmal ein Zeichen gesetzt werden, dass man fremde Kaugummipackungen in Ruhe lassen solle. Das Zeichensetzen ist im Strafrecht zwar nicht völlig falsch, aber meistens schon dann problematisch, wenn es als Strafmotiv überhaupt ins Bewusstsein rückt.

In unserem Fall war die Tat einmalig und nur sehr kurz, und der Angeklagte hat sofort aufgehört, als das geschädigte Kind dies verlangt hat. Er ist nicht vorbestraft und schon in fortgeschrittenem Alter und war durch Alkoholkonsum sowie eine leichte Persönlichkeitsveränderung nach seinem Schlaganfall enthemmt. Das Kind hat keine Schäden und bleibenden Folgen zu tragen. Eine Wiederholungsgefahr ist nach den Umständen nicht gegeben. All das spricht für eine milde Strafe.

Beispielsfall 4: Sexuelle Belästigungen

Einführung

Der folgende vierte Beispielsfall führt in die Problematik der Tatbestände ein, die im Jahr 2016 zusammen mit der Einführung des »Nein heißt Nein«-Prinzips (s. Beispielsfall 1) in das Strafgesetzbuch eingefügt wurden. Sie haben damit allerdings nur mittelbar zu tun, denn die Taten setzen ein Nein, sei es ausdrücklich oder durch schlüssiges Verhalten, nicht voraus. Anlass für die Einfügung der beiden Paragrafen 184i (sexuelle Belästigung) und 184j (Straftaten aus Gruppen) waren Diskussionen und Begebenheiten, die für erheblichen öffentlichen Wirbel sorgten, darunter die Vorkommnisse der sogenannten Kölner Silvesternacht. Diese war das Ergebnis einer außer Kontrolle geratenen Sicherheitslage bei einer unkoordinierten Massenversammlung von jungen Männern, überwiegend mit migrantischer Biografie, die in hoch aggressiver Weise sexuell motivierte Straftaten gegen junge Frauen begingen, die überwiegend keinen Migrationshintergrund hatten. Hier prallten fast ungeschützt eine hierzulande als durchaus gewöhnlich angesehene Feierkultur und eine bei jungen Männern aus arabischen und maghrebinischen Staaten verbreitete Kultur einer Frauen erniedrigenden, missverstehenden Sexualisierung aufeinander. Im Ergebnis führte das, neben zahllosen eher minder schweren und einigen schweren (Sexual-) Straftaten, zu einer von der Thematik der Immigration und von Aggression gegen Fremde im Allgemeinen überlagerten, weitverbreiteten Empörung. Die Vorkommnisse, die offenkundig mangelhafte Reaktion der Polizei und die dadurch fast zwangsläufig völlig unzureichende strafrechtliche Aufarbeitung führten zu wochenlanger dominanter Präsenz des Themas in allen Medien und zu der in der Öffentlichkeit und Rechtspolitik verbreiteten Ansicht, der strafrechtliche Schutz vor solchen Übergriffen und Taten sei unzureichend. Das war, soweit erkennbar, unzutreffend, denn beinahe alle Taten, über die im Zusammenhang mit den Kölner Ereignissen berichtet wurde, waren nach damals geltendem Strafrecht tatbestandlich erfasst und strafbar, nämlich als Nötigung, Körperverletzung, sexuelle Nötigung, Vergewaltigung, Beleidigung, Bedrohung usw. Dass Täter nicht verurteilt wurden, lag nicht daran, dass ihre Handlungen nicht strafbar waren, sondern daran, dass entweder Beschuldigte gar nicht identifiziert oder dass konkrete Tathandlungen nicht bewiesen und konkreten Tätern nicht zugerechnet werden konnten.

Der Vorwurf einer vor allem frauenfeindlichen Lückenhaftigkeit des Strafrechts kam auf, und es wurde daneben der Umstand skandalisiert, dass die Schwelle strafrechtlicher Verfolgung von sexuell motivierten Grenzüberschreitungen zu niedrig sei. Diese beiden Argumentationsstränge wurden in den Jahren 2015 und 2016 zusammengeführt und brachten die Neuordnung der Tatbestände des Sexualstrafrechts im 50. Strafrechtsänderungsgesetz hervor. Der vierte Beispielsfall greift beide Gesichtspunkte auf und zeigt ausschnitthaft, in welcher Weise das Gesetz seit November 2016 die genannten Probleme zu lösen versucht.

Sachverhalt

Die 22-jährige Technikerin Anna (A.) besucht am Samstagabend zusammen mit ihrer Freundin einen Klub. Gegen 24 Uhr geht sie zur Toilette, die ein Stockwerk tiefer liegt und über eine Treppe zu erreichen ist. Als sie die Treppe hinuntergeht, kommen ihr von unten der 21-jährige Auszubildende Benno (B.) und seine gleichaltrigen Freunde Charly (C.), Daniel (D.) und Emran (E.) entgegen. Die vier sind leicht angetrunken. Um sie vorbeizulassen, stellt sich A. seitlich ans Treppengeländer. B. bleibt stehen, spricht sie an und fragt, ob er sie nicht schon einmal im Klub gesehen habe. Als sie Nein sagt, fragt er, ob sie mit ihrem Freund da sei. A. antwortet, sie sei mit einer Freundin da und B. solle sie vorbeilassen. Nun fragt B., ob sie nicht etwas mit ihm trinken wolle. Dabei legt er den Arm um ihre Schultern und dreht sie etwas zu sich. A. sagt: »Nein, bestimmt nicht. Jetzt lass mich endlich vorbei.« Nun sagt B., wenn sie ihm einen Kuss gebe, könne sie gehen.

Die drei Begleiter von B. stehen eng um die beiden herum. C. und D. überlegen, ob A. wohl auf die Forderung des B. eingehen wird, und sind gespannt. E. hat die Unterhaltung nicht gehört. Ihm ist die Sache unangenehm, und er sagt: »Komm jetzt, lass die doch!« In diesem Moment geht A. zwischen den jungen Männern hindurch. B. lässt sie ohne Weiteres passieren, als sie an ihm vorbeigeht, gibt er ihr mit der Hand einen leichten Klaps auf das Gesäß und sagt: »Schade!« Die vier jungen Männer lachen und steigen die Treppe hinauf. A. erzählt später ihrer Freundin von dem Vorfall. Diese sagt ihr, sie kenne den B., denn er habe sie auch schon einmal »angemacht«. Sie rät A., gegen B. Strafanzeige zu erstatten.

Hat sich B. strafbar gemacht? Die Subsumtion

Es kommen hier mehrere Straftatbestände in Betracht, die B. begangen haben könnte: § 177 Abs. 1 (sexueller Übergriff), § 177 Abs. 2 Nr. 5 (sexuelle Nötigung), § 239 (Freiheitsberaubung), § 240 (Nötigung) und § 184i (sexuelle Belästigung). Diese Tatbestände sollen im Folgenden überprüft werden.

Sexueller Übergriff?

Voraussetzung wäre, dass B. eine sexuelle Handlung an A. vollzogen hat. In Betracht kommen das Legen des Arms um die Schultern und der Klaps auf das Gesäß. Für beide Handlungen gilt die Definition des Begriffs »sexuelle Handlung« in § 184h Nr. 1 (s. Anhang und Beispielsfall 1). Die Handlungen müssten also von einiger Erheblichkeit sein in Bezug auf das Rechtsgut der sexuellen Selbstbestimmung. Das wird man bei Berücksichtigung der Umstände und bei Kenntnis der ständigen Rechtsprechung nicht sagen können. Einer anderen, fremden Person den Arm um die Schultern zu legen, ist natürlich distanzlos und, wenn es situativ nicht veranlasst ist, auch unhöflich, aber man kann es unter erwachsenen jungen Menschen in einer Freizeitsituation nicht als sexuelle Handlung ansehen. Das gilt im Ergebnis auch für den Klaps. Es handelte sich um eine einmalige leichte Berührung des Gesäßes über der Kleidung. Geschlechtsteile waren nicht einbezogen. Auch hier überwiegt das Element der aufdringlichen Distanzlosigkeit, denn eine sich aufdrängende Bedeutung als Eingriff in die sexuelle Selbstbestimmung von A. hatte die Handlung nicht.

Es ist daher weder der Tatbestand des § 177 Abs. 1 (sexueller Übergriff) noch die Variante des § 177 Abs. 2 Nr. 5 (sexuelle Nötigung) verwirklicht, denn auch sie würde das Vorliegen einer sexuellen Handlung voraussetzen.

Freiheitsberaubung?

§ 239 Abs. 1 StGB setzt voraus, dass eine Person der Freiheit beraubt wird. Damit ist die räumliche Bewegungsfreiheit gemeint. Der klassische Fall der Freiheitsberaubung ist das Einsperren. In jedem Fall muss die Verhinderung der Fortbewegung von einigem Gewicht und einiger Dauer sein. Das ist hier nicht gegeben. Einer anderen Person kurz den Weg zu verstellen und sie zu behindern, ist keine Aufhebung der Fortbewegungsfreiheit.

Nötigung?

Es käme hier unter Umständen eine versuchte Nötigung wegen des Verlangens nach einem Kuss in Betracht. Es müsste dann eine Äußerung von B. vorliegen, in der er mit einem empfindlichen Übel für den Fall droht, dass A. seine Forderung nicht erfüllt. Das Übel könnte hier sein, dass er sie nicht gehen lässt. Wenn man die Äußerung von B. wörtlich nimmt, könnte man das annehmen. Andererseits muss man aber den Handlungszusammenhang betrachten: Es ist nicht naheliegend, dass B. ernsthaft damit drohen wollte, A. längerfristig der Freiheit zu berauben, und es ist auch nicht ersichtlich, dass A. dies als ernsthaften Sinn der Äußerung verstehen musste oder verstanden hat. Es spricht vielmehr viel dafür, dass es sich um ein typisches aufdringliches Gerede eines angetrunkenen jungen Mannes handelte, der sich vor seinen Freunden wichtigmachen wollte. Daher ist auch der erforderliche Vorsatz des B. sehr fraglich. Dagegen spricht vor allem auch, dass er das Weggehen der A. unmittelbar nach seiner Äußerung gerade nicht zu verhindern versuchte. Eine versuchte Nötigung ist daher im Ergebnis nicht gegeben.

Sexuelle Belästigung?

Voraussetzung von § 184i Abs. 1 StGB (s. Anhang) ist, dass der Täter eine andere Person in sexuell bestimmter Weise körperlich berührt und dadurch belästigt. Auffällig ist, dass in dem Tatbestand der Begriff »sexuelle Handlung« nicht vorkommt. Die Vorschrift des § 184i ist auch mit Absicht hinter § 184h eingeordnet worden, um damit klarzumachen, dass die dort geregelte Definition einer sexuellen Handlung für die Belästigung gerade nicht gelten soll. Es ist daher für eine Belästigung nicht erforderlich, dass das Rechtsgut der sexuellen Selbstbestimmung *erheblich* beeinträchtigt ist. Sondern es sollen durch diesen neuen Tatbestand gerade die *unerheblichen* belästigenden Handlungen erfasst und bestraft werden.

Eine körperliche Berührung hat zweimal stattgefunden durch den um die Schultern gelegten Arm und den Klaps. Was ist aber nun eine »sexuell bestimmte Weise«? Die Rechtsprechung ist insoweit noch im Fluss, und es gibt kaum obergerichtliche Entscheidungen dazu. Der Gesetzgeber des Jahres 2016 hat in der Gesetzesbegründung beispielhaft ausgeführt, dass das »bloße Umarmen« oder ein »Kuss auf die Wange« »nicht ohne Weiteres« den Tatbestand erfüllten. Als Beispiele für sexuelle Belästigung hat er das Berühren von primären oder sekundären Geschlechtsmerkmalen oberhalb der Kleidung, das Umfassen einer Person von hinten, Küsse auf Nacken oder Kopf sowie Herandrängen an eine Person angeführt. Es ist nicht erforderlich, dass Täter oder Täterin eine sexuelle Motivation haben. So reichen auch andere Motive wie Herabsetzung oder Wut, wenn nur die Handlung in ihrem sozialen Sinngehalt *sexuell bestimmt* ist.

Im vierten Beispielsfall wird man hinsichtlich des Legens des Arms um die Schultern Zweifel haben können. Auch hier geht es wieder um die Grenze zwischen bloßen Distanzlosigkeiten und Unhöflichkeiten einerseits und strafwürdigem, nicht mehr sozialadäquatem Handeln andererseits. Ich selbst würde diese Handlung des B. noch nicht als tatbestandsmäßig ansehen, jedoch gibt es sicher auch fachkundige Personen, die das anders sehen. Keinen Zweifel gibt es aber hinsichtlich des Klapses auf das Gesäß, verbunden mit den Äußerungen des B., die ja deutlich sexualbezogen sind. Das willentliche, demonstrative Berühren des Gesäßes einer fremden Person durch Anfassen, Streicheln, Schlagen, Kneifen usw. ist eine sexuell bestimmte Berührung im Sinne von § 184i Abs. 1. Gerade solche nicht sozialadäquaten, aufdringlichen Handlungen, die zwar noch nicht die Erheblichkeitsschwelle des § 184h StGB überschreiten, aber andere Menschen erschrecken, abstoßen oder herabsetzen können, sollten durch den Tatbestand erfasst werden.

Ob man diese Ausweitung in der Sache begrüßen soll oder nicht, ist eine rechtspolitische Bewertungsfrage, die man unterschiedlich beantworten kann. Die im Jahr 2016 ganz dominierende Stimmung in Deutschland hat die Einführung des Tatbestands begrüßt, auch wenn vermutlich nicht sehr vielen Bürgern im Einzelnen bekannt war, was geregelt werden sollte und geregelt wurde. Ein allgemein verwendetes Stich- und Schlagwort der Diskussion war das Grapschen, also ein Verhalten vorwiegend von Männern gegenüber Frauen, das durch sexualbezogene körperliche Berührungen eine (sexuelle) Dominanz zum Ausdruck bringt und heute vielfach als herabsetzend empfunden wird, weil es eine unmittelbare körperliche Verfügbarkeit der in der Regel körperlich unterlegenen Person unterstellt. Kaum jemand würde entsprechende Handlungen, sofern er nicht ernsthaft annimmt, sie seien der anderen Person willkommen, gegenüber einer körperlich überlegenen, unter Umständen Furcht einflößenden Person begehen. Schon der Tatentschluss setzt daher regelmäßig voraus, dass die betroffene Person als unterlegen und in diesem Sinn verfügbar betrachtet wird.

Daneben gibt es, auch wenn dies in der Sache schwer nachvollziehbar erscheint, eine erhebliche Anzahl von Menschen, die ernsthaft meinen oder für möglich halten, überraschende, aufdringliche und grenzüberschreitende sexualbezogene Berührungen könnten namentlich bei fremden Personen zu spontaner Bereitschaft führen, sexuelle Handlungen vorzunehmen oder in einen näheren persönlichen Kontakt zu treten. Solche Vorstellungen beruhen teilweise auch auf erstaunlich schlichten, instrumentellen Ansichten über psychische Voraussetzungen und Vorgänge.

Unter diesem Blickwinkel könnte man der Absicht des Gesetzgebers, durch Einführung des neuen Tatbestands ein Zeichen zu setzen und die Grenze des sozial akzeptablen Verhaltens deutlich(er) zu machen, zustimmen. Allerdings stellt sich andererseits die Frage, ob wirklich das Strafrecht der geeignete Ort und das geeignete Mittel ist, Zeichen des Anstands und des moralischen Verhaltens zu setzen. Es gibt eine Vielzahl von aufdringlichen Behelligungen und herabsetzend gemeinten oder wirkenden Handlungen, die das Wohlbefinden stören und als grobe Unhöflichkeiten und Distanzlosigkeiten allgemein abgelehnt werden. Sie sind sozial geächtet und führen zu informellen Sanktionen, etwa einer Ausgrenzung aus sozialen Kontakten. Trotzdem würde man kaum auf die Idee kommen, sie als kriminelles Unrecht anzusehen und im einfachen Fall mit Gefängnisstrafen bis zu zwei Jahren zu bestrafen. Überzogen und widersprüchlich ist es, dass in § 184i Abs. 2 ein erhöhter Strafrahmen für besonders schwere Fälle vorgesehen ist. Hier wird eine Freiheitsstrafe bis zu fünf Jahren (!) für eine *Belästigung* angedroht, die nach ausdrücklicher Auffassung des Gesetzgebers *keine* erhebliche Beeinträchtigung des geschützten Rechtsguts darstellt. Das ist unverständlich.

Bedenken muss man weiterhin, wie viele Sachverhalte unabsichtlich in das Umfeld einer kriminellen Tat einbezogen werden. Selbstverständlich sind nicht alle Berührungen anderer Menschen belästigend, und es gibt auch sexuell motivierte Berührungen, die mit einiger Plausibilität Grenzen der Akzeptanz, der Einwilligung oder Ablehnung zunächst einmal testen. Es mag sich jeder einmal daran erinnern, wie etwa in der eigenen Jugend – die bei manchen ja bemerkenswert lange anhält – die

Aufnahme körperlicher Beziehungen in Fällen der Verliebtheit vor sich ging. Es ist eher fernliegend, dass erste Berührungen, Zärtlichkeiten, Küsse usw. stets nur nach vorheriger ausdrücklicher Anfrage und Zustimmungserklärung erfolgen, und es ist gewiss nicht auszuschließen, dass solche Handlungen in Erkenntnis des Risikos vorgenommen werden, dass der erhoffte Erfolg ausbleibt, also der Taterfolg der Belästigung eintritt. Solche Geschehnisse und Abläufe sollten nicht Gegenstand von strafrechtlichen Ermittlungsverfahren sein.

Schließlich ist das Problem der Beweisbarkeit und der Strafverfolgung anzusprechen. Gerade das oft thematisierte Grapschen im öffentlichen Raum, zum Beispiel in der Straßenbahn oder im Gedränge, ist eine Situation, in der es nur in den seltensten Fällen dazu kommen kann, Täter zu identifizieren und festzunehmen. Es ist praktisch ausgeschlossen und wäre auch hochproblematisch, wenn etwa als Reaktion auf lautstarke Beschwerden einer Frau in einer Straßenbahn andere Reisende einen Beschuldigten festnähmen und überwältigten. Solche Szenen würde man sich nicht wünschen. Im privaten Bereich wiederum ist es unwahrscheinlich, dass es zu Strafanzeigen und Strafanträgen wegen Taten nach § 184i kommt. Denn wenn Täter entsprechende Handlungen einräumen, kommt es in der Regel zu Versöhnungs- und Klarstellungsgesprächen, und wenn Handlungen bestritten werden, ist nicht wahrscheinlich, dass in einer nennenswerten Zahl von Fällen Betroffene zur Polizei gehen und Freunde, Verwandte oder Bekannte anzeigen, weil sie von diesen auf den Nacken geküsst oder an der Hüfte angefasst wurden. Dasselbe gilt am Arbeitsplatz und für Grenzüberschreitungen durch Kollegen. Strafanzeigen kommen hier vor, sind aber meist nur eine flankierende Maßnahme zu arbeitsrechtlichen Konsequenzen. Die öffentliche Skandalisierung von sexuell motivierten Grenzüberschreitungen körperlicher Art führt zu ernsthaften Konflikten am Arbeitsplatz und kann für beide Seiten ungewollte Folgen haben. Vielfach ist es daher näherliegend, zunächst informelle Lösungen etwa durch Beteiligung von Gleichstellungsbeauftragten oder Personalverantwortlichen zu suchen. Auch hier überwiegt daher wohl die eher symbolische Bedeutung des Tatbestands, wobei es in der Praxis, soweit ersichtlich, durchaus auch zu moralisierenden Übertreibungen kommt.

Liegt eine Straftat aus Gruppen (§ 184j StGB) vor?

Eine Besonderheit und eine echte Neuerung ist der im November 2016 eingefügte Tatbestand der »Straftaten aus Gruppen« (s. Anhang). Er kann als klassisches Beispiel einer Anlass- und Einzelfallgesetzgebung angesehen werden, denn er ist in seiner ganzen Struktur und seinem Inhalt nichts anderes als der Versuch, nachträglich einen Straftatbestand zu konstruieren, mit dem man angeblich alle Beteiligten an den Kölner Vorkommnissen hätte bestrafen können. Genau dies war auch die erklärte Absicht des Rechtsausschusses des Bundestags, der das Gesetz, das im Gesetzentwurf gar nicht enthalten war, aufgrund einer sogenannten Tischvorlage, also einem nicht zuvor bekannten, kurzfristig eingebrachten Vorschlag, nachgeschoben hat. Als sich herausstellte, dass die vorgeschlagene Fassung die rechtsstaatliche Voraussetzung enthielt, dass der Täter den Tatvorsatz eines Sexualdelikts haben müsse, wurde kurzerhand der Tatbestand so verändert, dass dies nun gar nicht mehr erforderlich ist.

Der Tatbestand setzt voraus, dass der Täter sich an einer Gruppe von Menschen beteiligt, die eine andere Person bedrängt, um gegen sie eine Straftat zu begehen. Unter Gruppe in diesem Sinn versteht das Strafrecht eine Zahl von mindestens drei Personen. Das ist im Beispielsfall gegeben. Jeder der vier Männer beteiligt sich an der Gruppe, da er zu ihr gehört. Diese Gruppe bedrängt die Geschädigte A. auch, denn sie verstellt ihr den Weg und umringt sie körperlich nah. Nach dem Wortlaut der Vorschrift muss das Bedrängen geschehen, um eine Straftat zu begehen. Damit ist nicht etwa eine Sexualstraftat gemeint. Diese kann, muss aber keineswegs das Ziel sein. Es reicht auch, wenn irgendeine andere Tat begangen werden soll, zum Beispiel Diebstahl, Nötigung, Körperverletzung oder Bedrohung. Der einzelne Täter, also jedes Gruppenmitglied, muss noch nicht einmal wissen, *welche* Tat denn begangen werden soll, und er muss auch diese Tat nicht selbst begehen wollen.

Im Beispielsfall bleibt es unklar, was welcher der Beteiligten im Einzelnen dachte. Es liegt nicht fern anzunehmen, dass der Wortführer B. von vornherein beabsichtigte, einen sexuellen Übergriff (§ 177 Abs. 1) oder eine Belästigung im Sinn von § 184i (s. oben) vorzunehmen. Auch seine Freunde C. und D. halten das zumindest für möglich, nachdem B. seine Bedingung dafür genannt hat, die Geschädigte weitergehen zu lassen. Das gilt aber auch für den weiteren Begleiter E. Dieser will zwar nicht, dass eine Straftat begangen wird, und fordert den B. sogar auf, davon abzulassen, jedoch ist er der Gruppe weiter angeschlossen, das heißt an ihr beteiligt, und entfernt sich auch nicht sogleich. Nach einer in der rechtspolitischen und auch rechtswissenschaftlichen Diskussion verbreiteten Ansicht reicht auch das aus, um Täter des § 184j sein zu können. Wenn man das so sieht, was eine Frage des Beweises ist, wäre auch diese Voraussetzung des § 184j für alle Beteiligten erfüllt.

Als letzte Voraussetzung kommt hinzu, dass eine andere Person einen sexuellen Übergriff (§ 177) oder eine sexuelle Belästigung (§ 184i) begeht. Das ist, wie wir gesehen haben, hier der Fall, denn der Klaps durch den B. ist eine strafbare Belästigung. Das Besondere an dem Gruppentatbestand des § 184j ist nun, dass die einzelnen Beteiligten an der Gruppe, also die Täter des § 184j, weder selbst die Sexualstraftat begehen noch zu ihr Beihilfe leisten müssen. Sie müssen sie noch nicht einmal kennen, und es reicht für Straflosigkeit auch nicht aus, dass sie die Tat ablehnen. Denn diese Tat ist vom Gesetzgeber als eine sogenannte objektive Bedingung der Strafbarkeit ins Gesetz geschrieben worden. Hinter dem komplizierten Namen verbirgt sich die schlichte Folge, dass kein Vorsatz und auch keine Fahrlässigkeit erforderlich sind. Jeder Beteiligte an der Gruppe wird bestraft, wenn eine andere Person aus der Gruppe gegen irgendeine andere Person, die nicht die bedrängte Person sein muss, eine sexuelle Belästigung begeht, selbst wenn das Gruppenmitglied das auf keinen Fall wollte oder gar nicht bemerkte. Im Extremfall tritt sogar Strafbarkeit ein, wenn der Täter des § 184j *selbst* Opfer einer Sexualstraftat wird, weil ihn oder sie im Gedränge einer Gruppe ein anderes Gruppenmitglied anfasst. Derjenige wird dann im Ergebnis wegen der Tat an sich selbst bestraft.

Diese Konstruktion ist abenteuerlich. Sie versucht, an den Tatbestand der Beteiligung an einer Schlägerei (§ 231 StGB) anzuknüpfen. Danach wird bestraft, wer sich an einer Schlägerei beteiligt, wenn dabei von irgendeinem anderen Beteiligten eine schwere Verletzung oder der Tod irgendeines Menschen verursacht wird. Auch hier kann also jemand strafbar sein, wenn bei einer Schlägerei, an der er sich beteiligt, er selbst schwer verletzt wird. Der Grund für diese Ausdehnung der Strafbarkeit ist bei § 231 aber, dass das Beteiligen an einem kollektiven Angriff oder einer Schlägerei typischerweise eine hohe Gefahr solcher Folgen hat, die für den einzelnen Beteiligten nicht absehbar und kontrollierbar sind.

Beim Bedrängen ist das vollkommen anders. Wer eine andere Person bedrängt, zum Beispiel, um einen Taschendiebstahl zu begehen, muss nicht typischerweise damit rechnen, dass an dieser Person oder irgendeiner anderen Person in der Tatsituation ein Sexualdelikt begangen wird. Nach meiner Ansicht verstößt dieser Tatbestand daher gegen das Schuldprinzip und ist mit der Verfassung in dieser Form nicht vereinbar. Das wird aber – erwartungsgemäß – in der Rechtslehre nicht allgemein so gesehen, sondern hängt davon ab, welche rechtspolitische Richtung vertreten wird.

Höchstgerichtliche Entscheidungen gibt es dazu bislang nicht. Die Zahl der angezeigten Fälle wegen Straftaten aus Gruppen ist sehr gering, im Widerspruch zu der früheren Behauptung, Deutschland werde von einer Welle solcher Delikte geradezu überschwemmt und (deutsche) Frauen könnten angeblich kaum mehr an öffentliche Orte gehen, ohne Opfer von (meist ausländischen) sogenannten Antänzern, Bedrängern und Begrapschern zu werden. Tatsächlich war die Einführung des § 184j ein überflüssiges, verfassungsrechtlich hochproblematisches und strafrechtsdogmatisch fast kurioses Maßnahmengesetz, passgenau auf die mediale Empörungswelle nach dem Silvester von Köln gezielt, die ja, bei Licht betrachtet, eher eine Reaktion auf die Flüchtlingswelle 2015 als auf ein angebliches Überhandnehmen von Sexualstraftaten war. Damit sollen weder dieses Ereignis als solches noch sexuelle Übergriffe im Allgemeinen bagatellisiert werden. Es spricht aber viel dafür, dass der Tatbestand des § 184j nicht mehr war als ein *Missbrauch* des Strafrechts für populistische, überwiegend fremdenfeindlich motivierte Zwecke.

Ergebnis

B. ist wegen sexueller Belästigung zu bestrafen. Ein besonders schwerer Fall liegt offenkundig nicht vor. Eine Strafbarkeit der beteiligten wegen »Straftaten aus Gruppen« entfällt nach der hier vertretenen Ansicht. Eine von Untergerichten und Strafrechtslehrern vertretene andere Ansicht kommt aber zu einem anderen Ergebnis.

Beispielsfall 5:
Verbreiten von kinderpornografischen Inhalten

Einführung

Der letzte Beispielsfall befasst sich mit Taten im Umkreis der Verbreitung von pornografischen Inhalten in der Sonderform der Kinderpornografie (§ 184b, s. Anhang). Taten nach dieser Vorschrift haben in den letzten Jahren immer wieder für große öffentliche Empörung gesorgt und sind vielfach Gegenstand von rechtspolitischen Diskussionen, rechtlichen Verschärfungen und kriminologischen Erwägungen gewesen. Dazu zählt insbesondere auch die Frage, welche prozessualen, ermittlungstechnischen Maßnahmen die Strafverfolgungsbehörden einsetzen sollen und dürfen und welche Präventionsmaßnahmen sinnvoll sein können.

Sachverhalt

Der 45-jährige Journalist G. konsumiert seit vielen Jahren ohne Wissen seiner Ehefrau Pornografie in Form von Filmen und Bildern. Er hat eine besondere Vorliebe für Aufnahmen, auf denen sexuelle Handlungen von erwachsenen Männern mit vorpubertären Jungen im Alter von ungefähr zehn Jahren zu sehen sind. Während er zunächst nur gelegentlich im Internet nach entsprechenden Darstellungen suchte und eher zurückhaltende Sexualpraktiken bevorzugte, hat sich sein Konsum über die Jahre immer mehr gesteigert. Inzwischen besitzt er verschlüsselte Dateiordner mit etwa 20000 Bildern und Filmen, auf denen entsprechende Inhalte zu sehen sind. Seine Vorliebe hat sich dabei immer mehr in Richtung auch auf eine Darstellung gewalttätiger und fetischisierter Szenen entwickelt. Eine Vielzahl der Bilddateien zeigen Oral- und Analverkehr von Erwachsenen und Jungen, sexuelle Handlungen von mehreren Personen an und mit Kindern und umgekehrt, weiterhin Gewalttätigkeiten, Fesselungen und sexuelle Erniedrigungen jeder Art.

G. kennt die Internetpartner, von denen er Dateien bezieht, nicht persönlich, aber er verkehrt mit ihnen in einer geschlossenen Chatgruppe im Darknet, einem Teil des sogenannten Tor-Netzwerks. Dort tritt er unter einem Pseudonym auf. Um Zugang zur Gruppe zu erhalten und Dateien herunterladen zu dürfen, muss er auch selbst Material zur Verfügung stellen. Nachdem er das mehrfach getan hat, lässt man ihn jedoch nicht mehr zu, weil er nur altes und fremdes Material hochlade. Der Administrator teilt ihm mit, er könne wieder teilnehmen, wenn er Dateien mit eigenen sexuellen Handlungen an Kindern anbiete. G. hat in dem Forum nämlich unzutreffend behauptet, dass ihm zwei Jungen im Alter von neun und elf Jahren für sexuelle Handlungen zur Verfügung stünden.

G. beginnt daraufhin, im Internet nach Kontakten zu Personen zu suchen, die eigene oder fremde Kinder für Missbrauchshandlungen und zu Foto- und Filmzwecken anbieten. Er stößt auf den 40-jährigen Buchhändler Hans (H.) und einen weiteren Anbieter, der sich Kurt (K.) nennt. Beide behaupten, dass sie Kinder ihrer jeweiligen Lebensgefährtinnen gegen Entgelt zur Verfügung stellen können. Hieraus entwickelt sich ein lebhafter Chatverkehr, in dem die drei Beteiligten sich gegenseitig Schilderungen der angeblich bereits begangenen und für die Zukunft beabsichtigten Taten zum Zweck der sexuellen Stimulation zusenden. H. schickt an G. und K. über einen Messengerdienst Fotos seines angeblich 12-jährigen Stiefsohnes beim Oral- und Analverkehr. In Wirklichkeit ist die abgebildete Person aber schon 14 Jahre alt, was G. und K. nicht wissen. K. wiederum ist in Wahrheit kein ernsthafter Interessent, sondern ein Beamter des Landeskriminalamts, der verdeckt in der Szene ermittelt.

Nach einigen Monaten verabreden sich die drei auf Vorschlag des K. in einem von diesem angeblich gemieteten Wochenendhaus, um dort sexuelle Handlungen an den beiden Kindern durchzuführen und zu filmen. Zum vereinbarten Termin erscheint H. gar nicht. Als G. mit seiner Kameraausrüstung auftaucht, wird er verhaftet. Seine Wohnung wird durchsucht, alle Festplatten und sonstigen Speicher beschlagnahmt. G. wird in Untersuchungshaft genommen. Der Ermittlungsrichter stellt in Aussicht, dass der Haftbefehl außer Vollzug gesetzt wird, wenn G. an der Entschlüsselung der Datenspeicher mitwirkt und alle seine Internetkontakte offenbart. Die Ehefrau des G. trennt sich von ihm, sein Arbeitgeber spricht die fristlose Kündigung aus.

Was ist Pornografie? Eine Begriffsbestimmung

§ 184b setzt voraus, dass der Täter einen kinderpornografischen Inhalt verbreitet. Was das ist, steht in Abs. 1 Satz 1 der Vorschrift (s. Anhang). Danach gibt es drei Varianten. Sie setzen voraus, dass ein pornografischer Inhalt Folgendes zum Gegenstand hat:

a) sexuelle Handlungen von, an oder vor einer Person unter vierzehn Jahren (Kind), oder
b) die Wiedergabe eines ganz oder teilweise unbekleideten Kindes in unnatürlich geschlechtsbetonter Körperhaltung, oder
c) die sexuell aufreizende Wiedergabe der unbekleideten Genitalien oder des unbekleideten Gesäßes eines Kindes.

In allen Fällen muss also der Inhalt (früher hieß es »die Schrift«, was aber auch elektronische Dateien, Bilder, Filme usw. umfasste) pornografisch sein. Was das wiederum ist, ist nirgendwo abschließend definiert und wird meist mehr oder weniger präzise und anschaulich umschrieben. Eine gängige und vom Bundesgerichtshof benutzte Definition sagt, pornografisch sei eine explizite, vergröbernde, auf Aufreizung abzielende Darstellung, die sexualbezogenes Verhalten ohne näheren sozialen Sinnbezug und ohne emotionalen Anteil zeigt.

Im Jahr 1969 hat der BGH Pornografie umschrieben als »aufdringlich vergröbernde, verzerrende Darstellung, die ohne Sinnzusammenhang mit anderen Lebensäußerungen bleibt oder gedankliche Inhalte zum bloßen Vorwand für die Darstellung sexuellen Verhaltens nimmt«.[*] Als Beispiele wurden damals genannt »die Verherrlichung von Ausschweifungen oder Perversitäten« sowie »obszöne Ausdrucksweise«. Solche Beschreibungen verweisen aber ihrerseits nur auf andere Wertungen weiter und können daher allenfalls einen intuitiv-assoziativen Rahmen abbilden. Denn die Bedeutung der verwendeten Begriffe ändert sich in der sozialen Wirklichkeit ständig. Was im Jahr 1969 den Richtern des Bundesgerichtshofs als verderbliche Lüsternheit und »Ausschweifung« galt, ist heute vielfach sozialadäquat. Eher trifft daher heute eine Beschreibung des BGH aus dem Jahr 1990[**] zu, wonach Voraussetzung eine vergröbernde Darstellung sexuellen Verhaltens unter weitgehender Ausklammerung emotional-individualisierter Bezüge ist, die den Menschen zum bloßen auswechselbaren Objekt geschlechtlicher Begierde oder Betätigung macht. Das nimmt Bezug auf das von den Strafbestimmungen gegen Pornografie geschützte Rechtsgut.

Der Schutzzweck der §§ 184 ff. StGB lässt sich allgemein nur schwer bestimmen. Jugendschutz wird seit jeher oft als Zweck genannt, lässt allerdings offen, was an der Jugend eigentlich inhaltlich geschützt werden soll. Außerdem sind viele Regelungen ohne jeden Bezug zu Minderjährigen. Teilweise geht es auch um

* BGH, Urteil vom 22.7.1969, 1 StR 456/68, BGHSt 23, 40 (»Fanny-Hill-Fall«).

** BGH, Urteil vom 21.6.1990, 1 StR 477/89, BGHSt 37, 55 (»Opus-Pistorum-Fall«).

einen Schutz des Bürgers vor unerwünschter Konfrontation mit Pornografie. Insoweit handelt es sich aber eher um Delikte im Umkreis von Beunruhigung, ähnlich wie § 183a StGB (Erregung öffentlichen Ärgernisses) ein Recht schützt, nicht gegen den Willen mit hoch intimen und emotionalisierten Kommunikationsinhalten behelligt zu werden.

Schwierig ist es, besondere Schutzgüter für die herausgehobenen Fallgruppen der Gewalt- und Tierpornografie (§ 184b) zu bestimmen. Man kann die erhöhten Strafdrohungen darauf stützen, dass ungewollte Konfrontationen mit solchen Inhalten unter Umständen verstörend und gefühlsverletzend sein können. Das erklärt allerdings noch nicht, warum die bildliche Darstellung von Verhaltensweisen, deren reale Ausführung völlig legal und dem Belieben des einzelnen (erwachsenen) Bürgers überlassen ist, mit erheblichen Strafen bedroht werden. Erklären lässt sich das nur mit dem Charakter dieser Vorschriften als sogenannte abstrakte Gefährdungsdelikte. Es kommt dabei gar nicht darauf an, ob die Tat ein konkretes Rechtsgut wirklich verletzt, denn bestraft wird bereits die Herstellung einer allgemeinen Wahrscheinlichkeit, dass dies geschehen könnte. Wir kennen abstrakte Gefährdungsdelikte aus vielen Bereichen des Strafrechts, zum Beispiel die Tatbestände der Trunkenheit im Verkehr (§ 316), der Volksverhetzung (§ 130) oder der unerlaubten Abfallentsorgung (§ 326). Wenn in einem Straftatbestand eine konkrete Verletzung eines Rechtsguts nicht erforderlich ist, sondern die Grenze der Strafbarkeit schon in einen ganz allgemeinen Gefährdungsbereich vorverlagert wird, handelt es sich oft um den Schutz besonders wichtiger Rechtsgüter. Deshalb wird zum Beispiel das Begehen eines Diebstahls deutlich höher bestraft, wenn der Täter eine Waffe mit sich führt (s. §§ 242, 244 StGB), und zwar auch dann, wenn diese gar nicht zum Einsatz kommt oder kommen soll. Es reicht die allgemeine Gefahr einer Eskalation.

Das zeigt uns, dass der Schutz vor Konfrontation mit Pornografie vom Gesetzgeber offenbar für besonders wichtig gehalten wird. Ob diese Wertung unter den Bedingungen einer aufdringlichen Sexualisierung des Alltagslebens in Konsum, Mode, Werbung und Sprache noch rational ist, mag bezweifelt werden. Die Veränderungen der sozialen Wirklichkeit führen allerdings auch zu einer Verschiebung der rechtlich-normativen Bedeutungen, denn was in den 50er- oder 60er-Jahren des 20. Jahrhunderts als Pornografie galt, ist heute verstaubte Alltagskultur. Um 24 Stunden am Tag eine vergröbernd entpersönlichte Darstellung aufdringlich sexualisierten Verhaltens anzuschauen, muss man sich nicht mehr mit hochgeschlagenem Mantelkragen in eklige Pornoläden drücken, sondern es reicht, den bei Kindern und Jugendlichen äußerst populären Musiksender MTV oder einen seiner Konkurrenten einzuschalten.

Den Strafbestimmungen der §§ 184 ff. liegen Annahmen über Wirkungszusammenhänge pornografischer Darstellungen zugrunde, die dem Rechtsgut sexueller Selbstbestimmung abträglich sein können. Ob sie insgesamt zutreffen, ist seit jeher streitig, denn eine exakte Feststellung von Wirkungen ist kaum möglich. Zudem ist das Thema stark von Moralargumenten überlagert, was eine rationale kriminologische Analyse erschwert. Allgemein lassen sich eine Abfuhrthese (Katharsisthese) und eine Abstumpfungsthese unterscheiden. Die erste These nimmt an, dass der Konsum von pornografischen Darstellungen, die in der Realität verbotene Verhaltensweisen zeigen, dazu führe, dass tatgeneigte Personen vom Druck, solche Verhaltensweisen selbst auszuführen, entlastet werden und dass so die Kriminalität im Bereich der Sexualstraftaten gesenkt wird. Nach der Gegenthese führt exzessiver Konsum von (harter) Pornografie eher zu Abstumpfung, Suchtentwicklung und Verlust von Selbstkontrolle, senkt also das Risiko von realen Sexualstraftaten nicht, sondern erhöht es sogar eher. Beide Thesen sind in dieser Absolutheit vermutlich nicht sehr nützlich. Wie immer kommt es darauf an, wie die individuelle Lage und Disposition beschaffen sind.

Kindern und Jugendlichen soll das Verbot einer Konfrontation mit entpersönlichten sexuellen Darstellungen einen Schutzraum für die Entwicklung eines integrierten Selbst- und Fremdbildes und damit eine wichtige Grundlage verantwortlicher Selbstbestimmung schaffen. Das ist ohne Zweifel sinnvoll, wenngleich unter den Bedingungen der Internetkultur entsprechende Bemühungen kaum mehr realistisch erscheinen, da eine Mehrheit der Minderjährigen heute fast unkontrollierten Zugang zu pornografischen Inhalten hat und diese auch mehr oder weniger häufig konsumiert. So zeigen Untersuchungen, dass ein großer Anteil von Kindern und Jugendlichen Pornografie über Online-Plattformen wie »Pornhub« konsumiert, auf denen immer wieder zahlreiche Produkte etwa mit Darstellungen von nicht einverständlichen sexuellen Handlungen sowie von Missbrauch von Kindern oder Jugendlichen eingestellt werden. Solche Plattformen dienen überdies auch entsprechend Tatinteressierten als Möglichkeit zur Kontaktknüpfung mit potenziellen Opfern. Das sogenannte Cybergrooming, also das Anbahnen von auf sexuellen Missbrauch ausgerichteten Kontakten Erwachsener mit Kindern oder Jugendlichen, ist dagegen eher ein Phänomen von Plattformen mit Chaträumen, die speziell auf Themen ausgerichtet sind, die Kinder und Jugendliche erfahrungsgemäß besonders interessieren. Täter treten hier meist unter fiktiven Identitäten, häufig auch selbst als Kinder auf. Das Cybergrooming ist nach § 176 Abs. 4 Nr. 3 StGB strafbar, Übergänge zum Verbreiten von Kinderpornografie nach § 184b StGB sind oft fließend.

Pornografie verändert sich mit den Inhalten, Bedeutungen und Grenzen sozialer Kommunikation. Ihr Begriff ist auch innerhalb einer Gesellschaft nach Schichtzugehörigkeit, Bildung, individueller Anschauung und soziokultureller Prägung differenziert. Ihre Definition hat sehr wenig mit dem Gegenstand der Darstellung zu tun, ganz überwiegend jedoch mit einer kommunikativen Verständigung über die sozialen Handlungsmöglichkeiten im Grenzbereich zwischen Biologie und Kultur, Gewalt und Geborgenheit, Macht und sozialem Sinn. Dieser Grenzbereich wird in jeder Gesellschaft auf jeweils spezifische Weise tabuisiert. Die Feststellung der sogenannten allgemeinen Anschauung ist offenkundig keine Frage eines empirischen Durchschnitts, sondern der Machtverteilung. Daher genießen zum Beispiel islamisch geprägte Tabus sexueller Darstellung in Deutschland sehr wenig Respekt, da die betroffene Bevölkerungsgruppe sozial eher randständig ist. Auch geschlechtsspezifisch unterschiedliche Definitionen sind offensichtlich.

Pornografie ist die Darstellung entpersönlichter sexueller Verhaltensweisen, die die geschlechtliche Betätigung von personalen und sozialen Sinnbezügen trennt und kein personales Anerkennungsverhältnis, sondern eine Subjekt-Objekt-Beziehung zum Ausdruck bringt. Die Abgrenzung ist deshalb schwierig, weil eine solche vormoralische Sichtweise normaler Bestandteil der menschlichen Sexualität und der Alltagskultur ist. Die überkommene Vorstellung, Pornografie habe einen dem dargestellten sexuellen Verhalten selbst innewohnenden, sittenwidrigen oder gefährlichen Wesensgehalt, trifft nicht zu. Pornografie ist Kommunikation. Pornografisch ist nicht ein sexuelles Verhalten, sondern die Kommunikation darüber.

Kinderpornografie

Für die Kinder- und Jugendpornografie gelten Besonderheiten. Hier geht es nicht in erster Linie um einen Schutz dieser Gruppen als Pornografiekonsumenten, sondern als Darsteller und Objekte pornografischer Inhalte. Die Strafvorschriften stellen absolute Verbote für Darstellungen auf, die eine unerträgliche Missachtung des Rechtsguts personaler Würde beinhalten. Die Missachtung dieses Rechtsguts kommt zustande durch die Verbindung entpersönlichter sexueller Inhalte mit einer objekthaften Darstellung von Personen, denen die Fähigkeit zur sexuellen Selbstbestimmung von vornherein fehlt. Vorrangig wird heute allerdings nicht dieses kommunikative Element in den Vordergrund der Argumentation gestellt, sondern das Anliegen, Kinder und Jugendliche davor zu schützen, zu Objekten von pornografischen Inhalten zu werden. Denn Straftaten an ihnen sind der Gegenstand solcher Inhalte, und durch deren Verbreitung wird ein im Untergrund existierender Markt bedient, dessen Nachfrage Straftaten dieser Art veranlasst, fördert und belohnt. Es bestehen keine ernsthaften Zweifel daran, dass diese Annahme zutrifft. Dabei wirkt besonders gefährlich, dass die den Markt von Kinderpornografie treibenden Interessen nicht durchweg kommerziell sind und daher schon auf dieser Ebene zurückgedrängt werden könnten. Ein großer Teil der Täter handelt vielmehr aus eigener sexualbezogener Motivation und verfolgt nicht kommerzielle Zwecke, sondern Zwecke der sexuellen Befriedigung. Das macht nicht nur die Szene unübersichtlicher und schwerer zu kontrollieren, sondern führt auch dazu, dass der Anreiz zu eigenen realen Straftaten besonders groß ist.

Von der oben zitierten Definition der Pornografie ist der 1. Strafsenat des BGH in einer Entscheidung aus dem Jahr 2014*

* BGH, Urteil vom 11.2.2014, 1 StR 485/13, BGHSt 59, S. 177.

insoweit abgewichen, als er eine Prüfung der allgemeinen Voraussetzungen (»vergröbernd« usw.) bei der Darstellung von Kindern für überflüssig hält, weil dieser ein entpersönlichender, herabwürdigender Charakter in aller Regel eigen sei. Das bedeutet, dass eine auf sexuelle Stimulation abzielende Darstellung von Kindern stets als pornografisch anzusehen ist und die sonstigen genannten Voraussetzungen nicht mehr gesondert festgestellt werden müssen. Man kann dieser Ansicht im Ergebnis folgen, obwohl sie mit dem Wortlaut von § 184b Abs. 1 jedenfalls nicht ohne Weiteres zusammenpasst. In der Praxis spielt die Differenzierung kaum eine Rolle.

Objektiver Tatbestand

Nach dieser Einführung in die Problematik der Pornografieverfolgung kommen wir zu unserem Beispielsfall.

Sich kinderpornografische Inhalte verschaffen

In Betracht kommt zunächst, dass der Beschuldigte G. sich nach § 184b Abs. 3 strafbar gemacht hat. Danach müsste er »unternommen« haben, sich einen kinderpornografischen Inhalt zu verschaffen, der ein tatsächliches oder wirklichkeitsnahes Geschehen wiedergibt, oder einen solchen Inhalt besessen haben. Was ein kinderpornografischer Inhalt ist, ist oben beschrieben. Die bildliche Darstellung vorpubertärer Jungen bei expliziten sexuellen Handlungen mit Erwachsenen erfüllt die Voraussetzungen offenkundig. Das Geschehen muss tatsächlich oder wirklichkeitsnah sein. Damit sollen solche Inhalte ausgenommen werden, die erkennbar nur fiktiv und nicht Wiedergaben von wirklichen Taten an Kindern sind, also zum Beispiel Zeichnungen, Comics oder Worttexte. Andererseits ist nicht erforderlich, dass die dargestellten Geschehnisse wirklich existiert haben. Daher sind auch Montagen und virtuelle Produktionen erfasst, die einen wirklichkeitsnahen Eindruck machen. Das können etwa solche Inhalte sein, die aus unterschiedlichen Filmsequenzen oder Bilddateien zusammengestellt sind, sodass in dem manipulierten Bild oder Film der Eindruck entsteht, als geschehe das Gezeigte unter Mitwirkung eines Kindes. Auch rein fiktive Darstellungen können erfasst sein, also mittels Computerprogrammen erzeugte Inhalte, die echt wirken. Dabei ist es gleichgültig, ob dies mithilfe sogenannter Deepfakes, also der digitalen Veränderung echter Aufnahmen, oder vollständig künstlich geschieht.

Solche fiktiven Inhalte sind zuletzt im Jahr 2020 in die öffentliche Diskussion geraten, weil in § 184b Abs. 5 Satz 2 (s. Anhang) eine Regelung eingefügt worden ist, wonach Ermittlungsbeamte den Tatbestand des § 184b nicht verwirklichen, wenn sie rein fiktive Inhalte herstellen und verbreiten. Ob eine solche Möglichkeit derzeit überhaupt schon in größerem Umfang besteht, ist nicht ganz klar und wird von den Kriminalämtern unklar beantwortet. Es ist aber zumindest wahrscheinlich, dass die Möglichkeit in Zukunft bestehen wird. Damit soll Ermittlungsbehörden die Möglichkeit gegeben werden, die in einschlägigen Netzwerken üblichen »Proben« eigener kinderpornografischer Inhalte zu erbringen. Es ist allerdings naheliegend anzunehmen, dass die Täter, sobald die Möglichkeit realistisch besteht, dazu übergehen werden, andere oder zusätzliche »Proben« zu verlangen, also etwa das Hochladen von Livestreams mit aktuell abgefragten Äußerungen der dargestellten Tatopfer. So etwas kann man auf absehbare Zeit nicht in einer Qualität simulieren, die argwöhnische Täter überzeugen könnte. Im Beispielsfall ist das aber kein Problem. Nach dem Sachverhalt handelt es sich bei den von G. bezogenen Inhalten durchweg um echtes Material, also um tatsächliches Geschehen.

Ebenfalls kein Problem ist die Tathandlung, also das Unternehmen, sich kinderpornografische Inhalte zu verschaffen. Der

Begriff »Unternehmen« ist ein rechtstechnischer Begriff, und nach der gesetzlichen Definition in § 11 StGB ist das Unternehmen einer Tat »deren Versuch und Vollendung«. Das hat weitreichende Folgen, denn es bedeutet, dass der Versuch einer Tat (§ 22), der mit einer milderen Rechtsfolge bestraft werden kann (§ 23), schon als Vollendung angesehen wird. Deshalb gibt es hier auch keine Möglichkeit eines »Rücktritts vom Versuch« (§ 24). Sogenannte Unternehmensdelikte sind also Vorverlagerungen der Strafbarkeitsgrenze für vollendete Delikte. Konkret würde das bedeuten, dass die Tat des »Sich-Verschaffens« von kinderpornografischen Inhalten schon vollendet und endgültig strafbar ist, wenn ein Täter auch nur anfängt, aktiv nach einer kinderpornografischen Datei zu suchen. Es ist nicht Voraussetzung, dass die Suche auch erfolgreich ist. Einen Versuch, also ein Unternehmen, begeht, »wer nach seiner Vorstellung von der Tat zur Verwirklichung unmittelbar ansetzt« (§ 22 StGB). Das ist mit dem Eingeben einer Internetadresse gegeben.

In unserem Fall kommt es hinsichtlich des Bestands an Inhalten bei G. auf diese Abgrenzung zwischen Versuch und Vollendung nicht an. Er hat sich diese Dateien erfolgreich verschafft. Da er sie bei sich gespeichert hat, besitzt er sie auch. Diese Tatvariante ist also ebenfalls vollendet.

Anderen kinderpornografische Inhalte verschaffen

Nach dem Sachverhalt leitet G. Dateien an andere Mitglieder des Netzwerks weiter. Dadurch verschafft er diesen Tätern den Besitz, der nach der Rechtsprechung des BGH bereits dann gegeben ist, wenn eine Datei im Arbeitsspeicher eines Empfängercomputers angekommen ist. Eine dauerhafte Speicherung ist danach nicht erforderlich. Manche rechtswissenschaftlichen Autoren meinen hingegen, dass mindestens eine Speicherung im Cache-Speicher erfolgen muss und dass Vorkehrungen, diesen automatisch zu löschen, einen Besitz verhindern. Für die Strafbarkeit des G. nach der Regelung des § 184b Abs. 1 Nr. 2 (s. Anhang) wäre das gleichgültig, denn er hat die Tat ja wieder unternommen, also zumindest versucht.

Liegt eine Bandentat vor?

Nach § 184b Abs. 3 wird mit höherer Strafe bestraft, wenn der Täter als Mitglied einer Bande handelt. Eine Bande ist eine Personenmehrheit von mindestens drei Personen, die aufgrund einer allgemeinen, nicht nur eine einzelne Straftat betreffenden Absprache übereingekommen sind, künftig in einer Mehrzahl von Fällen gemeinsam Straftaten einer bestimmten Art zu begehen. Dabei müssen weder die genauen Zeitpunkte oder Orte noch die konkreten Tatopfer festgelegt sein. Es reicht vielmehr, wenn sich die Bandenmitglieder ganz allgemein darauf einigen, bei Gelegenheit zusammen zu handeln. Es ist ebenfalls nicht erforderlich, dass an jeder einzelnen Tat alle Bandenmitglieder teilnehmen oder teilnehmen sollen. Ob danach hier im Hinblick auf das (gegenseitige) Sich-Verschaffen/Anderen-Verschaffen die Voraussetzungen der Qualifikation gegeben sind, ist möglich. Dass die bloße Teilnahme an dem kinderpornografischen Chatraum als verbindliche Zusage künftiger Mitwirkung an gemeinsamen Taten anzusehen ist, kann aber auch bezweifelt werden. Man müsste hier nähere Einzelheiten kennen, die sich aus dem Sachverhalt nicht ergeben.

Das Anbieten von Kindern

Nach § 176 Abs. 5 wird bestraft, wer ein Kind für eine Tat nach § 176 anbietet oder nachzuweisen verspricht oder wer sich mit einem anderen zu einer solchen Tat verabredet. Hier hat sich nach dem Sachverhalt der Beschuldigte G. mit den Kontakten H. und K. darüber verständigt, dass deren (angebliche) Kinder für Taten nach §§ 176, 176a StGB zur Verfügung gestellt werden sollen. Man könnte also auf den Gedanken kommen, dass G. sich mit den beiden anderen verabredet hat, was als zweite Variante des fünften Absatzes ebenfalls strafbar ist. Das ist aber dort nicht gemeint. Das Verabreden muss vielmehr »zu einer solchen Tat« erfolgen, also zum Anbieten oder Nachweisen eines Kindes. Derjenige Kommunikationspartner, der ein Anbieten oder Nachweisen sozusagen als Empfänger oder Interessent annimmt, verabredet sich vielleicht zu einer Tat an dem Kind, aber nicht zu einer Tat des Anbietens. Dieser Tatbestand scheidet also aus.

Wurde ein Verbrechen verabredet?

§ 30 StGB (Versuch der Beteiligung) lautet auszugsweise:

> Wer einen anderen zu bestimmen versucht, ein Verbrechen zu begehen …, wird nach den Vorschriften über den Versuch des Verbrechens bestraft. … Ebenso wird bestraft, wer … mit einem anderen verabredet, ein Verbrechen zu begehen …

Hier hat der Beschuldigte G. sich mit H. und K. verabredet, zu einem bestimmten Zeitpunkt im angeblichen Wochenendhaus des K. Straftaten des gemeinschaftlichen schweren sexuellen Missbrauchs von Kindern und des Herstellens von kinderpornografischen Inhalten zu begehen. Nach der Gesetzesfassung bis Ende 2020 wäre Letzteres ein Vergehen mit einer Mindeststrafe von 6 Monaten. Nach der im Herbst 2020 vorgeschlagenen Neufassung* wäre das Herstellen von kinderpornografischen Inhalten ein Verbrechen mit einer Mindeststrafe von zwei Jahren. In jedem Fall aber wären die beabsichtigten Taten ein Verbrechen, wenn Beischlaf oder beischlafähnliche Handlungen vollzogen würden (§ 176a Abs. 2 Nr. 1), die Tat gemeinschaftlich begangen würde (§ 176a Abs. 2 Nr. 2) oder die Absicht bestünde, die Taten zum Gegenstand pornografischer Inhalte zu machen (§ 176a

* Entwurf eines Gesetzes zur Bekämpfung sexualisierter Gewalt gegen Kinder (Bundestags-Drucksache 19/24901; dazu auch Bundesrat in Bundesrats-Drucksache 634/20).

Abs. 3). Insoweit kommt es also auf die geplante Gesetzesverschärfung nicht an, weil die Taten schon nach der alten Gesetzesfassung mit Mindeststrafen von 1 beziehungsweise 2 Jahren und jeweils einer Höchststrafe von 15 Jahren bedroht sind.

An der Verabredung könnte man aber zweifeln, weil es den Beteiligten H. möglicherweise und K. sicher gar nicht ernst war, da der eine nicht erschien und der andere Polizeibeamter ist. Man könnte hier argumentieren, dass es für die Strafbarkeit des G. darauf nicht ankommen kann, weil sein eigener böser Wille ja in jedem Fall auf die Verwirklichung der Tat gerichtet war. Der Bundesgerichtshof sieht das aber anders. Nach der Rechtsprechung kommt es darauf an, ob eine objektive Gefahr, dass die Tat von denen, die sich verabreden, als Mittäter begangen wird, wirklich besteht. Das ist nicht der Fall, wenn der oder die anderen das gar nicht ernsthaft wollen und davon ausgehen, dass die Tat ohne ihre Mitwirkung auch nicht vollendet werden kann.* Daher entfällt hier der Tatbestand der Verabredung zu einem Verbrechen. Der Versuch einer Verabredung ist nach herrschender Meinung nicht strafbar. Er kann aber für den einzelnen ernsthaft Interessierten ein vollendetes »Sich-bereit-Erklären« im Sinn von § 30 sein.

Wir wollen den Einzelheiten und dogmatischen Verästelungen an dieser Stelle nicht weiter nachgehen. Es dürfte klar geworden sein, dass das Verständnis eines konkreten Falles unbedingt eine genaue Lektüre der komplizierten, teilweise aufeinander verweisenden Vorschriften erfordert und für Laien wirklich schwierig ist. Dass irgendwelche ungebildeten potenziellen Täter, unter Umständen mit nur geringen Sprachkenntnissen und Verständniskompetenzen, die zahllosen sich überschneidenden Varianten der Tatbestände kennen und sich vor der Tatbegehung darüber informieren könnten, ist äußerst unwahrscheinlich. Das

* BGH, Beschluss vom 23.3.2017, 3 StR 260/16, BGHSt 62, S. 96.

geltende Recht ist nicht zuletzt hier – wie auch in § 177 StGB – zu einer Spezialwissenschaft für wenige Fachleute geworden. Das mag zwar nichts daran ändern, dass es nach herrschender Meinung ausreicht, ganz allgemein zu wissen, dass das eigene Verhalten wahrscheinlich strafbar ist, aber der Sinn eines für die potenziell betroffenen Bürger verständlichen, transparenten Gesetzes wird verfehlt.

Hat sich H. strafbar gemacht?

Es ist noch ein Blick auf die Strafbarkeit des H. wegen einer Tat nach § 184b zu werfen. Nach dem Sachverhalt hat er dem Beschuldigten G. eine pornografische Darstellung eines Kindes verschafft, das in Wahrheit kein Kind, sondern ein Jugendlicher war. Daraus ergibt sich die Frage, ob solche Irrtümer für den Tatbestand relevant sind oder ob es nur darauf ankommt, was der Empfänger des Inhalts irrtümlich annimmt. Nach der Rechtsprechung und der in der Rechtslehre zumeist vertretenen Ansicht kommt es darauf an, wie sich das Alter der abgebildeten Person nach dem Sinngehalt des Inhalts darstellt: Wenn eine Person kindlich erscheint, aus dem Inhalt aber hervorgeht, dass sie es nicht ist, ist der Tatbestand nicht gegeben. Auch wenn Kindlichkeit weder tatsächlich gegeben ist noch aus Sicht eines objektiven Betrachters anzunehmen ist, liegt keine Kinderpornografie vor. Anders ist es nach herrschender Meinung, wenn eine Person in dem Inhalt selbst als kindlich dargestellt wird und auch objektiv so erscheint.

An dieser Stelle soll ein Sondertatbestand erwähnt werden, der in dem Entwurf der Bundesregierung vom Oktober 2020 enthalten ist und als § 184l ins Gesetz eingefügt werden soll. Es handelt sich um den Erwerb oder Besitz von Puppen mit kindlichem Erscheinungsbild, einschließlich Nachbildungen von kindlichen Körperteilen, wenn sie ihrer Art nach für sexuelle Handlungen bestimmt sind.

Das ist eine extrem weite Vorverlagerung der Strafbarkeit in einen Gefährdungsbereich, der recht zweifelhaft erscheint. Es ist klar, dass damit einer Förderung und Unterstützung pädophiler Neigungen und Taten entgegengewirkt werden soll. Allerdings finden die »Taten«, die mit und an solchen Puppen begangen werden können, ausschließlich in der Fantasie der Bezieher und Besitzer statt, da es ja nicht strafbar ist, Puppen zu »missbrauchen«, sondern es soll nur strafbar werden, sie zu haben. Es ist allerdings nicht erkennbar, warum dann der Erwerb und Besitz von Puppen mit *erwachsenem* Erscheinungsbild, an denen ja ebenfalls sexuell motivierte schwere Straftaten simuliert werden können, nicht ebenfalls verboten und strafrechtlich verfolgt werden sollen. Außerdem bleibt unklar, auf welche Weise man einen weitgehend von der Fantasie psychisch auffälliger Personen gesteuerten Bereich oder Markt von Nachbildungen überhaupt kontrollieren will. Man könnte hier fast sagen, je gestörter die Fantasien der potenziellen Täter sind, desto unwahrscheinlicher ist es, dass sie auffallen. Es bleibt abzuwarten, ob der Gesetzgeber diesem Vorschlag der Bundesregierung nähertreten wird. Eine größere praktische Bedeutung würde die Vorschrift gewiss nicht erlangen, vielmehr bewegt sie sich wieder einmal im hochgradig symbolischen Bereich.

Hat sich K. strafbar gemacht?

Ein letzter Blick soll auf den Kriminalbeamten K. geworfen werden. Er verwirklicht hier jedenfalls den objektiven Tatbestand des § 184b Abs. 3, indem er sich die von H. übermittelte Datei verschafft. Weitere Aktivitäten außer dem Vortäuschen des Anbietens sind dem Sachverhalt aber nicht zu entnehmen. Auf die im Jahr 2020 eingefügte Befugnis der Polizei, selbst hergestellte Fake-Kinderpornografie zu Zwecken der Ermittlung einzusetzen, kommt es hier also nicht an. Nach § 184b Abs. 5 ist der Tatbestand ausgeschlossen, wenn sie ausschließlich der Erfüllung staatlicher Aufgaben dient. Das ist bei der Strafverfolgung von Kinderpornografie und dem (schweren) sexuellen Missbrauch von Kindern offenkundig der Fall. Aus dem Umstand, dass der verdeckt arbeitende Polizeibeamte K. die Planungen der beiden anderen Beteiligten bestärkt hat, können diese keine strafmildernden Argumente gewinnen. Der Einsatz des Polizisten war hier ohne Zweifel legitim und überschritt nicht die Grenzen, die von der Rechtsprechung im Hinblick auf die sogenannte Tatprovokation gezogen worden sind. Danach kann ein Strafverfahren insgesamt unzulässig sein, wenn die Tat, die verfolgt werden soll, ausschließlich auf einer nachdrücklichen, bedrängenden Anstiftungshandlung eines verdeckt arbeitenden Polizeibeamten beruht und der durch ihn verleitete Täter keinen ernsthaften Anlass zu der Annahme gegeben hatte, dass er eine solche Tat begehen wolle. Das kommt im Bereich des Betäubungsmittelstrafrechts vor, ist aber auch bei Kinderpornografie nicht ausgeschlossen. Im Beispielsfall ist das Verhalten von K. aber nicht zu beanstanden.

Verfahrensfragen: Untersuchungshaft und Außervollzugsetzung des Haftbefehls

Am Ende der Sachverhaltsschilderung wird noch eine Verfahrensfrage im Zusammenhang mit der Untersuchungshaft aufgeworfen. Man kann hier zweierlei fragen: Wäre eine Anordnung von Untersuchungshaft gegen G. rechtmäßig? Und ist es rechtmäßig, dass der Untersuchungsrichter eine Außervollzugsetzung des Haftbefehls an eine Mitwirkung bei der Aufklärung knüpft?

Das Thema wird hier angesprochen, weil es in der öffentlichen Diskussion eine erhebliche, leider nicht selten eher sachferne Rolle spielt. Das hat damit zu tun, dass viele Bürger meinen, das Strafrecht greife nicht hart, nicht schnell und nicht schmerzhaft genug gegen Straftäter durch. Hieran werden dann mehr oder minder fantasievolle Alltagstheorien geknüpft, vor allem diejenige, dass solche Defizite die Kriminalität begünstigen und die Sicherheit der Rechtsgüter gefährden.

Das ist, wie eine rationale Überprüfung ergibt, schon in den äußeren Zusammenhängen und Umständen sehr fraglich. Es stützt sich vor allem auf eine sogenannte generalpräventive, also abschreckende Funktion des Strafrechts. Diese Funktion hat es auch, aber sie ist erstens nicht die einzige, zweitens vermittelt sie sich keineswegs vorrangig über die Strafhöhe und -härte, und drittens ist ihre Wirksamkeit ganz unterschiedlich verteilt. Allgemein kann man sagen, dass Abschreckung umso besser funktioniert, je rationaler die potenziellen Täter die Entscheidung für oder gegen eine Straftat treffen. Nun weiß jeder von sich selbst und aus seinem persönlichen Umfeld, dass die Rationalität von Entscheidungen außerordentlich unterschiedlich ist, ganz unabhängig von der Intelligenz und den objektiven Möglichkeiten des Einzelnen. Ein Autokauf zum Beispiel findet allenfalls *auch* nach rationalen Gesichtspunkten statt, denn emotionale Motive, wie Sozialprestige, Selbstbild, Kompensation, Vorurteile hinsichtlich technischer Aspekte, aber auch Schönheitsvorstellungen oder Moden, überwiegen hier in beinahe jeder Hinsicht. Dagegen werden die meisten Menschen einen Rasenmäher oder einen Heizkessel nach ganz überwiegend rationalen Gesichtspunkten anschaffen, zum Beispiel Technik, Preis-Leistung oder Erfordernis. Bei Entscheidungen über Handlungen und Lebenspläne ist es nicht anders. Wenn die Entscheidungen über das Kaufen von Kuchen oder Süßigkeiten ebenso rational getroffen würden wie die Entscheidungen über den Kauf von Geschirrspülmittel, gingen die Geschäfte von Bäckereien wesentlich schlechter.

Das lässt sich auch auf den Straftatenbereich übertragen, denn wer Taten aufgrund einer Kosten-Nutzen-Rechnung begeht, wird sich von einer Erhöhung dieses Risikos wesentlich leichter abschrecken lassen als jemand, der Taten aufgrund emotionaler Erregung und spontaner Entschlüsse begeht. Das heißt, dass man Anlagebetrüger, Steuerhinterzieher oder illegale Abfallentsorger mit einer Erhöhung des Verfolgungsdrucks wesentlich leichter beeindrucken kann als Vergewaltiger, Kindesmissbraucher oder Pornografiekonsumenten. Wer unter dem Druck sexueller Erregung oder getrieben von Aggression und Rachegedanken handelt, wägt in der Regel nur wenig ab, denn fast nie hat die Tat einen in irgendeiner Weise anhaltenden, längeren Nutzen. Man muss sich Folgendes klarmachen: Aus Sicht eines Täters ist eine Vergewaltigung oder ein sexueller Missbrauch ein kurzer Moment der Gefühlsabfuhr und möglicherweise der Befriedigung. Nichts davon bleibt übrig oder lässt das Leben als gelungen erscheinen, wenn man dafür anschließend fünf oder zehn Jahre im Gefängnis sitzt. Viele Täter erinnern sich nach dieser Zeit kaum noch an die Tat, wegen der sie verurteilt wurden. Hieraus folgt auch, dass eine bloße Drohung, die Strafe zu erhöhen, bei stark affektiv gesteuerten Handlungen wenig Wirksamkeit hat. Auch das Risiko des Erwischtwerdens beeinflusst die Tat nur bedingt, weil gerade dissoziale, haltlose Täter nicht selten in Aufwallungen eines Gefühls von »Jetzt ist mir alles egal« handeln. Natürlich gilt das nicht absolut, denn dann könnte man auf unterschiedliche Strafhöhen gleich ganz verzichten. Das Unterschreiten bestimmter Risikogrenzen würde dazu führen, dass Verbote nicht mehr ernst genommen würden. Wo diese Grenze der Ernsthaftigkeit liegt, lässt sich aber nicht allgemein und abstrakt sagen. Sie ist in hohem Maß abhängig von den konkreten Gegebenheiten, Bedeutungen und Anschauungen in einer Gesellschaft. Das kann man schon daran sehen, dass die Häufigkeit bestimmter Deliktsarbeiten auch in solchen Ländern ganz ähnlich sein kann, die ihnen mit ganz unterschiedlich hohen Strafdrohungen begegnen. Auch in Staaten mit exzessiv hohen Strafdrohungen, zum Beispiel den USA, wird die Zahl der entsprechenden Straftaten hierdurch nur wenig beeinflusst. Ob für eine Vergewaltigung 8 Jahre oder 28 Jahre Freiheitsstrafe angedroht sind, spielt für den Tatentschluss eine nur untergeordnete Rolle.

In der medialen Diskussion wird die Untersuchungshaft sehr häufig wie eine vorweggenommene Strafe behandelt. Auch Äußerungen von Politikern oder aus Polizeikreisen weisen oft in diese Richtung und setzen daher grundlegend falsche Akzente. Untersuchungshaft ist das, was ihr Name sagt, die Haft zur Sicherung der Untersuchung des Falles. Es wird nicht von vornherein vermutet, dass sie richtig, gerecht und schuldangemessen sei, denn ob der Inhaftierte schuldig ist, ist ja erst Gegenstand der Untersuchung. Die Anordnung von Untersuchungshaft, die stets durch einen Richter erfolgt, setzt vielmehr voraus, dass dringender Tatverdacht besteht. Das ist, wie der Name sagt, mehr als eine Vermutung und sicher auch mehr als ein Anfangsverdacht, der für die Eröffnung des Ermittlungsverfahrens ausreicht und daher sehr wenig voraussetzt.

Selbst wenn ein dringender Verdacht besteht, ist aber Untersuchungshaft nicht schon deshalb erlaubt. Es muss noch ein Haftgrund dazukommen. Also ein Grund, warum man die Person festsetzen muss, um das Ermittlungsverfahren angemessen führen zu können. § 112 StPO nennt neben der Flucht insbesondere die Fluchtgefahr und die Verdunkelungsgefahr als Haftgründe. Dazu kommen die im Einzelnen nicht unproblematischen Gründe der Wiederholungsgefahr (§ 112a StPO), was die Untersuchungshaft eigentlich zu einer Art Präventionshaft macht, und der Tatschwere (§ 112 Abs. 3 StPO). Beide Haftgründe sind unscharf in ihren Randbereichen und missverständlich in ihren Formulierungen, sodass man sich nicht wundern muss, wenn sie in der öffentlichen Diskussion nicht selten zu populistisch verwendeten Schlagworten werden. In unserem Beispielsfall liegt es auf der Hand, dass gegen den G. ein dringender Tatverdacht besteht, denn alle geschilderten Tatsachen stellen gravierende Indizien für seine Schuld dar. Als Haftgrund kommt hier die Verdunkelungsgefahr in Betracht, denn G. verfügt über zahlreiche verschlüsselte Daten mit Informationen über seine eigenen und über fremde Straftaten. Für die Ermittlungsbehörden sind solche Verschlüsselungen, wenn sie mit professionellen Programmen arbeiten, nur sehr schwer oder gar nicht zu knacken. Daher kann befürchtet werden, dass G. seine Freiheit während des Ermittlungsverfahrens nutzen könnte, um Mittäter oder Kontakte zu warnen oder Beweismittel zu vernichten oder beiseitezuschaffen. Insoweit ist die Anordnung der Untersuchungshaft rechtmäßig und auch verhältnismäßig.

Das gilt auch für den Hinweis beziehungsweise das Angebot des Haftrichters, eine Außervollzugsetzung in Aussicht zu stellen, wenn G. an der Aufklärung mitwirkt. Eine Außervollzugsetzung bedeutet nicht die Aufhebung des Haftbefehls, sondern nur das Aussetzen seiner Vollstreckung (s. § 116 StPO). Der Beschuldigte gelangt unter Auflagen in Freiheit, kann aber jederzeit bei Verstößen wieder inhaftiert werden. Ein solches Angebot wird vom Beschuldigten natürlich als ein Druck empfunden. Dieser Druck ist aber nicht illegitim und sachlich nicht zu beanstanden. G. wird also nicht etwa genötigt, sich selbst zu belasten. Das wäre nur der Fall, wenn die Anordnung von Untersuchungshaft gar nicht rechtmäßig wäre und trotzdem für den Fall angedroht wird, dass der Beschuldigte nicht gefügig ist. Dafür gibt es hier keine Anhaltspunkte.

Im Ergebnis sind H. und G. wegen Verbreitens (Verschaffen) kinderpornografischer Inhalte, G. außerdem wegen Besitzes kinderpornografischer Inhalte zu bestrafen. K. ist nicht strafbar.

Kapitel 5
Ausblick

Die Welt von innen steuern? Sexuelle Identität im Spiegel von Gesellschaft und Strafrecht

Sexuelle Identität ist ein bedeutendes Thema in der öffentlichen Diskussion, und zahlreiche ganz verschiedene Bereiche des sozialen Lebens werden damit in Verbindung gebracht. Das ist gewiss nicht falsch, zeigt aber auch, dass der Begriff doch sehr vielgestaltig und teilweise vage ist. Nicht immer weiß man, was damit im konkreten Zusammenhang gemeint sein soll, und nicht jeder, der mit dem Begriff Politik macht, scheint über seine Bedeutungen und Auswirkungen informiert.

Das Attribut »sexuell« weggelassen, geht es um »Identität«. Das ist einer der zentralen Begriffe der aktuellen öffentlichen Kommunikation, an dessen Bedeutungslinien und Verästelungen wichtige Themen wie Gerechtigkeit, Fairness, Entwicklung, Fortschritt, Nation oder Rechtsstaat diskutiert werden, vielfach stark interessenbezogen und subjektiv – was dann wiederum als Identität polemisch überhöht wird. Der Begriff der Identität steht in engem Zusammenhang mit den populären Konzepten von Authentizität und Selbstermächtigung. Dahinter steht die recht banale Vorstellung, wonach die einzelne Person fähig, berechtigt und moralisch verpflichtet sei, ihre Identität aus eigener Kraft zu bestimmen, zu formen und zu verwirklichen. Dieses Konzept lässt sich relativ leicht in überindividuelle Zusammenhänge übertragen. Im Zeichen von Identitätspolitik verfolgen aus einer Position der Marginalisierung unterschiedlichste gesellschaftliche Gruppen eine Strategie der Selbstermächtigung.

Dass Sexualität ein ganz besonderer, herausragender oder sogar der wirkmächtigste Teil der Identität sein solle, ist eine Behauptung, die vom Anfang des 20. Jahrhunderts stammt und seither nicht zwingend plausibler geworden ist. Sie stützt sich theoretisch darauf, dass die Psychoanalyse die geschlechtsbezogenen Bedeutungen des Körpers und der Psyche als wichtige Katalysatoren des Empfindens und Verhaltens erkannt hat. Hieraus ist freilich nicht ohne Weiteres abzuleiten, dass andere Identitäten der Person quasi nachgeordnete Funktionen oder Resultate ihrer sexuellen Identität seien. In einem Radiointerview im November 2020 beschrieb eine Mitbewohnerin eines in Berlin besetzten Hauses dessen Population so: »Mit Menschen, die bei ihrer Geburt das männliche Geschlecht zugewiesen bekommen und sich später damit identifizieren, wohnen wir nicht zusammen.« Diese – beispielhaft – extreme Steigerung einer Vorstellung von Identität, die Wesen, Verhalten, Rolle und soziale Bedeutung von Menschen zu einem Ergebnis von Identitäts-Entscheidungen macht, ist zweifelhaft und enthält erhebliches Potenzial an freiheitsfeindlicher Ideologisierung.

Für unser Thema ist das von Bedeutung, weil sich darin eine Bewegung abbildet, die für die aktuelle Welt kennzeichnend ist und sich weiter beschleunigen dürfte: *Einer faktisch – wirtschaftlich, politisch, sozial, existenziell – vielen beinahe total erscheinenden Entmachtung der Individuen wird die Idee einer emotional-sexualisierten Selbst-Bemächtigung entgegengesetzt, also eine innere »Natur«. Dieses machtvolle Ich kann vermeintlich oder tatsächlich seine Selbstwirksamkeit in der Welt von innen, durch bloße Anschauung, Intuition und Gefühle, steuern.* Es ist zentraler Bezugspunkt sozialer Definitionen und Bewertungen, kann aber selbstverständlich nicht heraustreten aus den Funktionszusammenhängen der Gesellschaft. Die Macht über den eigenen Körper erscheint als letzte Position der Freiheit, aber vollzogen wird sie durch Hingabe an eine Warenwelt, deren Funktion es gerade ist, die Entmachtung voranzutreiben.

Strafrechtlich ist die personale Identität binnen weniger Jahrzehnte in ihrer Bedeutung zur Leitkategorie geworden und hat die Bedeutung sozialbezogener Rechtsgüter zurückgedrängt. Diese Bewegung ist bislang, obwohl sie rechtspolitisch auch kritisiert wird, ungebrochen. Zum Zeitpunkt des Manuskriptabschlusses aktuellste Manifestation war der oben diskutierte neue Entwurf der Bundesregierung eines Gesetzes »zur Bekämpfung sexualisierter Gewalt gegen Kinder«, dessen Kern eine massive Erhöhung der Strafdrohungen, eine erneute Ausweitung von Tatbestandsgrenzen und die Einführung eines neuen Straftatbestands des Vertreibens und Besitzes von Puppen ist, an denen Sexualstraftaten simuliert werden können.

Sittliche Urteile? Strafrecht und sexuelle Präferenzen

Geschmäcker sind, wie man weiß, verschieden. Der Bundesgerichtshof hat schon vor langer Zeit in Bezug auf die Rolle des Strafrechts das weiterhin Gültige gesagt: Das Strafrecht hat nicht die Aufgabe, auf sexuellem Gebiet die moralischen Standards erwachsener Personen zu bewerten und zu kontrollieren. Es geht im Sexualstrafrecht nicht um Sittlichkeit und Anstand, sondern um den Schutz von personalen Rechtsgütern. Das bedeutet, dass nach heute ganz allgemeiner Ansicht die für das Strafrecht entscheidende Grenze die der Selbstbestimmung ist. Sexualverhalten, das nicht fremde Selbstbestimmungsrechte verletzt, geht den Staat und die Strafjustiz in aller Regel nichts an. Aus diesem

Grund sind bereits vor Jahrzehnten die allein an Vorstellungen von Sittlichkeit und Moral orientierten Tatbestände des StGB gestrichen, namentlich Ehebruch, Sodomie und männliche Homosexualität, die anderen so geändert worden, dass sie dem Rechtsgut der sexuellen Selbstbestimmung Rechnung tragen.

Es kommt aus dem Blickwinkel des Strafrechts nicht darauf an, ob eine Person aus psychologisch-klinischer Sicht eine Störung der Sexualpräferenz aufweist. Störungen mögen im Einzelfall belastend für die Betroffenen und ihre Umwelt und aus diesem Grund therapiebedürftig sein, sie sind aber nicht strafbar. Das gilt für belanglose Vorlieben über fetischisierte Gewohnheiten und Präferenzen bis zu persönlichkeitsprägenden Neigungen wie Sadismus/Masochismus oder Pädophilie. Es ist nicht verboten, pädophil zu sein, sondern Kinder sexuell zu missbrauchen. Nicht sadistische Neigungen sind strafbar, sondern ihre Verwirklichung gegen den Willen betroffener anderer Personen.

Auch hier gibt es nach herrschender Meinung Grenzen, die aus Gründen des allgemeinen Rechtsfriedens nicht überschritten werden dürfen. So ist etwa die Umsetzung sexuell motivierter kannibalistischer Neigungen auch dann nicht erlaubt, wenn das Tatopfer seiner eigenen Tötung zustimmt. Nicht nur § 216 StGB (Tötung auf Verlangen) steht dem entgegen, sondern auch der Rechtsgedanke des § 228 StGB (Sittenwidrigkeit als Grenze der Einwilligung in Körperverletzungen). In den wenigen sogenannten Kannibalen-Fällen, die von der Rechtsprechung entschieden worden sind, konnte es dahinstehen, ob die jeweiligen Zustimmungen der Tatopfer überhaupt wirksam oder ob sie nicht Ausdruck schwerer psychischer Störungen waren, die eine Eigenverantwortlichkeit der Entscheidung ausschlossen.* Das gilt entsprechend auch für schwere Körperverletzungen aus sexuellen Motiven, also etwa Amputationen oder andere Verstüm-

* Siehe dazu BGH, Urteil vom 22.4.2005, 2 StR 310/04, BGHSt 50, S. 80 (»Kannibale von Rotenburg«).

melungen (§ 226 StGB). Sie können durch Einwilligung nicht gerechtfertigt werden (§ 228 StGB). Wieweit sonstige Verletzungen und Veränderungen des Körpers, etwa extreme Tätowierungen oder Piercings, groteske chirurgische Körpergestaltungen, strafrechtlich begrenzt werden können oder müssen, ist unsicher.

Sex, Crime, Cybersex

Ein Ausblick auf das mögliche zukünftige Verhältnis von Sexualität, Moral und Strafrecht ist stets eine Prognose über die Entwicklung der Gesellschaft insgesamt. Insoweit sollen hier keine Spekulationen vorgetragen werden. Sinnvoll ist es aber, sich gelegentlich Gedanken über Möglichkeiten und Tendenzen zu machen. Diese betreffen etwa die weitere Trennung von Fortpflanzung und Sexualität durch Fortentwicklung von Gentechnik, künstlicher Befruchtung, die »Auslagerung« von Fortpflanzungsfunktionen und die Klonierung. Nicht von ungefähr werden solche Themen in den Avantgardezirkeln der Gender-Bewegungen diskutiert. Was in Huxleys »Schöner neuer Welt« als märchenhafte Fiktion beschrieben wurde, ist inzwischen auf das Niveau ernsthafter Machbarkeitserwägungen herabgesunken.

Auch die Formen und Funktionen von Familien und sozialer Existenz werden sich weiter verändern, und derzeit sieht alles danach aus, als sei die Richtung eine weitere Beschleunigung von Globalisierung, Mobilität und Vereinzelung. Schon heute ist es eine eher dysfunktionale Methode und Erwartung, Sexual- und Lebenspartner im wirklichen Leben zu finden, also etwa in den realen Gemeinschaften von Arbeit, Wohnen und Freizeit. Denn hier sind die individualisierten Wahlmöglichkeiten eng begrenzt, und nicht optimierte Zufälle werden gefühlsmäßig nicht mehr als akzeptabel angesehen. Stattdessen hat sich eine Kultur internetgestützter Partnersuche mit einer scheinbar unendlichen Auswahl von Möglichkeiten verbreitet. Unter den Bedingungen von Selbstunsicherheit, Optimierungsdruck und fehlenden stabilen äußeren und emotionalen Strukturen beinhaltet das die Gefahr einer Verflüchtigung und der Reduzierung von Partnerbeziehungen auf Fragen eines als »Matching« bezeichneten raschen Abgleichs von Zufriedenheitswahrscheinlichkeiten. Das bedeutet auch, dass die emotionale Zuverlässigkeit von Beziehungen weiter abnimmt.

Warum sollte Sexualität nicht zukünftig wesentlich stärker synthetisiert werden? Wenn im Fernen Osten heute die ersten Pflegeroboter herumfahren, die alte Menschen mit Flüssigkeit, freundlichen Worten und individualisierten kleinen Geschichten und Filmen aus der Jugend beglücken, können sie demnächst gewiss auch Zärtlichkeiten und sexuelle Stimulationen in akzeptabel glaubhafter technischer Qualität vermitteln. Nichts spricht dafür, dass sich die primitiven Sexpuppen der Gegenwart dem steten Fortschritt der Digitalisierungstechnik und der Künstlichen Intelligenz entziehen werden.

Die Begriffe und Anforderungen, die Erwartungen von Gefahr, die Sicherheit und Strafe, die Therapie und Überwachung sowie die Verhaltenssteuerung sind in alle Richtungen offen und nicht durch die Borniertheiten des Jetzt beschränkt. Deshalb ist es kein Spaß, sondern sinnvoll und erforderlich, über die Richtungen nachzudenken und zu entscheiden, die eingeschlagen werden sollen und zu erträglichen oder sogar erfreulichen Ergebnissen führen könnten.

Die Moral des Strafrechts in Zeiten gesellschaftlicher Unsicherheit

Zum Abschluss ein letzter Blick auf die Moral. Es ist heute üblich, zu beteuern, Moral dürfe und solle nicht Gegenstand des Strafrechts sein. Erwachsene, geistig gesunde, zur Eigen- und Fremdverantwortung fähige Menschen müssen nicht durch staatliche Strafdrohungen und die Anwendung staatlicher Gewalt davor beschützt werden, in ihren Moralvorstellungen verunsichert zu werden, und die Moral der Mehrheit muss auch nicht mittels Strafrecht vor den abweichenden Moralen von Minderheiten beschützt werden. So scheinbar klar das im Grundsatz scheint, so unklar wird es oft, wenn es ums Konkrete und um Einzelheiten geht. Gerade im Sexualstrafrecht kann man das sehr deutlich beobachten. Hier verschieben sich die Grenzen nicht einfach nur innerhalb vorgegebener Begriffskästchen, sondern die Begriffe selbst wandeln sich, sodass mit denselben Begriffen ganz unterschiedliche Sachverhalte beschrieben werden können.

Was die Grenze zwischen bloßer Moral oder Anstand und legitimen strafrechtlichen Rechtsgütern, namentlich der sexuellen Selbstbestimmung, bedeutet und wo sie verläuft, ist während der sogenannten MeToo-Debatte lebhaft diskutiert worden. Man kann sehr ernsthaft darüber streiten, ob es sich noch im Rahmen menschlicher und sozialer Verhältnismäßigkeit bewegt, die soziale Existenz und das Ansehen von Menschen zu vernichten, weil sie vor Jahrzehnten einmal sexualitätsbezogene Dummheiten gesagt oder Verhalten gezeigt haben, das sich unter heutiger Perspektive als unpassend, herabsetzend und grenzverletzend darstellt. Berechtigte Empörung, Bigotterie und Heuchelei liegen hier ersichtlich oft nah beieinander, und die Hysterisierungen des amerikanischen Showbusiness erscheinen doch nicht selten eher lustig und abstoßend als ernsthaft und vorbildlich. Das kann aber dahinstehen, soweit es nur allgemeine gesellschaftliche Verständigungen und Bewertungen betrifft.

Anders ist es, sofern strafrechtliche Folgerungen gezogen werden. Der extreme Bedeutungszuwachs, der dem Rechtsgut »sexuelle Selbstbestimmung« – was immer damit im Einzelnen gemeint ist – in den letzten Jahrzehnten zugekommen ist, hat bereits bisher zu einer sehr erheblichen Ausweitung des mit staatlicher Kriminalstrafe bedrohten Verhaltens in einen Bereich geführt, der früher eher informellen Regeln und Sanktionierungen zugeordnet war. Das soll hier nicht grundsätzlich kritisiert oder infrage gestellt werden, obgleich die Umsetzung, wie im Rahmen der Besprechung der Beispielsfälle ausgeführt, an vielen Stellen Zweifel begründen kann. Vielmehr muss man die Frage stellen, wohin es führen kann und soll. Welche Vorteile und welche Nachteile haben die bisherigen Verschiebungen gebracht, und sind die kriminologischen, gesellschaftspolitischen Ziele erreicht worden? Ein Blick auf die aktuellen Diskussionen zeigt, dass das offenbar nicht der Fall ist. Die Klagen darüber, dass es im Bereich des Sexualstrafrechts zu viele Strafbarkeitslücken, zu milde Strafdrohungen und Strafanordnungen und zu viele strafwürdige Taten gebe, sind heute nicht geringer als vor 15 Jahren und drei »Bekämpfungs«-Gesetzen. Die Einführung der Strafbarkeit von Belästigungen (§ 184j StGB) hat, soweit ersichtlich, nicht dazu geführt, dass in der sozialen Wirklichkeit Beruhigung eingetreten ist, sondern dazu, dass die Forderung erhoben wird, auch das aufdringliche Anstarren, also schon sexuell motivierte *Blicke* zu bestrafen. Die angeblichen Traumatisierungen durch Lebensäußerungen anderer Menschen nehmen nicht ab, sondern zu, und das Bedürfnis, ihrer mithilfe des Strafrechts Herr zu werden, scheint ungebrochen.

Es kann an dieser Stelle kein problemloser Ausstieg aus dieser Spirale und keine einfache Lösung angeboten werden. Es wäre auch falsch, das Ausmaß des Straf- und Verfolgungsbedürfnisses pauschal als irrational und dysfunktional anzusehen. Trotzdem muss erörtert und darauf hingewiesen werden, welche gesellschaftlichen Kosten eine solche Entwicklung mit sich bringt. Zum einen dürfte das Maß der Verhaltens- und Erwartungssicherheit nicht steigen. *Die Spirale des strafrechtlichen Sanktionierungsbedürfnisses ist Symptom und Folge gesellschaftlicher Veränderungen, die sich auf ganz anderen Gebieten abspielen als etwa in einer realen Zunahme von Sexualstraftaten. Die Vereinzelung und Verunsicherung der Individuen nimmt nicht ab, sondern zu und wird durch Ausweitung der Strafbarkeitsbereiche nicht verhindert.*

Zum anderen ist darauf hinzuweisen, dass die Systeme der Sozialkontrolle, wie wir sie bisher kennen, mit den Anforderungen eines derart nach innen gerichteten Strafrechts schlicht überfordert sind. Es ist nicht möglich, eine hinreichende Sicherheit dafür zu garantieren, dass in den Strafverfahren die »richtigen« Fälle erkannt und die »richtigen« Ergebnisse erzielt werden. Je mehr man die Tatbestände ausweitet, desto unsicherer wird ihr Nachweis. Wer soll noch ernsthaft darüber Beweis erheben – und mit welchen Beweismitteln? –, ob ein Beschuldigter eine andere Person unverschämt angestarrt, einmal kurz berührt oder grenzverletzend angeredet hat? Welche Sachverständigen sollen Gutachten darüber erstellen, ob eine angetrunkene Person in einer Nacht vor drei Jahren einen Widerwillen hatte und »erkennbar« geäußert hat? Man kann entsprechende Behauptungen glauben oder auch nicht. Man kann mit Alltagstheorien und Küchenpsychologie und mit mehr oder minder fernliegenden Bauchgefühlen an die Beweiswürdigung gehen: Die Wahrheit sagt dann, wer am »betroffensten« guckt, am lautesten weint oder am »unbescholtensten« aussieht. Wer dagegen dumm, hässlich und vorbestraft ist, wird »sicher nicht zufällig« beschuldigt werden. Ein solches Strafrecht hat ein hohes Maß an Zufälligkeit und produziert daher objektive Willkür, die Anzahl der fehlerhaft falschen Verurteilungen steigt ebenso wie die der fehlerhaft falschen Freisprüche. Das erzeugt viele Enttäuschungen und Verbitterungen. Überdies fördert es eine Kultur des »Deals« und der informellen Einigungen, weil Verfahrensergebnisse unvorhersehbar werden.

Ein solches Strafrecht kann eigentlich niemand wollen. Dabei ist immer zu bedenken, dass das Sexualstrafrecht hier ja nur – wie früher das Betäubungsmittelstrafrecht – die Rolle einer Avantgarde innehat. Wer eine staatliche Kontrolle will, die in das Innerste des Menschen, in seine Gedanken, Fantasien und Motive und seine Kommunikation möglichst weit vordringt, wird beim Sexualstrafrecht anfangen, um möglichst viel Zustimmung zu erlangen. Die präventiven und ermittlungstechnischen Maßnahmen zur Verfolgung und Verhinderung von Kinderpornografie sind heute ähnlich weitreichend wie die zur Verfolgung und Verhinderung terroristischer Anschläge. Dass es genügend Menschen gibt, die dem Satz zustimmen: »Wer nichts zu verbergen hat, hat auch nichts zu befürchten«, ist nicht beruhigend. Diesen Satz sagen auch alle totalitären Regime der Welt zu ihren Untertanen.

Es gibt kein Strafrecht ohne eine Moral, aber einen weiten Bereich von Moralen ohne Strafrecht. Wer seiner eigenen Moral nicht mehr traut oder trauen kann, wird die verlorene Sicherheit nicht im Strafrecht wiederfinden. Deshalb ist es nützlich, über Inhalte zu sprechen.

Anhang

Strafgesetzbuch in der Fassung vom 13.11.1998 (BGBl I S. 3322), Auszug

Letzte Änderung: 60. Strafrechtsänderungsgesetz vom 30.11.2020 (BGBl 2020 I, S. 2600)

Allgemeiner Teil, 2. Abschnitt

§ 20 Schuldunfähigkeit wegen seelischer Störungen

Ohne Schuld handelt, wer bei Begehung der Tat wegen einer krankhaften seelischen Störung, wegen einer tiefgreifenden Bewusstseinsstörung oder wegen einer Intelligenzminderung oder einer schweren anderen seelischen Störung unfähig ist, das Unrecht der Tat einzusehen oder nach dieser Einsicht zu handeln.

§ 21 Verminderte Schuldfähigkeit

Ist die Fähigkeit des Täters, das Unrecht der Tat einzusehen oder nach dieser Einsicht zu handeln, aus einem der in § 20 bezeichneten Gründe bei Begehung der Tat erheblich vermindert, so kann die Strafe nach § 49 Abs. 1 gemildert werden.

Allgemeiner Teil, 3. Abschnitt, 2. Titel

§ 46 Grundsätze der Strafzumessung

(1) Die Schuld des Täters ist Grundlage für die Zumessung der

Strafe. Die Wirkungen, die von der Strafe für das künftige Leben des Täters in der Gesellschaft zu erwarten sind, sind zu berücksichtigen.

(2) Bei der Zumessung wägt das Gericht die Umstände, die für und gegen den Täter sprechen, gegeneinander ab. Dabei kommen namentlich in Betracht:

die Beweggründe und die Ziele des Täters, besonders auch rassistische, fremdenfeindliche* oder sonstige menschenverachtende,

die Gesinnung, die aus der Tat spricht, und der bei der Tat aufgewendete Wille,

das Maß der Pflichtwidrigkeit,

die Art der Ausführung und die verschuldeten Auswirkungen der Tat,

das Vorleben des Täters, seine persönlichen und wirtschaftlichen Verhältnisse sowie

sein Verhalten nach der Tat, besonders sein Bemühen, den Schaden wiedergutzumachen, sowie das Bemühen des Täters, einen Ausgleich mit dem Verletzten zu erreichen.

(3) Umstände, die schon Merkmale des gesetzlichen Tatbestandes sind, dürfen nicht berücksichtigt werden.

Besonderer Teil, 12. Abschnitt: Straftaten gegen Ehe und Familie

§ 172 Doppelehe; doppelte Lebenspartnerschaft

(1) Mit Freiheitsstrafe bis zu drei Jahren oder mit Geldstrafe wird bestraft, wer verheiratet ist oder eine Lebenspartnerschaft führt und

1. mit einer dritten Person eine Ehe schließt oder
2. gemäß § 1 Absatz 1 des Lebenspartnerschaftsgesetzes gegenüber der für die Begründung der Lebenspartnerschaft zu-

ständigen Stelle erklärt, mit einer dritten Person eine Lebenspartnerschaft führen zu wollen.

(2) Ebenso wird bestraft, wer mit einer dritten Person, die verheiratet ist oder eine Lebenspartnerschaft führt, die Ehe schließt oder gemäß § 1 Absatz 1 des Lebenspartnerschaftsgesetzes gegenüber der für die Begründung der Lebenspartnerschaft zuständigen Stelle erklärt, mit dieser dritten Person eine Lebenspartnerschaft führen zu wollen.

§ 173 Beischlaf zwischen Verwandten

(1) Wer mit einem leiblichen Abkömmling den Beischlaf vollzieht, wird mit Freiheitsstrafe bis zu drei Jahren oder mit Geldstrafe bestraft.

(2) Wer mit einem leiblichen Verwandten aufsteigender Linie den Beischlaf vollzieht, wird mit Freiheitsstrafe bis zu zwei Jahren oder mit Geldstrafe bestraft; dies gilt auch dann, wenn das Verwandtschaftsverhältnis erloschen ist. Ebenso werden leibliche Geschwister bestraft, die miteinander den Beischlaf vollziehen.

(3) Abkömmlinge und Geschwister werden nicht nach dieser Vorschrift bestraft, wenn sie zur Zeit der Tat noch nicht achtzehn Jahre alt waren.

Besonderer Teil, 13. Abschnitt: Straftaten gegen die sexuelle Selbstbestimmung

§ 174 Sexueller Missbrauch von Schutzbefohlenen

(1) Wer sexuelle Handlungen

1. an einer Person unter sechzehn Jahren, die ihm zur Erziehung, zur Ausbildung oder zur Betreuung in der Lebensführung anvertraut ist,
2. an einer Person unter achtzehn Jahren, die ihm zur Erzie-

hung, zur Ausbildung oder zur Betreuung in der Lebensführung anvertraut oder im Rahmen eines Dienst- oder Arbeitsverhältnisses untergeordnet ist, unter Missbrauch einer mit dem Erziehungs-, Ausbildungs-, Betreuungs-, Dienst- oder Arbeitsverhältnis verbundenen Abhängigkeit oder

3. an einer Person unter achtzehn Jahren, die sein leiblicher oder rechtlicher Abkömmling ist oder der seines Ehegatten, seines Lebenspartners oder einer Person, mit der er in eheähnlicher oder lebenspartnerschaftsähnlicher Gemeinschaft lebt,

vornimmt oder an sich von dem Schutzbefohlenen vornehmen lässt, wird mit Freiheitsstrafe von drei Monaten bis zu fünf Jahren bestraft.

(2) Mit Freiheitsstrafe von drei Monaten bis zu fünf Jahren wird eine Person bestraft, der in einer dazu bestimmten Einrichtung die Erziehung, Ausbildung oder Betreuung in der Lebensführung von Personen unter achtzehn Jahren anvertraut ist, und die sexuelle Handlungen

1. an einer Person unter sechzehn Jahren, die zu dieser Einrichtung in einem Rechtsverhältnis steht, das ihrer Erziehung, Ausbildung oder Betreuung in der Lebensführung dient, vornimmt oder an sich von ihr vornehmen lässt oder

2. unter Ausnutzung ihrer Stellung an einer Person unter achtzehn Jahren, die zu dieser Einrichtung in einem Rechtsverhältnis steht, das ihrer Erziehung, Ausbildung oder Betreuung in der Lebensführung dient, vornimmt oder an sich von ihr vornehmen lässt.

(3) Wer unter den Voraussetzungen des Absatzes 1 oder 2

1. sexuelle Handlungen vor dem Schutzbefohlenen vornimmt oder

2. den Schutzbefohlenen dazu bestimmt, dass er sexuelle Handlungen vor ihm vornimmt,

um sich oder den Schutzbefohlenen hierdurch sexuell zu erregen, wird mit Freiheitsstrafe bis zu drei Jahren oder mit Geldstrafe bestraft.

(4) Der Versuch ist strafbar.

(5) In den Fällen des Absatzes 1 Nummer 1, des Absatzes 2 Nummer 1 oder des Absatzes 3 in Verbindung mit Absatz 1 Nummer 1 oder mit Absatz 2 Nummer 1 kann das Gericht von einer Bestrafung nach dieser Vorschrift absehen, wenn das Unrecht der Tat gering ist.

§ 174a Sexueller Missbrauch von Gefangenen, behördlich Verwahrten oder Kranken und Hilfsbedürftigen in Einrichtungen

(1) Wer sexuelle Handlungen an einer gefangenen oder auf behördliche Anordnung verwahrten Person, die ihm zur Erziehung, Ausbildung, Beaufsichtigung oder Betreuung anvertraut ist, unter Missbrauch seiner Stellung vornimmt oder an sich von der gefangenen oder verwahrten Person vornehmen lässt, wird mit Freiheitsstrafe von drei Monaten bis zu fünf Jahren bestraft.

(2) Ebenso wird bestraft, wer eine Person, die in einer Einrichtung für kranke oder hilfsbedürftige Menschen aufgenommen und ihm zur Beaufsichtigung oder Betreuung anvertraut ist, dadurch missbraucht, dass er unter Ausnutzung der Krankheit oder Hilfsbedürftigkeit dieser Person sexuelle Handlungen an ihr vornimmt oder an sich von ihr vornehmen lässt.

(3) Der Versuch ist strafbar.

§ 174b Sexueller Missbrauch unter Ausnutzung einer Amtsstellung

(1) Wer als Amtsträger, der zur Mitwirkung an einem Strafverfahren oder an einem Verfahren zur Anordnung einer freiheitsentziehenden Maßregel der Besserung und Sicherung oder einer behördlichen Verwahrung berufen ist, unter Missbrauch der durch das Verfahren begründeten Abhängigkeit sexuelle Hand-

lungen an demjenigen, gegen den sich das Verfahren richtet, vornimmt oder an sich von dem anderen vornehmen lässt, wird mit Freiheitsstrafe von drei Monaten bis zu fünf Jahren bestraft.
(2) Der Versuch ist strafbar.

§ 174c Sexueller Missbrauch unter Ausnutzung eines Beratungs-, Behandlungs- oder Betreuungsverhältnisses

(1) Wer sexuelle Handlungen an einer Person, die ihm wegen einer geistigen oder seelischen Krankheit oder Behinderung einschließlich einer Suchtkrankheit oder wegen einer körperlichen Krankheit oder Behinderung zur Beratung, Behandlung oder Betreuung anvertraut ist, unter Missbrauch des Beratungs-, Behandlungs- oder Betreuungsverhältnisses vornimmt oder an sich von ihr vornehmen lässt, wird mit Freiheitsstrafe von drei Monaten bis zu fünf Jahren bestraft.
(2) Ebenso wird bestraft, wer sexuelle Handlungen an einer Person, die ihm zur psychotherapeutischen Behandlung anvertraut ist, unter Missbrauch des Behandlungsverhältnisses vornimmt oder an sich von ihr vornehmen lässt.
(3) Der Versuch ist strafbar.

§ 176 Sexueller Missbrauch von Kindern

(1) Wer sexuelle Handlungen an einer Person unter vierzehn Jahren (Kind) vornimmt oder an sich von dem Kind vornehmen lässt, wird mit Freiheitsstrafe von sechs Monaten bis zu zehn Jahren bestraft.
(2) Ebenso wird bestraft, wer ein Kind dazu bestimmt, dass es sexuelle Handlungen an einem Dritten vornimmt oder von einem Dritten an sich vornehmen lässt.
(3) In besonders schweren Fällen ist auf Freiheitsstrafe nicht unter einem Jahr zu erkennen.
(4) Mit Freiheitsstrafe von drei Monaten bis zu fünf Jahren wird bestraft, wer

1. sexuelle Handlungen vor einem Kind vornimmt,
2. ein Kind dazu bestimmt, dass es sexuelle Handlungen vornimmt, soweit die Tat nicht nach Absatz 1 oder Absatz 2 mit Strafe bedroht ist,
3. auf ein Kind mittels Schriften (§ 11 Absatz 3) oder mittels Informations- oder Kommunikationstechnologie einwirkt, um
   a) das Kind zu sexuellen Handlungen zu bringen, die es an oder vor dem Täter oder einer dritten Person vornehmen oder von dem Täter oder einer dritten Person an sich vornehmen lassen soll, oder
   b) eine Tat nach § 184b Absatz 1 Nummer 3 oder nach § 184b Absatz 3 zu begehen, oder
4. auf ein Kind durch Vorzeigen pornographischer Abbildungen oder Darstellungen, durch Abspielen von Tonträgern pornographischen Inhalts, durch Zugänglichmachen pornographischer Inhalte mittels Informations- und Kommunikationstechnologie oder durch entsprechende Reden einwirkt.

(5) Mit Freiheitsstrafe von drei Monaten bis zu fünf Jahren wird bestraft, wer ein Kind für eine Tat nach den Absätzen 1 bis 4 anbietet oder nachzuweisen verspricht oder wer sich mit einem anderen zu einer solchen Tat verabredet.

(6) Der Versuch ist strafbar; dies gilt nicht für Taten nach Absatz 4 Nummer 4 und Absatz 5. Bei Taten nach Absatz 4 Nummer 3 ist der Versuch nur in den Fällen strafbar, in denen eine Vollendung der Tat allein daran scheitert, dass der Täter irrig annimmt, sein Einwirken beziehe sich auf ein Kind.

Fassung des § 176 in der von der Bundesregierung im Dezember 2020 vorgeschlagenen neuen Form (BTags-Drucksache 19/24901):

§ 176 Sexualisierte Gewalt gegen Kinder

(1) Mit Freiheitsstrafe nicht unter einem Jahr wird bestraft, wer

1. sexuelle Handlungen an einer Person unter vierzehn Jahren (Kind) vornimmt oder an sich von dem Kind vornehmen lässt,

2. ein Kind dazu bestimmt, dass es sexuelle Handlungen an einer dritten Person vornimmt oder von einer dritten Person an sich vornehmen lässt,

3. ein Kind für eine Tat nach Nummer 1 oder Nummer 2 anbietet oder nachzuweisen verspricht.

(2) In den Fällen des Absatzes 1 Nummer 1 kann das Gericht von Strafe nach dieser Vorschrift absehen, wenn zwischen Täter und Kind die sexuelle Handlung einvernehmlich erfolgt und der Unterschied sowohl im Alter als auch im Entwicklungsstand oder Reifegrad gering ist, es sei denn, der Täter nutzt die fehlende Fähigkeit des Kindes zur sexuellen Selbstbestimmung aus.

Neuer § 176a in der von der Bundesregierung im Dezember 2020 vorgeschlagenen neuen Form (BTags-Drucksache 19/24901):

§ 176a Sexualisierte Gewalt gegen Kinder ohne Körperkontakt mit dem Kind

(1) Mit Freiheitsstrafe von sechs Monaten bis zu zehn Jahren wird bestraft, wer

1. sexuelle Handlungen vor einem Kind vornimmt,

2. ein Kind dazu bestimmt, dass es sexuelle Handlungen vornimmt, soweit die Tat nicht nach § 176 Absatz 1 Nummer 1 oder Nummer 2 mit Strafe bedroht ist, oder

3. auf ein Kind durch einen pornographischen Inhalt (§ 11 Absatz 3) oder durch entsprechende Reden einwirkt.

(2) Ebenso wird bestraft, wer ein Kind für eine Tat nach Absatz 1 anbietet oder nachzuweisen verspricht oder wer sich mit einem anderen zu einer solchen Tat verabredet.

(3) Der Versuch ist in den Fällen des Absatzes 1 Nummer 1 und 2 strafbar. Bei Taten nach Absatz 1 Nummer 3 ist der Versuch in den Fällen strafbar, in denen eine Vollendung der Tat allein daran scheitert, dass der Täter irrig annimmt, sein Einwirken beziehe sich auf ein Kind.

§ 176a Schwerer sexueller Missbrauch von Kindern

(1) Der sexuelle Missbrauch von Kindern wird in den Fällen des § 176 Abs. 1 und 2 mit Freiheitsstrafe nicht unter einem Jahr bestraft, wenn der Täter innerhalb der letzten fünf Jahre wegen einer solchen Straftat rechtskräftig verurteilt worden ist.

(2) Der sexuelle Missbrauch von Kindern wird in den Fällen des § 176 Abs. 1 und 2 mit Freiheitsstrafe nicht unter zwei Jahren bestraft, wenn

1. eine Person über achtzehn Jahren mit dem Kind den Beischlaf vollzieht oder ähnliche sexuelle Handlungen an ihm vornimmt oder an sich von ihm vornehmen lässt, die mit einem Eindringen in den Körper verbunden sind,
2. die Tat von mehreren gemeinschaftlich begangen wird oder
3. der Täter das Kind durch die Tat in die Gefahr einer schweren Gesundheitsschädigung oder einer erheblichen Schädigung der körperlichen oder seelischen Entwicklung bringt.

(3) Mit Freiheitsstrafe nicht unter zwei Jahren wird bestraft, wer in den Fällen des § 176 Abs. 1 bis 3, 4 Nr. 1 oder Nr. 2, jeweils auch in Verbindung mit § 176 Absatz 6 Satz 1, als Täter oder anderer Beteiligter in der Absicht handelt, die Tat zum Gegenstand einer pornographischen Schrift (§ 11 Abs. 3) zu machen, die nach § 184b Absatz 1 oder 2 verbreitet werden soll.

(4) In minder schweren Fällen des Absatzes 1 ist auf Freiheitsstrafe von drei Monaten bis zu fünf Jahren, in minder schweren Fällen des Absatzes 2 auf Freiheitsstrafe von einem Jahr bis zu zehn Jahren zu erkennen.

(5) Mit Freiheitsstrafe nicht unter fünf Jahren wird bestraft, wer das Kind in den Fällen des § 176 Abs. 1 bis 3 bei der Tat körperlich schwer misshandelt oder durch die Tat in die Gefahr des Todes bringt.

(6) In die in Absatz 1 bezeichnete Frist wird die Zeit nicht eingerechnet, in welcher der Täter auf behördliche Anordnung in einer Anstalt verwahrt worden ist. Eine Tat, die im Ausland abge-

urteilt worden ist, steht in den Fällen des Absatzes 1 einer im Inland abgeurteilten Tat gleich, wenn sie nach deutschem Strafrecht eine solche nach § 176 Abs. 1 oder 2 wäre.

Neuer § 176c in der von der Bundesregierung im Dezember 2020 vorgeschlagenen Fassung (BTags-Drucksache 19/24901):

§ 176c Schwere sexualisierte Gewalt gegen Kinder

(1) Die sexualisierte Gewalt gegen Kinder wird in den Fällen des § 176 Abs. 1 und 2 mit Freiheitsstrafe nicht unter zwei Jahren bestraft, wenn

1. der Täter innerhalb der letzten fünf Jahre wegen einer solchen Straftat rechtskräftig verurteilt worden ist,

2. eine Person über achtzehn Jahren mit dem Kind den Beischlaf vollzieht oder ähnliche sexuelle Handlungen an ihm vornimmt oder an sich von ihm vornehmen lässt, die mit einem Eindringen in den Körper verbunden sind,

3. die Tat von mehreren gemeinschaftlich begangen wird oder

4. der Täter das Kind durch die Tat in die Gefahr einer schweren Gesundheitsschädigung oder einer erheblichen Schädigung der körperlichen oder seelischen Entwicklung bringt.

(2) Ebenso wird bestraft, wer in den Fällen des § 176 Absatz 1 Nummer 1 oder Nummer 2, des § 176a Absatz 1 Nummer 1 oder Nummer 2 oder Absatz 3 Satz 1 als Täter oder anderer Beteiligter in der Absicht handelt, die Tat zum Gegenstand eines pornographischen Inhalts (§ 11 Absatz 3) zu machen, der nach § 184b Absatz 1 oder 2 verbreitet werden soll.

(3) Mit Freiheitsstrafe nicht unter fünf Jahren wird bestraft, wer das Kind in den Fällen des § 176 Absatz 1 Nummer 1 oder Nummer 2 bei der Tat körperlich schwer misshandelt oder durch die Tat in die Gefahr des Todes bringt.

§ 176b Sexueller Missbrauch von Kindern mit Todesfolge

Verursacht der Täter durch den sexuellen Missbrauch (§§ 176 und 176a) wenigstens leichtfertig den Tod des Kindes, so ist die Strafe lebenslange Freiheitsstrafe oder Freiheitsstrafe nicht unter zehn Jahren.

Neuer § 176d in der von der Bundesregierung im Dezember 2020 vorgeschlagenen Fassung (BTags-Drucksache 19/24901):

§ 176d Sexualisierte Gewalt gegen Kinder mit Todesfolge

Verursacht der Täter durch die sexualisierte Gewalt (§§ 176 bis 176c) mindestens leichtfertig den Tod des Kindes, so ist die Strafe lebenslange Freiheitsstrafe oder Freiheitsstrafe nicht unter zehn Jahren.

§ 177 Sexueller Übergriff; sexuelle Nötigung; Vergewaltigung

(1) Wer gegen den erkennbaren Willen einer anderen Person sexuelle Handlungen an dieser Person vornimmt oder von ihr vornehmen lässt oder diese Person zur Vornahme oder Duldung sexueller Handlungen an oder von einem Dritten bestimmt, wird mit Freiheitsstrafe von sechs Monaten bis zu fünf Jahren bestraft.
(2) Ebenso wird bestraft, wer sexuelle Handlungen an einer anderen Person vornimmt oder von ihr vornehmen lässt oder diese Person zur Vornahme oder Duldung sexueller Handlungen an oder von einem Dritten bestimmt, wenn

1. der Täter ausnutzt, dass die Person nicht in der Lage ist, einen entgegenstehenden Willen zu bilden oder zu äußern,
2. der Täter ausnutzt, dass die Person auf Grund ihres körperlichen oder psychischen Zustands in der Bildung oder Äußerung des Willens erheblich eingeschränkt ist, es sei denn, er hat sich der Zustimmung dieser Person versichert,
3. der Täter ein Überraschungsmoment ausnutzt,
4. der Täter eine Lage ausnutzt, in der dem Opfer bei Widerstand ein empfindliches Übel droht, oder

5. der Täter die Person zur Vornahme oder Duldung der sexuellen Handlung durch Drohung mit einem empfindlichen Übel genötigt hat.

(3) Der Versuch ist strafbar.

(4) Auf Freiheitsstrafe nicht unter einem Jahr ist zu erkennen, wenn die Unfähigkeit, einen Willen zu bilden oder zu äußern, auf einer Krankheit oder Behinderung des Opfers beruht.

(5) Auf Freiheitsstrafe nicht unter einem Jahr ist zu erkennen, wenn der Täter

1. gegenüber dem Opfer Gewalt anwendet,
2. dem Opfer mit gegenwärtiger Gefahr für Leib oder Leben droht oder
3. eine Lage ausnutzt, in der das Opfer der Einwirkung des Täters schutzlos ausgeliefert ist.

(6) In besonders schweren Fällen ist auf Freiheitsstrafe nicht unter zwei Jahren zu erkennen. Ein besonders schwerer Fall liegt in der Regel vor, wenn

1. der Täter mit dem Opfer den Beischlaf vollzieht oder vollziehen lässt oder ähnliche sexuelle Handlungen an dem Opfer vornimmt oder von ihm vornehmen lässt, die dieses besonders erniedrigen, insbesondere wenn sie mit einem Eindringen in den Körper verbunden sind (Vergewaltigung), oder
2. die Tat von mehreren gemeinschaftlich begangen wird.

(7) Auf Freiheitsstrafe nicht unter drei Jahren ist zu erkennen, wenn der Täter

1. eine Waffe oder ein anderes gefährliches Werkzeug bei sich führt,
2. sonst ein Werkzeug oder Mittel bei sich führt, um den Widerstand einer anderen Person durch Gewalt oder Drohung mit Gewalt zu verhindern oder zu überwinden, oder
3. das Opfer in die Gefahr einer schweren Gesundheitsschädigung bringt.

(8) Auf Freiheitsstrafe nicht unter fünf Jahren ist zu erkennen, wenn der Täter

1. bei der Tat eine Waffe oder ein anderes gefährliches Werkzeug verwendet oder
2. das Opfer
   a) bei der Tat körperlich schwer misshandelt oder
   b) durch die Tat in die Gefahr des Todes bringt.

(9) In minder schweren Fällen der Absätze 1 und 2 ist auf Freiheitsstrafe von drei Monaten bis zu drei Jahren, in minder schweren Fällen der Absätze 4 und 5 ist auf Freiheitsstrafe von sechs Monaten bis zu zehn Jahren, in minder schweren Fällen der Absätze 7 und 8 ist auf Freiheitsstrafe von einem Jahr bis zu zehn Jahren zu erkennen.

§ 178 Sexueller Übergriff, sexuelle Nötigung und Vergewaltigung mit Todesfolge

Verursacht der Täter durch den sexuellen Übergriff, die sexuelle Nötigung oder Vergewaltigung (§ 177) wenigstens leichtfertig den Tod des Opfers, so ist die Strafe lebenslange Freiheitsstrafe oder Freiheitsstrafe nicht unter zehn Jahren.

§ 179 (aufgehoben durch Gesetz vom 4.11.2016; jetzt § 177 Abs. 2 Nr. 1)

§ 180 Förderung sexueller Handlungen Minderjähriger

(1) Wer sexuellen Handlungen einer Person unter sechzehn Jahren an oder vor einem Dritten oder sexuellen Handlungen eines Dritten an einer Person unter sechzehn Jahren

1. durch seine Vermittlung oder
2. durch Gewähren oder Verschaffen von Gelegenheit

Vorschub leistet, wird mit Freiheitsstrafe bis zu drei Jahren oder mit Geldstrafe bestraft. Satz 1 Nr. 2 ist nicht anzuwenden, wenn der zur Sorge für die Person Berechtigte handelt; dies gilt nicht,

wenn der Sorgeberechtigte durch das Vorschubleisten seine Erziehungspflicht gröblich verletzt.
(2) Wer eine Person unter achtzehn Jahren bestimmt, sexuelle Handlungen gegen Entgelt an oder vor einem Dritten vorzunehmen oder von einem Dritten an sich vornehmen zu lassen, oder wer solchen Handlungen durch seine Vermittlung Vorschub leistet, wird mit Freiheitsstrafe bis zu fünf Jahren oder mit Geldstrafe bestraft.
(3) Wer eine Person unter achtzehn Jahren, die ihm zur Erziehung, zur Ausbildung oder zur Betreuung in der Lebensführung anvertraut oder im Rahmen eines Dienst- oder Arbeitsverhältnisses untergeordnet ist, unter Missbrauch einer mit dem Erziehungs-, Ausbildungs-, Betreuungs-, Dienst- oder Arbeitsverhältnis verbundenen Abhängigkeit bestimmt, sexuelle Handlungen an oder vor einem Dritten vorzunehmen oder von einem Dritten an sich vornehmen zu lassen, wird mit Freiheitsstrafe bis zu fünf Jahren oder mit Geldstrafe bestraft.
(4) In den Fällen der Absätze 2 und 3 ist der Versuch strafbar.

§ 180a Ausbeutung von Prostituierten

(1) Wer gewerbsmäßig einen Betrieb unterhält oder leitet, in dem Personen der Prostitution nachgehen und in dem diese in persönlicher oder wirtschaftlicher Abhängigkeit gehalten werden, wird mit Freiheitsstrafe bis zu drei Jahren oder mit Geldstrafe bestraft.
(2) Ebenso wird bestraft, wer

1. einer Person unter achtzehn Jahren zur Ausübung der Prostitution Wohnung, gewerbsmäßig Unterkunft oder gewerbsmäßig Aufenthalt gewährt oder
2. eine andere Person, der er zur Ausübung der Prostitution Wohnung gewährt, zur Prostitution anhält oder im Hinblick auf sie ausbeutet.

§ 181a Zuhälterei

(1) Mit Freiheitsstrafe von sechs Monaten bis zu fünf Jahren wird bestraft, wer

1. eine andere Person, die der Prostitution nachgeht, ausbeutet oder
2. seines Vermögensvorteils wegen eine andere Person bei der Ausübung der Prostitution überwacht, Ort, Zeit, Ausmaß oder andere Umstände der Prostitutionsausübung bestimmt oder Maßnahmen trifft, die sie davon abhalten sollen, die Prostitution aufzugeben,

und im Hinblick darauf Beziehungen zu ihr unterhält, die über den Einzelfall hinausgehen.

(2) Mit Freiheitsstrafe bis zu drei Jahren oder mit Geldstrafe wird bestraft, wer die persönliche oder wirtschaftliche Unabhängigkeit einer anderen Person dadurch beeinträchtigt, dass er gewerbsmäßig die Prostitutionsausübung der anderen Person durch Vermittlung sexuellen Verkehrs fördert und im Hinblick darauf Beziehungen zu ihr unterhält, die über den Einzelfall hinausgehen.

(3) Nach den Absätzen 1 und 2 wird auch bestraft, wer die in Absatz 1 Nr. 1 und 2 genannten Handlungen oder die in Absatz 2 bezeichnete Förderung gegenüber seinem Ehegatten oder Lebenspartner vornimmt.

§ 182 Sexueller Missbrauch von Jugendlichen

(1) Wer eine Person unter achtzehn Jahren dadurch missbraucht, dass er unter Ausnutzung einer Zwangslage

1. sexuelle Handlungen an ihr vornimmt oder an sich von ihr vornehmen lässt oder
2. diese dazu bestimmt, sexuelle Handlungen an einem Dritten vorzunehmen oder von einem Dritten an sich vornehmen zu lassen,

wird mit Freiheitsstrafe bis zu fünf Jahren oder mit Geldstrafe bestraft.

(2) Ebenso wird eine Person über achtzehn Jahren bestraft, die eine Person unter achtzehn Jahren dadurch missbraucht, dass sie gegen Entgelt sexuelle Handlungen an ihr vornimmt oder an sich von ihr vornehmen lässt.
(3) Eine Person über einundzwanzig Jahre, die eine Person unter sechzehn Jahren dadurch missbraucht, dass sie

1. sexuelle Handlungen an ihr vornimmt oder an sich von ihr vornehmen läßt oder
2. diese dazu bestimmt, sexuelle Handlungen an einem Dritten vorzunehmen oder von einem Dritten an sich vornehmen zu lassen,

und dabei die ihr gegenüber fehlende Fähigkeit des Opfers zur sexuellen Selbstbestimmung ausnutzt, wird mit Freiheitsstrafe bis zu drei Jahren oder mit Geldstrafe bestraft.
(4) Der Versuch ist strafbar.
(5) In den Fällen des Absatzes 3 wird die Tat nur auf Antrag verfolgt, es sei denn, dass die Strafverfolgungsbehörde wegen des besonderen öffentlichen Interesses an der Strafverfolgung ein Einschreiten von Amts wegen für geboten hält.
(6) In den Fällen der Absätze 1 bis 3 kann das Gericht von Strafe nach diesen Vorschriften absehen, wenn bei Berücksichtigung des Verhaltens der Person, gegen die sich die Tat richtet, das Unrecht der Tat gering ist.

§ 183 Exhibitionistische Handlungen

(1) Ein Mann, der eine andere Person durch eine exhibitionistische Handlung belästigt, wird mit Freiheitsstrafe bis zu einem Jahr oder mit Geldstrafe bestraft.
(2) Die Tat wird nur auf Antrag verfolgt, es sei denn, dass die Strafverfolgungsbehörde wegen des besonderen öffentlichen Interesses an der Strafverfolgung ein Einschreiten von Amts wegen für geboten hält.
(3) Das Gericht kann die Vollstreckung einer Freiheitsstrafe auch

dann zur Bewährung aussetzen, wenn zu erwarten ist, dass der Täter erst nach einer längeren Heilbehandlung keine exhibitionistischen Handlungen mehr vornehmen wird.

(4) Absatz 3 gilt auch, wenn ein Mann oder eine Frau wegen einer exhibitionistischen Handlung

1. nach einer anderen Vorschrift, die im Höchstmaß Freiheitsstrafe bis zu einem Jahr oder Geldstrafe androht, oder
2. nach § 174 Absatz 3 Nummer 1 oder § 176 Abs. 4 Nr. 1

bestraft wird.

§ 183a Erregung öffentlichen Ärgernisses

Wer öffentlich sexuelle Handlungen vornimmt und dadurch absichtlich oder wissentlich ein Ärgernis erregt, wird mit Freiheitsstrafe bis zu einem Jahr oder mit Geldstrafe bestraft, wenn die Tat nicht in § 183 mit Strafe bedroht ist.

§ 184 Verbreitung pornographischer Inhalte

(1) Wer einen pornographischen Inhalt (§ 11 Absatz 3)

1. einer Person unter achtzehn Jahren anbietet, überlässt oder zugänglich macht,
2. an einem Ort, der Personen unter achtzehn Jahren zugänglich ist oder von ihnen eingesehen werden kann, zugänglich macht,
3. im Einzelhandel außerhalb von Geschäftsräumen, in Kiosken oder anderen Verkaufsstellen, die der Kunde nicht zu betreten pflegt, im Versandhandel oder in gewerblichen Leihbüchereien oder Lesezirkeln einem anderen anbietet oder überlässt,

3a. im Wege gewerblicher Vermietung oder vergleichbarer gewerblicher Gewährung des Gebrauchs, ausgenommen in Ladengeschäften, die Personen unter achtzehn Jahren nicht zugänglich sind und von ihnen nicht eingesehen werden können, einem anderen anbietet oder überlässt,

4. im Wege des Versandhandels einzuführen unternimmt,
5. öffentlich an einem Ort, der Personen unter achtzehn Jahren zugänglich ist oder von ihnen eingesehen werden kann, oder durch Verbreiten von Schriften außerhalb des Geschäftsverkehrs mit dem einschlägigen Handel anbietet oder bewirbt,
6. an einen anderen gelangen lässt, ohne von diesem hierzu aufgefordert zu sein,
7. in einer öffentlichen Filmvorführung gegen ein Entgelt zeigt, das ganz oder überwiegend für diese Vorführung verlangt wird,
8. herstellt, bezieht, liefert, vorrätig hält oder einzuführen unternimmt, um sie oder aus ihr gewonnene Stücke im Sinne der Nummern 1 bis 7 zu verwenden oder einer anderen Person eine solche Verwendung zu ermöglichen, oder
9. auszuführen unternimmt, um sie oder aus ihr gewonnene Stücke im Ausland unter Verstoß gegen die dort geltenden Strafvorschriften zu verbreiten oder der Öffentlichkeit zugänglich zu machen oder eine solche Verwendung zu ermöglichen,

wird mit Freiheitsstrafe bis zu einem Jahr oder mit Geldstrafe bestraft.

(2) Absatz 1 Nr. 1 ist nicht anzuwenden, wenn der zur Sorge für die Person Berechtigte handelt; dies gilt nicht, wenn der Sorgeberechtigte durch das Anbieten, Überlassen oder Zugänglichmachen seine Erziehungspflicht gröblich verletzt. Absatz 1 Nr. 3a gilt nicht, wenn die Handlung im Geschäftsverkehr mit gewerblichen Entleihern erfolgt.

§ 184a Verbreitung gewalt- oder tierpornographischer Inhalte

Mit Freiheitsstrafe bis zu drei Jahren oder mit Geldstrafe wird bestraft, wer eine pornographische Schrift (§ 11 Absatz 3), die Gewalttätigkeiten oder sexuelle Handlungen von Menschen mit Tieren zum Gegenstand hat,

1. verbreitet oder der Öffentlichkeit zugänglich macht oder
2. herstellt, bezieht, liefert, vorrätig hält, anbietet, bewirbt oder es unternimmt, diese Schrift ein- oder auszuführen, um sie oder aus ihr gewonnene Stücke im Sinne der Nummer 1 oder des § 184d Absatz 1 Satz 1 zu verwenden oder einer anderen Person eine solche Verwendung zu ermöglichen.

In den Fällen des Satzes 1 Nummer 1 ist der Versuch strafbar.

§ 184b Verbreitung, Erwerb und Besitz kinderpornographischer Inhalte

(1) Mit Freiheitsstrafe von drei Monaten bis zu fünf Jahren wird bestraft, wer

1. eine kinderpornographische Schrift verbreitet oder der Öffentlichkeit zugänglich macht; kinderpornographisch ist eine pornographische Schrift (§ 11 Absatz 3), wenn sie zum Gegenstand hat:
   a) sexuelle Handlungen von, an oder vor einer Person unter vierzehn Jahren (Kind),
   b) die Wiedergabe eines ganz oder teilweise unbekleideten Kindes in unnatürlich geschlechtsbetonter Körperhaltung oder
   c) die sexuell aufreizende Wiedergabe der unbekleideten Genitalien oder des unbekleideten Gesäßes eines Kindes,
2. es unternimmt, einer anderen Person den Besitz an einer kinderpornographischen Schrift, die ein tatsächliches oder wirklichkeitsnahes Geschehen wiedergibt, zu verschaffen,
3. eine kinderpornographische Schrift, die ein tatsächliches Geschehen wiedergibt, herstellt oder
4. eine kinderpornographische Schrift herstellt, bezieht, liefert, vorrätig hält, anbietet, bewirbt oder es unternimmt, diese Schrift ein- oder auszuführen, um sie oder aus ihr gewonnene Stücke im Sinne der Nummer 1 oder 2 oder des § 184d Absatz 1 Satz 1 zu verwenden oder einer anderen Person eine solche

Verwendung zu ermöglichen, soweit die Tat nicht nach Nummer 3 mit Strafe bedroht ist.

(2) Handelt der Täter in den Fällen des Absatzes 1 gewerbsmäßig oder als Mitglied einer Bande, die sich zur fortgesetzten Begehung solcher Taten verbunden hat, und gibt die Schrift in den Fällen des Absatzes 1 Nummer 1, 2 und 4 ein tatsächliches oder wirklichkeitsnahes Geschehen wieder, so ist auf Freiheitsstrafe von sechs Monaten bis zu zehn Jahren zu erkennen.

(3) Wer es unternimmt, sich den Besitz an einer kinderpornographischen Schrift, die ein tatsächliches oder wirklichkeitsnahes Geschehen wiedergibt, zu verschaffen, oder wer eine solche Schrift besitzt, wird mit Freiheitsstrafe bis zu drei Jahren oder mit Geldstrafe bestraft.

(4) Der Versuch ist strafbar; dies gilt nicht für Taten nach Absatz 1 Nummer 2 und 4 sowie Absatz 3.

(5) Absatz 1 Nummer 2 und Absatz 3 gelten nicht für Handlungen, die ausschließlich der rechtmäßigen Erfüllung von Folgendem dienen:

1. staatliche Aufgaben,
2. Aufgaben, die sich aus Vereinbarungen mit einer zuständigen staatlichen Stelle ergeben, oder
3. dienstliche oder berufliche Pflichten.

Absatz 1 Nummer 1 und 4 gilt nicht für dienstliche Handlungen im Rahmen von strafrechtlichen Ermittlungsverfahren, wenn

1. die Handlung sich auf eine kinderpornographische Schrift bezieht, die kein tatsächliches Geschehen wiedergibt und auch nicht unter Verwendung einer Bildaufnahme eines Kindes oder Jugendlichen hergestellt worden ist, und
2. die Aufklärung des Sachverhalts auf andere Weise aussichtslos oder wesentlich erschwert wäre.

(6) Gegenstände, auf die sich eine Straftat nach Absatz 1 Nummer 2 oder 3 oder Absatz 3 bezieht, werden eingezogen. § 74a ist anzuwenden.

§ 184b in der von der Bundesregierung im Dezember 2020 vorgeschlagenen Fassung (BTags-Drucksache 19/24901):

§ 184b Verbreitung, Erwerb und Besitz kinderpornographischer Inhalte

(1) Mit Freiheitsstrafe von einem Jahr bis zu zehn Jahren wird bestraft, wer

1. einen kinderpornographischen Inhalt verbreitet oder der Öffentlichkeit zugänglich macht; kinderpornographisch ist ein pornographischer Inhalt (§ 11 Absatz 3), wenn er zum Gegenstand hat:

a) sexuelle Handlungen von, an oder vor einer Person unter vierzehn Jahren (Kind),

b) die Wiedergabe eines ganz oder teilweise unbekleideten Kindes in unnatürlich geschlechtsbetonter Körperhaltung oder

c) die sexuell aufreizende Wiedergabe der unbekleideten Genitalien oder des unbekleideten Gesäßes eines Kindes,

2. es unternimmt, einer anderen Person einen kinderpornographischen Inhalt, der ein tatsächliches oder wirklichkeitsnahes Geschehen wiedergibt, zugänglich zu machen oder den Besitz daran zu verschaffen,

3. einen kinderpornographischen Inhalt, der ein tatsächliches Geschehen wiedergibt, herstellt oder

4. einen kinderpornographischen Inhalt herstellt, bezieht, liefert, vorrätig hält, anbietet, bewirbt oder es unternimmt, diesen ein- oder auszuführen, um ihn im Sinne der Nummer 1 oder 2 zu verwenden oder einer anderen Person eine solche Verwendung zu ermöglichen, soweit die Tat nicht nach Nummer 3 mit Strafe bedroht ist.

Gibt der kinderpornographische Inhalt in den Fällen von Absatz 1 Satz 1 Nummer 1 und 4 kein tatsächliches oder wirklichkeitsnahes Geschehen wieder, so ist auf Freiheitsstrafe von drei Monaten bis zu fünf Jahren zu erkennen.

(2) Handelt der Täter in den Fällen des Absatzes 1 Satz gewerbsmäßig oder als Mitglied einer Bande, die sich zur fortgesetzten Begehung solcher Taten verbunden hat, und gibt der Inhalt in den Fällen des Absatzes 1 Satz 1 Nummer 1, 2 und 4 ein tatsächliches oder wirklichkeitsnahes Geschehen wieder, so ist auf Freiheitsstrafe nicht unter zwei Jahren zu erkennen.

(3) Wer es unternimmt, einen kinderpornographischen Inhalt, der ein tatsächliches oder wirklichkeitsnahes Geschehen wiedergibt, abzurufen oder sich den Besitz an einem solchen Inhalt zu verschaffen, oder wer einen solchen Inhalt besitzt, wird mit Freiheitsstrafe von einem Jahr bis zu fünf Jahren bestraft.

(4) Der Versuch ist in den Fällen des Absatzes 1 Satz 2 in Verbindung mit Satz 1 Nummer 1 strafbar.

(5) Absatz 1 Satz 1 Nummer 2 und Absatz 3 gelten nicht für Handlungen, die ausschließlich der rechtmäßigen Erfüllung von Folgendem dienen:

1. staatlichen Aufgaben,
2. Aufgaben, die sich aus Vereinbarungen mit einer zuständigen staatlichen Stelle ergeben, oder
3. dienstlichen oder beruflichen Pflichten.

Absatz 1 Nummer 1 und 4 gilt nicht für dienstliche Handlungen im Rahmen von strafrechtlichen Ermittlungsverfahren, wenn

1. die Handlung sich auf eine kinderpornographische Schrift bezieht, die kein tatsächliches Geschehen wiedergibt und auch nicht unter Verwendung einer Bildaufnahme eines Kindes oder Jugendlichen hergestellt worden ist, und
2. die Aufklärung des Sachverhalts auf andere Weise aussichtslos oder wesentlich erschwert wäre.

(6) Absatz 1 Satz 1 Nr. 1, 2 und 4 und Satz 2 gilt nicht für dienstliche Handlungen im Rahmen von strafrechtlichen Ermittlungsverfahren, wenn

1. Die Handlung sich auf einen kinderpornographischen Inhalt bezieht, der kein tatsächliches Geschehen wiedergibt und auch nicht unter Verwendung einer Bildaufnahme eines Kindes oder Jugendlichen hergestellt worden ist, und

2. die Aufklärung des Sachverhalts auf andere Weise aussichtslos oder wesentlich erschwert wäre.

(7) Gegenstände, auf die sich eine Straftat nach Absatz 1 Satz 1 Nummer 2 oder 3 oder Absatz 3 bezieht, werden eingezogen. § 74a ist anzuwenden.

§ 184c Verbreitung, Erwerb und Besitz jugendpornographischer Inhalte

(1) Mit Freiheitsstrafe bis zu drei Jahren oder mit Geldstrafe wird bestraft, wer

1. eine jugendpornographische Schrift verbreitet oder der Öffentlichkeit zugänglich macht; jugendpornographisch ist eine pornographische Schrift (§ 11 Absatz 3), wenn sie zum Gegenstand hat:

   a) sexuelle Handlungen von, an oder vor einer vierzehn, aber noch nicht achtzehn Jahre alten Person oder

   b) die Wiedergabe einer ganz oder teilweise unbekleideten vierzehn, aber noch nicht achtzehn Jahre alten Person in unnatürlich geschlechtsbetonter Körperhaltung,

2. es unternimmt, einer anderen Person den Besitz an einer jugendpornographischen Schrift, die ein tatsächliches oder wirklichkeitsnahes Geschehen wiedergibt, zu verschaffen,

3. eine jugendpornographische Schrift, die ein tatsächliches Geschehen wiedergibt, herstellt oder

4. eine jugendpornographische Schrift herstellt, bezieht, liefert, vorrätig hält, anbietet, bewirbt oder es unternimmt, diese Schrift ein- oder auszuführen, um sie oder aus ihr gewonnene Stücke im Sinne der Nummer 1 oder 2 oder des § 184d Absatz 1 Satz 1 zu verwenden oder einer anderen Person eine solche Verwendung zu ermöglichen, soweit die Tat nicht nach Nummer 3 mit Strafe bedroht ist.

(2) Handelt der Täter in den Fällen des Absatzes 1 gewerbsmäßig oder als Mitglied einer Bande, die sich zur fortgesetzten Begehung solcher Taten verbunden hat, und gibt die Schrift in den Fällen des Absatzes 1 Nummer 1, 2 und 4 ein tatsächliches oder wirklichkeitsnahes Geschehen wieder, so ist auf Freiheitsstrafe von drei Monaten bis zu fünf Jahren zu erkennen.
(3) Wer es unternimmt, sich den Besitz an einer jugendpornographischen Schrift, die ein tatsächliches Geschehen wiedergibt, zu verschaffen, oder wer eine solche Schrift besitzt, wird mit Freiheitsstrafe bis zu zwei Jahren oder mit Geldstrafe bestraft.
(4) Absatz 1 Nummer 3, auch in Verbindung mit Absatz 5, und Absatz 3 sind nicht anzuwenden auf Handlungen von Personen in Bezug auf solche jugendpornographischen Schriften, die sie ausschließlich zum persönlichen Gebrauch mit Einwilligung der dargestellten Personen hergestellt haben.
(5) Der Versuch ist strafbar; dies gilt nicht für Taten nach Absatz 1 Nummer 2 und 4 sowie Absatz 3.
(6) § 184b Absatz 5 und 6 gilt entsprechend.

§ 184d Zugänglichmachen pornographischer Inhalte mittels Rundfunk oder Telemedien; Abruf kinder- und jugendpornographischer Inhalte mittels Telemedien

(1) Nach den §§ 184 bis 184c wird auch bestraft, wer einen pornographischen Inhalt mittels Rundfunk oder Telemedien einer anderen Person oder der Öffentlichkeit zugänglich macht. In den Fällen des § 184 Absatz 1 ist Satz 1 bei einer Verbreitung mittels Telemedien nicht anzuwenden, wenn durch technische oder sonstige Vorkehrungen sichergestellt ist, dass der pornographische Inhalt Personen unter achtzehn Jahren nicht zugänglich ist. § 184b Absatz 5 und 6 gilt entsprechend.
(2) Nach § 184b Absatz 3 wird auch bestraft, wer es unternimmt, einen kinderpornographischen Inhalt mittels Telemedien abzu-

rufen. Nach § 184c Absatz 3 wird auch bestraft, wer es unternimmt, einen jugendpornographischen Inhalt mittels Telemedien abzurufen; § 184c Absatz 4 gilt entsprechend. § 184b Absatz 5 und 6 Satz 1 gilt entsprechend.

§ 184e Zugänglichmachen pornographischer Inhalte mittels Rundfunk oder Telemedien; Abruf kinder- und jugendpornographischer Inhalte mittels Telemedien

(1) Nach den §§ 184 bis 184c wird auch bestraft, wer einen pornographischen Inhalt mittels Rundfunk oder Telemedien einer anderen Person oder der Öffentlichkeit zugänglich macht. In den Fällen des § 184 Absatz 1 ist Satz 1 bei einer Verbreitung mittels Telemedien nicht anzuwenden, wenn durch technische oder sonstige Vorkehrungen sichergestellt ist, dass der pornographische Inhalt Personen unter achtzehn Jahren nicht zugänglich ist. § 184b Absatz 5 und 6 gilt entsprechend.

(2) Nach § 184b Absatz 3 wird auch bestraft, wer es unternimmt, einen kinderpornographischen Inhalt mittels Telemedien abzurufen. Nach § 184c Absatz 3 wird auch bestraft, wer es unternimmt, einen jugendpornographischen Inhalt mittels Telemedien abzurufen; § 184c Absatz 4 gilt entsprechend. § 184b Absatz 5 und 6 Satz 1 gilt entsprechend.

§ 184f Ausübung der verbotenen Prostitution

Wer einem durch Rechtsverordnung erlassenen Verbot, der Prostitution an bestimmten Orten überhaupt oder zu bestimmten Tageszeiten nachzugehen, beharrlich zuwiderhandelt, wird mit Freiheitsstrafe bis zu sechs Monaten oder mit Geldstrafe bis zu einhundertachtzig Tagessätzen bestraft.

§ 184g Jugendgefährdende Prostitution

Wer der Prostitution

1. in der Nähe einer Schule oder anderen Örtlichkeit, die zum

Besuch durch Personen unter achtzehn Jahren bestimmt ist, oder

2. in einem Haus, in dem Personen unter achtzehn Jahren wohnen,

in einer Weise nachgeht, die diese Personen sittlich gefährdet, wird mit Freiheitsstrafe bis zu einem Jahr oder mit Geldstrafe bestraft.

§ 184h Begriffsbestimmungen

Im Sinne dieses Gesetzes sind

1. sexuelle Handlungen nur solche, die im Hinblick auf das jeweils geschützte Rechtsgut von einiger Erheblichkeit sind,
2. sexuelle Handlungen vor einer anderen Person nur solche, die vor einer anderen Person vorgenommen werden, die den Vorgang wahrnimmt.

§ 184i Sexuelle Belästigung

(1) Wer eine andere Person in sexuell bestimmter Weise körperlich berührt und dadurch belästigt, wird mit Freiheitsstrafe bis zu zwei Jahren oder mit Geldstrafe bestraft, wenn nicht die Tat in anderen Vorschriften dieses Abschnitts mit schwererer Strafe bedroht ist.

(2) In besonders schweren Fällen ist die Freiheitsstrafe von drei Monaten bis zu fünf Jahren. Ein besonders schwerer Fall liegt in der Regel vor, wenn die Tat von mehreren gemeinschaftlich begangen wird.

(3) Die Tat wird nur auf Antrag verfolgt, es sei denn, dass die Strafverfolgungsbehörde wegen des besonderen öffentlichen Interesses an der Strafverfolgung ein Einschreiten von Amts wegen für geboten hält.

§ 184j Straftaten aus Gruppen

Wer eine Straftat dadurch fördert, dass er sich an einer Personengruppe beteiligt, die eine andere Person zur Begehung einer Straftat an ihr bedrängt, wird mit Freiheitsstrafe bis zu zwei Jahren oder mit Geldstrafe bestraft, wenn von einem Beteiligten der Gruppe eine Straftat nach den §§ 177 oder 184i begangen wird und die Tat nicht in anderen Vorschriften mit schwererer Strafe bedroht ist.

§ 184k Verletzung des Intimbereichs durch Bildaufnahmen

(1) Mit Freiheitsstrafe bis zu zwei Jahren oder mit Geldstrafe wird bestraft, wer

1. absichtlich oder wissentlich von den Genitalien, dem Gesäß, der weiblichen Brust oder der diese Körperteile bedeckenden Unterwäsche einer anderen Person unbefugt eine Bildaufnahme herstellt oder überträgt, soweit diese Bereiche gegen Anblick geschützt sind,
2. eine durch eine Tat nach Nummer 1 hergestellte Bildaufnahme gebraucht oder einer dritten Person zugänglich macht oder
3. eine befugt hergestellte Bildaufnahme der in Nummer 1 bezeichneten Art wissentlich unbefugt einer dritten Person zugänglich macht.

(2) Die Tat wird nur auf Antrag verfolgt, es sei denn, dass die Strafverfolgungsbehörde wegen des besonderen öffentlichen Interesses an der Strafverfolgung ein Einschreiten von Amts wegen für geboten hält.

(3) Absatz 1 gilt nicht für Handlungen, die in Wahrnehmung überwiegender berechtigter Interessen, namentlich der Kunst oder der Wissenschaft, der Forschung oder der Lehre, der Berichterstattung über Vorgänge des Zeitgeschehens oder der Geschichte oder ähnlichen Zwecken dienen.

(4) Die Bildträger sowie Bildaufnahmegeräte oder andere tech-

nische Mittel, die der Täter oder Teilnehmer verwendet hat, können eingezogen werden. § 74a ist anzuwenden.

Neuer § 184l in der Fassung des Gesetzentwurfs der Bundesregierung vom Dezember 2020 (BTags-Drs. 19/24901):

§ 184l Inverkehrbringen, Erwerb und Besitz von Sexpuppen mit kindlichem Erscheinungsbild

(1) Mit Freiheitsstrafe bis zu fünf Jahren oder Geldstrafe wird bestraft, wer

1. eine körperliche Nachbildung eines Kindes oder eines Körperteils eines Kindes, die nach ihrer Beschaffenheit zur Vornahme sexueller Handlungen bestimmt ist, herstellt, anbietet oder bewirbt oder

2. mit einer in Nummer 1 beschriebenen Nachbildung Handel treibt oder sie hierzu in oder durch den räumlichen Geltungsbereich dieses Gesetzes verbringt oder

3. ohne Handel zu treiben, eine in Nummer 1 beschriebene Nachbildung veräußert, abgibt oder sonst in Verkehr bringt.

Satz 1 gilt nicht, wenn die Tat nach § 184b mit schwererer Strafe bedroht ist.

(2) Mit Freiheitsstrafe bis zu drei Jahren oder Geldstrafe wird bestraft, wer eine in Absatz 1 Nummer 1 beschriebene Nachbildung erwirbt, besitzt oder in oder durch den räumlichen Geltungsbereich dieses Gesetzes verbringt. Absatz 1 Satz 2 gilt entsprechend.

(3) In den Fällen des Absatzes 1 Nummer 2 und 3 ist der Versuch strafbar.

(4) Absatz 1 Nummer 3 und Absatz 2 gelten nicht für Handlungen, die ausschließlich der rechtmäßigen Erfüllung staatlicher Aufgaben oder dienstlicher oder beruflicher Pflichten dienen.

(5) Gegenstände, auf die sich die Straftat bezieht, werden eingezogen. §§ 74a ist anzuwenden.

Dokumente

Alte Fassungen des Strafgesetzbuchs und aufgehobene Vorschriften

§ 175 Unzucht zwischen Männern [geändert 1969, aufgehoben 1994]

(1) Ein Mann, der mit einem anderen Mann Unzucht treibt oder sich von ihm zur Unzucht missbrauchen läßt, wird mit Gefängnis bestraft.

(2) Bei einem Beteiligten, der zur Zeit der Tat noch nicht einundzwanzig Jahre alt war, kann das Gericht in besonders leichten Fällen von Strafe absehen.

§ 175a Erschwerte Fälle

Mit Zuchthaus bis zu zehn Jahren, bei mildernden Umständen mit Gefängnis nicht unter drei Monaten, wird bestraft:

1. ein Mann, der einen anderen Mann mit Gewalt oder durch Drohung mit gegenwärtiger Gefahr für Leib oder Leben nötigt, mit ihm Unzucht zu treiben oder sich von ihm zur Unzucht mißbrauchen zu lassen;
2. ein Mann, der einen anderen Mann unter Mißbrauch einer durch ein Dienst-, Arbeits- oder Unterordnungsverhältnis begründete Anhängigkeit bestimmt, mit ihm Unzucht zu treiben oder sich von ihm zur Unzucht mißbrauchen zu lassen;
3. ein Mann über einundzwanzig Jahre, der eine männliche Person unter einundzwanzig Jahren verführt, mit ihm Unzucht zu treiben oder sich von ihm zur Unzucht mißbrauchen zu lassen;

4. ein Mann, der gewerbsmäßig mit Männern Unzucht treibt oder sich von Männern zur Unzucht mißbrauchen läßt oder sich dazu anbietet.

§ 175b Sodomie [aufgehoben 1969]

Die widernatürliche Unzucht, welche von Menschen mit Tieren begangen wird, ist mit Gefängnis zu bestrafen; auch kann auf Verlust der bürgerlichen Ehrenrechte erkannt werden.

§ 177 Vergewaltigung [Fassung vor 1997]

(1) Wer eine Frau mit Gewalt oder mit gegenwärtiger Gefahr für Leib oder Leben zum außerehelichen Beischlaf mit ihm oder einem Dritten nötigt, wird mit Freiheitsstrafe nicht unter zwei Jahren bestraft.
(2) In minderschweren Fällen ist die Strafe Freiheitsstrafe von sechs Monaten bis zu fünf Jahren.
(3) Verursacht der Täter durch die Tat leichtfertig den Tod des Opfers, so ist die Strafe Freiheitsstrafe nicht unter fünf Jahren.

§ 178 Sexuelle Nötigung [Fassung vor 1997]

Wer einen anderen mit Gewalt oder durch Drohung mit gegenwärtiger Gefahr für Leib oder Leben nötigt, außereheliche sexuelle Handlungen des Täters oder eines Dritten an sich zu dulden oder an dem Täter oder einem Dritten vorzunehmen, wird mit Freiheitsstrafe von einem Jahr bis zu zehn Jahren bestraft.
(2) In minder schweren Fällen ist die Strafe Freiheitsstrafe von drei Monaten bis zu fünf Jahren.
(3) Verursacht der Täter durch die Tat leichtfertig den Tod des Opfers, so ist die Strafe Freiheitsstrafe nicht unter fünf Jahren.

§ 179 Erschleichung des außerehelichen Beischlafs [aufgehoben 1969]

(1) Wer eine Frauensperson zur Gestattung des Beischlafs dadurch verleitet, dass er eine Trauung vorspiegelt, oder einen anderen Irrtum in ihr erregt oder benutzt, in welchem sie den Beischlaf für einen ehelichen hielt, wird mit Zuchthaus bis zu fünf Jahren bestraft.

(2) Sind mildernde Umstände vorhanden, so tritt Gefängnisstrafe nicht unter sechs Monaten ein.

(3) Die Verfolgung tritt nur auf Antrag ein.

§ 180 Kuppelei [siehe jetzt §§ 180a, 181a]

(1) Wer gewohnheitsmäßig oder aus Eigennutz durch seine Vermittlung oder durch Gewährung oder Verschaffung von Gelegenheit der Unzucht Vorschub leistet, wird wegen Kuppelei mit Gefängnis nicht unter einem Monat bestraft; auch kann zugleich auf Geldstrafe, auf Verlust der bürgerlichen Ehrenrechte sowie auf Zulässigkeit von Polizeiaufsicht erkannt werden. Sind mildernde Umstände vorhanden, so kann die Gefängnisstrafe bis auf einen Tag ermäßigt werden.

(2) Als Kuppelei gilt insbesondere die Unterhaltung eines Bordells oder eines bordellartigen Betriebes.

(3) Wer einer Person, die das achtzehnte Lebensjahr vollendet hat, Wohnung gewährt, wird auf Grund des Absatzes 1 nur dann bestraft, wenn damit ein Ausbeuten der Person, der die Wohnung gewährt wird, oder ein Anwerben oder ein Anhalten dieser Person zur Unzucht verbunden ist.

Peinliche Halsgerichtsordnung Kaiser Karls V. (Constitutio Criminalis Carolina) von 1532

Straff der vnkeusch, so wider die natur beschicht
116. Item so eyn mensch mit eymem vihe, mann mit mann, weib mit weib, vnkeusch treiben, die haben auch das leben verwürckt, vmd man soll sie der gemeymen gewomheyt mach mit dem fewer vom leben zum todt richten.

Straff der vnkeusch mit nahende gesipten freunden
117. Item so eyner vnkeusch mit seiner stiefftochter, mit seines suns eheweib, oder mit seiner stieffmutter treibt, mm solchem vnd noch nehern sipschafften soll die straff wie dauon mm vnsern vorfarn vnnd vmsern Keyserlichem geschriben rechtem gesetzt, gebraucht, vmnd derhaib bei den rechtuerstendigen radts gepflegt werden.

Straff der jhenen so eheweiber oder jungkfrawen entfüren
118. Item so eyner jemandt sein eheweib oder eyn vnuerleumbte jungkfrawen wider des ehemanns oder des ehelichen vatters willen, eyner vnehrlichen weiß entpfüret, darumb mag der ehemann oder Vatter vnangesehen ob die ehefraw oder jungkfrawe jren willen darzu gibt, peinlich klagen, vnd soll der thetter, nach satzung vnser vorfarn, vnd vnser Keyserlichen recht darumb gestrafft vnd derhalb bei den rechtuerstendigen radts gebraucht werden.

Straff der nottzucht
119. Item so jemandt eyner vnuerleumbten ehefrawen, witwenn oder jungkfrawen, mit gewalt vnd wider jren willen, jr jungkfrewlich oder frewlich ehr neme, der selbig übelthetter hat das leben verwürckt, vnd soll auff beklagung der benöttigten inn

außfürung der mißthat, eynem rauber gleich mit dem schwert vom leben zum todt gericht werden. So sich aber eyner solchs obgemelts mißhandels freuelicher vnd gewaltiger weiß, gegen eyner vnuerleumbten frawen oder jungkfrawen vnderstünde, vnnd sich die fraw oder jungkfraw seiner weerte, oder von solcher beschwernuß sunst erreth würd, der selbig übeltlietter soll auff beklagung der benöttigten, inn außfürung der mißhandlung, nach gelegenheyt vnd gestalt der personen vnd vnderstanden missethat gestrafft werden, vnd sollen darinn richter vnnd vrtheyler radts gebrauchen wieuor inn andern fellen mer gesetzt ist.

Straff des Ehebruchs

120. Item so eyn ehemann eynen andern vmb des ehebruchs willen, den er mit seinem eheweib verbracht hat, peinlich beklagt vnd des überwindet, der selbig ehebrecher sampt der ehebrecherin sollen nach sage vnser vorfarn, vnd vnser Keyserlichen rechten gestrafft werden. Item daß es auch gleicherweiß in dem fall, so eyn eheweib jren mann, oder die person, damit der ehebruch volbracht hett, beklagen will, gehalten werden soll.

Straff des übels das inn gestalt zwifacher ehe geschicht

121. Item so eyn ehemann eyn ander weib, oder eyn eheweib eyn andern mann, inn gestalt der heyligen ehe bei leben des ersten ehegesellen nimbt, welche übelthat dann auch ein ehe-bruch vnd größer dann das selbig laster ist, vnd wiewol die Keyserlichen recht, auff solch übelthat keyn straff am leben setzen So wollen wir doch welcher solchs lasters betrüglicher weiß, mit wissen vnd willen vrsach gibt vnnd volnbringt, daß die nit weniger dann die ehebrüchigen peinlich gestrafft werden sollen.

Straff der jhenen so jre eheweiber oder kinder durch böses genieß willen williglich zu vnkeuschen wercken verkauffen

122. Item so jemandt sein eheweib oder klnder, vmb eynicherley genieß willen, wie der namen hett, williglich zu vnehrlichen, vnkeuschen vnd schendtlichen wercken gebrauchen lest, der ist ehrloß, vnd soll nach vermöge gemeyner rechten gestrafft werden.

Straff der verkuplung vnnd helffen zum ehebruch

123. Nach dem zum dickermal, die vnuerstendigen weibsbild, vnd zuuor die vnschuldigen meydlein, die sunst vnuerleumbt ehrlich person sein, durch etliche böse menschen mann vnd weiber, böser betrüglicher weiß, damit jn jr jungkfrewlich oder frewlich ehr entnommen, zu sündtlichen fleyschlichen wercken gezogen werden, die selbigen boßhafftigen kupler vnd küplerin, auch die jhenen so wissentlicher geuerlicher vnd boßhafftiger weiß jre hewser darzu leihen, oder solchs inn jren hewsern zubeschehen gestatten, sollen nach gelegenheyt der verhandlung vnnd radt der rechtuerstendigen, es sei mit verweisung des landts, stellung inn branger, abschneidung der oren, oder außhawung mit rutten, oder anderm gestrafft werden.

Allgemeines Landrecht für die Preußischen Staaten von 1794

Zweiter Theil: Zivilrecht

Ehe; Gemeinschaftliche Rechte und Pflichten der Eheleute.

§. 173. Die Rechte und Pflichten der Eheleute nehmen sogleich nach vollzogener Trauung ihren Anfang.

§. 174. Eheleute sind schuldig, sich in allen Vorfallenheiten nach ihren Kräften wechselseitigen Beystand zu leisten.

§. 175. Sie müssen vereint mit einander leben, und dürfen ihre Verbindung eigenmächtig nicht aufheben.

§. 176. Auch wegen Widerwärtigkeiten dürfen sie einander nicht verlassen.

§. 177. Oeffentliche Geschäfte, dringende Privatangelegenheiten, und Gesundheits-Reisen, entschuldigen die Abwesenheit.

§. 178. Eheleute dürfen einander die eheliche Pflicht anhaltend nicht versagen.

§. 179. Wenn deren Leistung der Gesundheit des einen oder des andern Ehegatten nachtheilig seyn würde, kann sie nicht gefordert werden.

§. 180. Auch säugende Ehefrauen verweigern die Beywohnung mit Recht.

§. 181. Zur ehelichen Treue sind beyde Ehegatten wechselseitig verpflichtet.

§. 182. Die Verletzung derselben von Seiten des einen Ehegatten berechtigt den andern nicht zu gleichen Vergehungen.

§. 183. Auch Handlungen, welche den Verdacht einer solchen Verletzung erregen könnten, müssen vermieden werden.

Zwölfter Abschnitt. Von fleischlichen Verbrechen

Vorbeugungsmittel

§. 992. Aeltern und Erzieher müssen ihre Kinder und Zöglinge gegen das verderbliche Laster der Unzucht durch wiederholte lebhafte Vorstellungen der unglücklichen Folgen desselben warnen, und sie zu einem ehrbaren sittsamen Lebenswandel ernstlich anweisen.

§. 993. Solchen Aeltern, Vormündern, und Erziehern, welche ihre Untergebenen durch ärgerliche Reden und Handlungen zur Wollust reizen, oder ihren Hang zu Ausschweifungen begünstigen, sollen die Rechte der Erziehung, und die damit verknüpften Vortheile genommen werden.

§. 994. Die Aeltern sollen alsdann das Recht des Nießbrauchs von dem Vermögen ihrer Kinder; die Vormünder die ihnen sonst zukommende Belohnung; und die Erzieher ihr Amt oder ihren Gehalt verlieren.

§. 995. Gesinde und Hausgenossen, welche unschuldige Kinder durch unzüchtige Reden, Erzählungen, oder Handlungen, zu Ausschweifungen der Wollust reizen, sollen mit willkürlicher körperlicher Züchtigung, Gefängniß-, oder Zuchthausstrafe, bis zu sechs Monathen, belegt werden.

§. 996. Kuppler und Kupplerinnen, welche junge Leute, oder auch verheirathete Personen, zu Ausschweifungen verführen, ihnen dazu Gelegenheit verschaffen, oder sonst beförderlich sind, haben Zuchthaus- oder andere Strafarbeit, auf sechs Monathe bis zwey Jahre verwirkt.

§. 997. Haben sie aus dergleichen Kuppeleyen ein Gewerbe gemacht: so soll zwey- bis dreyjährige Zuchthausstrafe eintreten; diese mit Willkommen und Abschied geschärft; und ein dergleichen Verbrecher, nach deren Erduldung, aus seinem bisherigen Aufenthaltsorte für immer verbannt werden.

§. 998. Haben Eltern, Erzieher oder Erzieherinnen, oder Andere, deren Aufsicht junge Personen anvertrauet sind, sich einer solchen schändlichen Verkuppelung ihrer Kinder, Zöglinge, oder Untergebenen schuldig gemacht: so wird die Dauer der an sich verwirkten Zuchthausstrafe gegen sie verdoppelt.

Gemeine Hurerey

§. 999. Liederliche Weibespersonen, welche mit ihrem Körper ein Gewerbe treiben wollen; müssen sich in die unter der Aufsicht des Staats geduldten Hurenhäuser begeben.

§. 1000. Dergleichen öffentliche Häuser sind nur in großen volkreichen Städten, und nicht anders als in abgelegenen, und von öffentlichen Wegen und Straßen entfernten Orten zu dulden.

§. 1001. Aber auch in diesen soll sich niemand, bey ein- bis zweyjähriger Zuchthausstrafe, unterfangen, eine dergleichen Hurenwirthschaft ohne ausdrückliche Zulassung der Polizeyobrigkeit des Orts anzulegen.

§. 1002. Die Polizey muß dergleichen Häuser unter beständiger ganz genauer Aufsicht halten; und öftere Visitationen mit Zuziehung eines Arztes darinn vornehmen; auch alles anwenden, was zu Vermeidung der weitern Verbreitung venerischer Krankheiten dienlich ist.

§. 1003. Auch muß die Polizey den Verkauf berauschender Getränke in dergleichen Häusern nicht gestatten.

§. 1004. Ohne Vorwissen und Erlaubniß der Polizey, muß kein Hurenwirth oder Hurenwirthin, bey fünfzig Thaler Strafe für jeden Uebertretungsfall, eine Weibsperson aufnehmen.

§. 1005. Ist eine unschuldige Person, durch List oder Gewalt, in ein solches Haus mit Vorwissen oder Genehmigung des Wirths gebracht worden: so hat letzterer öffentliche Ausstellung, und sechs- bis zehnjährige Zuchthausstrafe, nebst Willkommen und Abschied verwirkt.

§. 1006. Auch ist dergleichen Verbrechern unter keinerley Vorwande die weitere Betreibung einer solchen Wirthschaft zu verstatten.

§. 1007. Minderjährige Weibspersonen sollen in solche Häuser nicht aufgenommen, und wenn es dennoch ohne Meldung, oder gar wider das Verbot der Polizey geschehen ist, der Wirth oder die Wirthin mit Ein bis zweyjähriger Festungs- oder Zuchthausstrafe belegt werden.

§. 1008. Befindet sich ein Weibsbild in einem solchen Hause schwanger: so muß die Hurenwirthin der Polizeyobrigkeit davon sofort, als solches zu ihrer Wissenschaft gelangt, Anzeige thun.

§. 1009. Unterläßt sie dieses; und es erfolgt eine heimliche Geburt, oder gar ein Kindermord: so hat die Hurenwirthin, bloß der unterlassenen Anzeige wegen, die §. 928. bestimmte Strafe verwirkt.

§. 1010. Die Verpflegung einer solchen Person während der Wochen muß die Hurenwirthin besorgen, wenn, keine öffentliche Anstalt zur Verpflegung der Wöchnerin vorhanden ist.

§. 1011. Es bleibt aber derselben vorbehalten, deren Ersatz von dem Schwängerer, oder, wenn dieser nicht auszumitteln ist, von der Mutter selbst, oder aus der Armencasse zu fordern.

§. 1012. Sobald das Kind entwöhnt worden, muß selbiges der Mutter weggenommen, und auf Kosten derjenigen, welche nach Vorschrift des Zweyten Titels §. 612-632. dazu verbunden, und des Vermögens sind, sonst aber auf öffentliche Kosten, verpflegt und erzogen werden.

§. 1013. Wird eine Weibsperson in einem dergleichen Hause mit einer venerischen Krankheit befallen: so muß es die Wirthin der Polizey sofort anzeigen, und nach deren Anordnung, für die Cur und Verhütung des weitern Ansteckens sorgen.

§. 1014. Unterläßt sie dieses: so hat sie das erstemal Gefängnißstrafe auf drey Monathe; im Wiederholungsfalle aber sechsmonatliche Zuchthausstrafe, mit Willkommen und Abschied verwirkt.

§. 1015. Hat die angesteckte Weibsperson ihre Krankheit verschwiegen, und dadurch zur weitern Ausbreitung des Uebels Anlaß gegeben: so soll sie mit Zuchthausstrafe auf sechs Monathe bis Ein Jahr, nebst Willkommen und Abschied, belegt werden.

§. 1016. Ueberhaupt muß die Polizey die Verbreitung der venerischen Krankheit durch schickliche Anstalten zu verhüten suchen.

§. 1017. Sind in einem solchen Hause Diebstähle, Schlägereyen, oder andere Verbrechen vorgefallen: so ist der Wirth dem Beschädigten, der auf andere Weise zu seiner Schadloshaltung nicht gelangen kann, dafür allemal verhaftet.

§. 1018. Auch ist derselbe der Theilnehmung an dem Verbrechen selbst so lange verdächtig, als das Gegentheil nicht ausgemittelt werden kann.

§. 1019. Haben die Hurenwirthe, zur Verhütung solcher Verbrechen, nicht alle mögliche Mittel und Sorgfalt angewendet: so sollen sie, nach Verhältniß der begangenen Fahrläßigkeit, mit Geld- oder Leibesstrafe belegt werden.

§. 1020. Der Austritt aus dem Hurenhause darf keiner darin bisher befindlich gewesenen Weibsperson, die ihre Lebensart ändern, und sich auf eine ehrbare Weise nähren will, verschränkt oder erschwert werden.

§. 1021. Selbst wegen gegebener Vorschüsse, oder sonst gemachter Schulden, darf der Wirth eine solche Person, bey Verlust der Forderung, wider ihren Willen nicht zurückhalten.

§. 1022. Alles, was bisher §. 1000-1021. verordnet worden, findet sowohl wegen der Hurenwirthe, als Wirthinnen statt.

§. 1023. Weibspersonen, die von der Hurerey ein Gewerbe machen, ohne sich ausdrücklich unter die besondere Aufsicht der Polizey zu begeben, sollen aufgegriffen, und zu dreymonatlicher Zuchthausarbeit verurtheilt werden.

§. 1024. Nach ausgestandener Strafe sind sie in Arbeitshäuser abzuliefern, und daselbst so lange zu verwahren, bis sie zu einem ehrlichen Unterkommen Lust und Gelegenheit erhalten.

§. 1025. Doch sollen Personen, welche sonst die §. 1023. 1024. bestimmte Strafe verwirkt haben, mit selbiger verschont werden, wenn sie ihre Schwangerschaft gehörig anzeigen, und sich bey ihrer Niederkunft vorschriftsmäßig verhalten.

§. 1026. Alle nicht in Hurenhäusern lebende Personen, welche wissen, daß sie mit einer venerischen Krankheit behaftet sind, aber dennoch sich mit Andern fleischlich vermischen, und wieder damit anstecken, haben eine dreymonatliche Gefängniß- oder Zuchthausstrafe verwirkt.

§. 1027. Die übrigen Folgen des unehelichen Beyschlafs sind im eilften Abschnitte des zweyten Titels bestimmt.

Verführung

§. 1028. Hausbediente, welche die Tochter oder andre Verwandtin ihrer Herrschaft, mit welcher, wegen Ungleichheit des Standes, eine Heirath nicht statt finden kann, verführen und schwächen, sollen mit Zuchthausstrafe, auf Ein bis drey Jahr, nebst Willkommen und Abschied belegt werden.

§. 1029. Ist keine solche Ungleichheit des Standes vorhanden: so soll nur auf sechsmonatliche bis einjährige Zuchthaus- oder Festungsstrafe erkannt werden.

§. 1030. Wenn Aufseher eines Gefängnisses, Arbeits-, Armen- oder Waysenhauses, die unter ihrer Verwahrung oder Aufsicht stehenden Personen zur Befriedigung ihrer Geilheit mißbrauchen: so sollen sie ihres Amtes verlustig erklärt, und über dieses mit sechsmonatlicher, bis zweyjähriger Gefängniß- oder Zuchthausstrafe belegt werden.

§. 1031. Erzieher, Prediger, und andre Lehrer, welche die ihrer Erziehung oder ihrem besondern Unterrichte anvertraute Personen schänden, werden zu allen öffentlichen Aemtern, Würden und Ehrenstellen für immer unfähig.

§. 1032. Außerdem haben sie Festungs- oder Zuchthausstrafe, auf zwey bis vier Jahre verwirkt.
§. 1033. Stiefältern, welche ihre Stiefkinder, noch während des Lebens des andern Ehegatten, zur Unzucht verführen, sollen gleiche Strafe leiden.
§. 1034. Ist dieses (§. 1033.) nach dem Tode des andern Ehegatten geschehen: so findet nur die Hälfte der §. 1032. bestimmten Strafe statt.
§. 1035. Wenn Stiefkinder mit Stiefältern Unzucht treiben: so wird in der Regel angenommen, daß erstere von letztern dazu verführt worden; und die Stiefkinder sind sodann mit aller Strafe zu verschonen.
§. 1036. Ist aber das Gegentheil klar: so sollen sowohl die Stiefältern, als die Stiefkinder, im Falle des §. 1033. mit ein- bis zweyjähriger, im Falle des §. 1034. aber mit sechs- bis zwölfmonathlicher Zuchthausstrafe belegt werden.
§. 1037. Vormünder, welche mit ihren Pflegebefohlnen Unzucht treiben, werden im zweifelhaften Falle als Verführer angesehn, und mit ein- bis zweyjähriger Zuchthaus- oder Festungsstrafe belegt.
§. 1038. Ist das Gegentheil klar: so findet gegen sie nur eine willkührliche Strafe statt.

Blutschande

§. 1039. Aeltern und Großältern, welche ihre eheliche Kinder oder Enkel zur Unzucht mißbrauchen, sollen mit Festungsstrafe, auf drey bis fünf Jahre, belegt werden.
§. 1040. In solchem Falle soll gegen die Kinder, welche das achtzehnte Jahr zurückgelegt haben, eine sechsmonathliche bis einjährige Zuchthausstrafe erkannt; jüngere Kinder aber sollen mit der Strafe verschont werden.
§. 1041. Unzucht unter schon mannbaren ehelichen Geschwistern, voller oder halber Geburt, wird mit Festungs- oder Zuchthausstrafe, auf ein bis zwey Jahre geahndet.

§. 1042. Blutschande unter unehelichen Verwandten dieser Art, (§. 1039–1041.) soll an demjenigen, welcher die Verwandschaft gewußt hat, willkührlich (§. 35.) bestraft werden.
§. 1043. In allen vorstehend bestimmten Fällen (§. 1039–1042.) müssen die Personen, welche Blutschande getrieben haben, von einander gänzlich entfernt werden.
§. 1044. Um aber dergleichen Unheil mit desto mehrerer Sicherheit zu verhüten, sollen Aeltern mit ihren Kindern verschiedenen Geschlechts, die schon zehn Jahr oder darüber alt sind, nicht in Einem Bette schlafen.
§. 1045. Auch Geschwistern verschiedenen Geschlechts, soll dergleichen Zusammenschlafen, sobald das jüngere das zehnte Jahr vollendet hat, nicht gestattet werden.
§. 1046. Die Uebertretung dieser Vorschrift ist, so lange noch kein Verbrechen begangen worden, an den Aeltern durch gerichtlichen Verweis, und im Wiederholungsfalle, mit verhaltnißmäßiger willkührlicher Gefängnißstrafe zu ahnden.
§. 1047. Ist aber zwischen Geschwistern, durch Nachsicht der Aeltern, wirkliche Unzucht veranlaßt worden: so haben letztere, nach Beschaffenheit der Umstände, die den Kindern §. 1040. bestimmte Strafe ganz oder zur Hälfte verwirkt.

Nothzucht

§. 1048. Wer eine unschuldige Frauensperson durch Getränke oder andre Mittel ihrer Sinne beraubt, um sie zur Wollust zu mißbrauchen, soll, wenn er auch seinen Zweck nicht erreicht, mit drey- bis sechsmonatlicher, wenn aber die Schandthat wirklich verübt worden, mit vier- bis sechsjähriger Zuchthausstrafe belegt werden.
§. 1049. In so fern dadurch der Gesundheit geschadet, oder ein Wahnsinn verursacht worden: treten die wegen der Liebestränke oben §. 867. bis 869. bestimmten Strafen hinzu.
§. 1050. Wer dergleichen Person durch Arglist und betrügliche

Kunstgriffe zur Wollust verführt, soll, außer der ihr schuldigen Privatgenugthuung, sechs- monatliche bis einjährige Festungs- oder Zuchthausstrafe leiden.

§. 1051. Wer durch gefährliche Bedrohungen des Lebens, oder der Gesundheit, unter Umständen, wo deren Erfüllung mit Wahrscheinlichkeit zu erwarten war, eine Frauensperson zu seinem Willen nöthigt, gegen den soll Festungsstrafe auf drey bis fünf Jahre statt finden.

§. 1052. Wer mit unwiderstehlicher Gewalt eine Person, die über zwölf Jahre alt ist, nothzüchtigt, soll sechs- bis achtjährige Festungsstrafe leiden.

§. 1053. Ist die Geschändete unter zwölf Jahren: so hat der Thäter acht- bis zehnjährige Festungsstrafe verwirkt.

§. 1054. Jede an einer solchen unerwachsenen Person verübte Unzucht wird als Nothzüchtigung angesehen; und, wenn ein eigentlicher Zwang zur Gestattung des Beyschlafs nicht ausgemittelt ist, mit drey bis fünf Jahren Zuchthaus- oder Gefängnißstrafe belegt.

§. 1055. In allen Fällen wird die Dauer der Strafe, verhältnißmäßig, bis zu zehn und zwölf Jahren verlängert, wenn die Geschändete, durch die an ihr verübte Gewalt, an ihrer Gesundheit erheblich und dauernd gelitten hat.

§. 1056. Ist der Tod durch die gewaltsame Mißhandlung verursacht worden: so tritt die Strafe des Schwerdtes ein.

§. 1057. Es macht in Ansehung der Strafe keinen Unterschied: ob das Verbrechen gegen eine verheirathete oder unverheirathete Person verübt worden sey.

§. 1058. Doch findet verhältnißmäßige Minderung der Strafe statt, wenn die genothzüchtigte Person schon vorher in dem Rufe einer schlechten liederlichen Lebensart gestanden hat.

§. 1059. Uebrigens versteht es sich von selbst, daß außer der durch die Gesetze bestimmten Strafe, der Verbrecher der Beleidigten zur Privatgenugthuung verpflichtet sey.

§. 1060. Wenn die Beleidigten dergleichen Verbrechen nicht rügen, und wenn dadurch auch kein öffentliches Aergerniß gegeben worden: so findet keine richterliche Untersuchung von Amts wegen statt.

Ehebruch

§. 1061. Ein jeder Ehebruch wird, jedoch nur auf Antrag des beleidigten Ehegatten, mit den im Ersten Titel §. 766. sqq. geordneten Strafen geahndet.

§. 1062. Wird durch dergleichen Verbrechen eine Ehe wirklich getrennt: so soll der Ehemann, welcher sich dessen mit einer ledigen Weibsperson schuldig gemacht hat, willkührliche Gefängnißstrafe leiden.

§. 1063. Hat aber eine Ehefrau, durch den mit einer ledigen Mannsperson getriebenen Ehebruch, zur Trennung der Ehe Anlaß gegeben: so soll gegen sie Gefängniß- oder Zuchthausstrafe auf drey bis sechs Monathe statt finden.

§. 1064. Sind in gleichem Falle beyde den Ehebruch begehende Theile verheirathet gewesen: so haben beyde sechsmonathliche bis einjährige Gefängniß- oder Zuchthausstrafe verwirkt.

§. 1065. In allen Fällen, wo auf gewisse Arten der Unzucht Criminalstrafen verordnet sind, müssen selbige geschärft werden, wenn das Verbrechen von einer verheiratheten Person begangen worden.

Bigamie

§. 1066. Wer vor Trennung einer Ehe wissentlich und vorsätzlich eine andre vollzieht, soll mit ein- bis zweijähriger Zuchthaus- oder Festungsstrafe belegt werden.

§. 1067. Auch wer selbst noch unverheirathet ist, aber wissentlich eine bereits verehelichte Person heirathet, hat eine sechsmonatliche bis einjährige Zuchthausstrafe verwirkt.

§. 1068. Wer sich fälschlich für unverheirathet ausgiebt, und dadurch einen Andern zu einer solchen nichtigen Ehe verleitet, soll mit dreyjähriger Zuchthausstrafe belegt werden.

Unnatürliche Sünden

§. 1069. Sodomiterey und andre dergleichen unnatürliche Sünden, welche wegen ihrer Abscheulichkeit hier nicht genannt werden können, erfordern eine gänzliche Vertilgung des Andenkens.

§. 1070. Es soll daher ein solcher Verbrecher, nachdem er ein- oder mehrjährige Zuchthausstrafe mit Willkommen und Abschied ausgestanden hat, aus dem Orte seines Aufenthalts, wo sein Laster bekannt geworden ist, auf immer verbannt, und das etwa gemißbrauchte Thier getödtet, oder heimlich aus der Gegend entfernt werden.

§. 1071. Wer jemanden zu dergleichen unnatürlichen Lastern verführt und mißbraucht, der ist doppelter Strafe schuldig.

§. 1072. Machen sich Aeltern, Vormünder, Lehrer oder Erzieher dieses Verbrechens schuldig: so soll gegen dieselben vier- bis achtjährige Zuchthausstrafe mit Willkommen und Abschied statt finden.

Internationales Recht

Übereinkommen des Europarats vom 11. Mai 2011 zur Verhütung und Bekämpfung von Gewalt gegen Frauen und häuslicher Gewalt (»Istanbul-Konvention«), Gesetz vom 17. Juli 2017, BGBl II S. 1026)

Art. 36 Sexuelle Gewalt, einschließlich Vergewaltigung

(1) Die Vertragsparteien treffen die erforderlichen gesetzgeberischen oder sonstigen Maßnahmen, um sicherzustellen, dass folgendes vorsätzliches Verhalten unter Strafe gestellt wird:

a) nicht einverständliches, sexuell bestimmtes vaginales, anales oder orales Eindringen in den Körper einer anderen Person mit einem Körperteil oder Gegenstand;

b) sonstige nicht einverständliche sexuell bestimmte Handlungen mit einer anderen Person;

c) Veranlassung einer Person zur Durchführung nicht einverständlicher sexuell bestimmter Handlungen mit einer dritten Person.

(2) Das Einverständnis muss freiwillig als Ergebnis des freien Willens der Person, der im Zusammenhang der jeweiligen Begleitumstände beurteilt wird, erteilt werden.

(3) Die Vertragsparteien treffen die erforderlichen gesetzgeberischen oder sonstigen Maßnahmen, um sicherzustellen, dass Absatz 1 auch auf Handlungen anwendbar ist, die gegenüber früheren oder derzeitigen Eheleuten oder Partnerinnen oder Partnern im Sinne des internen Rechts begangen wurden.

Sachverzeichnis

Thomas Fischer

ÜBER DAS STRAFEN

Recht und Sicherheit in der demokratischen Gesellschaft

Was ist eine gerechte Strafe? Gibt es sie überhaupt? Für den leidenschaftlichen und wortmächtigen Strafjuristen Thomas Fischer geht es um das, was unsere Gesellschaft zusammenhält: ein selbst gegebenes Regelwerk, das von vielen Bedingungen abhängt und in ständiger Bewegung ist. Wie kein anderes Rechtsgebiet steht das Strafrecht im Fokus öffentlichen Interesses. Als Anleitung staatlichen Handelns verspricht es Sicherheit; es ist aber auch ein Ort, an dem grundlegende Fragen des gesellschaftlichen Lebens, der Freiheitsspielräume und der Verantwortung verhandelt werden. Fischers These: Strafrecht ist Kommunikation und Gewalt. Keiner kennt seine Entwicklungslinien besser als der weit über Fachkreise hinaus bekannte frühere Bundesrichter.

»Was ist der Sinn von Strafe? Der ehemalige Bundesrichter Thomas Fischer erklärt, wie sie wirken soll und warum manche Richter sich an ihren Urteilen ergötzen.«

DER SPIEGEL

Thomas Fischer

ÜBER DAS STRAFEN

Recht und Sicherheit in der demokratischen Gesellschaft

[illegible]

[illegible]

DER SPIEGEL

Thomas Fischer

IM RECHT

Einlassungen von Deutschlands bekanntestem Strafrichter

Ist Deutschland ein gerechtes Land? Kommt darauf an. Zumindest ein rechtsstaatliches? Weitgehend. Wie es aber im politischen und juristischen Alltag um Recht und Gesetz bestellt ist und wie die Justiz in Deutschland funktioniert, darüber klärt Thomas Fischer auf. Der Bundesrichter mischt sich ein in die aktuellen Debatten: Sind wir wirklich im Krieg gegen den Terror? Wie soll Deutschland mit den Flüchtlingsströmen umgehen? Und was sagen eigentlich unsere Gesetze zum Thema Sterbehilfe? Thomas Fischer bezieht klar Stellung, nicht selten auch entgegen der landläufigen Mehrheitsmeinung.

»Anschaulich geschrieben, pointiert formuliert.«

Deutschlandfunk

Thomas Fischer

IM RECHT

Einlassungen von Deutschlands bekanntestem Strafrichter

[illegible]

[illegible]

DROEMER